交通运输部交通强国建设推荐教材
交通运输部综合交通运输理论系列教材
交通运输工程学科研究生教材
交通运输科技丛书

Academic Theory of Comprehensive Transportation

综合交通运输学

本书编委会 编

人民交通出版社股份有限公司
北京

内 容 提 要

本教材基于交通运输工程一级学科的体系架构,力图从综合交通运输的内涵与目标出发,基于多方式综合、多阶段综合、多技术综合的理念,解构五种运输方式集成的体系要素与运行规则,分绪论与规划、载运工具与基础设施、运输组织与智慧管理、高品质发展共计4个部分,9章进行论述。教材每章均设置了学习目的与要求、复习思考题、本章参考文献与延伸阅读,兼顾学科知识学习、思考能力培养和研究素养提升。

本教材适用于交通运输工程学科及相关学科的研究生教学,也可作为相关领域从业人员的参考用书。

图书在版编目(CIP)数据

综合交通运输学/《综合交通运输学》编委会编
—北京:人民交通出版社股份有限公司,2022.8
ISBN 978-7-114-18120-7

Ⅰ.①综… Ⅱ.①综… Ⅲ.①综合运输—交通运输学—教材 Ⅳ.①U1

中国版本图书馆 CIP 数据核字(2022)第 134588 号

Zonghe Jiaotong Yunshu Xue
书　　名:综合交通运输学
著 作 者:本书编委会
责任编辑:李　晴　杨　思
责任校对:赵媛媛
责任印制:刘高彤
出版发行:人民交通出版社股份有限公司
地　　址:(100011)北京市朝阳区安定门外外馆斜街 3 号
网　　址:http://www.ccpcl.com.cn
销售电话:(010)59757973
总 经 销:人民交通出版社股份有限公司发行部
经　　销:各地新华书店
印　　刷:北京武英文博科技有限公司
开　　本:787×1092　1/16
印　　张:24.25
字　　数:560 千
版　　次:2022 年 8 月　第 1 版
印　　次:2022 年 8 月　第 1 次印刷
书　　号:ISBN 978-7-114-18120-7
定　　价:68.00 元

(有印刷、装订质量问题的图书由本公司负责调换)

综合交通运输理论系列教材
编审委员会

主　　任：杨传堂　李小鹏
副 主 任：戴东昌　赵冲久　徐成光
常务委员：李天碧　李国平　刘鹏飞　李良生　岑晏青
　　　　　黄　如　方守恩　王稼琼　石宝林　孙玉清
　　　　　易振国　朱伽林
委　　员：舒　驰　张大为　时　骏　林　强　张星臣
　　　　　金　石　顾祥林　闫学东　王小勇　刘　韬
　　　　　胡　昊　吴超仲　杨　丹　丁水汀　唐庆如
　　　　　于　剑　金敬东　王先进　刘占山　李　斌
　　　　　张　杰

本书编委会

主　任：陈小鸿(同济大学)
副主任：姚恩建(北京交通大学)　　　　　　杨　超(同济大学)
委　员：(按姓氏笔画排序)

马万经(同济大学)　　　　　　王　力(北京交通大学)
王　玲(同济大学)　　　　　　王　涓(同济大学)
王一喆(同济大学)　　　　　　王红勇(中国民航大学)
王海星(北京交通大学)　　　　邓亚娟(长安大学)
叶建红(同济大学)　　　　　　田　雨(同济大学)
田佰军(大连海事大学)　　　　刘　向(同济大学)
刘万明(同济大学)　　　　　　刘志勇(北京交通大学)
刘智丽(北京交通大学)　　　　孙家庆(大连海事大学)
纪玉龙(大连海事大学)　　　　李林波(同济大学)
李育天(中国石油规划总院)　　杨　扬(北京交通大学)
杨晓光(同济大学)　　　　　　吴亦政(北京交通大学)
辛飞飞(同济大学)　　　　　　汪　磊(中国民航大学)
汪水银(交通运输部科技司)　　沈丹阳(中国民航大学)
张　华(同济大学)　　　　　　张　杰(交通运输部政策研究室)
张　萍(同济大学)　　　　　　张一鹏(交通运输部公路科学研究院)
张柱庭(交通运输部干部管理学院)　陈　晖(交通运输部公路科学研究院)
陈雨人(同济大学)　　　　　　陈荣升(北京交通大学)
欧冬秀(同济大学)　　　　　　岳　昊(北京交通大学)
周劲松(同济大学)　　　　　　赵丽宁(大连海事大学)
赵国君(北京邮电大学)　　　　赵鸿铎(同济大学)
段征宇(同济大学)　　　　　　袁　泉(同济大学)
顾保南(同济大学)　　　　　　徐瑞华(同济大学)
梁雪峰(交通运输部人事教育司)　董春娇(北京交通大学)
韩　博(中国民航大学)　　　　惠　英(同济大学)
解　江(中国民航大学)　　　　蔡　垚(交通运输部政策研究室)
滕　靖(同济大学)　　　　　　潘明阳(大连海事大学)
魏丽英(北京交通大学)

秘书组：孙　玺(人民交通出版社股份有限公司)　王　祺(交通运输部科技司)

序言

在党的坚强领导下,我国交通运输事业走过了沧桑巨变的历程,与经济社会发展的关系经历了从"整体滞后"到"瓶颈制约",再到"总体缓解""基本适应"的转变,从根本上改变了基础薄弱、整体落后的面貌,大踏步赶上了时代前进的步伐,创造了"当惊世界殊"的奇迹。我国已成为名副其实的交通大国,正在加快向交通强国迈进。

党中央、国务院高度重视综合交通运输体系建设,习近平总书记多次作出重要指示,为现代综合交通运输体系发展指明了方向、提供了根本遵循。习近平总书记强调,综合交通运输进入了新的发展阶段,在体制机制、方式方法、工作措施上都要勇于创新、敢于创新、善于创新,各种运输方式都要融合发展,提高效率和质量,支撑经济发展和民生不断改善;要做立体的规划,整体设计综合交通运输;要加快形成安全、便捷、高效、绿色、经济的综合交通体系。习近平总书记系列重要指示,充分体现了我们党对新形势下综合交通运输发展规律的深刻把握,进一步丰富和发展了综合交通运输理论体系,为构建现代综合交通运输体系、加快建设交通强国提供了理论和实践指引。

理论来源于实践。从本质上讲,综合交通运输是现代交通运输发展的一种科学理念和实践活动。新中国成立初期,我国交通基础设施薄弱,综合交通运输理论研究处于起步阶段。1956年,国务院颁布《国家科学发展十二年规划》,首次提出综合运输的概念,并开展了交通项目建设和运输生产组织等生产性研究。改革开放后,各种运输方式都得到了较快发展,交通基础设施网络初步形成,综合交通运输理论在探索中不断拓展,建设全国统一的综合交通运输网络体系逐渐成为共识。1996年,国务院领导同志提出"我国交通的发展应该以铁路为骨干,公路为基础,充分利用内河、沿海和远洋运输的资源,积极发展航空事业,形成各具不同功能、远近结合、四通八达、全国统一的综合交通运输网络体系"。进入新世纪,交通运输管理体制改革进一步深化,国家组建交通运输部,要求统筹规划铁路、公路、水路、民航以及邮政行业发展,促进了综合交通运输理论研究更加注重不同运输方式协同治理、交通基础设施网络高效衔接和一体化运输服务。党的十八大以来,我国交通运输事业发展取得历史性成就、发生历史性变革。党的十九大作出了建设交通强国的战略部署,习近平总书记发出了加快建设交通强国的动员令。党中央、国务院相继印发《交通强国建设纲要》《国家综合立体交通网规划纲要》,现代综合交通运输体系建设进入加速推进、发挥整体效能的重要时期。为适应新形势新任务,综合交通运输理论更加突出安全、便捷、高效、绿色、经济的价值取向,更加注重大部门治理、经济外部性和全球视野,更加注重探索建立完整系统的理论体系。

理论指导并推动实践。回顾新中国成立七十多年来我国交通运输发展历程,综合交通运输理论不断丰富和拓展,推动交通运输事业爬坡过坎、一路向前,走出了一条有中国特色的现代综合交通运输体系发展道路。立足新发展阶段,我们必须完整、准确、全面贯彻新发展理念,构建新发展格局,这要求我们持续深入开展综合交通运输理论研究,更好指导综合交通运输一体化发展,着力打造一流设施、一流技术、一流管理、一流服务,加快建设人民满意、保障有力、世界前列的交通强国。

交通运输部高度重视综合交通运输理论研究,面向交通运输专业本科生、研究生和行业管理人员,分别组织编写了《综合交通运输导论》《综合交通运输学》《综合交通运输干部读本》等系列教材,旨在帮助交通运输相关专业学生和干部职工坚持系统思维,深刻认识和全面理解交通运输,进而成为综合交通运输事业发展的实践者和推动者。系列教材将结合综合交通运输发展实践和理论研究,及时进行修订完善,确保始终用最新的科学理念和理论方法来教育培养交通运输专业学生和干部职工,为加快建设交通强国、全面建设社会主义现代化国家提供智力和人才支撑。

综合交通运输理论系列教材编审委员会
2021 年 8 月 25 日

前言

过去几十年来,机动化载运工具的普及运用,基础设施网络的广泛覆盖,近现代铁路、公路、水路、航空、管道五种运输方式系统的建立,为我国的工业化、城镇化和贸易全球化带来了巨大的跃升动力。交通运输不仅是国民经济中基础性、先导性、战略性产业和重要的服务性行业,还是国家与地区发展的基本支撑,是社会生产、生活组织体系和生态环境保护不可缺少的重要环节。

我国交通运输工程学科的建立与发展为我国建成名副其实的交通大国发挥了重要作用:交通运输规划与管理、载运工具运用工程、交通基础设施工程、交通信息与控制工程、交通安全与环境等领域及方向成长出了大量专门人才,支撑了我国交通运输跨越式发展。然而,我国交通运输行业与相关学科的发展正面临重大变革与挑战。首先是发展价值观正在转变。交通运输的高质量发展,不仅要求能力充分,更加注重绿色低碳、集约公平和治理能力现代化。其次是发展空间环境发生改变。城市群、都市圈成为城镇化的主要载体,国土空间结构的调整更加凸显了我国交通运输发展的不平衡、不充分,同时要求我们既要考虑设施能力的提升,更要考虑环境容量的制约。第三是新技术不断涌现。自动驾驶、高速轨道、平台服务等的研发应用,可能引发交通运输系统的重构。我们必须意识到,我国交通运输体系尚未达到结构稳固、系统成熟,交通运输也并未因基础设施布局基本确定而进入稳态低增长阶段。在机遇与挑战面前,我国综合交通运输系统与交通运输相关学科,尚需与时俱进,迎接无限可能。

构建现代化高质量国家综合立体交通网,从交通大国迈向交通强国,关键是充分发挥各种运输方式的比较优势、各类新技术和新系统的集成优势,以加快形成安全、便捷、高效、绿色、经济的综合交通体系为目标,通过规划、建设、运营、管理的贯通,引领各种运输方式一体化融合发展,体现"综合"效能。因此,未来从事交通运输的专业人才,不仅要学习提升交通运输能力的工程性手段,还要掌握优化综合交通运输服务的系统性方法,具体体现在:不仅要掌握各种运输方式及系统的组成要素、结构特征,还要通过学习不同运输方式的差异性理解其互补性与综合的必然性;不仅要明晰旅客与货物运输所依赖的载运工具、基础设施等物理系统,还要理解交通运输多方式供给、全时全域运输组织的管理逻辑、规制与新技术;不仅要关注交通运输系统的运行效率,更要理解高质量综合交通运输的安全、韧性、绿色低碳要求。

本教材正是面向上述新的要求,由交通运输部组织编写的研究生教材。本教材基于交通运输工程一级学科的体系架构,力图从综合交通运输的内涵与目标出发,基于多方式综合、多阶段综合、多技术综合的理念,解构五种运输方式集成的体系要素与运行规则,分绪论与规划、载运工具与基础设施、运输组织与智慧管理、高品质发展4个部分、共计9章进行论述,适于36至72学时的教学安排。

本教材的具体内容如下:绪论与规划部分,着眼运输方式之间的互补性与运输系统规划的综合性,介绍综合交通运输网络分析、需求分析、服务评价方法,以及战略性规划、设施布局规划和城市综合交通体系规划的核心技术、一般流程。载运工具与基础设施部分,从容量、速度等服务能力角度和便利、可靠、安全、节能等服务性能角度,阐述载运工具的适用场景,介绍交通基础设施分级、布局、设计、施工及养护的全过程及关键技术。运输组织与智慧管理部分,从系统效率与效益提升角度,介绍客货运输组织的规则与流程,以及多式联运的方法与系统支持;针对不同运输方式具有共性的管理信息化与运行智能化需求,介绍新兴技术在综合交通运输系统中的应用及发展。高品质发展部分,重点介绍综合交通运输系统的安全、应急与韧性,绿色低碳发展,制度和治理现代化相关内容。

本教材每章均设置了学习目的与要求、复习思考题、参考文献与延伸阅读，兼顾学科知识学习、思考能力培养和研究素养提升。教学过程要求强化综合概念，体现学理逻辑，帮助学生理解综合交通运输系统的构成、技术经济特征、在国民经济社会发展中的作用及未来发展趋势，提升对综合交通运输理论的系统性、专业性、理论性认知，激发创新性思考。

本教材由同济大学、北京交通大学牵头，多所高校和科研院所联合编写。编写工作得到了交通运输部科技司、政策研究室、综合规划司、人事教育司等相关司局的大力支持，特别是科技司全程参与指导，岑晏青、林强、汪水银、邢凡胜等同志在教材编写期间多次给予协调。本教材的出版工作还得到了人民交通出版社股份有限公司的积极协助。本教材由陈小鸿负责统稿，杨东援担任顾问，陈小鸿、姚恩建、杨超、涂颖菲总体校稿。各章编写具体分工如下：

第1章　绪论，由同济大学陈小鸿、杨超、叶建红、王㳀，长安大学邓亚娟编写。

第2章　综合交通运输规划，由同济大学陈小鸿、张萍、辛飞飞、张华、惠英、段征宇、李林波、王㳀，北京交通大学魏丽英、董春娇、岳昊编写。

第3章　交通运输载运工具，由同济大学周劲松、刘万明、刘向、田雨，大连海事大学田佰军，中国民航大学解江编写。

第4章　交通运输基础设施，由同济大学顾保南、陈雨人、赵鸿铎、刘万明、田雨，长安大学邓亚娟，大连海事大学赵丽宁，中国石油规划总院李育天编写。

第5章　综合交通运输组织，由同济大学徐瑞华、滕靖、袁泉，北京交通大学王力，中国民航大学沈丹阳，大连海事大学孙家庆，中国石油规划总院李育天，北京邮电大学赵国君编写。

第6章　综合交通运输系统信息化与智能化，由同济大学杨晓光、杨超、马万经、欧冬秀、王玲、王一喆，大连海事大学潘明阳、赵丽宁，中国民航大学汪磊、王红勇编写。

第7章　综合交通运输安全、应急与韧性，由北京交通大学姚恩建、王海星编写。

第8章　综合交通运输系统绿色低碳发展，由北京交通大学姚恩建、刘智丽、杨扬、吴亦政、刘志勇、陈荣升，大连海事大学纪玉龙，中国民航大学韩博编写。

第9章 综合交通运输的治理和重要制度，由交通运输部政策研究室蔡垚、张杰，交通运输部公路科学研究院陈晖、张一鹏，交通运输部干部管理学院张柱庭编写。

在本教材编写过程中，编委会参考了大量国内外优秀文献，未能一一列出，在此向文献作者表示衷心的感谢！同时，也请读者对不足之处予以指正。

本书编委会

2022年6月16日

目录

第1章 绪论 ··· 001
1.1 交通运输与综合交通运输体系 ··· 001
1.2 综合交通运输的系统性能及指标 ··· 009
1.3 综合交通运输体系发展的阶段特征 ·· 015
1.4 我国综合交通运输管理架构 ·· 028
复习思考题 ··· 029
本章参考文献与延伸阅读 ·· 029

第2章 综合交通运输规划 ·· 031
2.1 综合交通运输规划体系 ·· 031
2.2 综合交通运输规划的分析方法 ··· 034
2.3 综合交通运输战略性规划 ··· 049
2.4 综合交通运输设施布局规划 ·· 058
2.5 城市综合交通体系规划 ·· 067
复习思考题 ··· 074
本章参考文献与延伸阅读 ·· 075

第3章 交通运输载运工具 ·· 077
3.1 载运工具的类别与性能概述 ·· 077
3.2 轨道交通车辆 ·· 079
3.3 汽车 ·· 086
3.4 船舶 ·· 091

3.5　航空器 ……………………………………………………………………… 095
　　复习思考题 …………………………………………………………………… 098
　　本章参考文献与延伸阅读 …………………………………………………… 099

第4章　交通运输基础设施 ……………………………………………………… 100
　4.1　交通运输基础设施概述 …………………………………………………… 100
　4.2　轨道交通工程 ……………………………………………………………… 103
　4.3　道路工程 …………………………………………………………………… 114
　4.4　航道与港口工程 …………………………………………………………… 124
　4.5　民航与机场工程 …………………………………………………………… 133
　4.6　管道工程 …………………………………………………………………… 139
　4.7　综合交通枢纽 ……………………………………………………………… 142
　　复习思考题 …………………………………………………………………… 152
　　本章参考文献与延伸阅读 …………………………………………………… 153

第5章　综合交通运输组织 ……………………………………………………… 155
　5.1　运输组织概述 ……………………………………………………………… 155
　5.2　旅客运输组织 ……………………………………………………………… 161
　5.3　货物运输组织 ……………………………………………………………… 181
　5.4　旅客联程运输与货物多式联运 …………………………………………… 200
　　复习思考题 …………………………………………………………………… 214
　　本章参考文献与延伸阅读 …………………………………………………… 215

第6章　综合交通运输系统信息化与智能化 …………………………………… 217
　6.1　综合交通运输系统信息化与智能化技术 ………………………………… 217
　6.2　综合交通运输系统信息化与智能化需求 ………………………………… 229
　6.3　综合交通运输系统信息化与智能化趋势 ………………………………… 240
　　复习思考题 …………………………………………………………………… 244
　　本章参考文献与延伸阅读 …………………………………………………… 244

第7章　综合交通运输安全、应急与韧性 ……………………………………… 246
　7.1　综合交通运输安全 ………………………………………………………… 247
　7.2　交通运输系统的应急管理 ………………………………………………… 260

  7.3　交通运输系统的韧性 ·· 265
  复习思考题 ··· 269
  本章参考文献与延伸阅读·· 269

第 8 章　综合交通运输系统绿色低碳发展··· 271
  8.1　综合交通运输系统绿色低碳发展的内涵、目标与重点······················· 271
  8.2　综合交通运输系统绿色低碳发展进程ーー·································· 273
  8.3　综合交通运输系统绿色低碳发展路径ーー·································· 279
  8.4　综合交通运输系统绿色低碳关键技术······································· 285
  复习思考题 ··· 294
  本章参考文献与延伸阅读·· 294

第 9 章　综合交通运输的治理和重要制度··· 296
  9.1　综合交通运输治理现代化·· 296
  9.2　综合交通运输的行政管理体系·· 306
  9.3　综合交通运输的法规体系·· 310
  9.4　综合交通运输的标准体系·· 315
  复习思考题 ··· 321
  本章参考文献与延伸阅读·· 321

附录 ·· 322
  《交通强国建设纲要》·· 322
  《国家综合立体交通网规划纲要》·· 329
  《"十四五"现代综合交通运输体系发展规划》······································ 343

第 1 章 CHAPTER ONE
绪论

> 📖 **学习目的与要求**

建立交通与运输、综合交通运输的基本概念,明晰综合交通运输的功能、作用、定位,掌握运输方式与基础设施及服务能力的关系,掌握各种运输方式的技术经济特征、不同运输方式的适应性与比较优势,掌握综合交通运输体系的性能度量及评价指标,提高对综合交通运输体系结构特征、服务性能的整体把握能力。通过学习交通运输发展的历史、我国综合交通运输体系发展阶段特征与综合运输管理框架,学生应对我国综合交通运输发展趋势和发展目标有更深入的理解。

1.1 交通运输与综合交通运输体系

1.1.1 交通运输发展与交通运输的综合性

1.1.1.1 交通运输的基本概念

交通是各种运输和邮电通信的总称,包括人、物和信息在两地之间的往来、传递和输送。区别于"大交通"(Communication),"小交通"(Traffic)指承载人与物的载运工具在设施网络上的流动。

运输(Transportation)是人与物的载运和输送。使用公共运输线路及其设施和运输工具,实现人与物空间位移的一种经济活动和社会活动。

交通运输指依托基础设施、利用载运工具,遵循运输组织与管理规则,实现旅客和货物在空间位移或流动的服务活动。交通运输是生产过程在流通领域的继续和进行社会再生产的必要条件,是保证人民在政治、经济、文化、军事等方面联系交往的手段,也是联系国内外的桥梁。

交通运输是国民经济中具有基础性、先导性、战略性的产业,是重要的服务性行业和现代化经济体系的重要组成部分,是构建新发展格局的重要支撑和服务人民美好生活、促进共同富裕的坚实保障。

综合交通运输的概念由联合运输(Combined Transportation)、一体化运输(Integrated Transportation)、多式联运(Multimodal Transportation 或 Intermodal Transportation)逐渐丰富完善。综合交通运输将铁路、公路、水路、航空、管道等多种现代化运输方式作为一个有机整体,将基础设施、交通装备、运输组织、管理制度等多个体系作为一个有机整体,进行系统研究、系统规划和系统建设。

综合交通运输强调各运输方式相对独立系统的相互补充和依存,通过不同运输方式的便利衔接与高效组织,以尽量低的经济成本和资源环境代价,为客货运输提供安全、快捷、方便、舒适、经济、优质的服务,提升客货运输能力与效率。相对单一运输方式,综合交通运输产生更高的经济和社会效益,更加适应当代经济多样化、国际化、信息化、网络化和可持续发展的要求。综合交通运输不单纯着眼于运输数量与质量等直接目的,还需考虑对区域经济和社会的长期促进作用,以及对沿线生产、生活、生态的长期影响。

综上,综合交通运输体系指根据运输需求,充分利用各种运输方式所具有的特性,通过多方式协作与组织,依托枢纽转换,依赖信息技术,跨越基础设施的分割和障碍,组织成有效满足运输需求的复杂系统。各种运输方式根据国家发展战略和交通需求,按照各自技术经济特征和比较优势,形成基础设施布局合理、功能完善、衔接顺畅、技术先进、安全可靠,运输服务安全、便捷、高效、绿色、经济的综合交通运输体系。综合立体交通网络与先进的运输装备系统,安全、高效的运营与管理系统,便利可靠的服务系统,是综合交通运输体系的基本构成。

交通运输系统与体系的内涵略有差异,而外延基本一致。系统在本书中多用于特定方式、明确对象、可独立运行的功能整体,如公路系统、铁路系统,基础设施系统、交通信息系统等。体系则强调系统结构、系统组合、系统之间的关系及相互作用,如综合交通运输体系、客运与货运体系、城市综合交通体系等。

综合交通运输学研究交通运输与国民经济和社会发展的关系,各种运输方式间的关系,运输方式内部的基础设施与载运工具、干线与支线、场站与枢纽、组织与管理等的关系,即研究持续优化综合交通运输体系的理论、方法、实施路径、保障措施。通过综合交通运输与经济社会、各种交通运输方式、综合交通运输各个要素三个层面的协调发展,发挥各种运输方式的优势,充分体现市场规律与"用户选择""以人为本"服务准则,满足国民经济和社会发展需求及客货流动要求。

1.1.1.2 交通运输发展历程

交通运输是物质生产和社会活动得以进行的必要条件,与城市化水平、经济社会发展密切相关,并因交通载运、信息化等技术的变革不断发展。交通运输发展的驱动要素如图 1-1 所示。社会分工越精细,生产组合越复杂,商品流通越发达,运输活动越频繁。

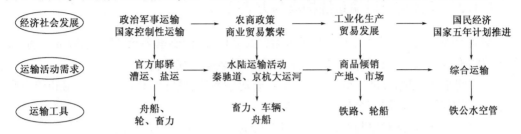

图 1-1 交通运输发展的驱动要素

在生产力水平低下阶段,物资交换需求较少,也没有规模化的物资运输活动。农业社会的客货运输主要利用天然河流。在国家统治的强化过程中,道路逐渐形成。早期的交通运输设施服务于国家权力,特别是军事目的,如罗马大道与我国的秦驰道、驿站与漕运等。随着社会经济的发展,剩余物资交换需求增加,运输活动逐渐系统化。

工业革命,特别是蒸汽轮机,推动了水路运输与铁路运输的发展。远洋水运是全球贸易的支撑条件,铁路则促进了工业化大规模生产。汽车的出现与普及不仅催生了广覆盖的道路网络和高速公路系统,也大大提升了非商业化运输的比重。之后是航空业的迅速发展、铁路高速化与城市轨道交通的现代化,以及更高速度地面载运系统的研发,每一次技术革新都带来交通运输"移动性"的显著改善,表现在运输速度、舒适性、安全性和普遍性等各个方面。

从农业社会的自给自足到工业社会的规模化生产,原材料产地、产品制造及分工与消费市场的分离,以及职住空间的分离,使交通运输成为物质生产得以进行的必要条件,运输数量与质量需求不断增长。特别是 20 世纪经济全球化与贸易自由化,促进了交通运输活动从区域到全球、运输组织从单一模式到多方式综合的转变。交通运输发展的另一主要推动力是城镇化水平提升。载运工具与基础设施的技术革命改变了人们活动的时空观,支撑了城市的扩张,改变了城市之间联系的便利性,城镇数量增加、密度提高,导致人群流动的范围更大且更加频繁。随着城市群与都市圈出现,城际交通从早期以商业运输为主到多目的运输,系统的复杂性也不断提升。从工业文明到生态文明,全球气候变化和可持续发展的要求,使得交通运输系统的发展目标也在发生变化。

近现代交通运输包含铁路、公路、水路、航空、管道五种基本的运输方式和邮政。其中,邮政是由国家管理或直接经营寄递各类邮件(信件或物品)的事业,是国家保障的一种基本公共服务。邮政使用各种运输方式、通过自设网点和专门线路实现信件或物品的传递,是一类特殊的运输方式、自成体系。

随着交通运输基础设施、载运工具、运输组织等各个方面的技术发展,五种主要运输方式之间也出现了渐变与混合,如电子轨道、多式联运等。各种运输方式不仅建立起完整并可独立运行的系统,在综合交通运输的信息化全面支持下,呈现出有差异有竞争、可衔接可互补的格局。实现不同运输方式、运输线路衔接转换的综合交通运输枢纽成为新的、重要的综合交通设施,促进了综合交通运输体系的加速发展。

1.1.2 综合交通运输系统构成与方式特征

交通运输系统的综合性,不仅在于运输方式多样、结构要素多元,还在于服务目的、服务区域的多样,可以从以下四个维度理解综合交通运输系统的构成。

①空间维度:根据尺度不同,分为洲际综合运输系统、城际综合运输系统、城市综合交通系统、城市群与都市圈综合运输系统等。

②服务维度:根据对象与组织方式不同,分为客运系统、货运系统、共享系统。

③功能维度:根据目的与任务不同,分为运输设施系统、运输组织系统、运输服务系统、运输管理系统。

④方式(设施)维度:分为铁路、公路、水路、航空、管道、枢纽。

综合交通运输结构主要用方式、能耗的占比表达。方式结构通常指各种运输方式承担运输量的比例,能耗结构则是综合运输系统利用各种能源,如煤、电、氢及其他新能源的比例。综合交通运输的主要目标之一,是在各个维度上持续优化运输结构。

从五种运输方式构成共性角度,交通运输系统的基本构成可以归纳为:载运工具与交通装备,由线路、枢纽、站场等构成的基础设施及网络,保障运行效率的运输组织与运行管理系统,持续提升并保障绿色、安全、韧性、可持续发展的政策与法规。

铁路、公路、水路、民航、管道五种基本运输方式具有不同的基础设施形态与系统构成要素,因此具有不同的服务特性和空间适应性。从不同基础设施与特定载运工具的约束性关系,可以把上述五种主要运输方式分为三类组合。

1.1.2.1 依赖线路类设施:铁路与公路运输

道路与胶轮车辆、轨道与轨道车辆,形成基础设施与载运工具之间特殊的约束关系,是陆上运输最普遍的方式。铁路与公路运输系统依赖基础设施网络,提供运输的空间可达性和便利性。

(1)铁路运输

铁路运输的基本特征和共同特点,是在规定线路上运行特定载运工具,最常见的是条形钢材铺成的供火车、电车等行驶的有轨网络,也包括磁浮、胶轮路轨等系统。根据服务区域与运输组织方式等的差异,可分为铁路系统与城市轨道系统。

铁路系统可提供大运量、中高速度的运输服务。用于货物运输,具有大宗高运量运输特点;用于旅客运输,除大运量外,运输距离、运送速度适应性强。同等运量条件下,铁路系统的设施占地、运输能耗优于公路运输和航空运输。我国铁路采用标准轨距,高铁、城际铁路、市域(郊)铁路均为单相工频25kV牵引供电制式。

铁路系统由车辆、线路、场站和供电、信号系统构成,通过运输组织调度车辆在网络内运行。铁路系统具有基础设施整体性、网络化与运输服务组织化、大运量的特点。我国将铁路与轨道交通分为干线铁路、城际铁路、市域(郊)铁路和城市轨道交通四类网络。

其中，客运干线铁路以高速铁路(简称高铁)为主，设计速度为 250～350km/h，是运行动车组列车的标准轨距客运专线铁路，如京沪高铁、武广高铁。城际铁路指设计速度为 200km/h 及以下，是仅运行动车组列车的标准轨距客运专线铁路，服务区域内城市间公务、商务、旅游等出行，如沪宁城际铁路、京津城际铁路。市域(郊)铁路指设计速度为 100～160km/h，运行市域铁路车辆的客运专线铁路，也包括郊区铁路、通勤铁路，服务都市圈外围到中心城内通勤交通，如巴黎的 RER 快线、上海市域连接虹桥枢纽与浦东国际机场的机场快线。

城市轨道交通指服务城市建成区城市居民出行的地铁、轻轨、有轨电车等，是城市内旅客运输能力最大的系统。由城市地方政府主导城市轨道系统的规划、投资、建设、运行。城市轨道交通设计速度通常为 80km/h、运行速度为 30～40km/h。近年来出现的城市快轨设计速度可达 120～160km/h，包括直流供电的钢轮钢轨系统、单轨系统及长导短定子中低速磁浮系统等。

铁路与城市轨道系统的主要技术指标包括但不限于：路网规模、线路间距、站距、行车间隔与平均车速、通过列车对数、平均运输密度等。

有轨交通的类型与速度-距离适应性如图 1-2 所示。

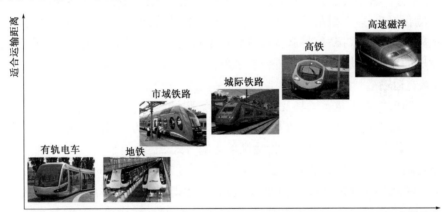

图 1-2　有轨交通的类型与速度距离适应性

(2) 公路运输

综合交通运输五种方式中的公路运输系统，包括服务国土空间的所有城市道路与公路，一般习惯用"道路运输"泛指。道路运输利用多类载运工具和道路运送人员与货物，是综合交通运输体系中网络与服务覆盖最广的基础性交通运输方式。

道路运输以汽车为主要载运工具，中等速度、单辆车运能小而总运量大。具有运输目的多元、运输距离与时间灵活的特点。道路运输用于货运具有多批次、高频率运输特征，用于客运可实现门到门服务。由于职业与非职业驾驶员共同使用道路网络且载运工具多样，通行路径存在不确定性与组合变化，道路运输的组织化程度与其他四种运输方式有明显差异。

道路网络既服务于个体交通,也服务于公共交通;既服务于机动化交通,也服务于非机动化交通。由于道路规划、建设、维护主体与使用主体分离,难以计量并征收用户使用基础设施的真实成本,因而导致车辆污染物排放、道路拥堵等负外部性,在城市道路网络上尤其突出。随着自动驾驶技术出现和应用普及,道路运输管理和组织方式可能出现重大变化。

1.1.2.2　依赖节点类设施:水路运输与航空运输

水路运输与航空运输的共同特征是依赖于特定的港口或枢纽,服务于长距离运输,在远洋、洲际运输中具有不可替代性。

(1) 水路运输

水运系统含内河运输与远洋运输,由各类船舶、码头与港口、船闸、岸线及装卸等专用装备构成,是五种运输方式中唯一基础设施非完全人工构筑、依赖于区域自然环境及条件的运输系统。内河航道、港口码头均会受到区域自然环境甚至季节限制,影响水运的服务范围、时段及能力。

与其他运输方式相比,水运具有运输速度低、运价低和一次运输量大的特点。在货运方面,主要服务于大宗、低值货品,如能源、原材料、谷物、外贸商品与集装箱。客运方面则呈现非运输化趋势,以大型邮轮为代表,服务于旅游目的,出现了专门的邮轮母港。水运需要其他陆上运输方式接驳,将旅客与货物运抵目的地。船舶大型化与港口集疏运,是水路运输发展的重要驱动力。

(2) 航空运输

航空运输依托空中载运工具及飞行保障等空侧设施、机场陆侧设施。航空服务的普遍性受机场密度限制,且修建与维护成本高。与其他运输方式相比,航空运输具有小运量、高速度的服务特征,因此也是运价最高的运输方式。

航空运输的载运工具为客运与货运飞机等航空器,连接机场的航段与航线组成航空网络。航空货运的对象是高价值、小批量货品,客运则服务于长距离、时间价值高的旅客群体。民用航空提供公共性营运服务,具有运能与运量低、运送速度高的基本特性。由于空中运输的安全保障要求以及机场飞机起降的环保要求,机场往往在城市边缘且需要额外的安检时间,使得航空运输在中短距离运输中不具有竞争力。

近年来,航空港呈大型化发展趋势:出现了一批拥有 2~4 条甚至更多跑道、多个航站楼的枢纽机场,产生了一批以机场为核心的综合客运枢纽,如上海虹桥国际机场、德国法兰克福机场、日本东京成田机场、法国巴黎戴高乐机场和英国伦敦希斯罗机场,均有多条高铁、城际铁路、地铁线路接入。

1.1.2.3　依赖专用设施:管道运输

管道运输指利用封闭管道进行货物输送的一类载、运合一的特殊系统。传统管道运输适用货物类型有限,主要用于长距离或超长距离输送大宗液态与气态能源,如原油、天然气等,能提供连续不间断、能力稳定的运输服务,在运输安全与可靠性方面具有优势。

在城市也有利用管道内的自动传送带,解决生活垃圾及小件货品的短距离传递。管道运输的运输能力取决于管径,运输速度一般为 20~30km/h。

近年来,为研制 800km/h 以上地面运输系统,人们提出了通过真空或低真空管道降低气动阻力,利用在管道内悬浮运行的载运舱实现超高速运输的概念系统,如 Hyperloop 等,如图 1-3 所示。

图 1-3　管道高速客运系统示意图

1.1.3　综合交通运输的作用

交通运输发展的作用,除持续提升交通运输服务水平、满足人民对美好生活的向往外,还体现在推动国家实现公平发展、促进国家实现绿色发展、保障国家实现安全发展、提升国家核心竞争能力等方面。

1.1.3.1　综合交通运输支撑国民经济发展

综合交通运输调整经济产业结构。综合交通廊道沿线的经济因综合交通运输便利性使组织生产的范围更大、与市场的距离有效缩短,有利于形成更为合理、高效的产业结构。而运输成本降低有利于产业的规模集聚与结构调整,又对运输需求的结构产生正向影响。如高速公路支持小批量、高频次、快速直达运输,有利于沿线工业向高价值制造业转变。

综合交通运输发展可增加并推动就业。交通运输、仓储与邮政业是国民经济重要组成,吸纳大量就业人口。2019 年我国大陆仅交通运输、仓储与邮政业,就有 62.96 万家企业、从业人员 1866 万人。综合交通运输发展还扩大了机械制造业、建材产业以及能源产业的就业规模。此外,便捷的交通运输服务拉动交通线路沿线产业发展,增加交通走廊带的就业率。

综合交通运输改善投资环境、吸引外来资本。资源与资本往往向有较高投资收益率的领域流动,因此交通运输便利性是区域竞争力的体现。当一个地区交通运输便利时,能够有效降低企业生产成本、提升投资回报,就会吸引外来资本、加速地区经济发展。

1.1.3.2　综合交通运输引导国土空间优化与城乡一体化

综合交通运输支撑城乡一体化。综合交通运输发展水平决定人与物流动的便利性、安全性、经济性。广覆盖、高效率的综合交通运输体系,能进一步缩短城乡之间的距离,促进城乡交流、推动城乡一体化建设进程。

综合交通运输引导国土空间布局优化。国土空间开发格局与交通设施布局关系密切,交通设施一定程度上决定空间区位与发展潜力。①水运和铁路运输虽速度较慢,但运输能力强、成本低,对运输成本控制要求较高的能源资源型企业通常选择水运和铁路运输便利的地区。②高速公路运输灵活、便捷高效、能实现门到门服务,可使资本密集型产业的产品实现快速流通与送达,是具有较高附加值的工业品优选的运输方式,使得大量工业园区、高新区、开发区沿高速公路集聚,如长三角G60科创走廊。③航空和高铁运输虽成本高,但速度快、时效性强,使得电子科技产业、生物医药产业、设计咨询产业、商务商业服务中心等集聚航空枢纽、高铁枢纽,如上海虹桥商务区。

综合交通运输体系各种运输方式的差异性与互补性、集约化与一体化,对国土空间结构具有长期塑造作用。一方面,发达的综合交通运输压缩时空距离、促使要素加快流动,降低了空间优化的成本代价;另一方面,现代化交通运输有助于人们在更大范围选择生活与工作地,实现更加合理的人口分布,促进国土空间的结构优化。

1.1.3.3 综合交通运输服务新产业发展

综合交通运输与物流业。交通运输对于物流发展具有决定性意义,是物流系统中最基本、最具活力的要素。物流成本降低首先源自运输环节和网络的优化,运输成本降低和效率提高,进而将供应链引入物流管理,实现仓储、运输、生产、销售等全物流链成本的降低。快捷、可靠、高效的运输服务与运输过程优化,对于物流行业发展具有决定性作用。由此可见,综合交通运输是全球范围内大规模物流业发展的基础,是物流快速、及时、便利的保障。

综合交通运输与旅游业。现代旅游业产业链中的交通运输,其功能已发生本质变化,不仅在通达旅游景点与控制成本中起重要作用,还成为旅游观光本身。交通基础设施完善和新技术应用改善了交通运输便利性,提高了旅游网络的通达性,极大地增加了旅游景点数量,扩大了旅游业规模,使得全球旅游产业蓬勃发展。运输过程还提供旅游者体验、观光等多重功能,又产生新的旅游产品,如内河与远洋客运都逐渐转变为邮轮经济。

综合交通运输与服务业。综合交通运输加强了各种运输服务之间的无缝衔接与合作,包括线路、能力、运营时间、票制、价格的衔接,为旅客联程运输、货物多式联运的加速发展奠定基础。服务方式创新产生新的交通服务模式与产品、产业,如现代物流业、快递业等多方式一体化运输,公路甩挂运输与集装箱专业运输及服务网络,服务农产品、农用物资、农村消费品的货运系统,以及客运的出行即服务(Mobility as a Service,MaaS)平台、分时租赁与共享交通。综合交通运输体系进一步完善了邮政和快递服务网络,通过邮政综合服务的平台网络作用,拓展邮政物流、代理代办等业务,实现普遍服务覆盖城乡。综合交通运输还支撑引导了电子商务、配送配载等新兴业务的发展。

综上,综合交通运输是现代产业体系协调发展的坚实支撑,是内外经济循环相互促进的重要纽带,是产业链、供应链安全稳定的保障基石,也是改善人民生活品质、促进共同富裕的开路先锋。有利于扩展交通运输投资新空间,并催生、加速培育新技术与新产业。

1.2 综合交通运输的系统性能及指标

综合交通运输的性能,需要从自身能力(数量)和用户服务(质量)两个方面度量,包括技术、经济等多方面指标。综合交通运输体系至少应考虑三类利益相关方:获得服务的用户、提供服务的企业、管理行业的政府部门。

①用户出行:注重服务的快速、可靠、经济,运输过程的连续性,各运输方式基础设施、服务网络相互连接和配合的紧密性、融合性,各种运输方式及服务的可选择性。

②企业营运:运输服务供应商关注基础设施可用性与系统运行是否高效、可靠,市场开放度,运输需求与运输管理的稳定性,各运输方式的平等性、互补性和包容性。

③政府规制:注重运输结构以及体系的整体能力、效率、安全、韧性,各运输方式能够在充分发挥自身比较优势基础上,合理利用并协调、可持续发展。

1.2.1 交通运输的技术经济特征

1.2.1.1 运送速度

运送速度指旅客和货物在运输过程中平均每小时被运送的距离,决定客、货实现空间位移时所需要的全程时间。

运送速度取决于载运技术发展水平与基础设施能力。各种运输方式有其适用的速度范围,或称优势速度范围。旅客或货物运输链试图将各种运输方式以其最优速度组合并衔接,满足快捷输送的要求。以客运为例,依据通用成熟技术水平,一般认为公路运输的最优运送速度为 50~100km/h,铁路运输为 100~300km/h,航空运输为 500~1000km/h,并针对"速度链"的空白段(300~500km/h)开发新型交通载运工具,如更高速的铁路、磁悬浮系统等。综合交通运输体系中各种运输方式的速度-优势运距关系如图 1-4 所示。

1.2.1.2 运输成本

狭义的运输成本指一定时间内完成一定客货运输量的全部费用支出,也称该期运输总成本。单位运输产品分摊的运输费用支出,称单位运输产品成本或费率,用元/人公里、元/吨公里表示,简称运输成本。

运输成本是一个综合性指标,是劳动生产率、燃料效率、设施使用成本、设备利用率、运输组织水平等的集中反映,具体包括:

①固定设施使用成本,如铁路、公路、停车场、机场、管道等的建设与运行成本。管道本身就是固定设施,管道运输是唯一一种仅使用固定设施的运输方式。

②移动设备直接与间接成本,如铁路机车车辆、载货汽车、公共汽车、客货船舶和飞机等的折旧与运营维护。

③运营成本,即与运输量直接相关的变动成本,包括运营人员工资,以及运输过程消耗的燃料与通行费。运输量越大,运营成本越高。

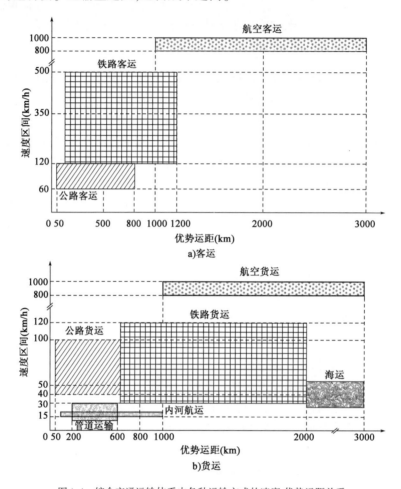

图1-4 综合交通运输体系中各种运输方式的速度-优势运距关系

1.2.1.3 运输能力

运输能力是系统在给定时段内(小时或日、年)能完成的旅客和货物运输量。运输能力可分为:

①通过能力,指在规定的运输线路、方向和区段,在一定运输组织方法条件下,运输设施/固定设备能通过的客、货运输量。

②输送能力,指在运输线路、方向和区段上,在确定的运输条件下,运输工具所具有的载运旅客或货物的能力。

通过能力和输送能力均以单位时间内所能通过的列车数、汽车数、船舶数或运输量来计量。道路定义为车辆通行能力,铁路定义为通过列车对数;机场定义为吞吐量或起降架次,港口同样用吞吐量与泊位计算。各种运输方式的载运工具都有其适当的载货、载客容量范围,决定了设施的运输能力。

1.2.1.4 运输能耗

能源消耗作为耗费性支出直接影响运输成本,以万吨公里、万人公里的标准煤或千瓦时度量,也是运输过程碳排放的主要来源。运输能源主要是燃油、煤炭和电力,陆上运输载运工具电驱动占比的持续提升是大趋势。提高集约化运输方式的比重,有利于降低综合交通运输系统的能耗。

1.2.1.5 始建投资

始建投资指运输设施及设备等方面的初始建造成本,包括线路、车站码头、港口、机场等基础设施建设投资,运输工具、装卸工具及维护修理设施设备购置,以及其他固定资产的全部初始投资。

1.2.1.6 运输便利性

运输便利性指一种运输方式在任意给定两点间、任意时段提供服务的能力,用运输方式的空间与时间可达性表示,主要由运输网络及服务水平决定。例如,小汽车可以提供门到门服务,公共汽车只能提供站到站且给定时段的服务,水运则限定于港口间、不冻期。

1.2.1.7 安全性

安全是运输的基本要求,具有避免或减少事故引发的经济损耗和损失,以及维护生产力与保障社会经济财富增值的双重功能和作用。

针对各种运输方式成熟应用系统在上述 7 个方面的相对优劣,有研究将其主要技术经济特征用相对优势进行评级,归纳见表1-1。

各种运输方式的比较优势 表1-1

运输方式	速度	成本	能力	能耗	始建投资	便利性	机动性	安全性
铁路	2	4	3	4	6	2	3	3
公路	3	5	5	5	4	1	1	6
内河航运	5	2	2	2	3	3	4	4
海运	4	1	1	1	1	4	5	5
民航	1	6	6	6	2	4	2	2
管道	6	3	4	3	3	5	6	1

注:表中将水运分为内河航运和海运两种形式,表中数字从小到大表示从优到劣。

1.2.2 综合交通运输体系的服务性能

综合交通运输体系的服务性能(Performance)不仅与各种运输方式及系统的服务能力有关,更取决于运输方式之间的协作与配合、运输结构及相应的综合效益,并与载运工具与基础设施的匹配性、运输组织与运输管理的协同度相关。

运输质量对于客货运输的服务选择起到越来越重要的作用。客运方面,旅客服务需求更注重舒适便捷的运输品质,因此高铁、民航、小客车等出行方式的需求量迅速增加。货运方面,高附加值和小批量货物运输成为货运需求增长最为迅速的类别,集装箱运输和快递需求大幅增加,更加注重运输的时效性与可靠性。运输服务品质与节能减排刚性目标,对各运输方式协调发展、绿色发展提出新的要求。《交通强国建设评价指标体系》从安全、便捷、高效、绿色、经济五个方面设置三级 20 项指标,全面覆盖了综合交通运输体系的服务性能。

1.2.2.1 安全

安全是交通发展的永恒主题,是经济社会稳定发展的重要前提。可从生命安全、应急保障、自主可控三个方面衡量综合交通运输的安全性。

(1)指标 1——交通运输安全性

该指标体现交通基础设施建设、运输服务、交通运输工具装备等安全运行能力及行业安全生产关键岗位从业人员素质,包括交通运输事故频率、死亡率、经济损失,交通运输安全从业人员职业技能素质。

(2)指标 2——交通系统韧性

该指标反映交通运输系统稳定性与可靠性,主要体现综合运输通道、客货运枢纽、关键路段工程、重要港口航道等交通基础设施在重大突发事件下的可替代、易修复、抗毁坏能力等。包括重点区域多路径、多方式连接比率。

其中,韧性指受扰动、冲击后系统的恢复能力,通常用基本服务恢复所需要的时间度量,详见第 7 章。针对基础设施网络,增加重要节点之间的连通路径有助于提升可靠性。

(3)指标 3——应急响应水平

该指标反映重大突发事件发生后的快速响应能力,主要体现在及时启动应急响应,迅速实施应急救援、交通运输保障,有效降低突发事件影响等,可采用突发事件(故)应急响应启动时间、交通运输应急恢复时间、应急救援力量响应及到达时间等度量。

(4)指标 4——交通设施装备水平

该指标的核心是交通运输设施装备的技术水平,即交通运输领域设施、装备、产品等核心技术方面的先进程度以及自主可控能力。其重点是交通核心先进装备国产化率、运输工具导航系统安全监管覆盖率、交通关键结构物安全耐久可靠度、交通基础设施技术状态良好率。

1.2.2.2 便捷

便捷是对交通供给能力和质量的要求,指提高交通基础设施通达程度,便利人民群众出行,注重交通运输服务公平性,增强人民群众获得感。

(1)指标 5——交通基础设施覆盖衔接水平

该指标反映交通基础设施、运输服务的空间布局和衔接水平,主要体现各方式、各层级交通运输网络的通达覆盖水平,包括享受 1 小时快速交通人口覆盖率、城区常住人口 100 万人以上城市中心城区建成区公共交通站点 500 米覆盖率、城乡交通运输公共服务均等化水平、农村客运应通尽通比例等。

(2)指标6——对外连通度与国际化水平

该指标反映我国与其他国家的交通连通程度,交通运输对产业链、供应链的运输保障水平,主要体现我国对外交通运输服务的覆盖能力和国际物流供应链服务保障能力。可选用的具体指标包括:自主快递网络全球覆盖率,班轮运输连通性指数,国际物流供应链保障能力,航空枢纽机场对外连接度,国际道路运输便利化水平,参与国际标准制定、参与国际交通组织治理能力。

(3)指标7——交通基础设施无障碍水平

该指标反映交通基础设施服务老年人、残疾人、孕妇儿童等特殊群体无障碍出行及正常使用情况,主要体现特殊群体出行便利程度和服务水平,满足老龄化社会交通需求,提升交通运输服务人性化、精细化水平。包括交通基础设施无障碍化率、交通无障碍基础设施使用率、低地板及低入口城市公交车比例、无障碍出租汽车比例等。

(4)指标8——全国123出行交通圈覆盖率

该指标反映都市区1小时通勤、城市群2小时通达和全国主要城市3小时覆盖的人口情况。

(5)指标9——全球123快货物流圈覆盖率

该指标反映快货国内1天送达、周边国家2天送达、全球主要城市3天送达的覆盖情况。

1.2.2.3 高效

高效是对交通供给效率的要求,指充分利用先进技术手段,提高交通基础设施利用效率、衔接转换效率、运营管理效率和交通网运行通畅水平,发挥各种运输方式的比较优势和组合效率。

(1)指标10——交通设施利用率

该指标反映设施利用合理化水平,主要体现交通设施利用效率,包括交通设施功能发挥、能力利用水平。

(2)指标11——交通网运行通畅水平

该指标反映交通网络运行的通畅程度,主要体现合理运行速度区间的占比情况、设施能力和需求匹配情况,可采用交通基础设施利用饱和程度(v/C 值)、城市交通运行指数等度量。

(3)指标12——旅客联程运输水平

该指标反映旅客出行一体化服务水平,主要体现交通运输全链条高质量服务能力,包括旅客联程运输指数、新改建综合客运枢纽换乘时间、中心城区至综合客运枢纽半小时可达率等。

(4)指标13——货物多式联运水平

该指标反映货物通过两种及以上运输方式一体化装载、衔接和转运的效率及发展水平。包括多式联运换装1小时完成率、货物多式联运占比、港口集装箱铁水联运和水水中转比例、多式联运"一单制"应用比例、大宗物资公铁水运价协同水平。

(5) 指标14——综合交通智慧化水平

该指标反映交通基础设施、交通装备、运输服务和交通管理智能化水平以及系统的智慧化发展程度,可从交通基础设施数字化、网联化水平,交通装备智能化、网联化水平,交通装备与运输服务智能化水平,重点物资运输电子运单覆盖率、自动驾驶和车路协同水平等方面度量。

1.2.2.4 绿色

绿色是满足人民对优美生态环境的需要,从生态环保、集约节约两个方面,推动形成绿色交通发展方式,提高资源集约节约化水平,促进交通与自然和谐共生。

(1) 指标15——交通运输工具主要大气污染物排放与碳排放水平

该指标反映交通运输工具使用过程产生的大气污染物与二氧化碳排放下降情况,体现减排效果,可采用交通工具换算周转量碳排放强度下降率、氮氧化物(NO_x)排放总量下降率等度量。

(2) 指标16——交通与环境协调发展水平

该指标反映交通运输绿色发展水平及能源综合利用效率,重点从城市绿色出行水平和新能源载运工具推广应用等方面进行衡量,包括城市绿色出行比例、城市公共交通机动化出行分担率,新能源车占比,城市公交、出租汽车、城市配送等领域新能源汽车占比,大宗货物中长距离铁路水路运输比例,交通基础设施绿色化建设比例,城市交通噪声投诉率,交通运输与生态环境协调发展水平。

(3) 指标17——交通基础设施空间资源集约化水平

该指标反映综合交通及各运输方式对土地、岸线、线位等国土空间资源集约节约利用情况,用主要通道新增交通基础设施多方式国土空间综合利用率提高比例、单位港口岸线通过能力提升率、货物运输实载率等度量。

综合交通运输的绿色化应涵盖全生命周期、全出行链、全方式。低碳是核心指标,集约化是主要途径,低影响是标志体现。

1.2.2.5 经济

经济是对交通投入产出比率的要求,体现为用户以可承受的价格享受到高品质、高性价比的运输服务,全面适应并支撑经济社会发展。

(1) 指标18——交通支出可承受能力

该指标反映人民群众对交通运输时间成本和支出费用的可承受能力,以及交通基础设施建设财务可持续能力,全生命周期成本可承受能力、有效防范债务风险能力,可采用交通支出占消费支出比重、交通基础设施资产负债率、城市不合理拥堵的时间与能耗损失比重等度量。

(2) 指标19——交通运输对经济增长贡献率

该指标反映交通运输业对国内生产总值(GDP)增长的全部贡献程度,包括直接贡献和通过促进消费、带动相关产业增长的间接贡献等。

（3）指标20——通道枢纽经济发展水平

该指标反映运输通道和交通枢纽建设对经济引领促进水平，体现对客流、物流、资金流、信息流等集聚带动作用，以及促进经济要素循环、推动交通与周边经济协同发展的能力，常用枢纽周边、通道沿线以公共交通为导向的开发（Transit-Oriented Development，TOD）指数以及交通基础设施对沿线经济发展的带动力度量。

1.3 综合交通运输体系发展的阶段特征

近现代交通运输的发展以蒸汽机的广泛应用为契机，以内燃机及机动化交通工具的出现为关键节点，以相应的基础设施建设并成网为标志。在过去两百多年历史中，交通运输经历了从单方式主导并建立相对独立运行的系统，到多方式竞争、合作协同一体化发展的过程。交通运输发展时间阶段及特征见表1-2。

交通运输发展时间阶段及特征　　表1-2

时间阶段		特　征
中国	欧美	
1800年前		水运主导，早期道路网形成
—	1800—1899年	铁路主导，大规模商业化运输
—	1900—1929年	公路普及与网络化
1950—1989年	1930—1949年	铁路、公路、民航、管道独立发展
1990—2004年	1950—1989年	高速公路兴起与多方式竞争发展
2005—2019年	1990年至今	多模式交通运输协调发展
2020年至今	—	综合交通运输体系与立体综合交通网络

中华人民共和国成立以来，特别是改革开放以来，我国交通运输取得了举世瞩目的发展成就，已从根本上改变了基础薄弱、整体落后的面貌。我国交通基础设施网络规模已居世界前列，运输服务保障能力不断提升，科技创新能力显著增强，行业治理现代化水平大幅跃升，人民高品质出行需求得到更好满足。我国交通运输已进入高质量发展新时代，正由交通大国加快向交通强国迈进。

1.3.1 我国综合交通运输系统概况

本节将从基础设施、载运工具、运输服务三个方面，介绍我国综合交通运输系统概况。由于2020年全球受新冠肺炎疫情影响，客货运输量非正常下降，本节设施量数据采用

2020年全国(不含香港、澳门和台湾,下同)统计指标,运输量采用2019年全国统计指标,以尽可能体现客观性。

1.3.1.1 基础设施

至2020年末,铁路营业里程达到14.6万km,铁路网密度152.3km/万km²。其中,高铁营业里程3.8万km,位居世界第一。铁路复线率为59.5%,电化率达到72.8%。

公路总里程达到519.81万km,公路网密度54.15km/百km²。国道里程37.07万km,省道里程38.27万km。农村公路里程438.23万km,其中县道里程66.14万km、乡道里程123.85万km、村道里程248.24万km。高速公路里程16.10万km,二级及以上等级公路里程70.24万km,四级及以上等级公路里程494.45万km,占公路总里程比重为95.1%。

内河航道通航里程达到12.77万km。其中,三级及以上航道里程1.44万km,等级航道里程6.73万km,占总里程比重为52.7%。港口生产用码头泊位22142个,其中万吨级及以上泊位2592个。

颁证民用航空机场241个,其中定期航班通航机场240个、定期航班通航城市237个,定期航班航线里程达到942.6万km。年旅客吞吐量达到100万人次以上的通航机场有85个,其中年旅客吞吐量达到1000万人次以上的通航机场27个。年货邮吞吐量达到10000t以上的通航机场59个。

至2018年末,我国高铁、高速公路、城市轨道交通运营里程和港口深水泊位数量已位列世界第一。2020年铁路网覆盖98%的20万人口以上城市,高铁通达72%的50万人口以上城市、80%的100万人口以上城市。高速公路网覆盖98%的城镇人口20万人以上的城市。民用航空机场在100km直线距离内覆盖全国88.7%的地市和82.8%的县。管道覆盖全国281个地级市,占比83%;覆盖全国1550个县级市,占比56%。

1.3.1.2 载运工具

载运工具总量与基础设施规模呈现同步增长趋势。

至2020年末,全国拥有铁路机车2.18万台,其中内燃机车0.80万台、电力机车1.38万台,电力机车已占63%。拥有铁路客车7.6万辆,其中动车组3918标准组、31340辆;拥有铁路货车91.2万辆。

全国民用汽车保有量25376万辆,私人汽车占88.7%。营运汽车1171.54万辆,其中载客汽车61.26万辆、1840.89万客位,载货汽车1110.28万辆、15784.17万吨位。货运车辆中,专用货车50.67万辆、596.60万吨位,牵引车310.84万辆,挂车334.63万辆。

水上运输船舶12.68万艘,净载重量27060.16万t,载客量85.99万客位,集装箱箱位293.03万标准箱(TEU)。

民用航空飞机6795架,其中运输飞机3903架、通用航空飞机2892架。值得注意的是,通用航空飞机的数量占比呈上升趋势。

至2020年末,全国城市内营运性客运车辆中有公共汽电车70.44万辆,城市轨道交通车辆49424辆、巡游出租汽车139.4万辆、城市客运轮渡船舶194艘,以及大量网络预约出租车、网络租赁自行车等,为城市居民出行提供服务。

2016—2020 年我国综合交通运输基础设施、载运工具规模总量见表 1-3。

我国综合交通运输基础设施、载运工具规模总量　　　　表 1-3

指标		2016 年	2017 年	2018 年	2019 年	2020 年
运输线路长度（万 km）	铁路营业里程	12.40	12.70	13.17	13.99	14.63
	公路里程	469.63	477.35	484.65	501.25	519.81
	其中:高速公路里程	13.10	13.64	14.26	14.96	16.10
	内河航道	12.71	12.70	12.71	12.73	12.77
	定期航班航线	634.81	748.30	837.98	948.22	942.63
	输油(气)管道	11.34	11.93	12.23	12.66	13.41
机动车保有量（万辆）	民用汽车	18574.54	20906.67	23231.23	25376.38	27340.92
	其中:私人汽车	16330.22	18515.11	20574.93	22508.99	24291.19
	其他机动车	7449.93	7607.88	6979.25	6899.43	7266.91
民用运输船舶数量(艘)	机动船	144568	131746	125754	121440	126805
	驳船	15576	13178	11221	10115	8874
民用飞机数量（架）	运输飞机	—	3296	3639	3818	3903
	通用航空飞机	—	2297	2495	2707	2892

1.3.1.3 客货运输量

受新冠肺炎疫情影响,2020 年全国综合交通客货运输量较 2019 年显著下降。2019 年全国完成营业性客运量 176.04 亿人,旅客周转量 35349.06 亿人公里;完成营业性货运量 462.24 亿 t,货物周转量 194044.56 亿吨公里(不含管道运输)。不同运输方式承担的客货运量结构如图 1-5 所示。我国综合交通运输客货运量见表 1-4。

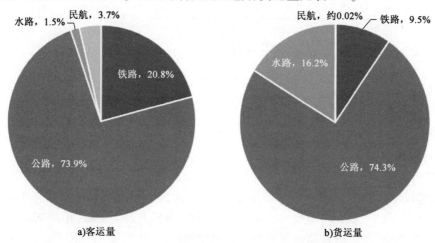

a)客运量　　　　　b)货运量

图 1-5　不同运输方式承担的客货运量结构

我国综合交通运输客货运量　　　　　表 1-4

指　　标		2016 年	2017 年	2018 年	2019 年
客运量 （万人）	铁路	281405	308379	337495	366002
	公路	1542759	1456784	1367170	1301173
	水路	27234	28300	27981	27267
	民航	48796	55156	61174	65993
	总计	**1900194**	**1848620**	**1793820**	**1760436**
旅客周转量 （亿人公里）	铁路	12579.3	13456.9	14146.6	14706.6
	公路	10228.7	9765.2	9279.7	8857.1
	水路	72.3	77.7	79.6	80.2
	民航	8378.1	9513.0	10712.3	11705.3
	总计	**31258.5**	**32812.8**	**34218.2**	**35349.2**
货运量 （万 t）	铁路	333186	368865	402631	438904
	公路	3341259	3686858	3956871	3435480
	水路	638238	667846	702684	747225
	民航	668.0	705.9	738.5	753.1
	管道	73411	80576	89807	91261
	总计	**4386763**	**4804850**	**5152732**	**4713624**
货物周转量 （亿吨公里）	铁路	23792.3	26962.2	28821.0	30182.0
	公路	61080.1	66771.5	71249.2	59636.4
	水路	97338.8	98611.2	99052.8	103963.0
	民航	222.45	243.55	262.50	263.20
	管道	4196	4784	5301	5350
	总计	**186629**	**197373**	**204686**	**199394**
沿海港口货物吞吐量(万 t)		810933	865464	922392	918774

1.3.2 我国综合交通运输发展过程

改革开放以来，我国交通运输业快速发展，基础设施规模与质量、客货运量与结构均呈现由量变到质变的过程，不同类型运输方式也呈现出各自的阶段性特征。

1.3.2.1 基础设施规模与质量

（1）铁路

1978 年全国铁路运营里程 5.17 万 km，2020 年增加至 14.6 万 km，总里程全球第二。其中，高速铁路从 2003 年开通秦沈客运专线以来，运营里程由 404km 增加至 3.8 万 km，全球第一（图 1-6）。铁路电气化率也由 1978 年的 1.9% 上升至 2020 年的 72.8%。从增长阶段来看，2005 年之前铁路运营里程增长速度较慢，年均增加 878km；2005 年之后进入快速增长阶段，年均增加 4707km。

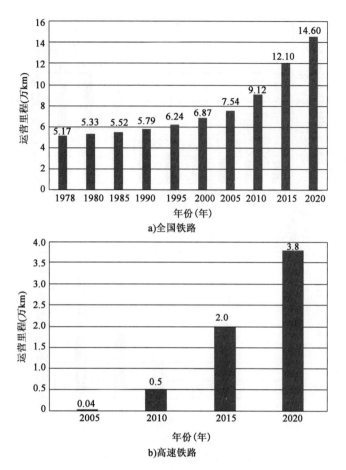

图 1-6 全国铁路和高速铁路运营里程增长

(2) 公路

1978 年全国公路通车里程 89.02 万 km，2020 年增加至 519.81 万 km。其中，高速公路从 1989 年上海沪嘉高速通车以来，2020 年通车里程达到 16.1 万 km。从增长阶段来看，2000 年前公路通车里程增长速度较慢，年均增加 3.6 万 km；2000 年之后进入快速增长阶段，年均增加 17.6 万 km（图 1-7）。

(3) 水路

1980 年全国内河航道里程 10.8 万 km、港口泊位 800 个，2020 年航道里程 12.8 万 km、港口泊位 22100 个。近 40 年内河航道里程总体保持稳定态势，等级航道里程占比基本维持在 50%～55% 之间，但远洋运输能力与港口泊位数量飞速增长。

(4) 民航

我国民航交通 1978—2000 年为快速发展期，2000—2020 年为高速发展期。从 1980 年到 2020 年，机场由 79 个增加到 241 个，飞机从 754 架增加到 3818 架，航线从 174 条增加到 5521 条。

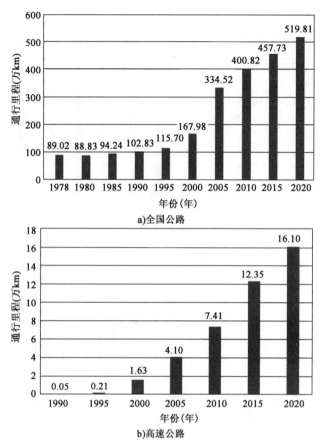

图 1-7　全国公路和高速公路通行里程增长

1978 年定期航班航线里程仅 14.89 万 km,2020 年增加至 942.63 万 km,是 1978 年里程数的 63 倍。其中,国际航线里程从 1978 年的 5.53 万 km 增加至 2020 年 382.87 万 km,增长了 68 倍。2010 年之后航线里程年均增加 66.6 万 km(图 1-8)。

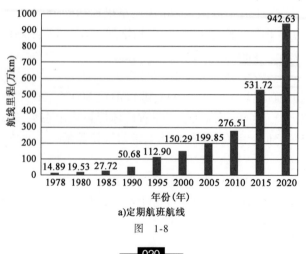

图 1-8

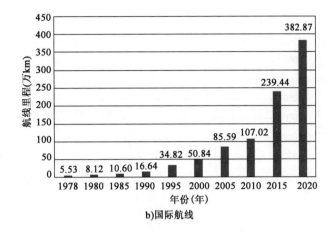

b) 国际航线

图 1-8　1978—2020 年定期航班航线和国际航线里程增长

1.3.2.2　客货运量与结构

(1) 客运量与客运结构

1978 年全年综合运输客运量为 25.4 亿人次，2019 年增加到 176 亿人次，增长了 6 倍。1978 年全年旅客周转量为 1743.1 亿人公里，2019 年增加到 35349.2 亿人公里，增长了 19 倍(图 1-9)。

从客运结构来看，公路客运占客运量比例的 70% 以上。近几年随着铁路设施和服务能力的持续完善，公路客运比例逐年下降，铁路客运比例呈快速上升趋势。随着国民收入水平提高以及民航设施与服务能力提升，更能反映实际运输需求的客运周转量结构逐渐由铁路、公路"两分天下"演变为铁路、公路、民航"三分天下"的格局。2005 年民航客运周转量占比达 12%，2019 年增至 33%，超过了公路运输客运周转量占比(25%)。

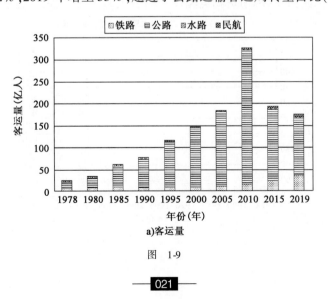

a) 客运量

图　1-9

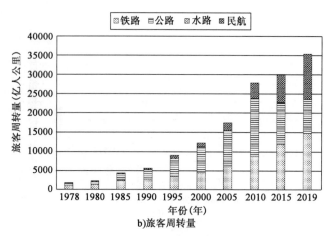

图1-9 客运量与旅客周转量增长

注:2013年起公路水路客货运输数据统计范围口径有所调整。

(2)货运量与货运结构

1978年全年综合运输货运量为31.9亿t,2019年增加到471.4亿t,增长了近14倍。1978年全年货物周转量为9928亿吨公里,2019年增加到199394亿吨公里,增长了19倍(图1-10)。

从货运结构来看,公路货运占主导地位,由1978年的47%上升为2019年的73%。铁路货运量占比呈快速下降趋势,由1978年的34%降至2019年9%。水路货运量占比总体上维持在15%左右。

货物周转量结构呈现出与货运量结构截然不同的阶段特征。20世纪90年代之前,货运周转量主要依靠铁路完成。此后,水路货物运输周转量占比逐步超过铁路,成为主导运输方式。2010年之后,公路货物运输周转量占比也快速增加,2019年约为30%。形成国际货物运输以水路为主、国内货物运输以公路为主的格局,铁路货运量也持续增长。

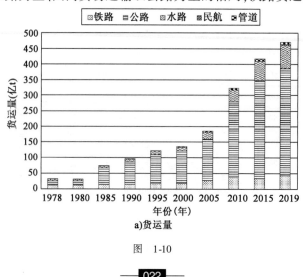

图 1-10

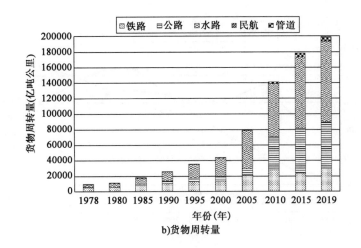

b) 货物周转量

图 1-10　货运量与货物周转量增长

(3) 客货运输距离

客货运输距离反映了人员出行与货物运输在空间上的延展性,不仅体现客货运输强度的变化,也反映了运输便利性导致的变化。1978 年全国城际旅客运输平均运距为 69km,2019 年上升至 201km,增长了近 2 倍(图 1-11)。各种运输方式也呈现不同的变化特征。1978—2019 年,铁路运输平均运距呈先升后降的趋势,便利的高铁吸引了大量中短途客流;公路和民航旅客运输平均运距总体上保持上升趋势(图 1-12)。

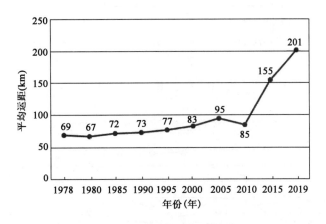

图 1-11　旅客运输平均运距变化

1978 年全国货物运输平均运距为 395km,2019 年上升至 423km,货物运输平均运距总体上呈现增长趋势,近 10 年平均运距稳中略有下降(图 1-13)。公路与民航的平均货物运输距离始终保持增长趋势,铁路与水路平均运距呈现先增长后下降的特征,而管道运输平均运距则呈现先下降后增长的态势(图 1-14)。

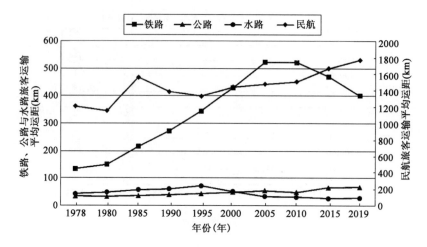

图 1-12　铁路、公路、水路及民航旅客平均运距变化

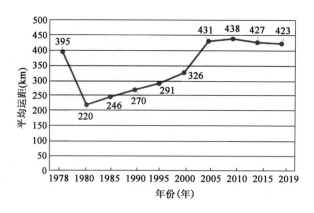

图 1-13　货物运输平均运距变化

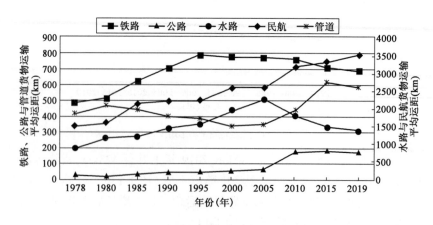

图 1-14　五种运输方式的货物运输平均运距变化

1.3.2.3 运输市场与服务业态

(1)客运市场与平台型企业

2012年起,共享出行在我国各地陆续出现,2020年全国共享出行方式使用量已达到323亿人次,共享出行市场交易额超过2200亿元(图1-15),我国已经超过美国和德国成为全球最大的共享出行市场。网约车、互联网租赁(电动)自行车、私人小客车合乘、互联网汽车租赁等共享出行新业态已经成为运输市场的重要组成。

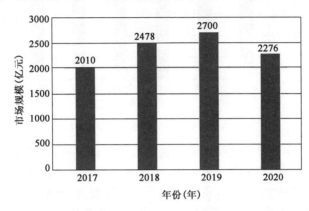

图1-15 2017—2020年我国共享出行市场规模

共享出行服务正在从快速增长转向稳定增长:网约车日订单数量超2000万单,发展进入稳定期;私人小客车合乘日订单量在100万单左右,处于快速增长阶段;分时租赁运营车辆约有20万辆,仍处于探索阶段;互联网租赁自行车投放量达1945万辆,日均订单量超4500万单;互联网租赁电动自行车运营数量达500万辆。

除地方交通运输企业外,各类非传统运输企业也进入出行服务领域,如拥有巨大流量的互联网门户平台、大型车企的出行平台、汽车租赁与网约车等运力配置平台等。截至2021年6月底,全国共有236家网约车平台公司取得网约车平台经营许可,各地共发放网约车驾驶证349.3万本、车辆运输证132.7万本。整合各种交通运输方式的"出行即服务"一站式平台,是未来客运服务的发展方向。

(2)货运物流市场与平台型企业

2020年,我国社会物流总额累计达到300.1万亿元,较2019年增长3.5%(图1-16),与网购相关的物流需求增速明显加快。直播电商、社交电商、生鲜电商等新业态快速壮大,带动消费物流需求持续快速增长。

网络货运平台应用互联网与移动通信技术,汇聚车源和货源信息,形成覆盖全国的货源、运力资源池,提高运力组织能力与装载集约化程度,降低社会和企业的物流成本。2020年1月,交通运输部、国家税务总局发布了《网络平台道路货物运输经营管理暂行办法》。

网络货运平台的形成与发展具有不同路径,各具特点与优势。一种是传统运输企业依托规模化运力与互联网技术能力,进行平台化客户服务与运能组织。另一种则是拥有领先互联网技术的科技型公司,作为第三方专业服务提供商,依托数字化、信息化创新平台运行模式。公路港支撑实体货运、平台提供线上交易,通过公路港与平台的结合提高物流运输效率。

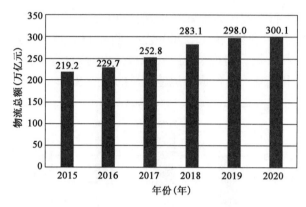

图 1-16　2015—2020 年我国社会物流总额

运输全过程的透明化管理是物流平台企业必须具备的功能,以此管控网络货运经营的风险。一些平台企业已经实现了对运输、交易全过程的实时监控和动态管理。平台通过对运输货物轨迹、货物在途状态、货单在途明细等数据进行追踪记录,不仅具备全面管控和全自动风控功能,而且进一步提高了信息安全管理能力。

1.3.3　我国综合交通运输发展趋势

在我国交通运输基础设施规模总量全球第一的基础上,综合交通发展由追求速度规模向更加注重质量效益转变,由各种交通运输方式相对独立发展向更加注重一体化融合发展转变,由依靠传统要素驱动向更加注重创新驱动转变。

1.3.3.1　客货运输发展特征

客货运量总体上稳步增长,城际出行、旅游休闲客运量将快速增加。中西部地区随着国民收入提高,客运量增长较东部地区增速更快。客运结构特征方面,铁路、民航、小客车客运量快速增长,公路营业性客运量将持续下降。港口货物吞吐量、国际物流以及中西部地区货运量增长明显。货运结构持续调整,铁路快速发展,水路、民航仍将保持较快增长,公路增速下滑但仍占主导地位。

1.3.3.2　交通运输转型发展趋势

(1)科技创新引领

交通运输科技创新将聚焦于加强基础研究和应用基础研究、攻克交通运输关键核心技术、强化现代工程技术研发、加强前沿技术和颠覆性技术研发四个方面。

大数据、云计算、智能化、自动化、机器人等技术发展将颠覆人们的生产和生活方式。新技术、新能源、新材料、新工艺的突破将使未来交通系统变得更安全、可靠、高效、便捷、可持续。其中,5G、北斗导航、无感快捷支付、区块链、3D 打印、虚拟现实、自动驾驶、超级高铁、无人机、无人船、自动化码头、特高压输电等一批前沿技术,将通过与交通运输的深度融合,塑造全新的交通运输格局。

载运工具的发展方向首先是用电能、氢能等清洁能源替代传统燃料,实现节能减排,这同时对能源供给设施的布局提出了新的要求。其次,是针对载运工具本体进行设计改进,提升运输速度和运输效率,如研发和应用时速 600~1000km 的地面载运系统、小型化和轻量化的家用汽车、重载货运机车和重载电动汽车、大型船舶、民用空天飞机等,由此提升运输效能。第三,是发展数字化与信息化支持下的智能网联、自动驾驶和无人驾驶等新技术,从而改善运输安全与运输便利性。

基础设施的发展方向是智慧化、耐久性。基础设施建造能力与网络通达水平持续提升,适应载运工具与运输组织创新的新型基础设施建设及既有设施的改造,将显著提升综合运输系统的安全性与承载能力。同时,枢纽衔接设施与信息化设施的重要性提升,通过建设快速网、干线网、基础网等分层分级网络,提供多通道、多线路、多方式、可选择的服务。

运输服务的发展方向是鼓励"互联网+"运输服务新业态,推进网约车、互联网租赁自行车等共享出行规范发展;提升冷链物流、城市配送等服务,推动快递和电商物流等新模式发展。客货运输市场呈现出以信息化、平台化为代表的现代运输业特征。通过客流与车辆在途组织、共享使用、动态调度、直达运输等技术应用,提升系统效能与服务水平。

(2) 安全绿色导向

2019 年,我国交通领域碳排放约为 11.8 亿 t,约占全社会碳排放量的 11%。随着国家碳达峰、碳中和战略推进,构建资源节约和环境友好的交通运输系统成为综合交通的发展重点,并将聚焦以下三个方面:

一是绿色交通基础设施建设。将生态环保理念贯穿交通基础设施规划、建设、运营和维护全过程,建设绿色交通基础设施,统筹利用综合运输通道线位、土地等资源,加大岸线、锚地等资源整合力度和利用效率。推进废旧路面、建筑垃圾、工业固废等在交通建设领域的循环利用。

二是交通运输结构优化调整。推进大宗货物和中长距离运输的"公转铁""公转水",大力发展多式联运,提升集装箱铁水联运和水水中转比例,开展绿色出行创建行动,提高绿色出行比例。

三是碳排放和污染防治协同控制。加快新能源、清洁能源推广应用,推进各类交通载运工具能效提升,强化车辆排放检验与维护制度实施,深入推进实施船舶排放控制区。

(3) 提质增效统筹

在科技创新与绿色发展理念指引下,交通运输的发展阶段将从高投入、高速度向高质量、高效益转变,综合交通网络运行效率得到进一步提升,物流成本进一步下降。客运交通彰显以品质化、多样化、个性化为特征的出行体验,提供一体化"门到门"的出行服务;货运物流彰显以组织化、高效化、集约化为特征的降本增效,推进货运"一单制"。

(4) 融合开放凸显

随着新技术的广泛应用,交通运输新业态将更加多元化,交通运输与旅游业、制造业、流通业更快融合发展。国际寄递物流供应链体系和洲际航线网络将进一步完善。

1.4 我国综合交通运输管理架构

交通运输管理架构对于各个国家、地区综合交通运输体系的形成、发展具有重要作用,甚至影响综合交通运输体系结构与一个时期的重点任务。

伴随经济社会和交通运输的发展,世界各国综合交通运输管理体制不断演进,呈现出由分散管理走向综合管理、科学设置部门架构的共性。全世界126个拥有铁路的国家中,94%实行了综合交通运输管理体制,其中40个国家设立了统管各种运输方式的综合交通运输管理部门,79个国家设立了包括交通运输在内的综合经济管理部门。大部分国家的交通管理部门都设置了综合性管理机构,形成决策、执行、监督三者既相互制约又相互协调的管理机制,负责制定并实施交通发展战略、规划和政策,按运输方式设置专业化管理机构,承担各运输方式规章制度、技术标准的制定及运行监管等职能。

与世界上大多数实行综合交通运输管理的国家类似,我国综合交通运输管理部门在机构设置上也采用"综合管理+专业执行"的模式,即按照人权、事权、财权统一的原则整合宏观决策机构和监督机构,并按照专业管理的原则设置铁路、公路、水路、民航、邮政等专业执行机构,实现决策、执行、监督的相互制约和相互协调。我国各级政府综合交通运输管理体制架构如图1-17所示,典型的省级或市级综合交通运输管理部门组织架构如图1-18所示。

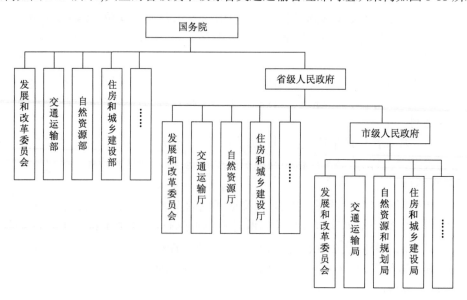

图1-17 各级政府综合交通运输管理体制架构

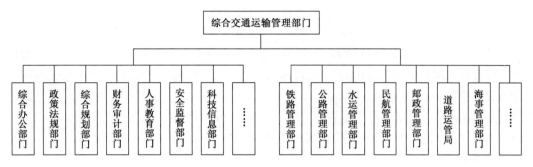

图 1-18　典型综合交通运输管理部门组织架构

综合管理部门主要承担制定交通运输发展规划和政策、组织起草法律法规、制定行业标准、审批重大固定资产投资项目、安排财政性资金、开展国际合作、推动科技进步与创新、制定行业监管政策等职能。铁路、公路、水路、民航、道路运输、邮政、海事等专业执行机构主要履行行业管理职责，负责安全监管和市场监管等。

未来要进一步健全综合交通运输行政运行机制，重点完善综合交通运输规划机制、投融资机制、运输价格形成机制、安全监管机制、信息共享机制等。

复习思考题

1. 五种基本运输方式的优缺点及适用情况是什么？
2. 五种基本运输方式应当如何配置以尽可能满足需求？
3. 城市综合交通运输与区域综合交通运输有什么异同？
4. 查阅统计年鉴，选取能度量和评价一个省/市综合交通运输系统性能的指标，用时间序列数据列表说明区域综合运输结构、状况、增长及趋势。结合你的学科领域/方向，选择一种主要的运输方式，探究其是否存在增长的"拐点"，并讨论可能的原因。
5. 运用交通运输服务性能概念与指标，用一组二维图对长三角区域南京—上海—杭州—宁波走廊和上海城区范围内客运交通方式进行比较分析。

本章参考文献与延伸阅读

[1] 徐宪平. 我国综合交通运输体系构建的理论与实践[M]. 北京：人民出版社，2012.
[2] 中共中央，国务院. 交通强国建设纲要[A/OL]. (2019-09-19)[2021-09-10]. http://www.gov.cn/zhengce/2019-09/19/content_5431432.htm.
[3] 中共中央，国务院. 国家综合立体交通网规划纲要[A/OL]. (2021-02-24)[2021-09-10]. https://www.mot.gov.cn/2021zhengcejd/zongheltjtwghtj/index.html.
[4] 李小鹏. 国务院关于建设现代综合交通运输体系有关工作情况的报告[EB/OL]. (2021-06-07)[2021-09-10]. http://www.npc.gov.cn/npc/c30834/202106/ef664a59e2d14551a8e7bf0b26263656.shtml.

[5] 中华人民共和国国务院新闻办公室.《中国交通的可持续发展》白皮书[M].北京:人民出版社,2020.

[6] 中华人民共和国交通运输部.2020年交通运输行业发展统计公报[R/OL].(2021-05-19)[2021-09-10]. https://xxgk.mot.gov.cn/2020/jigou/zhghs/202105/t20210517_3593412.html.

[7] 国家统计局.中国统计年鉴2020[M].北京:中国统计出版社,2020.

[8] 北方工业大学,等.中国共享出行发展报告(2020—2021)[R].北京:社会科学文献出版社,2021.

[9] 中华人民共和国交通运输部.交通运输部关于印发《交通强国建设评价指标体系》的通知[R/OL].(2022-03-17)[2022-05-17]. https://xxgk.mot.gov.cn/2020/jigou/zhghs/202203/t20220317_3646455.html.

[10] 左大杰,赵柯达,谢媛娣.综合运输系统优化研究综述[J].综合运输,2014(8):8-10.

[11] 郭文帅,荣朝和.综合交通运输研究综述[J].经济问题探索,2013(10):170-176.

[12] 彭辉.综合交通运输系统理论分析[D].西安:长安大学,2006.

[13] 杭文.运输经济学[M].2版.南京:东南大学出版社,2016.

[14] 连义平.综合交通运输概论[M].4版.成都:西南交通大学出版社,2019.

[15] 中华人民共和国住房和城乡建设部.城市综合交通体系规划标准:GB/T 51328—2018[S].北京:中国建筑工业出版社,2019.

第 2 章
CHAPTER TWO

综合交通运输规划

学习目的与要求

从综合交通运输规划的体系性与层次性入手,了解综合交通运输规划与国土空间规划、综合交通运输发展规划与基础设施布局规划的关系,建立系统综合的概念与综合性规划的理念;掌握交通运输需求预测理论与方法的要点、难点,学习基于通道、枢纽、线路的网络分析及评价方法。在此基础上,学习并掌握综合交通运输战略性规划、综合交通运输设施布局规划和城市综合交通体系规划的一般方法。

2.1 综合交通运输规划体系

交通运输规划是对一定时期内交通运输发展在空间和时序上作出的统筹安排,对于国民经济社会发展规划和国土空间规划具有重要的支撑作用。在交通运输规划体系中,综合类发展规划和综合类空间规划也是经济社会发展规划体系、国土空间规划体系的专项规划。

综合交通运输规划不是指一个规划,而是目标一致、相互协同且规划期、规划重点有所差异的一系列规划,以此保障综合交通运输发展整体目标的分步实现。其本质是对公共资源进行高效、公平的配置。

2.1.1 综合交通运输规划的类别与层次

综合交通运输规划涵盖多尺度、多层次和多类别规划,对规划范围、时段有明确界定。

不同层次、类别的规划,其内容与任务有所区别。广义的交通运输规划应面向交通运输全行业、全过程、全方式、全要素,狭义的交通运输规划则针对公共领域、公共资源配置,体现国家与区域战略意图、明确政府工作重点、引导规范市场主体行为,作为政府及交通相关部门的工作依据。除政府编制、批复并安排公共资源的交通运输规划外,行业与企业亦可编制专门(项)规划。

综合交通运输规划在国家规划体系下开展。国家规划体系分为国家发展规划、国家级专项规划、国家级区域规划和国家级空间规划四类。各类规划的功能定位及相互关系如图2-1所示。

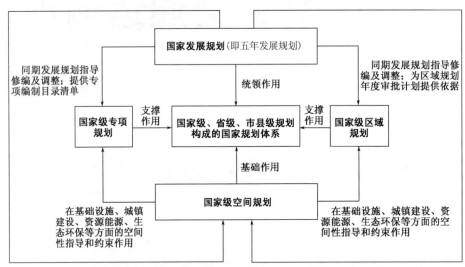

图2-1 国家规划体系

综合交通运输规划通常按规划时段确定规划重点:20~30年中长期规划强调战略性目标与发展策略;近中期发展规划,如"十三五""十四五"综合交通运输规划,重点是系统的综合协调和建设实施;中短期计划强调动态调整的实施性和资金安排。城市综合交通体系规划、各种运输方式子系统的基础设施布局规划,规划期限与国土空间规划一致。

我国综合交通运输规划的总体框架是三级四类规划所组成的体系。交通运输规划按照行政层级与空间尺度,分为国家级规划、省级规划、市县级规划;综合交通运输规划体系由综合交通运输发展规划、重点专项规划、一般专项规划、特殊专项规划四个层次构成,总体+专项的体系架构基本稳定,但规划的任务与重点在各个阶段有所不同,各个区域可根据需要确定须编制的专项规划。

交通运输各专项规划均应在总规划指导下开展。尽管各个专项规划的对象不同,但规划的流程、分析方法、成果表达有共性。本章主要介绍综合交通运输规划的一般方法,以中长期战略性规划、发展规划、设施布局专项规划为重点说明规划编制的目标、原则、流程、成果。运输组织、智能交通、韧性、低碳相关的规划内容,在第5~8章介绍。

2.1.2 综合交通运输设施布局的空间与环境约束

作为综合交通运输体系规划核心内容之一的设施布局规划,受国土空间与生态环境的刚性约束。

国土空间规划是对确定区域国土空间开发保护在空间和时间上作出的安排,在规划层级上自上而下划分为国家级、省级、市级、县级、乡镇级共五级,依据规划类型划分为总体规划、详细规划和专项规划三大类,划定城镇空间、农业空间、生态空间三种类型的空间,以及对应的城镇开发边界、永久基本农田保护红线、生态保护红线三条控制线。综合交通运输设施布局规划是综合交通运输规划体系的重点专项规划,也是国土空间规划的专项规划。根据全域、全要素视角完整覆盖的国土空间规划要求,实现对各级地域及空域、海/流域、地下等各种交通空间的管控。交通运输基础设施用地须纳入国土空间规划管控,并在布局规划阶段明确并处理好与"三区三线"的关系。

综合交通运输基础设施布局是各层级国土空间规划编制的重要内容。

(1)省级国土空间规划对综合交通运输规划的要求

省级国土空间规划将区域综合交通作为空间组织网络化的重要骨架。同时交通设施作为基础设施支撑体系的重要一环,要落实国家重大交通基础设施项目,明确空间布局和规划要求;明确省级重大交通基础设施项目及其建设时序安排,确定重点项目表;按照区域一体化要求,构建与国土空间开发保护格局相适应的交通基础设施支撑体系。

(2)市级国土空间总体规划对综合交通运输规划的要求

市级国土空间规划要求研究交通运输体系对区域空间发展的影响,并将重大交通枢纽研究作为强制性内容。它应明确综合交通系统发展目标,优化综合交通网络,完善物流运输系统布局,促进新业态发展,增强区域、市域、城乡之间的交通服务能力,提高空间连通性和交通可达性;坚持公交引导城市发展,提出与城市功能布局相融合的公共交通体系与设施布局,优化公交枢纽和场站(含轨道交通)布局与集约用地要求,提高站点覆盖率,鼓励站点周边地区土地混合使用,引导形成综合服务节点,服务于人的需求;构建系统安全的慢行系统,结合街道和蓝绿网络,构建连通城市和城郊的绿道系统,提出城市中心城区覆盖地上地下、室内户外的慢行系统规划要求,建设步行友好城市,促进城市高效、安全、低能耗运行。

(3)都市圈国土空间规划与综合交通运输体系

都市圈是以特大城市或大城市为核心的城市群的特殊形态。都市圈国土空间规划着眼于网络化和同城化,是国土空间规划体系"五级三类"中特定区域的专项规划。协调省、市县国土空间规划及专项规划是都市圈国土空间规划编制的重点。基于都市圈交通一体化发展目标,优化区域机场与港口功能布局,考虑多元交通运输方式,规划主要交通廊道,重点关注高速公路和城际铁路网络互连互通,促进都市圈的协同发展。

2.2 综合交通运输规划的分析方法

综合交通运输规划需要开展一系列宏观与微观相结合、定性与定量相结合、实地调研与专家咨询相结合的分析工作,包括现状调查与分析,规划实施评价,需求建模与预测,情景分析与方案评价等,如图2-2所示。交通运输规划的分析需要综合应用交通运输工程、运输经济、区域经济、城乡规划、产业经济、地理学、复杂网络、战略管理、多目标决策等多学科理论与方法。本节重点介绍交通运输网络分析、需求分析、规划评价的方法。

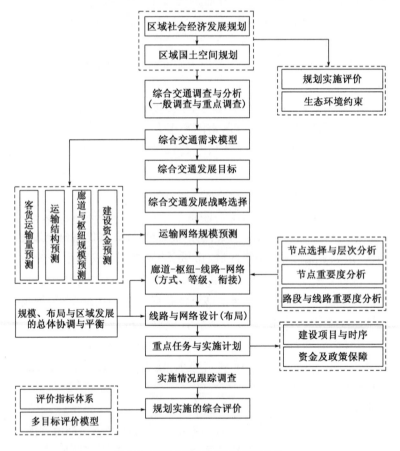

图2-2 综合交通运输规划流程与方法

2.2.1 交通运输网络分析

网络由若干节点和连接节点的链路构成,表示诸多对象及相互联系。广义的交通运输网络由各种运输网、邮电网构成,承载人、物、信息的流动。狭义的交通运输网络指由交通节点、交通线路形成的设施网络,按拓扑结构可分为总线型、环-射型、星形、网格状、树状等。

综合交通运输网络由彼此协作、相互补充与紧密配合的各种运输方式的线路、港站和枢纽共同组成。通过机场、港口等交通港站与换乘枢纽,实现客货运输在方式和方向上的转换。以交通线路为连接线,以交通港站与枢纽为连接点,可进行直达运输和联合运输的交通运输网络,是运输生产的主要物质基础,其空间分布、通过能力和主流技术,体现综合交通运输系统的发展水平。

综合交通运输网络服务各级经济节点。经济节点是产生交通运输服务需求的城市群、大都市圈、城镇组团、县级及以上行政区、边境口岸、国防设施、主要景区等;由于节点之间存在多种运输方式及相应设施,可进一步将连接客货流密集地带重要节点的综合交通设施抽象为综合交通运输廊道。交通廊道由多种运输方式提供服务,由不同类型基础设施及多条运输线路组成,如我国京沪与京广、日本东京—大阪是典型的多通道、多方式、多线路的复合型交通廊道。

2.2.1.1 节点与节点重要度

节点是构成运输网络的锚固点。本节将通过经济节点的选取与重要度分析计算,说明综合交通运输网络服务的机理与基本逻辑。不同层次、不同尺度的规划所选择的节点等级、数量不同。节点重要度代表了节点在区域中的重要程度、产生客货运输需求的强弱。综合运输规划的目标之一,是以尽量小的成本与投入,为各个节点提供高效且尽可能均衡的服务。

(1) 节点选取

生产、生活的各类活动导致节点之间产生联系与交流需求,是客货交通生成的根本原因。交通运输网络所服务的节点数量、性质决定规划交通运输网络的形态与规模,节点选取决定运输网络规划的层次划分。在国家级或特大区域综合交通运输规划中,节点是城市群、都市圈、特大城市;在省域综合交通运输规划中,节点是市、县甚至规模较大的镇、产业园区。经济节点与交通枢纽具有空间、等级的对应关系。

节点的层次与规划网络的层次性相对应,节点数量决定规划网络的连通深度。节点选取需要针对规划范围和规划类型,综合考虑规划区域内经济发展现状与规划目标,以保证节点数量适宜、规模相当、分布均衡。我国第一轮国家高速公路网规划将10万人以上人口的城市作为节点,国家综合立体交通网确定21个城市群与城市组团为节点,上海市域综合交通体系规划的轨道网络布局将10万人以上居住人口的镇、社区作为基本节点。节点及连接要求决定了运输网络的基本形态。

(2) 节点重要度

节点重要度代表节点在规划范围内的重要程度,反映节点在现状、规划年的社会经济发展水平、区位重要性和交通需求等。可以采用层次分析法构建节点重要度评价指标,如图2-3所示。

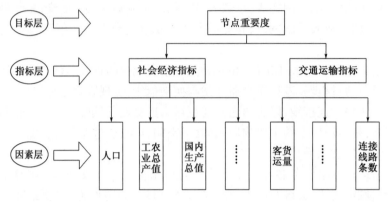

图 2-3　节点重要度计算

(3) 节点重要度计算

确定评价指标后，可以采用加权平均法计算节点重要度 I_i：

$$I_i = \sum_{l=1}^{L} \alpha_l \frac{e_{il}}{e_l} \tag{2-1}$$

式中：L——节点 i 的要素个数；

α_l——要素 l 的权重；

e_{il}——节点 i 的第 l 个要素的值；

e_l——对象区域第 l 个要素的均值。

可根据计算结果对节点重要度进行排序，通过聚类等方法将所有节点分为若干等级，作为确定综合交通运输网络交通走廊布局、快速网、干线网等不同层次网络的依据。例如，一级节点作为综合立体交通网络的重要节点，其连接构成快速网的主骨架；二级节点与一级节点、二级节点之间的连接，作为干线网的初始布局方案。根据节点重要度，还可以计算联系若干节点的廊道、线路在网络中的重要度，用于初步判断综合交通运输网络布局的合理性。

2.2.1.2　区位理论与交通廊道

区位理论是关于人类活动空间分布及其空间中相互关系的学说，刻画人类经济行为的空间区位选择及空间-经济活动的组合规律。交通区位指交通廊道的"资源"所在，包含经济、社会、文化、历史、旅游、矿藏、交通便利等要素，交通廊道与交通"资源"、交通区位存在空间对应关系。

(1) 古典区位理论

古典区位理论是交通和空间相互关系的理论基础，从原材料、产品、市场销售等各个环节的关系及成本角度，解释运输需求产生机理，探讨区域经济活动的区位法则及规律，建立农业、工业、城市等经济活动的地点、结构与运输网络之间的一般关系。

19 世纪，德国经济学家提出农业区位理论，发现不同地方距中心城市距离远近带来的运费差，决定不同区域农产品的纯收益，纯收益成为市场距离的函数，解释了运输距离与运输价格的作用。20世纪初,人们又提出工业区位理论:工业革命之后规模化生产的要求,形成大规模的地域人口流动,尤其是产业和人口向城市集中现象。工业区位理论以生产、流通、消费三大经济活动基本环节为研究对象,确定运输费用、劳动力成本、集聚和分散的三大影响区位的重要因子。运输基础设施的连接便利性和运输能力、价格决定产业布局,也决定运输需求以及区域分布。区域间运输需求主要是各类货运的流动。20世纪30年代,德国地理学者通过对德国南部聚落和市场区位的研究,提出了中心地理论。与之前的农业区位论及工业区位论不同,中心地理论研究城市空间组织和布局,探索最优化城镇体系及相应的运输组织。一定区域内的中心地在职能、规模和空间形态分布上具有一定规律性,中心地空间分布形态会受到市场、交通和行政三大原则的影响而形成不同的系统,可以抽象为六边形图,概括城镇等级、规模、数量、职能间关系及其空间结构的规律性。

(2)"增长极"理论

20世纪50年代,随着城市化蓬勃发展,在个体化交通工具支持下,发达国家出现居住郊区化趋势,需要以更加动态、广阔的视角分析城镇空间关系与交通运输网络的作用关系,"增长极"理论应运而生。该理论认为经济增长是在抽象的"经济空间",在不同的部门、行业或地区按不同的速度不平衡增长。一些"推进型产业"(主导产业)和有创新能力的企业,也包括具有更大经济体量的中心城市,可聚集发展而形成类似"磁场极",具有生产中心、金融中心、服务中心等多种功能的经济活动中心。这种"磁场极"具有一定的向心力和离心力,依托交通、通信等联系性网络,产生吸引和辐射作用,从而形成区域经济和城镇网络。

在增长极理论的基础上,从区域中城市-交通廊道的长期相互作用过程中观察到的回波效应和扩散效应,继续发展出中心-外围理论、点-轴理论以及交通经济带等概念,阐释经济发达与欠发达地区在更加便利交通条件下的作用方向。

回波效应指落后地区的资金、劳动力等经济要素向发达地区流动,导致落后地区要素不足、发展更加缓慢,从而引发区域间发展不平衡加剧的恶性循环;扩散效应指发达地区的资金和劳动力等经济要素向落后地区流动,带动和促进落后地区的发展,从而引发区域间发展趋于平衡的良性循环。区域综合交通运输规划的目的之一,是追求"增长极"经济长足发展的同时,尽可能带动落后地区的发展,减少区域间的经济社会发展不平衡。20世纪70年代,新城市经济学研究基于空间发展的不均衡性,针对都市圈的人口密度、土地(住房)租金、资本密度从中央商务区(Central Business District,CBD)向城市边缘递减规律,提出中心-外围理论,以经济规律阐释大都市区圈层式的分布规律。针对我国工业区位因素和工业交通布局规律,根据中心地理论及空间结构理论的基本原理,形成了社会经济空间结构(组织)的"点-轴系统"理论,解释国家和区域发展过程中,大部分社会经济要素在"点"上集聚,并由线状基础设施联系在一起而形成"轴",是集聚与分散相互作用的结果,体现出可达性与位置级差地租等对区域发展产生的影响,而可达性以高速公路、高速铁路和信息通信网络等基础设施作为支撑,并进一步从古典区位理论主要关注区域间物流,拓展到关注并纳入区域间人流、经济流、信息流的关联度。

(3)交通经济带与交通廊道

交通廊道指集聚重要基础设施和运输线路、连接重要经济与交通枢纽节点的线性空间,对促进沿线城镇、枢纽发展具有重要意义。因此,交通廊道是交通-空间-城镇发展相互作用的结果,但受地理、环境等的制约,具有一定的空间稳定性,是国土空间规划与综合交通运输规划需要控制的"走廊"资源。

交通廊道与经济集聚区相结合形成交通经济带。亚洲开发银行将"经济走廊"定义为生产、投资、贸易和基础设施建设等有机地联系为一体的合作机制。交通经济带(Traffic Economic Belt,TEB)以交通干线或综合运输廊道作为发展主轴,以轴上或其吸引范围内的大中城市为依托,形成集聚第二、第三产业并产生较高运输需求的带状经济区域。如丝绸之路、粤港澳大湾区广—深—港交通经济带、长三角宁—沪—杭—甬交通经济带。

交通区位线、交通廊道是客观存在的地理经济现象,其驱动或制约因素有促进区域统一管理的政治因素,促进区域经济发展和地区一体化的经济因素,便于军事运输、提高军事机动性的军事因素等。识别交通廊道及量级,根据需求规模选择主导运输方式并布置线路、枢纽,是进行综合交通运输网络规划的基础。

应用节点重要度排序确定网络中重要节点,根据区域运输特点确定节点连接原则,则综合交通网络中任意两个节点间路段的重要度,由所服务区域的经济社会发展要素决定,定义为I_{ij}:

$$I_{ij} = \sum_{m=1}^{M} \alpha_{ij} \frac{e_{ijm}}{e_m} \tag{2-2}$$

式中:M——要素的个数;

α_{ij}——要素的权重;

e_{ijm}——交通线起点i和终点j之间第m个要素的值;

e_m——规划区域内要素m的均值。

(4)线路重要度

线路重要度由构成线路的各个路段重要度和所连接节点的重要度决定。线路重要度I_k计算如下:

$$I_k = \sum_{i \in k} \sum_{j \in k} I_{ij} + \sum_{i \in k} I_i \tag{2-3}$$

式中:i、j——线路k连接的节点。

综合考虑各运输线路的重要度、承载客货运输强度等各类因素,可区分为交通主轴、交通走廊和交通通道,不同重要性等级的线路集合为分层级网络的基本布局,构成综合立体交通网主骨架。

基于交通区位、交通线路与节点重要度的规划方法,首先定义网络拓扑图$G(V,E)$,如图2-4所示,其中$V = \{1, 2, \cdots, n\}$是节点集合,$E = \{(i,j) | i \neq j; i, j \in V\}$是边集合。$Z_i$代表节点$i$的重要度;$d_{ij}$是节点$i$与节点$j$之间的空间距离或阻抗;$F_{ij}$是节点$i$与节点$j$之间的交通区位线重要度值。

交通节点与线路重要度、交通区位与交通廊道分析，是在经典区位理论基础上发展起来的综合交通网络布局方法，即从运输产生的源头出发，通过对规划区域经济地理特征、经济发展模式和资源的分布、需求情况的综合分析，识别界定规划区域内交通产生的高发地带（即交通区位线与交通廊道），布局不同类型、等级的交通干线，适合大区域、中长期交通布

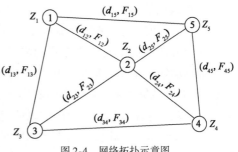

图 2-4　网络拓扑示意图

局，如我国八横八纵综合交通主干线、《国家综合立体交通网规划纲要》的主轴、走廊、通道构成的综合交通主骨架等。

2.2.2　交通运输需求分析

交通运输需求指根据国民经济和社会发展对交通运输服务能力、质量的要求。交通运输需求分析指对运输量未来发展趋势的估计，是制定交通运输系统规划与发展战略的决策依据。需求预测指标为未来一定时期、区域范围内的客货运量与周转量、客货吞吐量以及分交通运输方式的网络交通流量。

交通运输需求预测以定量预测为主，辅以定性判断。定性预测方法是指预测者经过调查研究，掌握资料后凭个人的经验、知识对经济现象发展前景的性质、方向、规模等作出推断。优点是简单、易行和综合性强，对资料要求低、时效性强，能囊括政治、气候、文化、心理等无法测定的各种因素，但预测结果客观性差，精度难以估计和控制，一般只用于较为简单的决策。定性预测主要包括运输市场调查法、德菲尔法等。

定量预测方法指运用统计分析、数学建模、大数据等手段，对经济与交通现象或系统发展规模、水平、速度和比例关系等，作出数量上的估计预测，分为集计需求（Aggregate Demand）和非集计需求（Disaggregate Demand）两类方法。综合交通运输规划要求进行定量分析，经典的定量预测方法常用模型包括因果关系模型、时间关系模型和结构关系模型等，常用方法包括增长率法、类型分析法、趋势外推法、移动平均法、指数平滑法、回归分析法、弹性系数法、投入产出法、灰色预测法、模糊预测法和情景分析法等。

交通领域应用最为广泛的需求分析方法是四阶段法。随着综合立体交通网的构建，新的需求预测方法如基于广义费用的超级网络需求预测理论与方法将逐步得到更多的应用。除传统的模型驱动方法外，数据驱动的建模方法也在逐步丰富并更多应用于需求分析。

2.2.2.1　综合交通运输需求与指标

需求分析是综合交通运输规划与运输组织的基础。交通运输需求指一定时期内和一定价格水平下，社会经济生活在货物与旅客空间位移方面所提出的具有支付能力的需要，定义为一定运输供给条件下所能实现的人与货物的空间位移量，或各类设施上的交通量。

交通运输需求的两个必需条件是具有实现位移的愿望和具备支付能力,一般应包含流量、流向、流程、流时、流速和运输方式结构 6 项要素。

综合交通运输不同运输方式的需求,均可通过运输总量、运输强度等指标来反映其需求水平。运输需求指标应能反映所在区域的运输量变化,可以是直接反映运输需求变化的指标,如区域货运量、货运周转量、客运量、客运周转量等,也可以通过客、货载运工具活动量间接反映运输需求,如客、货车的区域交通量。运输总量为确定网络范围日或年通过的客运和货运周转量。公路交通需求为网络车公里(VMT、VKT/d)或路段交通当量(pcu/h);铁路运输需求为铁路区段的上下行客流密度和货流密度(万人次/区段里程或万 t/区段里程);航空运输需求包括航空枢纽的吞吐量(万 t 或万人次)、航线客货流(万人次/年或万 t/年);航运需求表现为港口、码头吞吐量(万 t 或万人)和航道流量(万 t/区段里程)。

运输需求指标尽量选取各种交通运输方式的通用指标,如客货运量与周转量,尽量避免使用机动车交通量等对应运输方式的指标,且便于获取现状与历史数据,并允许根据数据采集技术的进步进行调整。如导航技术普及后运输速度数据、基于移动通信的流通数据等,有些仍然需要通过专门的调查和数据统计获取,如通过与用户特征关联的起讫点(Origin Destination,OD)调查获得交通分布状况、交通方式选择偏好等。

(1)通用指标换算与增长率

以区域货运量指标为例,计算综合运输需求增长率。

设区域头年公路货运量为 A_1,头年铁路货运量为 B_1,当年公路货运量为 A_2,当年铁路货运量为 B_2,则当年公路货运量增长率 k_1 为:

$$k_1 = \frac{A_2}{A_1} \tag{2-4}$$

以此类推,当年铁路货运量增长率为 k_2,当年与头年公路和铁路货运总量分别为 C_2 和 C_1,区域运输总量增长率 k 为:

$$k = \frac{C_2}{C_1} = \frac{k_1 A_1 + k_2 B_1}{A_1 + B_1} \tag{2-5}$$

设前一年区域铁路货运量为公路货运量的 m 倍,则:

$$B_1 = mA_1 \tag{2-6}$$

$$k = \frac{k_1 + mk_2}{1 + m} \tag{2-7}$$

运输总量增长率可以由当年与头年货运量相比获得,如 $k = C_2/C_1$;也可由不同方式的货运量变化率乘以权重系数再相加获得,权重系数由不同方式货运量之比 m 决定,以上两种方法等价。

(2)非通用指标计算

对于同一区域的某单一运输方式,不同运输指标的变化机理、影响要素、变化趋势一致。如在某一特定区域、在载运效率恒定的条件下,公路交通量变化率和公路货运量变化率一致,两者可以相互替代,公式(2-7)可以推广到用非通用指标计算运输指标变化率。

当需要同时用区域公路交通量和铁路周转量作为需求指标来计算区域运输增长率时,运输需求增长率仍可沿用公式(2-7),但式中 k_1 替换为区域公路交通量的变化率,k_2 为区域铁路周转量变化率,m 定义为铁路与公路运量等价比值,如用区域铁路货运量与公路货运量之比,作为区域综合运输指标变化式中公路与铁路运输需求的权重系数。

通过引入通用指标与非通用指标的计算方法,可以在某些通用指标增长率缺失条件下,通过不同运输方式增长率的加权,获得运输需求指标变化指数。除运输量变化指标外,还可以建立一系列运输量变化与经济、产业等影响交通需求变动的弹性指标,估计运输需求的增长趋势。

(3)多方式运输指标变化率

用公式(2-7)的推导逻辑,可计算多种运输方式的运输量变化率。假设共有 p 种运输方式,以一个通用指标(如运输量)统计,方式一前一年运输量为 m_1,方式二前一年运输量为 m_2 ……方式 p 的运输量为 m_p,则区域综合运输指数变化率为:

$$k = \sum_{i=1}^{p} \frac{m_i k_i}{m_1 + m_2 + \cdots + m_p} \quad (2\text{-}8)$$

其中,k_i 为第 i 种运输方式的区域运输指标变化率,运输指标可以是通用指标(如货运量),也可以是非通用指标(如交通量),各类运输方式的运输指标可以不同。公式(2-8)为多方式运输的综合运输指标变化率通用表达式,运输方式在铁路、公路、水路、航空中选取。

2.2.2.2 四阶段需求分析方法

交通需求分析四阶段方法以客、货出行调查与现状交通需求分布(OD 矩阵)为基础,将交通活动分解为交通生成、交通分布、交通方式选择和交通流分配四个阶段,建立交通模型、预测未来年交通变化趋势,如图 2-5 所示。通过交通需求预测衡量交通系统适应性,基于服务水平评价交通规划方案合理性。

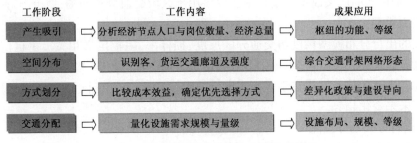

图 2-5　四阶段需求分析的核心内容与应用

(1)交通生成预测

出行是指交通元素(如人、货和车等)从出发地到目的地移动的全过程。根据经济社会发展规模与水平、地区开发现状与交通发生与交通吸引量的关系,建立出行生成模型;根据经济社会发展区域预测未来年规划区域及各交通分区的交通出行总量。

出行生成预测常用方法有发生率法、回归模型法与增长率法。设定交通运输需求来自生产与生活相关的活动,基本逻辑稳定且方法简单明了。发生率法、回归模型法均为因果关系模型,建立人口、分类就业岗位或经济指标等与客货运量的关系。特别适用于城市化地区交通生成预测。增长率法通过分区域增长率预估规划年的出行生成量。增长率可以用时间序列预测,也可以通过历史数据建立交通出行与影响因素之间的弹性系数。增长率法较多用于区域交通生成预测。

除经济社会要素对交通生成的正向作用外,交通运输的便利性也会增加地区交通活动的强度及频度,称为诱增交通。交通生成预测的难点之一,是诱增交通的机理、要素分析和度量方法。

(2) 出行分布预测

出行分布预测是把出行生成预测所获得的各交通小区的出行产生量和出行吸引量,转换成交通小区之间的空间出行产生-吸引量(Production Attraction,PA)和 OD 矩阵。

①PA 与 OD 分布矩阵。出行产生(P)和出行吸引(A)的概念一般用于城市居民出行,分别关联居住人口与工作岗位。一次出行如果基于家庭,则家庭端点为该次出行的产生点,非家庭端点出行为该次出行的吸引点;非基于家庭的出行,起点是该次出行的产生点,讫点是该次出行的吸引点。在城市交通出行分布预测中,需要先进行 PA 预测,再转换为 OD 矩阵。

包含多个城镇节点的区域出行分布预测,每个交通小区包含多种性质的用地,可以调查并预测起点(O)与讫点(D)之间的出行次数,直接统计得到 OD 矩阵。

②出行分布计算的主要方法有增长率法与重力模型法两类。

常用的增长率法有平均增长率法、福莱特法,规划年出行分布矩阵为现状年出行分布矩阵乘以相应的增长函数,依赖于基础年较完整的出行矩阵。重力模型法包括无约束重力模型、单约束重力模型、双约束重力模型,定义交通小区之间的出行分布量与小区 i 的发生量、小区 j 的吸引量成正比,与两个小区之间的空间阻抗成反比。阻抗为出行时间或包含时间、费用等的广义成本。增长率法较多用于区域交通分布预测,城市出行分布预测多采用重力模型。

传统的出行分布模型精度与交通分区尺度、抽样率、阻抗定义相关。手机信令、基于位置的服务(Location Based Service,LBS)数据及大量的轨迹数据,极大地改善了出行分布建模难度。主要的技术挑战在于多模式出行的阻抗度量,不同出行目的、不同人群的时间价值以及未来变化趋势。

(3) 出行方式划分预测

客货运对交通工具的选择,体现为不同交通系统的运输量承载比例。出行方式划分模型通过不同交通方式相对服务水平及成本的差异、出行者偏好等,解释客货出行对于交通工具的选择。出行方式划分建模的经典方法包括集计与非集计两大类。

①集计方法。集计方法以交通小区为统计单元,通过出行调查的统计处理,得出利用不同交通工具或交通系统的出行比例,建立出行方式比例与不同交通系统服务水平等要素间的关系。

a. 转移曲线法。当起讫点之间具有多种交通方式可以选择时，选择影响较大的因素作为决策变量，如出行时间差、考虑时间与费用的广义成本差等，通过要素取值与对应交通方式的选择比例所构成的样本进行统计分析，可得出多条比例变化曲线。在进行交通方式结构预测时，可根据不同方式的广义成本变化，参照既有曲线来确定选择两种交通方式的比例，称为"转移曲线法"或者"分担率曲线"。该方法常用于城市居民出行对于公共交通与小客车的选择、综合交通运输通道不同运输方式的选择，也常用于既有线路交通量向新建线路的转移，易于理解和使用。

b. 基于各交通方式分担率的函数预测方法。对转移曲线进行拟合，则可建立交通方式选择比例与交通方式之间相对优势的定量模型。根据未来各交通方式所依托系统的性能改善，可计算预测年不同交通方式对于特定空间联系的服务水平、成本的相对变动，计算每个起讫点利用不同方式的出行量比例。将各交通方式分担率与规划年的出行分布量相乘，可得到规划年各交通方式的 PA 与 OD 矩阵。

② 非集计方法。非集计方法将个体出行选择行为用于构造模型。优点是体现个体及不同群体的选择意愿，样本需求量较小且可移植性强，缺点是个体选择差异性大、建模计算复杂。非集计方法常用二项 Logit 模型、多项 Logit 模型以及多项 Probit 模型。

交通方式划分建模的基本假设是选择的理性，但并不完全适用于各种场景。此外，效用函数构成、各类出行成本的转换（如不同人群的时间价值）等方面仍然存在困难。

(4) 交通分配预测

交通分配是将交通出行 OD 矩阵分配到网络，得到连线与节点交通量的过程。成熟的交通分配有平衡分配模型和非平衡分配模型两类方法，均要求连线与节点的通过能力及通行成本可计算。因此，一般意义上的交通分配针对确定的设施网络，如道路网、铁路网、航线网。平衡分配模型包括用户最优均衡和系统最优均衡两类；非平衡交通分配模型常用的方法包括全有全无（最短路）分配法、容量限制分配法和多路径概率分配法等。

非平衡交通分配模型常用于非机动车交通分配，以及早期网络结构较为简单的公路网机动车交通分配，计算成本低。在网络结构、等级较复杂，OD 间具有多条路径且网络出现局部拥堵的情况下，平衡分配模型更能模拟实际网络交通流，城市道路网络交通分配一般采用平衡分配模型。带实时路网交通信息的导航软件的普及，使交通平衡分配的基本假设成立，用户最优与系统最优趋近，但也可能出现过度诱导。需要通过车辆轨迹、电子不停车收费系统（Electronic Toll Collection, ETC）等新的数据源，研究不同场景下的用户路径选择行为。

交通分配模型的基本前提是设施具有限定的服务能力（通行能力），用户成本与用户数量成正比，可适用于基础设施-载运工具对应的确定性网络，如道路网、铁路网。对于多方式综合运输网络的客货流量在通道、枢纽节点上的分配，由于多模式通道能力及广义成本界定困难，人们就需要寻求其他可行的技术方法。

2.2.2.3 超级网络构建与分析方法

传统的交通网络模型以图论为基础，用节点和边组成的图来表示某单一模式交通网络的空间位置与连通情况。随着综合交通运输网络规模的不断扩大和结构复杂性的不断提高,需要考虑多种运输方式的协同优化。传统的单模式网络难以充分描述各运输方式间相互独立又互相关联的特性,需要建立能融合描述或直接表达空间联系的交通运输强度-基础设施供给能力-合理运输结构-线路与网络服务水平的模型方法。为此,逐渐发展并建立"超级网络"概念描述空间联系与服务供给拓扑关系,用于多模式、多层级综合运输网络的需求分析。

(1) 超级交通网络特征

1978年,Sheffi最早提出了"超网络"(Hyper network)概念,之后重新定义为"超级网络"(Super network),决策变量为多层网络或多模式网络上的路径选择。之后交通系统成为"分层复杂网络"框架和概念建立的开创性领域之一,第一层描述物理基础设施,第二层描述基础设施上的流动,利用多层网络概念分析全球不同运输方式的互联系统。

超级交通网络作为多模式交通需求模型中综合交通网络的结构化表达,由一系列节点与交通走廊组成,通过各种交通运输方式基础设施属性及链路信息定义。传统交通网络是由节点和边构成的图$G=(N,L)$,其中N是节点集,L是链路集。图可以描述节点间的连接,并将信息存储到邻接矩阵$A=\{a_{ij}\}$中,其中$i,j \in 1,\cdots,N$为节点,可代表交通运输网络的枢纽,如果节点i和j之间存在连接,则$a_{ij}=1$;否则,$a_{ij}=0$。邻接矩阵还可以包括权重$W=\{w_{ij}\}$,其中w_{ij}可描述两个节点的连接强度。对于空间系统,权重通常被视为两个节点之间距离的倒数,或者从一个节点到另一个节点所花费的时间与费用。而在多层交通网络中,描述各交通方式的不同类型链路被嵌入不同的层中,各方式层$\alpha=1,2,\cdots,M$分别由邻接矩阵$W=\{W^{[1]},\cdots,W^{[M]}\}$描述。而描述不同交通方式转换的层间连接可以存储在向量$C_i=\{c_i^{[\alpha\beta]}\}$中,与层间转换的成本、距离或时间相关。因此,超级交通网络M的矢量形式可表达为$M=(W,C)$。

超级网络是处理多模式网络系统的主要方法之一。利用超级网络不但可以研究出行者选择交通方式和路径的行为,还可以分析出行者在不同交通方式间的转换行为。超级网络结构上具有以下主要特征:

①多层次性。超级网络每个交通方式可独立成网,具有不同的特征,需要在充分考虑各模式特征的基础上建立相应的子网络;而多重层次间又相互关联,可通过综合枢纽、港站相互连接与嵌套实现不同模式的换乘。

②多级性。同一个子网络内部又分为多个级别,如铁路子网络包括不同的铁路线路,铁路线路间又通过换乘站相互关联。

③多属性或多准则性。超级网络中的边具有通行时间、通行费用和通行能力等多种属性,出行者进行路径选择时也会同时考虑时间、成本、舒适度等多种因素。

(2) 超级交通网络的构建

由于综合运输五种主要方式对应的设施网络特性存在一定的差异与关联性,需要通过超级交通网络构建和量化分析来支持综合立体交通网规划,如图2-6所示。构建超级交通网络的方式之一,是在实体物理网络基础上添加虚拟节点和虚拟路段,将网络转化为一个由多层子网络集成的分层网络模型。构建超级交通网络的核心步骤主要有：

①构建各交通方式子网络。运用图论方法，基于不同交通方式载运工具与基础设施的构成特征与信息，分别建立与各种运输网络实体相对应的节点和线段、拓扑结构，构成铁路、公路、水路、航空和管道子网络。

②建立子网络间的联系。根据各个网络所对应的重要枢纽城市，生成对应数量的虚拟节点，并且运用给定规则生成虚拟换乘弧，连接位于不同层次上的相同位置的物理节点，表示不同交通方式之间的转换，从而建立子网络间的联系，形成一个集成多种交通方式的大型多层网络。

③建立出行起讫点与网络的联系。客、货利用不同交通方式在网络上移动时，定义从起点城市出发为"上网"，到达目标城市为"下网"。在建立多层网络之后，还需要形成虚拟上下网弧，来建立出行起讫点与城际综合交通运输网络之间的联系。而虚拟上下网弧，在城市综合交通系统中，为各类枢纽的交通集散系统。

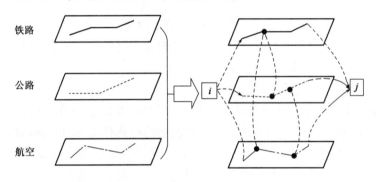

图 2-6　超级交通网络构建思路

应用超级网络分析方法进行综合立体交通网络规划，可根据运输网络特征适当简化：
①分离水路、管道，主要考虑铁路、公路、航空构成的综合立体交通网络。
②区分客运与货运的运输需求，但设施网络的供给要合并考虑客货运。
③超级网络的重要节点为城市群或主要城市，视为网络中的综合立体交通枢纽。城市群与城市内综合交通也可嵌套为一个超级交通网络。

(3) 多模式广义费用函数

多模式超级网络上的路径是由上网弧、不同模式子网上的行驶弧、各子网间的换乘弧以及下网弧等各类弧段构成，称为出行超路径。构建超级交通网络的重点与难点之一是建立各类弧段的广义费用模型：客货运输时间与费用，包括枢纽节点的转换费，以及各种运输方式的正、负外部性因素费用化，以广义费用方式量化各运输方式比较优势和多方式组合效益。

超级网络中多式联运的出行选择原则不仅涉及出行路径的选择，还包括出行模式及组合的选择。在多种运输方式集合的超级交通网络上，可利用广义费用函数实现客货运 OD 多种交通方式及多式联运的多路径选择，在线路、枢纽、港站上进行流量分配。

在多模式超级网络中,起讫点间存在多条路径,将实际出行中会考虑的那部分路径称为有效路径。有效路径符合以下判定条件:

①路径 k 通过同一路段及同一节点的次数不多于一次。

②OD 对 r-s 间路径 k 的费用 c_k^{rs} 和最短路径的费用 $c_{\min}^{rs}$ 满足如下条件: $c_k^{rs} \leqslant c_{\min}^{rs}(1+H)$。其中 H 表示路径的扩展系数。

以轨道交通网络为例,乘客可选择的有效路径可用以下条件判定:

①路径 k 中不出现重复站点。

②路径 k 中不出现重复区段。

③绝对阈值约束:OD 对 r-s 间路径 k 的费用 c_k^{rs} 和最短路径的费用 $c_{\min}^{rs}$ 满足如下条件: $c_k^{rs} \leqslant c_{\min}^{rs} + f_{\max}^{(1)}$,其中 $f_{\max}^{(1)}$ 为绝对阈值。

④相对阈值约束:OD 对 r-s 间路径 k 的费用 c_k^{rs} 和最短路径的费用 $c_{\min}^{rs}$ 满足如下条件: $c_k^{rs} \leqslant c_{\min}^{rs}(1 + f_{\max}^{(2)})$,其中 $f_{\max}^{(2)}$ 为相对阈值。

⑤路径 k 的换乘次数 N^k 不大于乘客可接受的最大换乘次数 $N^{\max}$。

综上可知,多模式有效路径的约束条件主要包含重复站点和区段约束、绝对阈值和相对阈值约束以及换乘次数约束。

(4)有效路径搜索算法与流量分配

用于生成有效路径的搜索算法主要包括 Dial 算法、K 最短路算法和图遍历算法。其基础均为最短路算法,而最短路算法中被广泛使用的经典算法为 Dijkstra 算法。

①Dial 算法认为乘客是在出行过程中的每个节点对下一条走向终点的路段进行选择,选择时只考虑以该节点为起点的有效路段。该算法对有效路径的定义为:有效路径上的所有路段(i,j)都使得乘客距起点 r 的最小费用越来越大,而距终点 s 的最小费用越来越小。Dial 算法是有效路径搜索的经典算法,实现相对容易且计算量较小,搜索效率较高。但该算法存在局限性,即当路网中存在环形线路时,可能会遗漏有效路径。

②K 最短路问题是最短路问题的扩展和变形,即在求出最短路径的基础上,需要求解出次最短路径、第三条最短路径直到第 K 条最短路径,并对其按长度增加的顺序进行排序。K 最短路算法种类较多,计算过程较为烦琐,在应用于大规模网络时搜索花费时间较长。

③图遍历算法是求解图论问题的基本算法。其基本思想为:寻找网络中满足有效路径约束条件的起终点间的连通路径,当找到满足约束条件的节点时,便记录该路径,当发现不满足约束条件时,便返回上个节点重新进行遍历,反复执行此过程,直至全部有效路径被找出为止。根据对节点搜索顺序的不同,图遍历算法可分为广度优先搜索算法(BFS)和深度优先搜索算法(DFS)。

应用多模式广义费用函数和分配模型,考虑有效路径的容量限制,将预测得到的客货运 OD 需求在超级交通网络上进行分配,获得廊道、枢纽的客货运量,作为选择交通运输方式合理性评价的依据。

(5) 多模式交通运输模型工具与应用

多式联运可结合不同运输模式的优势,如便利性、速度、成本、可靠性、可预测性等。尽管多式联运的应用需求不断增加,但基于超级网络的多模式交通运输模型研究仍处于初始阶段。

①多模式网络构建工具。Python作为近年来被广泛使用的解释性通用编程语言,开发了诸多网络分析工具包(如Networkx、igrap),服务于一般的复杂网络分析,也可用于交通网络研究。2017年,Boeing开发的OSMnx则专门面向多模式交通基础设施分析,可以将各交通方式网络及街道网络从OpenStreetMap下载到Python对象中,实现多方式网络的构建。2020年Tenkanen开发的Pyrosm同样可实现此类功能。

超级网络强调多层网络之间的连接。2015年开发的MuxViz可以快速计算如中心性等多层网络的各类指标,也是一个高级的多层网络可视化工具。MAMMULT是为计算多层网络而设计的库,包含多层网络分析和建模的算法集合,涵盖了从结构属性(如节点、边和层基本属性)设置到多层网络的动力学分析(如随机漫步)等功能。

②多模式交通运输需求分析模型。区域层面的交通运输需求预测一般采用宏观交通仿真模型,如PTV VISUM、EMME、TransCAD、Cube等,其中VISUM在实现多式联运计算方面有较大优势,广泛地应用于大都市规划、区域规划、州/省及全国范围的规划。在多模式分析基础上设计的VISUM把各种个体交通及公共交通方式、货车都融入一个统一的网络模型中,包括基于出行链和活动链的分析方法。VISUM中的多模式分配运算模块可以进行包含组合出行模式在内的交通分配:先指定一个主运输模式,该模式在整个路径上至少使用一次,分配过程中的阻抗计算包括各需求段的特征矩阵和换乘成本,然后利用该模块即可实现区域层面的多模式交通分配。

鉴于交通运输网络的复杂性和庞大性,基于超级网络的交通需求模型在实践中应用仍较少。具有代表性的伦敦战略交通模型是多模式交通运输模型较为成功的尝试。

伦敦战略交通模型(Strategic Transport Model,STM)软件最初由英国交通运输研究实验室(Transport Research Laboratory,TRL)于1993年开发,用于测试伦敦地区多模式交通政策。STM的主要设计目标是提供工具,帮助规划人员和政策制定者评估单独或联合使用交通政策对于交通走廊、枢纽运量的潜在影响,能够在早期阶段确定可行战略。STM可以用来模拟出行者对广义出行成本不同组成部分的反应,但无法准确反映个体的出行方式、路径和出行特征,以及个体间出行行为的影响。

2017年,伦敦交通局(Transport for London,TFL)更新了STM。新STM由交通研究模型(LTS)、土地利用与交通互动模型(LonLUTI)、轨道客流预测模型(Railplan)、道路网分配模型(LoHAM)和自行车网络模型(Cynemon)五个决策功能模型组成,用于研判交通设施规划方案与交通政策在宏中观大范围区域中的长期影响。STM能够在经济增长、燃料价格变化、人口变化和汽车拥有水平变化的背景下,快速评估停车和公共交通政策影响,以及引入轻轨、停车换乘设施和车站等设施的影响,还可以开展成本-效益分析和评估道路网络变化的影响。

2.2.3 综合交通运输规划评价方法

综合交通运输规划评价旨在定性与定量评估方案及对策对于规划目标的实现程度、实现代价。通过交通网络服务能力和运输效率分析,为发展策略与方案优化提供支撑。

综合交通运输规划要进行多目标、多方案评价,包括技术评价、经济评价、社会影响评价、环境影响评价等多个维度。其中,技术评价包括运输服务便利性与先进性、系统运行可靠性等;经济评价包括规划方案的建设、运营费用和服务所获效益等;社会影响评价包括综合交通运输对国民经济、社会发展等方面的影响评价;环境评价包括系统建设运行对生态环境、对自然资源开发利用等方面的评价。依据公平性、科学性、完备性、可行性、引领性原则选取评价指标。

公平性原则。体现以人为本的理念,能够公平地反映不同区域出行者、不同交通运输方式出行者和交通管理者的整体诉求。

科学性原则。能够客观真实地反映所评价对象的特点和状况。通过共线性检验等方法选择具有代表性的指标,使其在评价过程中具有显著效用。

完备性原则。评价指标体系完整、系统,能够多视角、多元化评价规划的交通运输体系能够达成发展目标,并反映规划对经济社会及生态环境的影响程度。

可行性原则。评价指标能体现规划实施的效果,指标简明清楚、易于获取、可连续监测。应尽可能采用可量化且客观的指标。

引领性原则。规划评价指标应能充分体现规划的价值观、发挥"指挥棒"作用,契合规划确定的重点任务。

本书 1.2 节所述综合交通运输的系统性能及指标是规划评价的依据。即通过综合交通运输规划的制定与实施,定性定量评估对综合交通运输系统服务性能的提升与改善程度。

综合交通运输规划常用的评价方法有价值分析法、单纯矩阵法、层次分析法、主成分分析法、专家咨询法等。专家咨询法、层次分析法等定性评价方法主观性较强,但数据搜集要求较低、简便直观。定量评价方法视具体指标的特点可采用直接定量、模糊定量或等级定量等方法,包括主成分分析、灰色关联度分析等,其结论相对客观,但对数据的要求高,计算方法较复杂。

(1)层次分析法(Analytic Hierarchy Process,AHP)

按照因素间相互关联影响及隶属关系,将与决策相关的元素分解为目标、准则、方案等层次建立相应的层次结构模型,利用较少的定量数据,数学化该思维过程,进而求解多准则、多目标或无结构特性等较为复杂烦琐的问题。运用定性和定量相结合的方法,确定每一层因素的各元素对上一层次某元素的优先权重,最终通过加权的方法得到总目标值,为决策或预测提供依据。该方法使用简便,同其他评价方法结合使用具备实用性、直观性,可确定评价指标的相应权重,但要素权重受人的主观性及随机性等影响。常用于主观判断占重要地位、难以直接精确衡量决策结果的情景。

(2) 模糊综合评价法 (Fuzzy Comprehensive Evaluation, FCE)

模糊综合评价法是一种以模糊数学理论为基础的评价方法,借助模糊关系合成原理,把界限不明、难以定量的因素进行量化分析,运用隶属度函数进行评价矩阵的分析和描述,实现定性指标的量化,适用于多因素、多层次复杂问题的评价。模糊综合评价法的优点在于可以较好地解决各类指标难以量化、量纲不一的问题,且具有一定的可拓展性。缺点是模糊隶属函数确定等环节易掺杂主观性。

(3) 人工神经网络法 (Artificial Neural Network, ANN)

人工神经网络法是通过模拟人类大脑神经组织工作原理,将众多神经元连接、进行信息并行处理和非线性转换的复杂网络系统,具有强大的学习功能和大规模计算能力,可通过已知样本的训练评价未知样本。多层前馈 (Back Propagation, BP) 神经网络是应用较多的人工神经网络,主要由一个输入层、若干个隐蔽层和一个输出层构成,并行分布处理、存储及学习能力强,能充分逼近复杂的非线性关系,适用于较为复杂的综合评价问题,缺点是需要大量的学习样本数据。

(4) 数据包络分析法 (Data Envelopment Analysis, DEA)

数据包络分析法主要针对多项投入指标和多项产出指标,在相对效率的基础上,借助线性规划和凸分析方法,对具有可比性的同类型单位进行相对有效性评价,构建数学规划模型对比决策单元间的相对效率,对对象进行评价并提出改进和完善方向。该方法在处理多输入多输出的有效性评价方面具有优势,但决策单元间的相对效率只能通过投入或产出测算,且两者往往不可同时测算,计算较为烦琐。

(5) 灰色关联度分析法 (Grey Relation Analysis, GRA)

灰色关联度分析法将研究对象及影响因素的因子值视为一条线上的点,利用序列曲线的几何形状相似水平,判别描述决策问题的若干影响因素之间关联程度的紧密程度,与待识别对象及影响因素的因子值所绘制的曲线进行比较,比较研究对象与待识别对象各影响因素之间的贴近度并分别量化,计算通过比较各关联度的大小来判断待识别对象对研究对象的影响程度。其优点是主观因素影响小、数据需求量不大、计算相对简单,适用于只有少量观测数据的项目。其缺点是若多条影响曲线的形状大致相似,采用直观观测的方法衡量各曲线间的关联程度较为困难。

2.3 综合交通运输战略性规划

综合交通运输战略性规划应覆盖所有运输方式,重点解决综合交通运输体系的战略重点、资源配置、系统结构和政策保障等中长期发展问题。规划编制的目的是明确综合交通运输体系的发展方向、发展思路、发展路径,统筹各种运输方式、落实用地空间,发挥综合交通整体优势和组合效率,构建发展代价较小、资源有效利用、高效可持续的综合立体交通网络,形成规划纲要、发展规划、专项法案、白皮书等政策性文件。

综合交通运输战略性规划通常为中长期规划,规划期限为 15~20 年,需谋划或展望 30~50 年的发展。交通强国战略、综合立体交通网规划均为综合交通战略性规划。综合交通运输体系发展五年规划由于其系统性、约束性、规范性与周期性,也是一类战略性规划。

2.3.1 综合交通运输中长期规划

2.3.1.1 综合交通运输中长期规划的阶段特征与目标

综合交通运输中长期规划在各个阶段需解决的问题不同,发展目标、编制要求、规划重点也不同,具有典型的阶段特征和地区特点。综合交通运输中长期规划早期重点是基础设施网络的构建与广覆盖,完善阶段的重点是各种运输方式的协同衔接、扩充设施服务能力,优化阶段的重点是提升系统服务的质量、效率、公平性。该规划需要持续滚动。

(1)网络建设形成阶段

为明确我国交通基础设施的发展目标和任务,统筹协调各种运输方式,合理配置和有效利用交通运输资源,发挥综合交通的整体优势,国家发展改革委会同有关部门组织编制了 2007—2020 年《综合交通网中长期发展规划》。依据我国基本国情和经济地理特征,对各种运输方式按照其经济技术特征进行合理布局、分工协作和优势互补。针对交通运输总体上不能适应国民经济和社会发展的需要,"瓶颈"制约尚未完全消除,结构性矛盾仍较突出等问题,提出了综合交通基础设施网络到 2020 年的发展目标、网络总体规模与构成、综合运输大通道和综合交通枢纽布局方案,以及发展重点和政策措施,促进各种运输方式从局部最优上升到整体最优,提高我国交通系统的整体效率和综合效益。《综合交通网中长期发展规划》推动了我国综合交通网络迅猛发展,建成一批综合运输枢纽与高铁线路、完善高速公路网络,运输能力和效率明显提高,创下多个"世界第一"。

(2)系统完善优化阶段

2019 年 9 月,中共中央、国务院印发《交通强国建设纲要》,提出了建设综合立体交通网络的总体要求与发展目标:打造一流设施、一流技术、一流管理、一流服务,建成人民满意、保障有力、世界前列的交通强国,实现"全国 123 出行交通圈"和"全球 123 快货物流圈"。该目标的本质是为不同地区所有人群出行与货物流通,提供可达、可选、可靠的交通服务。

在综合交通运输系统基础设施网络基本形成的条件下,综合交通运输中长期规划更加突出统筹协调,注重各种运输方式融合发展和城乡区域交通运输协调发展;更加突出绿色发展,注重国土空间开发和生态环境保护;更加突出创新的核心地位,注重交通运输创新驱动和智慧发展;更加突出高水平对外开放,注重对外互联互通和国际供应链开放、安全、稳定;更加突出共享发展,注重建设人民满意交通,满足人民日益增长的美好生活需要。规划重点从扩大运输系统规模,到提供更高质量、更有效率、更加公平、更可持续、更为安全的交通运输服务。

该阶段综合交通运输规划的目标与基本原则为:

衔接协调、便捷高效。充分发挥各种运输方式的比较优势和组合效率,增强交通公共服务能力,扩大交通多样化有效供给,提升网络效应和规模效益。

适度超前、开放融合。有序推进交通基础设施建设,完善功能布局,构建连通国际、区域、城际、城乡等不同层次的运输通道,确保运输能力适度超前。

创新驱动、安全绿色。以智能化带动交通运输现代化,将生态保护红线意识贯穿到交通发展各环节,提高交通运输的安全性和可靠性。

2.3.1.2 综合交通运输中长期规划的内容

综合交通运输发展以安全、便捷、高效、绿色、经济为根本目标,综合交通运输战略性规划须对国家制定的经济、社会发展策略起到支撑作用。首先需要分析区域发展环境,包括国土空间与资源约束条件,地区交通运输发展的基础、问题与阶段任务;提出综合交通运输系统发展的总体思路,包括战略定位、指导思想、发展思路、战略目标和实施途径;明确战略任务,包括改善城市群、国家甚至全球不同空间范围的连接便利性;布局通达高效、功能互补的综合交通骨干网络与枢纽体系,设计网络、枢纽的功能及层次结构;加强地上、地下、水上、空中各种运输方式的立体互联;加强通道资源的综合统筹,实现综合运输通道内多种运输方式资源的最优配置;加强枢纽空间的集约共享,实现各交通运输方式的有效衔接;构建公共客运服务体系与现代物流服务体系;提出交通新技术与新业态建设要求;确定绿色低碳发展的政策导向和治理体系。此外,还需充分考虑城市间综合运输网络与城市综合交通体系的衔接转换。

国家、省、市均需编制综合交通运输中长期规划。城市群、都市圈或具有阶段性特殊任务的地区,也需要编制专门的区域性综合交通运输中长期规划,如京津冀区域交通一体化、成渝地区双城经济圈交通一体化规划。综合交通运输中长期规划至少包括五个方面的内容:便捷顺畅的基础设施、经济高效的运输结构、绿色集约的出行服务、智能先进的系统技术、安全可靠的系统运行。以基础设施为例,规划发达的快速网、完善的干线网、广泛的基础网,三张网构成功能层次清晰的综合交通基础设施体系。

综合交通运输中长期规划特别强调对国土空间开发保护、城乡区域协调发展及新型城镇化、现代产业体系与对外开放、区域一体化发展及对外互联互通的支撑性作用,不仅包括一系列系统建设、运行"硬条件"标准,还包括系统治理、制度完善等"软环境"要求。《交通强国建设纲要》将综合交通运输发展分解为九个方面的任务:基础设施体系、交通装备体系、运输服务体系、创新发展体系、安全保障体系、绿色交通体系、开放合作体系、人才队伍体系、现代治理体系。不仅需要提出完善综合交通运输系统基础设施、提升交通运输服务水平的策略和实施路径,还要求建构促进交通运输智慧发展、强化节约资源保护环境、促进交通运输安全发展、深化交通运输体制改革、完善综合交通法律法规和标准体系等的完整体系。

2.3.2 综合交通运输发展规划

本书 2.1.1 节简要介绍了我国国家规划体系。我国国民经济和社会发展五年规划编制流程、编制内容有严格规定,由各级人大审议批准并正式公布。综合交通运输发展规划作为我国国民经济和社会发展五年规划的重要组成部分,因其系统性、约束性,尽管执行期为五年,本质上也是战略性规划。

2.3.2.1 综合交通运输发展规划的框架与层次

我国"十四五"交通运输规划体系为 $1+6+9+N$:1 个总规划;6 个重点专项规划,分别针对铁路、公路、水路、民航、邮政五大行业领域与综合交通运输枢纽;9 个一般专项规划,面向综合运输服务发展、交通领域科技创新、绿色交通发展、运输安全生产工作等专门要求;特殊专项,可针对特殊地区、特殊领域如海事与救捞等制定规划。规划编制确定的综合交通运输发展目标和任务,是各级政府制定综合交通运输发展相关政策、行业规划和安排重点项目建设与投资的基本依据。我国"十四五"综合交通运输规划体系见表 2-1。

我国"十四五"综合交通运输规划体系　　　　　　表 2-1

大　类	序　号	规　划　名　称
总规划	1	现代综合交通运输体系发展规划
重点专项规划	1	铁路发展规划
	2	公路发展规划
	3	水路发展规划
	4	民航发展规划
	5	邮政业发展规划
	6	现代综合交通枢纽体系规划
一般专项规划	1	综合运输服务发展规划
	2	交通领域科技创新规划
	3	绿色交通发展规划
	4	交通运输安全生产工作规划
	5	交通运输国际合作规划
	6	交通运输标准化发展规划
	7	交通运输军民融合深度发展规划
	8	数字交通发展规划
	9	交通运输支持系统建设规划

综合交通运输发展规划文本含规划基础、总体要求、主要任务、重大工程、保障措施五大部分。在规划基础部分说明现状、规划实施评估与地区发展环境;在规划总体要求部分阐述规划的指导思想、基本原则与发展目标。主要任务部分详细说明基础设施、运输服

务、绿色安全韧性可持续发展、交通治理等方面的重大工程与主要举措,论证规划实施对资源环境的需求与影响,提出政策协同、资金、用地等保障措施。

综合交通运输发展规划除正式发布的文本外,通常有图集、项目谋划表作为附件。通过对规划方案的多维度、多情境评价,需要提出五年规划实施的项目列表,分新开工项目、续建项目、前期研究项目及预备性项目,并给出开工时间、工期、分年度资金安排的建议。

其中,交通基础设施布局规划是综合交通运输发展规划与国土空间规划衔接的核心内容,须在不同层面的国土空间总体规划中体现,并在详细规划中落实用地。

综合交通运输体系发展规划的编制框架如图2-7所示。

2.3.2.2 综合交通运输发展规划的流程与主要内容

综合交通运输发展规划的工作流程包括现状调研、实施评估,制定发展战略、发展目标与规划方案,编制文本,部门协调与公众参与。经审查批准后规划才能正式发布。

发展战略。通过对所规划区域综合交通运输的定位与作用分析,制定发展原则、思路、实施途径,确定分阶段的目标与指标。

综合交通运输系统的结构优化。分析交通运输系统现状及其适应能力、未来运输量发展对运输能力的要求,明确交通运输网络规模,并按照各展所长、优势互补、协调发展、相互促进的原则,实现各种交通运输方式的合理分工,充分发挥综合交通运输方式的整体效益和综合效益。

综合交通运输设施布局。指铁路、公路、水路、航空和管道五种运输方式的线路、站点等构筑物与技术设备的空间分布,建设等级与规模、标准。除传统意义的土木工程类设施外,还包括信息采集、传输、处理、服务及数据中心等信息化基础设施。

综合交通运输网络的多方式高效衔接。以综合交通枢纽为载体,以构建一体化交通运输系统为目标,布局各种交通运输方式的结合部和衔接点,实现各种交通运输方式之间、城市间与城市内交通线路的高效衔接。

综合交通运输系统的建设计划。提出重点项目和资金规模,为有关部门立项申报提供具体依据,增强规划方案的可操作性。

规划实施保障。包括规划组织实施要求,土地、投资、补贴等组合政策保障,法律法规标准体系完善,交通科技创新,人才队伍培育等内容。

综合交通运输发展规划的编制流程与主要内容如图2-8所示。

2.3.3 战略性规划编制

2.3.3.1 国家级综合立体交通网规划

《国家综合立体交通网规划纲要》是典型的国家层面战略性、中长期规划,确定未来15~30年国家综合交通网络主骨架布局。其战略性体现在规划目标综合考虑国家政治、经济、社会、国防、生态等战略导向和未来国土空间主体形态,服务城乡区域协调发展战略、国土空间开发保护以及新型城镇化与现代产业体系,连通国际运输体系。

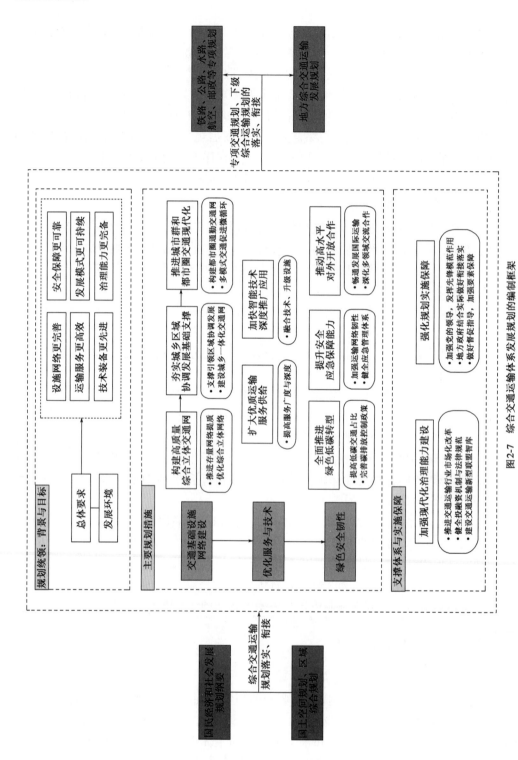

图 2-7 综合交通运输体系发展规划的编制框架

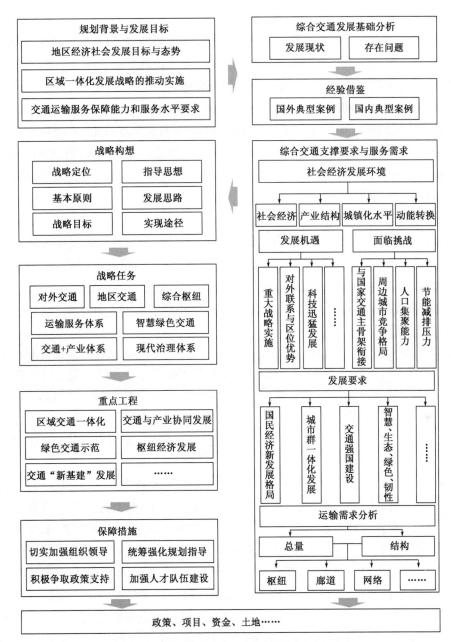

图2-8 综合交通运输发展规划的编制流程与主要内容

国家层面的综合交通网络主骨架规划尺度以城市群为基本单元。采取集各种运输方式于一体的OD分析模型及节点重要度与路段重要度相结合的方法,以城市群为节点、以城市群链接为路段,考虑各城市产业集群经济、社会、区位、交通发生吸引量等因素,考虑各种运输方式技术经济特征、组合效率为目标,对各种运输方式规划研究方案纳入主骨架进行优化平衡,形成各种运输方式资源配置效率最高、运输强度最大的骨干网络。

(1) 确定基础节点

按照支撑国家战略、服务经济、以人为本、空间均衡的原则，以县级行政区及中心市辖区为基本单元，筛选国家综合立体交通网主骨架需要覆盖的基础节点。建立经济、交通等分类指标，采用聚类分析等方法对基础节点进行分级。

(2) 生成主骨架基础网络

在分方式规划年网络布局方案和客货运输 OD 分布预测基础上，采用基于多模式广义费用分配模型的超级网络需求预测技术，预测路段客货流密度分布，筛选关键路段。采用成网技术及单因素影响因素分析方法，将关键路段、重要节点连接成网，形成国家综合立体交通网主骨架基础网络。

(3) 形成概念方案

通过各交通方式预测 OD 在综合交通网络上的分配，考虑各综合运输通道服务的节点重要度、承载的客货运输量等各类因素，针对国家确定的"19+2"城市群，形成国家综合立体交通网主骨架概念方案，主要包括：以京津冀、长三角、粤港澳、成渝城市群为起点，连接各个主要方向的 23 条辐射型通道，以及次级城市群互联的 7 条通道。

(4) 形成最终方案

按照国家对"19+2"城市群发展的功能定位，将"19+2"城市群依据交通需求发生吸引的强度不同划分为"极""组群""组团"三个层次，基于三类节点间交通联系强度等级差异，"极"间打造交通运输主轴廊带，"极"与"组群"、"极"与"组团"、"组群"与"组群"间打造交通运输复合走廊，"组群"与"组团"、"组团"与"组团"间打造综合交通运输通道，形成多中心、多层次的国家综合立体交通网主骨架方案。根据不同类型设施的服务能力与运输效率，进一步优化轴、廊、通道的结构与线路。

国家综合立体交通网综合采用自上而下与自下而上相结合的规划方法。自上而下确定规划目标与功能定位、分析单元；自下而上筛选基础节点、纳入分方式线路方案生成基础网络，运用路段重要度等基本概念，综合考虑各综合运输通道的重要度、承载客货运输强度等各类因素，提出由交通主轴、交通走廊和交通通道构成的国家综合立体交通网主骨架；再自上而下考虑经济重要性、国家安全性、网络整体通达性与合理性，对区域发展战略的枢纽城市保障性，依据规划目标与综合运输结构最优形成最终方案。国家综合立体交通网主骨架实体线网里程达 29 万 km 左右，其中包括国家高速铁路 5.6 万 km、普速铁路 7.1 万 km、国家高速公路 6.1 万 km、普通国道 7.2 万 km、国家高等级航道 2.5 万 km。

国家综合立体交通网 2035 年主要指标见表 2-2。

国家综合立体交通网 2035 年主要指标 表 2-2

序号	指 标		目标值
1	便捷顺畅	享受 1 小时内快速交通服务的人口占比	80% 以上
2		中心城区至综合客运枢纽半小时可达率	90% 以上

续上表

序号	指标		目标值
3	经济高效	多式联运换装1小时完成率	90%以上
4		国家综合立体交通网主骨架能力利用率	60%~85%
5	绿色集约	主要通道新增交通设施多方式国土空间综合利用率提高比例	80%
6		交通基础设施绿色化比例	95%
7	智能先进	交通基础设施数字化率	90%
8	安全可靠	重点区域多路径连接比率	95%以上
9		国家综合立体交通网安全设施完好率	95%以上

2.3.3.2 区域级综合交通运输发展规划

省级规划、市县级规划依据国家发展规划制定，既要加强与国家级专项规划、区域规划、空间规划的衔接，又要因地制宜，符合地方实际。区域综合交通运输策略同样遵循上述规则，承接、落实国家战略，引领区域综合交通运输发展。

例如，《长江三角洲地区交通运输更高质量一体化发展规划》根据区域发展战略，确定了以下7项综合交通发展核心任务：

①以轨道交通为骨干构建一体化设施网络。

②建设世界级机场群和港口群：强化国际枢纽机场与周边干线、支线机场协调联动，打造具有国际竞争力的世界级机场群和港口群。

③推进交通运输服务一体化：客运"一体化"、货运"一单制"、交通"一卡通"、信息服务"一站式"。

④协同共建现代化智能交通系统：以智能化信息化为手段，加快打造智能交通系统，提升交通运输技术装备综合保障能力，实现运输服务水平提升和管理组织模式创新。

⑤推动交通绿色低碳可持续发展：大力推进节能减排和资源集约节约高效利用，强化生态保护和污染防治，构建可持续发展长效机制。

⑥构建一体化协同体制机制：以重点领域先行先试为突破，建立健全交通运输全链条协同体制机制。

⑦加强保障措施：健全法规标准体系，推动重大项目实施。

长三角"十四五"综合交通发展目标与指标见表2-3。

长三角"十四五"综合交通发展目标与指标　　　表2-3

目标	指标
一体化交通基础设施网络总体形成	对外运输大通道、城际交通主骨架、都市圈通勤网高效联通。铁路密度达到507km/万km²，高速公路密度达到500km/万km²，世界级机场群和港口群全球竞争能力显著增强
一体化运输服务能力大幅提升	中心城市之间享受1~1.5小时客运服务。上海大都市圈以及南京、杭州、合肥、苏锡常、宁波都市圈内享受1小时公交通勤客运服务。城市公交、城际客运与定制化服务有效衔接，运输结构持续优化。铁路和水路货运量年均增长率不低于5%，多式联运与物流配送效率明显提升

续上表

目标	指标
一体化发展机制更加完善	三省一市政策、标准等充分对接,城际轨道交通一体化运营管理机制取得突破,提升民航及港口一体化协同发展、运输市场一体化运行水平
智能绿色安全发展水平大幅提高	大城市中心城区绿色出行分担率超过65%,信息服务基本实现共享共用,资源利用效率明显提升,交通环境污染和排放总量下降

2.4 综合交通运输设施布局规划

依据综合交通运输中长期规划确定的各种运输方式发展目标与规模、结构,编制铁路、公路、水路、航空、综合交通枢纽等重点专项规划与一般专项规划。其中,基础设施布局是综合交通运输专项规划的核心内容。

各类专项规划的编制流程、技术逻辑基本相同。本节将以综合交通运输结构与廊道规划、交通枢纽布局规划、公路网规划为例,说明结构、枢纽、网络三类综合交通运输设施布局的基本方法。

2.4.1 综合交通运输廊道布局与设施配置

合理的运输方式选择与结构优化是增强综合交通运输能力、提升运输服务水平与公平性、缓解运输资源紧张、加快交通转型的重要途径,是综合交通运输体系在优化完善阶段的规划重点。需要根据区域资源环境约束、运输需求,识别主要交通廊道、选择合理的运输方式,确定交通廊道规模与设施类型,为综合交通运输系统各个子系统的设施布局优化提供依据。

2.4.1.1 交通廊道布局

(1) 交通廊道布局与分级

交通廊道布局与分级,由规划区域内各节点城市的对外连接、互联互通的可达性目标与核心城市的服务、辐射要求决定。

以省域综合交通廊道布局规划为例,首先需要落实上位规划国家综合立体交通网客货运输"123"要求,提出省内都市圈1小时通勤,省会城市到省内其他设区市、设区市到所辖县1小时通达,城市群与全国主要城市3小时覆盖的具体规划目标。交通主骨架布局强化综合交通整体优势,谋划省级轴、廊、通道综合立体交通网主骨架,提出多层次综合交通枢纽城市的布局方案。

(2) 基于可达目标的网络布局完善

通达性是设施布局的基本要求,以实体设施连接贯通与设施标准的持续改善提升时空间可达性。国家综合立体交通网在优化设施布局方案过程中,以客货运"123"为目标,通过可达性指标检验交通廊道各运输方式布局的合理性与完备性。

交通可达性的计算方法主要有基于交通设施的方法、基于活动的地理方法、基于活动的时空方法、基于效用的方法四类。有研究选取全国城区人口超过100万人的城市共88个,以时间较短的交通运输方式或交通运输方式的组合,计算两两城市之间包括多式联运的交通3小时可达情况,79.97%的城市处在平均3小时可达范围内,以市区人口为权重加权的平均可达城市占82.9%。

根据国家铁路网、公路网、港口与航空枢纽布局方案,考虑技术进步带来的载运工具时速提升等因素,如果远期高速公路、高速铁路、机场建设按规划实施,预计2035年全国主要城市3小时覆盖率将达到95.85%,以市区人口为权重的3小时交通圈覆盖率将达到96.94%。针对3小时交通圈覆盖率薄弱城市,乌鲁木齐、昆明重点从民航技术水平提升角度提高覆盖率,其他城市重点从改善机场快速接驳角度提升其覆盖率,包括高铁、高速公路与机场衔接,则3小时交通圈覆盖率可提升到98%。

2.4.1.2 交通廊道的设施配置

交通廊道贯通连接规划区域重要节点,是骨干网络中各种运输方式资源配置效率最高、运输强度最大的线路集合。在满足基本可达性基础上,依据资源集约、经济高效的原则,选择主导交通运输方式并优先配置相应的基础设施用地。

依托交通需求预测的交通生成与交通分布模型,可以得到合并的交通分区出行OD矩阵,如地级以上城市的客运、货运需求,绘制期望线图、判断交通的主流方向与强度。更为有效的量化分析,是将交通分区形心联结、加载OD矩阵生成蛛网图,识别区域尺度或城市内交通廊道,计算交通廊道的客流或货流强度、采用不同运输方式的时间及费用成本等。

定义交通廊道客流强度为全天或高峰小时主要断面客流量。考虑区域人口与岗位分布、经济规模与对外交通,预测各级廊道各区段客流强度。表2-4为某大都市圈主要交通廊道预测客流量。根据五种运输方式的适用性和运输能力,不同强度廊道选择更高效、经济的主导交通运输方式,但需要多种交通运输方式衔接配合、满足差异化需求。每种交通运输方式的设施规模,还应根据需求强度与方式结构决定。交通廊道设施应具有高速度、大容量、运行可靠的特征,优先选择轨道交通、快速交通。

大都市圈主要交通廊道预测客流量(2035年) 表2-4

名　称	客流强度(全天,万人次)			客流强度(高峰小时,万人次)		
	0~15km	15~30km	30~50km	0~15km	15~30km	30~50km
A-1轴	120	91	15	14.4	10.9	1.8
A-2轴	88	60	—	13.2	9.0	—
B-1轴	65	75	14	9.8	11.3	2.1
B-2轴	70	61	12	10.5	9.2	1.8

续上表

名称	客流强度(全天,万人次)			客流强度(高峰小时,万人次)		
	0~15km	15~30km	30~50km	0~15km	15~30km	30~50km
B-3轴	72	40	26	10.8	6.0	3.9
C轴	53	26	3	8.0	3.9	0.5
D轴	22	19	9	3.3	2.9	1.4

以上述都市圈为例:预测2035年人口1600万人、机动化出行次数1.3次/(人·d)。以交通廊道占地面积为约束性指标,要求公共交通占机动化出行比例70%、轨道交通占公共交通出行比例60%,确定主要交通廊道的交通运输结构。根据各类轨道交通与公共交通客流承载能力、高速公路与快速路通行能力,配置交通廊道各类设施的类型、等级、数量,并检验方式结构-设施规模-运输能力的协调性,通过反复迭代计算、评价廊道结构与设施量能否支持目标达成,见表2-5。

大都市圈主要交通廊道设施配置方案(2035年)　　　表2-5

名称	最少快轨数			最少普轨数			公交专用道(5000人次/车道)			规划高快速路(条)			规划主干路/一级路(条)		
	0~15km	15~30km	30~50km	0~15km	15~30km	30~50km	0~15km	15~30km	30~50km	0~15km	15~30km	30~50km	0~15km	15~30km	30~50km
C轴	1	1	0	1	0	0	0	0	0	1	2	4	4	3	5
A-1轴	1	1	1	3	2	0	0	0	0	6	5	3	4	3	5
B-3轴	1	1	1	1	1	0	0	0	0	3	2	3	4	4	4
A-2轴	1	1	1	2	1	0	0	0	0	5	3	2	3	3	3
B-1轴	1	0	0	1	1	0	0	0	1	2	2	2	2	7	3
D轴	0	0	0	1	1	0	0	0	0	1	1	2	2	1	1
B-2轴	1	1	0	1	1	0	1	0	1	2	3	2	4	3	2

2.4.2 综合交通枢纽布局规划

综合交通枢纽是综合交通网络的关键节点,是各种运输方式高效衔接和一体化组织的主要载体。综合交通枢纽不仅是客货运量在多种运输方式间、网络不同运输方向之间转换的场所,也是交通运输的生产组织基地。综合交通枢纽规划既包括多层级、一体化枢纽选址布局,也包括枢纽港站各个功能高效组织的设施布局,还包括枢纽集疏运系统的布局。

同时,综合交通枢纽对城市间交通连接、城市对外交通与内部交通的衔接均发挥重要的组织作用,也对所在城市发展起重要的带动作用。除对外交通枢纽外,城市内还有组织城市交通高效运行的多层级城市交通枢纽。

2.4.2.1 多层级综合交通枢纽布局

综合交通枢纽城市的定位首先由其在综合交通网络中的区位与服务辐射范围决定，同时与城市功能、经济规模、产业分布、交通需求等因素有关。综合交通枢纽城市通常拥有一个以上具有一定规模、集合一种以上运输方式的客货枢纽港站。综合交通运输网络多方式、多线路廊道交汇于综合交通枢纽城市。当城市群范围有多个综合交通枢纽城市和一批综合交通枢纽港站时，通过合理布局枢纽港站及集疏运体系、连接系统，形成综合交通枢纽集群，有利于促进功能协同，可进一步提升综合交通枢纽集群的总体规模与运行效益。

综合交通枢纽城市根据在全球、全国和区域综合交通运输网络中的功能与作用，可分为国际性综合交通枢纽城市、全国性综合交通枢纽城市、区域性综合交通枢纽城市、地区性综合交通枢纽城市。

《国家综合立体交通网规划纲要》确定了综合交通枢纽集群、枢纽城市及枢纽港站"三位一体"的国家综合交通枢纽体系架构，如图2-9所示，并规划面向世界的京津冀、长三角、粤港澳大湾区、成渝地区双城经济圈四大国际性综合交通枢纽集群，20个左右国际性综合交通枢纽城市以及80个左右全国性综合交通枢纽城市。推进一批国际性枢纽港站、全国性枢纽港站建设。

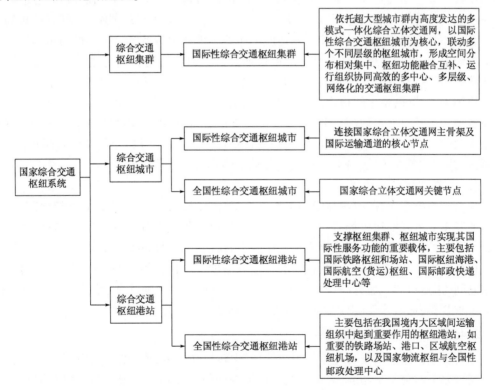

图2-9 国家综合交通枢纽体系架构

(1) 综合交通枢纽的布局原则

综合交通运输网络决定枢纽区位,枢纽城市规模与腹地决定枢纽体量。在综合交通枢纽城市进行枢纽港站布局,需要考虑选址、功能与类型、规模、集疏运条件和可拓展空间枢纽布局。

枢纽港站选址须符合城市发展方向,与城镇体系形态、城市功能空间结构、产业布局相协调。统筹火车站、水运港口、枢纽机场等各类场站,合理确定枢纽港站的层次、类型与功能。综合考量人口分布、旅游资源禀赋及中转需求,考量区域经济、产业结构以及邮政快递、城乡物流等需要,合理确定枢纽港站规模。枢纽港站须具备良好的集疏运条件,与城市道路网、轨道交通网、高速公路等有效衔接,并有可拓展空间,为后续发展留有余地。

①综合交通枢纽布局应服从于综合交通网的总体规划,使交通枢纽与廊道、干线在能力上相适应,区域多个枢纽间合理分工。

②预测枢纽港站吞吐量、转换量、服务量,确定预测枢纽港站规模。根据枢纽国际、城际交通集散与转换能力,配置城市集散交通方式及设施。

③综合客运枢纽在空间上应与城市开发紧密结合,站城一体,形成 TOD 格局。

(2) 枢纽集疏运体系规划

枢纽集疏运体系为枢纽港站专门设计,其目的是建立枢纽港站与所服务城市及区域间的便捷联系。集疏运体系须统一规划、统筹建设,合理配套集疏运方式、线路及规模,与枢纽港站的功能定位相适应,与城市交通体系有机衔接,并纳入城市国土空间总体规划。

客运枢纽应建立与其吞吐能力相适应的旅客集散和中转系统。国际性与全国性综合交通枢纽城市,客运主枢纽的集疏运应以快速公共交通或轨道交通为主。主要港口枢纽的集疏运应以铁路、高速公路和管道为主,并与铁路干线和高速公路网络相联系。

原则上,国际航空枢纽应实现 2 条及以上轨道交通线路衔接;全国性铁路综合客运枢纽应实现 2 条及以上市域(郊)铁路或城市轨道衔接;全国沿海、内河主要港口的集装箱、大宗干散货作业区应实现铁路连接,大宗货物年货运量 150 万 t 以上的新建货运枢纽(物流园区)应实现铁路连接;统筹推进航空货运枢纽集疏运体系建设。

(3) 枢纽连接系统规划

综合交通枢纽集群、枢纽城市的多港站布局,需要规划连接系统,建立枢纽之间直达、快速的联系。依托枢纽机场、重要铁路客站、邮轮母港等规划建设快速交通连接系统,鼓励具备条件的区域建设大型综合客运枢纽间直接连接的铁路环线或直达轨道交通,如上海连接虹桥枢纽、浦东机场、东站枢纽的机场联络线。全国沿海、内河主要港口与内陆无水港之间、边境口岸与后方综合货运枢纽之间、业务联系紧密的综合货运枢纽之间应根据货运需求规模,适时建设(开辟)快速联系的货运通道。

2.4.2.2 综合交通枢纽港站专项规划

综合交通枢纽港站具有运输组织与管理、中转换乘换装、装卸储存、多式联运、信息流通和辅助服务六项基本功能,对综合交通运输的高效运转具有重要作用。枢纽港站除选址、功能、规模外,还需结合建设投资和营运管理安全要求,以服务能力和疏解效率为核心指标,分析、优化枢纽的客货流线,进行枢纽综合体的平面与立面规划。

①枢纽内各种运输方式的设施、设备布局应保证各种运输方式之间的相互协调,考虑与相邻枢纽的合理分工,并保证主要客流、货流在枢纽内径路顺直、便捷。

②综合交通枢纽衔接应综合考虑各条线路的顺畅联通,遵循客运"零距离换乘"和货运换装"无缝衔接"的原则,统筹线路、场站以及信息传输等设施,体现客货流汇集、换乘/换装和疏散的承载性、顺畅性和兼容性。

(1) 综合客运枢纽

根据《综合客运枢纽分类分级》(JT/T 1112—2017),综合客运枢纽按主导方式划分为四种类型。其中,综合客运枢纽主导方式指在综合客运枢纽形成过程中,受空域、水域、线位、净空、地质条件、土地资源等特定工程建设条件及建设标准限制,对其他交通运输方式起主要约束影响作用的某一种对外交通运输方式。

铁路主导型综合客运枢纽依托铁路客运站、公路主导型综合客运枢纽依托公路客运站、水运主导型综合客运枢纽依托港口客运站、航空主导型综合客运枢纽依托机场航站楼,与其他城际交通运输方式及城市综合交通系统衔接,形成服务区域与城市的综合客运枢纽。根据设计年度综合客运枢纽总发送量和对外运输方式总发送量,综合客运枢纽划分为四个等级。

以上海虹桥枢纽为例,它既是上海这座国际性综合交通枢纽城市的组成部分,也在长三角国际性综合枢纽集群中发挥重要作用。虹桥枢纽以国际机场与高铁站为主导方式,有2条机场跑道、铁路30股道,接入城际铁路、市域铁路与城市轨道,预留高速磁浮站,便利衔接各种城市交通方式,日均服务客流已经超过110万人次。表2-6是上海虹桥枢纽规划初期就确定并坚持的理念与方法,这使虹桥枢纽成为我国服务与效益最好的枢纽之一。其交通便利性也带动周边发展,虹桥商务区发展成为上海城市副中心。

上海虹桥枢纽规划理念与规划重点　　　　　　　　　　表2-6

序号	规划理念	规划设计要点
1	定位功能、明确目标	根据区域与城市关系、枢纽与综合交通网络关系、枢纽与周边地区开发关系,确定枢纽服务范围、功能等级与规模
2	规模合理、滚动发展	根据交通枢纽的运量预测设定枢纽与集散系统容量,确定分期发展计划,留有余地
3	流程便捷、节约资源	按人流与车流、流程与流量进行枢纽内部与外部运输组织
4	人车分离、动静分离	按照人车分离、接送客与停车分离原则,满足各种交通运输方式的人流共用通道及贵宾通道的要求,布局枢纽设施
5	公交优先、站场分离	枢纽集散交通设施布局方面,空间与位置分配遵循运量越大越优先规则;接驳车场、终点站尽量不占用枢纽空间
6	快慢分离、客货分离	枢纽旅客交通与地区交通、货运交通、后勤交通分离
7	各成体系、便于运营	各种运输方式的运营系统应具备必要的独立性

续上表

序号	规划理念	规划设计要点
8	信息互联、统一指挥	各种运输方式的运行信息应共建基础平台、保障信息互通
9	多式联运、方便旅客	鼓励各种运输方式联运、一票通、多票通、一证通,推动城市航站楼、空铁通等建设
10	商业服务、强化功能	站城融合、动态规划,综合考虑商业、服务设施合理的业态和规模,依托枢纽形成新的城市副中心
11	防灾减灾、保障安全	充分考虑交通枢纽的防灾与疏散的设施、信息支持
12	节能减排、持续发展	建立绿色交通枢纽评价体系,通过空间集约、能源系统等的集成设计,实现枢纽低耗低碳运行

(2)综合货运枢纽

《综合货运枢纽分类与基本要求》(JT/T 1111—2017)按照主导运输方式不同,将综合货运枢纽分为四种类型,但针对综合货运规模的枢纽分级标准较少。铁路、水路主导型综合货运枢纽较为常见。

针对单一运输方式的运输枢纽分级标准较多,如《公路货运站站级标准及建设要求》(JT/T 402—2016)将综合型公路货运站按照占地面积和处理能力进行分级,见表2-7。

综合型公路货运站分级标准　　　表2-7

序号	综合型	一级	二级	三级
1	占地面积(亩)	≥600	≥300	≥150
2	处理能力(万t/年)	≥600	≥300	≥100

注:1亩约666.67 m^2。

2.4.3 交通网络规划

在确定综合交通廊道、枢纽布局及结构之后,仍然需要针对各种运输方式进行网络布局规划,以指导设施建设与系统管理。综合交通运输网络可进一步细分为公路网络、铁路网络、水路与航空网络、邮政与物流网络等。其中,公路网作为综合交通运输体系的基础性网络,是衔接其他各种运输方式和发挥综合交通网络整体效率的主要支撑,既重要也具有代表性,本节将其作为网络型规划予以介绍。

编制公路网规划应服务于区域经济社会发展及综合交通运输体系的优化。公路网规划要提出明确的目标,公路网布局应与国土空间规划和城镇体系规划、生产力布局相适应,与其他运输方式相衔接;注重经济和社会效益,集约利用土地,保护环境,实现可持续发展。

现代公路网以高速公路为骨架、国省干线为脉络、农村公路为基础。由于设施的稳定性与投资、建设周期,公路网规划期限一般为15~30年。

2.4.3.1 公路网规划流程与方法

公路网规划首先要明确目标,由此确定网络里程规模、等级结构、布局方案、建设要求。公路网规划的合理性和适应性,通过规划目标的实现程度、公路基础设施供给能力与运输需求之间的动态平衡关系度量。

公路网运输需求分为直接需求和间接需求。直接需求主要指公路交通的客货运输需求,通过交通量直观反映,也可通过人口、经济社会发展水平、综合交通发展水平等指标客观反映需求增长趋势;间接需求主要指国防安全、路网韧性等要求,主要通过规划布局的路网连通度等方法进行测算,或根据一个阶段的战略发展要求进行定性分析。

公路网供给能力主要指公路基础设施提供的运输能力、服务水平,以及资金、土地、环境等资源要素的供给能力等。公路网的总体规模、等级结构、网络布局共同决定公路基础设施的运输能力,通过车道通行能力和车道总规模进行计算;网络服务水平包括安全水平、便捷舒适水平、管理服务水平等,通过事故率、安防设施配置率、智能出行服务率等指标间接反映;资金、土地、环境等资源要素可以通过财政能力、债务规模、用地规模及资源集约节约利用水平等指标间接反映。

(1)规划流程

公路网规划的程序可简略概括为"设定目标→框定规模→设施布局→服务评价→系统优化"的往复反馈过程,如图 2-10 所示。

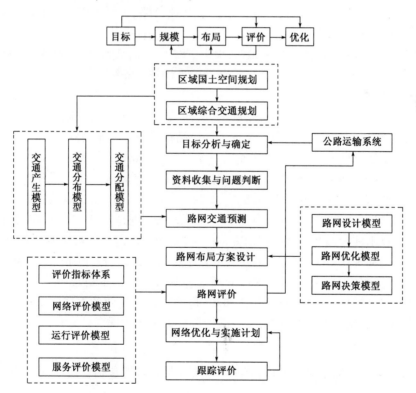

图 2-10 公路网规划的一般流程

规划目标根据区域发展的阶段特征与公路网络在综合交通运输体系中的定位确定。

由于公路网是基础性设施网络,首先需要通过总规模的控制保障路网的密度、覆盖度、可达性和供需水平。

(2)网络规模

早期的公路网规划重点是论证网络的合理规模。常用方法有资金与用地约束的总量控制法、国土系数法,设定预期服务水平与通行能力的需求承载法、合理密度法、连通度法,类比分析法等。

衡量网络规模合理性的主要指标有国土面积密度、人口密度、经济密度、车辆密度,以及人口-经济组合密度。

公路网近期规模增长主要受经济增长、人口流动、收入增长、消费结构变化、生产生活方式变化等提升客货运需求的因素,以及相关政策和制度环境、交通技术进步等提升设施供给能力的因素的影响。长期、稳定的公路网规模,则受到区域资源禀赋和分布特征、产业空间布局、城市化模式和人口分布等经济地理特征,工业化进程、城市化阶段等经济社会发展阶段,土地、能源、环境等资源环境约束的影响。

(3)等级结构

公路网等级结构决定公路网的供给水平和服务能力。行政等级结构指国家公路、省级公路、农村公路的里程比例,技术等级结构指高速公路、一级公路、二级及三级公路、四级及以下公路的里程比例。

一般干线公路占总里程15%~20%,承担70%以上的交通周转量(单位为车公里)。根据各个等级公路的车道通行能力,计算路网的平均技术等级。

(4)路网布局

布局方案在路网规模、等级结构基础上,根据城镇、产业、枢纽、旅游、口岸等空间格局与交通需求分布,针对不同路网布局及技术等级结构进行多方案技术评价,包括网络结构性能评价、网络运行性能评价、网络服务能力评价等。公路网络运行评价的控制性指标为网络与路段拥挤度、网络拥挤里程比例。拥挤度通常为交通量与设定服务水平的服务能力之比值,与城市道路饱和度定义不同。

公路网布局方案常用交通区位分析和节点模型法。通过现状与预测 OD 矩阵进行网络配流,基于技术评价进行公路网规划方案优化,是四阶段需求分析模型的典型应用。公路网客、货车辆的现状 OD 矩阵,过去多采用起讫点调查获得,现在则通过车辆轨迹数据、ETC 数据获得分时段 OD 矩阵。在区域交通运输基础设施基本稳定条件下,规划年机动车出行采用增长、转移、诱增分别预测并加和,是一种较为简便的方法。交通量分配模型则需要特别考虑收费公路的费率、收费方式及因此增加的延误。

2.4.3.2 公路网布局规划的技术评价

作为综合交通运输基础性网络,公路网规划布局评价应包括连通性、可靠性、可达性、适应性、完备性等方面。

①连通性:也称通达性,是网络布局基础指标。用城镇、枢纽、产业、旅游景点等选定节点的连通性、衔接外部网络及城市路网的便利性描述,主要由网络总长度与密度(单位

为 km/百 km²)决定。早期公路网常用连通度指标评价其发育程度,定义为平均每个节点连接的线路数。

②可靠性:网络布局的优化指标,用重要节点之间独立线路条数或共用路段数量来衡量,并进一步发展为网络韧性评价,包括应对各类突发事件保持联通的能力、受冲击后恢复的能力。

③可达性:网络服务关键指标。在连通性基础上,考虑线路技术等级与标准,计算给定时间内公路网所能服务的空间范围,是衡量公路网服务水平和服务公平性的综合性指标。时空可达性度量方法包括基于时空棱锥模型的传统度量方法、基于地理信息系统(Geographic Information System,GIS)度量等时线的方法等,既能体现各个区域利用骨干网络的便利性,也体现中心城市、综合交通枢纽对地区服务的公平性。

④适应性:公路网应对发展不确定性的能力,是规划层面对基础设施韧性的要求。包括经济增长波动对于公路投资能力和建设规模的影响,基础设施对新技术发展并广泛应用的适应性,容量对于机动车总量增长、能源结构调整的适应能力。

⑤完备性:规划各类基础设施的完备性。除传统土建基础设施外,规划还应包括各类新基建设施,智能交通基础设施等。

上海高速公路网规划是以可达性为核心目标、服务区域城镇与产业空间优化进行布局规划的代表性案例。针对2000—2020年上海城镇体系与新城发展、产业布局调整、上海对长三角区域的辐射带动要求,提出时空服务"153060"路网布局目标,要求重要工业区、重要集镇、交通枢纽、客货主要集散地15min进入高速公路网,上海中心城与新城、中心城至省界30min互通,高速网上任意两点间60min内到达,据此确定高速公路网络基本规模、二环多射布局方案。以高速公路的通行速度提升网络可达性、以高速公路的通行能力提高网络承载力。

公路网布局规划以高速公路为主骨架,通过重要节点之间高速公路、干线公路多线路布局,保证路网通行的可靠性,并根据多情景需求预测,提出各等级、各线路的容量与建设标准、重要立交枢纽布局与用地控制要求。

除上述路网技术评价外,公路网规划还需要进行直接经济效益分析、经济社会影响评价、环境影响分析、土地利用制约分析等。

2.5 城市综合交通体系规划

经济社会发展水平的标志之一是城镇化率,一般用城镇非农业人口占总人口的比例表示。发达国家城镇化率在70%以上。不仅绝大多数交通运输活动与城市相关联,城市内交通活动强度也远高于非城镇化区域。

城市交通与城市间交通在出行目的、组织方式、成本构成等方面均有差异。城市交通是城市四大功能之一,是城市居住、工作、游憩的派生性功能,而城市间交通运输是经济活动的本体性功能。此外,由于城市交通活动目的以通勤为主,交通需求呈现明显的时间、空间集聚和交通运输方式多样性、组合型特征,但交通系统供应又受到城市空间、建成环境、土地利用等更多制约,需要综合交通规划在交通结构引导、交通需求调节、交通服务公平等方面发挥导向作用。因此,城市综合交通规划是综合交通运输规划体系中一类特殊的、相对独立的工作。

城市综合交通体系规划与国土空间总体规划有很强的交互性,需要针对城市群、都市圈发展背景下中心城(主城)—新城(新区)—新市镇新的空间结构,针对新的空间结构建构新的规划方法。城市综合交通规划的目标分解与规划重点如图 2-11 所示。雄安新城规划、"上海 2035"城市规划、北京城市副中心规划等都引入了以交通廊道引导空间布局、以公交走廊提升空间组织效能的规划理念。交通规划从建设为主的"适应交通需求"规划逐渐向引导城市空间新格局、改善交通网络运行效率、可持续发展转变。

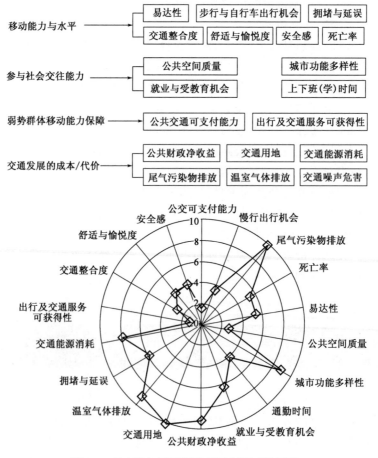

图 2-11 城市综合交通规划的目标分解与规划重点

我国城市已经进入以增量建设为辅、以存量更新为主的高质量发展阶段。以人为本、基于设施的服务可获得性与公平性是规划的核心价值观,用尽可能少的交通供给提供高效、清洁且不依赖小客车的移动性是规划的基本目标。因此,规划编制过程中的公众和相关利益团体的共同参与、多部门协调尤为重要。规划不仅要求提供清晰、可理解的方案,还需要设定可度量的指标体系,定期监测、评估并报告规划实施效果。

2.5.1 城市综合交通规划的流程与内容

城市应根据自身的城镇空间和交通系统发展阶段、城市所处的区位、城市空间规划的范围,以及城市综合交通体系规划的重点,选择城市集中建设区或城区作为城市综合交通体系规划的重点规划范围。处于扩张发展和存量发展等不同阶段的城市地区,规划策略和重点应体现差异性。对于城市新区,应充分考虑发展的弹性空间,以需求为导向,注重对交通基础设施建设的指导。而对于城市存量地区,新建交通设施不再是重点规划内容,交通系统规划要通过对交通空间的再分配适应城市活动需求变化,将空间和资源再分配政策、交通组织和运营组织优化、绿色交通设施的改善、加大城市公共交通空间保障,以及地方性次支路系统完善和街道空间改善等,作为存量更新地区交通规划的重点。

综合交通体系规划的工作流程通常可分为现状调查、专题研究、纲要成果、规划成果、规划评估等阶段。

(1)现状调研

通过多种方式收集城市经济社会发展的现状和规划资料,听取相关部门规划设想和建议;分析城市发展中存在的主要交通问题;根据规划需要开展交通调查。

(2)专题研究

在现状调研基础上,对影响城市综合交通体系发展的重大问题组织开展专题研究,一般应包括交通发展趋势、城市交通发展战略与政策、重大交通基础设施布局等。

(3)纲要成果

重点评价和分析城市综合交通体系现状存在的主要问题;论证城市综合交通发展趋势和需求、交通发展战略和交通资源配置策略,提出城市综合交通体系框架;确定城市综合交通体系总体发展目标和各交通子系统规划目标;提出城市综合交通体系的布局原则。

(4)规划成果

确定城市综合交通发展战略、政策和保障措施;确定城市交通设施布局方案、控制性规划指标和强制性内容;提出对城市交通各子系统规划的指导性技术要求;提出近期规划的策略与方案。

(5)规划评估

评估内容包括交通规划实施进度、实施效果和外部效益等方面。通过常态化开展交通规划实施评估工作,建立规划"编制-实施-评估-调整"的滚动实施机制,使规划能够不断适应城市快速变化及结构性变化的发展要求。

《城市综合交通体系规划标准》规定了规划编制基本要求:规划原则与发展策略;交

通综合协调,包括交通与城市空间、用地的协同,城市交通与城市对外交通的协调,城市交通体系结构的综合协调;公共交通、客运枢纽、步行与非机动车交通、货运交通、路网、停车等各个子系统规划及相互衔接;实施评估与交通信息化。

2.5.2 城市交通的综合协调

城市综合交通体系应有效引导城市空间布局与优化,合理协调交通系统在承载城市活动、引导城市集约高效开发、塑造城市特色风貌、提升城市环境质量等方面的功能。城市综合交通设施与服务应根据城市功能、密度分区差异化提供,依托城市公共交通走廊、客运交通枢纽布局城市的高密度分区,以公共交通引导城市开发。

城市交通体系协调确定城市交通不同功能及各个系统的配合、组织、优先规则。根据不同规模的城市和城市不同地区的交通特征,差异化确定交通体系内不同交通方式的功能定位、组织方式和资源配置。需要重点把握好三个关系。一是交通政策导向性与出行可选择性的关系。平衡系统最优与用户最优,鼓励集约化交通方式发展,合理调控非集约出行方式的使用,又要合理兼顾个性化出行要求,提供多样化的出行选择。二是交通一体化组织和差异化组织的关系。一体化组织强调提升交通系统的整体性和各种方式的衔接配合,发挥整体的效率和效益。差异化组织强调"因地制宜"根据交通需求特征、确定主导交通方式和组织要求。三是资源配置中政府与市场的关系。围绕各类资源的有效配置,充分发挥市场在资源配置中的决定性作用和政府的政策引导作用,构建多方参与、价值导向充分共识、利益共享及风险共担的交通综合治理模式。城市应综合利用法律法规、经济、行政等交通需求管理手段,合理调节交通需求的总量、时空分布和方式结构,引导出行者合理选择小客车、摩托车等个体机动化交通方式,提高步行、自行车、城市公共交通方式的出行比例。

(1) 多尺度空间与多模式交通协同发展

针对不同规划范围的多尺度空间,考虑各种交通方式的协同与结构优化制定综合交通发展战略。以"上海2035"综合交通规划为例,如图2-12所示,通过规划评估确定交通运输发展的核心问题,在国际与区域交通、城区交通两个层面明确导向、确定发展战略:落实国家与区域发展要求体现在运输通道控制、综合枢纽布局;大都市区实施交通一体化战略,重点落实在骨干网络特别是大运量快速交通系统布局;主城区强调公共服务体系与多模式交通网络的协同,实现绿色交通优先、公共交通导向发展。

(2) 城市交通规划控制性指标

城市综合交通规划对城市形态、用地布局、紧凑性、出行结构等的要求通过一组量化控制指标体现,具体如下:

①控制交通用地。城市道路与交通设施用地面积应占城市规划建设用地面积的15%~25%,人均道路与交通设施面积不应小于12m²。城市综合交通资源应优先配置于集约、绿色交通方式及系统,保障步行、城市公共交通和自行车通行空间,合理控制停车、供能等类别用地总量。

②控制出行结构:城市交通中由集约型公共交通与步行、自行车承担的出行比例不应低于75%,并随城市人口规模增加而提出更高指标要求。

③控制出行成本:降低居民出行时耗特别是平均通勤时间、极限通勤比例,是综合交通系统规划的核心指标。包括通勤时间与利用公共交通的通勤时间。95%通勤出行的单程时耗,规划人口规模100万人及以上的城市应控制在60min以内、100万人以下城市应控制在40min以内,规划人口规模超过1000万人的超大城市可适当提高该指标。

④控制道路交通运行服务水平:规定交通性干道机动车可接受的通行速度。应通过交通需求管理与交通设施建设保障道路运行的效率,而不是仅依赖增加设施量。

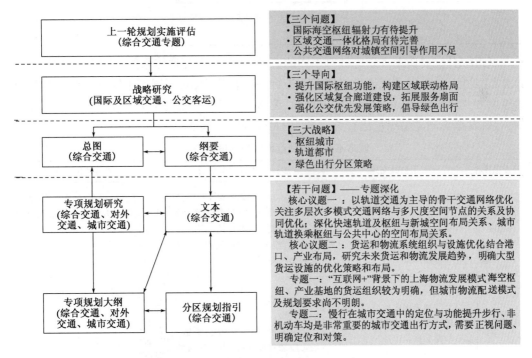

图2-12 "上海2035"综合交通规划分阶段的战略任务

(3)城市规模与开发强度分区的客运系统结构要求

在城市中以新增建设用地为主的发展地区,交通规划应充分满足城市发展的需求和发展的不确定性;在城市更新地区,交通规划应以步行和自行车、公共交通改善、交通政策选择和交通组织优化为重点。城市分类与客运体系规划要求见表2-8。

城市分类与客运体系规划要求   表2-8

城市分类	城市规划人口规模	客运体系规划要求
特大及以上城市	≥500万人	大运量城市轨道交通在城市公共交通系统中占据主体地位,以中运量及多层次普通运量公交为基础,以个体机动化客运交通方式作为中长距离客运交通的补充。人口规模达到1000万人及以上时,应构建快线、干线等多层次大运量城市轨道交通网络

续上表

城市分类	城市规划人口规模	客运体系规划要求
大城市	300万~500万人（不含）	大运量城市轨道交通在城市公共交通系统中占据骨干地位,以中运量及多层次普通运量公交为主体,引导个体机动化交通方式的合理使用
大城市	100万~300万人（不含）	以大、中运量公共交通为城市公共交通的骨干,以多层次普通运量公交为主体,引导个体机动化客运交通方式的合理使用
中等城市	50万~100万人（不含）	以中运量公交为骨干,普通运量公交为基础,构建有竞争力的公共交通服务网络
小城市	<50万人	以步行和自行车交通为主体,普通运量公交为基础,鼓励城市公共交通承担中长距离出行

城市综合交通体系规划应针对不同的区域特征、综合交通体系的不同组成部分,按照其分布、功能、使用者和交通设施的属性进行差异化规划,协调城市不同开发强度地区交通组织方式,制定差别化的交通发展目标、策略和政策,考虑主导交通方式及衔接换乘组织,有效发挥不同类型绿色出行方式的"相对效率",见表2-9。

城市不同开发强度地区的交通组织方式　　　　　表2-9

开发强度	城市公共交通	步行和非机动车交通	个体机动化交通
高强度	城市公共交通网络、站点、首末站高密度布局; 保障公共交通路权; 优先保障城市公共交通枢纽周边接驳场站用地	构建独立、连续的步行网络,安全连续的非机动车网络,紧密衔接各类公交站点与周边建筑; 商业、旅游地区宜设置行人优先的步行街区	控制出行停车位规模,降低个体机动化交通方式出行需求和使用强度; 居住区、商业办公区应采取交通稳静化措施
中强度	公共交通走廊实施公交优先; 保障公共交通走廊上公共交通站点的接驳场站用地	构建安全、连续的步行和非机动车网络; 公共交通走廊、主要公交站点周边应加密步行与非机动车设施	控制出行停车位规模,调控高峰时段个体机动化通勤交通需求; 居住区、商业办公区宜采取交通稳静化措施
低强度	根据需求布设常规公交普线、支线,鼓励灵活的辅助型公交发展	构建步行和非机动车基本网络,以及承担休闲、健身功能的步行、非机动车通道和绿道	居住区宜采取稳静化措施

2.5.3 城市交通各子系统规划

在确定城市综合交通体系总体结构和发展目标的基础上,交通规划还应对各交通子系统提出规划控制方案,包括道路、公共交通、步行与非机动车、停车场、货运交通等。

(1)城市道路规划以"保障城市正常经济社会活动所需的交通活动"为目标

按照城市道路所承担的城市活动特征,城市道路分为干线道路、支线道路以及联系两者的集散道路三个大类,城市快速路、主干路、次干路和支路四个中类和七个小类。不同城市应根据城市规模、空间形态和城市活动特征等因素确定城市道路类别的构成。城市道路网络布局应在继承既有道路系统布局特征基础上，综合考虑城市空间布局的发展与控制要求、密度分区、用地性质、客货交通流量流向、对外交通，结合地形、地物、河流走向和气候环境等因素因地制宜确定。城市集中建设区道路系统的密度不宜小于 $8km/km^2$。城市干线道路系统在城市交通中起到"通"的作用，对效率要求较高，同时应为出行者提供多样化的路径选择，干线道路的间距不宜超过 $1.5km$。集散性道路与支线道路主要起到"达"的作用，其里程比例应超过 70%，重点保障步行、自行车和街道活动的空间，街区尺度不宜过大，避免引入大量通过性交通。城市规划区内承担城市交通功能的公路应纳入城市道路系统进行一体化规划。

(2) 城市公共交通规划应为各类人群提供与其需求相适应的多样化、高品质公交服务

高峰期城市公共交通全程出行时间应控制在小客车出行时间的 1.5 倍以内，增强与私人小客车交通的竞争力。城市公共交通规划应提出公交服务时效性要求，根据高峰小时单向客流量或客流强度确定公共交通高、大、中与普通客流走廊四个层级，选择轨道交通线路等级、技术形式。公交规划还需要提出综合客运枢纽与城市公交枢纽布局、用地，以及地面公交功能层次与线路规划控制要求。大城市公共交通站点 $500m$ 服务半径覆盖的城市人口和就业岗位不应低于 90%，其他城市不应低于 70%。城市轨道交通线网的规划和建设规模应与城市的经济社会发展水平相适应。规划轨道交通网络的城市，轨道交通站点 $800m$ 服务半径覆盖的城市人口、就业岗位比例应显著高于覆盖的用地占比。

(3) 步行与非机动车交通是城市绿色、低碳交通体系的重要组成部分

步行与非机动车交通设施既包括城市道路内的人行道、非机动车道、过街设施、专用路等，也应包括城市道路外的各类专用空间，如公园、广场内的通道，滨水、环山的绿道，立体连廊、步行街、自动人行道等各类专用设施。步行与非机动车交通系统应安全、连续、方便、舒适。城市土地使用强度较高地区，各类步行设施网络密度不宜低于 $14km/km^2$。步行与非机动车道需有独立的通行空间、保准一定宽度。

(4) 停车场布局与规模应符合城市综合交通体系发展战略要求，与城市用地相协调，集约、节约用地

应根据城市综合交通体系协调要求确定机动车基本车位和出行车位的供给，调节城市的动态交通。基本车位供给应与机动车的拥有政策相适应；出行车位应根据公共交通资源配置、城市道路运行状况和交通组织要求差异化配置，如在城市公共交通便捷、道路交通供应紧张的中心区，应从严控制。停车设施供应应以配建停车场为主，公共停车场为辅，确立配建停车场在停车设施供给中的主体地位，其总量应占机动车停车位总量的 85% 以上。

(5) 货运交通是城市综合交通系统不可或缺的部分

城市货运交通分为生产性货运交通、生活性货运交通、对外货运枢纽及其集疏运交通、城市内部货运交通、过境货运交通和特殊货运交通。货运网络通常由次干道及以上等级道路构成。城市内部货运交通包括城市应急、救援品储备中心，生活性货运集散点以及

城市货运配送网络。需要规划专门的货运通道，有效平衡货运和客运在城市交通资源上的分配，提高城市货运服务的效率与可达性，降低货运交通对城市交通的影响，减少货运交通的污染气体排放以及对城市居民工作生活的干扰。

上海城市国土空间规划综合交通专项的指标一览表见表 2-10。

上海城市国土空间规划综合交通专项的指标一览表　　表 2-10

领域	指标项	现状值(2015年)	规划值(2035年)
对外交通	年航空客运吞吐量(亿人次)	0.99	1.8 左右
	出入境客流比例(%)	31.5	38
	航空旅客中转率(%)	9.7	19 左右
	集装箱吞吐量(万标准箱)	3653.7	4000~4500
	集装箱水水中转比例(%)	45	>55
	国际集装箱中转比例(%)	6.9	13
	铁路通道方向及规模(个/条)	2/5	5/12
	铁路占客运比重(小客车除外)(%)	50	65
城市交通	新城与中心城枢纽间轨道出行时间(min)	>45	≤40
	10 万人以上新市镇轨道站点覆盖率(%)	53	95 左右
	平均通勤时间(min)	中心城 43	中心城 40
	公共交通占全方式出行比例(%)	市域 26.2，中心城 37.9	市域 40 左右，中心城 50 左右
	轨道交通线网密度(km/km²)	中心城 0.6	中心城≥1.1
	轨道交通站点 600m 用地覆盖率(%)	中心城 32.4	中心城 60，新城 30
	新城至中心城及重要交通枢纽的道路交通出行时间(min)	≤75	≤60
	全路网密度(km/km²)	核心区 9.6，中心城 5.7	核心区 10，中心城、新城 8
	干线公交平均运营速度(km/h)	市区 15，全市 18	20 左右
	城区公交站点 500m 用地覆盖率(%)	—	中心城 100，新城、镇区 90
	轨道交通平均接驳时间(min)	>20	13(中心城)
	绿色交通出行比例(%)	76	85 左右
	生活性出行距离(km)	2.9	2.5 左右
	停车泊位比	—	1.1 左右

复习思考题

1. 查阅《国家综合立体交通网规划纲要》《交通强国建设纲要》《长江三角洲地区交通运输更高质量一体化发展规划》，解读综合交通系统发展目标、关键指标、实施阶段与路径。分析现阶段规划与既有规划相比最显著的变化。(提示:考虑设施与服务、客运与货运、对不同运输方式的要求。)

2. 选择一个地级市,了解其近五年编制的交通运输相关规划。分析三个以上规划,从层次、类型、规划时间及空间范围等方面,讨论其在综合交通运输规划体系中的地位、作用、相互关系。

3. 综合交通运输规划的需求预测,与单一交通运输方式基础设施规划的需求预测在技术方法上是否有区别,有何区别?交通大数据对于需求预测的贡献主要体现在哪些方面?

4. 查阅交通运输部网站,分析上海与舟山—宁波港货运增长特征。应用综合交通廊道的概念,分析通道组成。如果增加跨海通道,从城市交通系统与城际综合交通运输不同角度,分析该重大工程的利弊。

5. 通过查阅文献,收集我国、欧洲、日本或北美综合运输枢纽资料。讨论利用枢纽转换的城市间交通运输方式、与城市交通衔接方式、枢纽集散交通量、枢纽布局示意图及设施,进行评价并比较。

6. 比较城市交通、城市间交通的活动类型与目的的差别。城市综合交通体系规划在规划目标、规划内容、规划方法上有何特点与特殊要求?

7. 车辆自动驾驶、更高速度的载运系统、出行预约与移动支付等新技术的普及应用,如何在综合交通运输规划中体现其贡献?讨论是否需要建立或改善规划技术方法,并提出技术需求。

本章参考文献与延伸阅读

[1] 中共中央,国务院. 中共中央 国务院关于统一规划体系更好发挥国家发展规划战略导向作用的意见[A/OL]. (2018-12-07) [2021-09-10]. https://www.sohu.com/a/280375948_753646.

[2] 中华人民共和国交通运输部. 国家综合立体交通网规划纲要学习读本[M]. 北京:人民交通出版社股份有限公司,2021.

[3] 中共中央,国务院. 中共中央 国务院关于建立国土空间规划体系并监督实施的若干意见[A/OL]. (2019-05-23) [2021-09-20]. http://www.gov.cn/zhengce/2019-05/23/content_5394187.htm.

[4] 中华人民共和国住房和城乡建设部. 城市综合交通体系规划标准:GB/T 51328—2018[S]. 北京:中国建筑工业出版社,2019.

[5] 吴兆麟. 综合交通运输规划[M]. 北京:清华大学出版社,2010.

[6] 陈小鸿. 城市客运交通系统[M]. 上海:同济大学出版社,2008.

[7] 孙启鹏. 综合运输理论与方法[M]. 北京:经济科学出版社,2010.

[8] 同济大学交通工程系编写组,吴娇蓉,等. 交通工程[M]. 北京:人民交通出版社股份有限公司,2018.

[9] 孔令斌,戴彦欣,陈小鸿,等.城市综合交通体系规划标准 GB/T 51328—2018 实施指南[M].北京:中国建筑工业出版社,2020.

[10] 邵春福,董春娇,赵丹,等.城市交通出行行为分析及多方式交通协同组织理论与方法[M].北京:电子工业出版社,2018.

[11] 陈小鸿,周翔,乔瑛瑶.多层次轨道交通网络与多尺度空间协同优化——以上海都市圈为例[J].城市交通,2017,15(1):20-30.

[12] 邵春福.交通规划原理[M].2 版.北京:中国铁道出版社,2018.

[13] 陈小鸿,乔瑛瑶,李曦.城市总体规划阶段的交通规划方法论与重点——以武汉 2035 多模式交通系统架构规划为例[J].城市规划,2018(A2):44-50.

[14] 刘冰.城市综合交通运输体系发展与规划[M].北京:中国建筑工业出版社,2019.

[15] 何世伟.综合交通枢纽规划——理论与方法[M].北京:人民交通出版社,2012.

[16] 王炜,陈学武.交通规划[M].2 版.北京:人民交通出版社股份有限公司,2017.

第 3 章
CHAPTER THREE
交通运输载运工具

学习目的与要求

掌握铁路、公路、水路及民航载运工具的基本类型、关键性能及评价指标;了解载运工具的发展趋势、典型新型载运工具的研发及应用进展。通过学习本章,学生应系统了解各类载运工具的结构、性能与不同运用场景下的比较优势,初步了解载运工具在综合交通运输体系中的功能、作用及适用性。

载运工具是依托各种交通运输基础设施,承载旅客与货物的运输工具。载运工具的技术进步是近现代交通运输发展的原动力。载运工具与基础设施相互配合与适应,促进了交通运输系统性能的持续改善。掌握不同载运工具及相应基础设施的差异性与互补性,是理解交通运输系统"综合"的钥匙。

3.1 载运工具的类别与性能概述

载运工具运行环境与介质的差异,决定了不同类型载运工具具有不同的技术类型与基本特征,但人们对载运工具的本质要求都是安全、高效、经济、环保地运送旅客与货物。

3.1.1 载运工具的类别

按运输方式不同,交通运输载运工具可分为轨道交通车辆、道路载运工具、水上船舶、空中载运工具及其他载运工具(如管道、输送机等其他特殊类型载运工具)。各类载运工具自成体系,对应不同的基建设施。管道运输以管道等固定装备完成输送,运输过程并不与介质同步运动,以下不做专门介绍。

地面、水上、空中的载运工具及设施共同构成了立体的综合交通运输系统。地面载运工具具有较高的灵活性,这种灵活性包括能力、速度、使用方式等方面;以水为载体的船舶体积、容量大,但速度偏低;以大气为介质的飞行器单体容量有限,但速度可以很高。

按照服务对象不同,载运工具可分为服务旅客、货物或专门货物(如集装箱);按照服务区域不同,可分为服务城市内部或服务城市之间;根据能源动力、运输能力、运输速度等指标,载运工具也可以有更多分类方式。

3.1.2 载运工具的性能

(1) 能源动力

载运工具的能源动力类型不仅影响其运输旅客与货物的能力,也极大地影响其环境排放。早期载运工具的发展得益于工业革命蒸汽动力与内燃机的普及应用,而当前载运工具能源动力的发展趋势是以电驱动为主流方向的清洁化。

铁路机车的能源动力从燃煤开始,逐渐发展为燃油(柴油),发展方向是电气化,即通过电网受流驱动机车运行。目前,一些重载货运列车仍保留着部分内燃机车,城市轨道交通车辆绝大多数采用弓网或第三轨直流供电驱动。

汽车的能源动力最为多样,包括油、电、氢能、液化天然气(Liquefied Natural Gas, LNG)与液化石油气(Liquefied Petroleum Gas, LPG)等。选择能源类型时,还必须考虑能源供给系统的规划布局。

船舶能源动力从燃煤开始,逐渐发展为燃油(柴油),并辅以其他清洁能源,如风力、岸电等,以降低污染排放。

飞机的能源动力一般来自航空燃油。航空燃油是专门为飞行器而设的燃油品种,通常含有不同的添加物以降低结冰和因高温而爆炸的风险,又分为航空汽油和航空煤油。

以上载运工具的能源效率以人公里、吨公里消耗的标准煤来度量。平均能耗由低到高依次为船舶、轨道车辆、汽车、飞机,基本遵循载客(货)能力越大,平均能耗越低的规律。

(2) 运输能力

不同运输方式系统的运输能力由载运工具、基础设施、运输组织方式等共同决定,但首先取决于单个载运工具的装载能力,其次为设施可运行的速度等级,以及使用同一设施载运工具的速度一致性。

铁路运输能力由车辆尺寸、编组与运输线路的通过能力决定。以城市轨道交通车辆为例,选用 A 型车、8 节编组,一列列车可载客 2400 人,高峰单向运量可达 6 万~8 万人次/h。普通货运铁路列车的牵引质量在 6000t 左右,货运重载铁路采用特殊车辆与线路设计,每列列车的牵引质量不少于 8000t。

汽车运输能力以一条车道单位时间能通过的车辆数及载客(货)量衡量,干线公路的实际通行能力为600~1800辆/h,客货运输能力远低于铁路运输。

船舶运输能力是指船舶在一定时期内完成运输周转量的能力。船舶运输能力与船型尺度直接相关。船型尺度是表示船舶大小的性能指标,通常是指船长、型宽、型深。船舶的一次载货量可从十吨级至万吨级不等。

根据载客量不同,我国将民航客机分为大型、中型、小型三类。C919飞机是我国首款完全按照国际先进适航标准研制的单通道大型干线客机,具有我国完全的自主知识产权。其座级158~168座,最大航程超过5500km,性能与国际新一代的主流单通道客机相当。

(3)运输速度

运输速度取决于载运工具的设计性能,并受限于基础设施的等级,是运输安全与效率的核心控制指标。

铁路运输覆盖60~500km/h速度区间,轨道交通车辆的设计速度与铁路线路等级相对应。

公路运输覆盖50~120km/h速度区间,汽车的行驶速度与公路等级也有明确的对应标准。汽车的实际行驶速度由设计速度、加速及制动速度、力矩等多个指标决定。

船舶航行速度以节(1节≈1.852km/h)表示,船舶的航速一般在8~25节区间。

航空运输速度可达1000km/h,民航客机的巡航速度一般在800~1000km/h。

载运工具的主流技术及其所决定的速度特征,是影响综合交通运输结构的关键要素。

3.2 轨道交通车辆

3.2.1 轨道交通车辆分类

轨道交通车辆利用热力或电力产生的动力,通过传动装置驱动走行部,借助走行部和轨道之间的作用力与反作用力而产生牵引力,使车辆、列车沿特定轨道运送旅客和货物。轨道交通车辆依靠轨道支承与导向行驶,司机的作用主要是控制车辆的行驶速度,这是轨道运输与其他运输方式的重要差异。

按用途不同,轨道交通车辆可以分为客车、货车和特种用途车等。

按动力分配类型不同,轨道交通车辆可以分为动力集中式列车和动力分散式列车等。

按车辆类型不同,轨道交通车辆包括铁道交通车辆、城市轨道交通车辆和磁浮车辆等。其中,城市轨道交通车辆又可分为地铁车辆、轻轨车辆、单轨车辆、有轨电车、磁浮车辆、自动导向(胶轮特制)车辆和专用车辆等。

按走行原理及轨道类型不同,轨道交通车辆可以分为轮轨系统车辆、轮胎-路面系统车辆、磁浮车辆、线性电机车辆和轮轨-轮胎混合形式车辆等。

3.2.2 轨道交通车辆性能评价

轨道交通车辆性能评价的主要内容包括动力学安全性、舒适性和结构安全性等,这些性能由设计标准、维护及基础设施状态等共同决定。

3.2.2.1 动力学安全性

轨道交通车辆动力学安全性评价主要是评估脱轨系数、轮重减载率、轮轴横向力、横向稳定性等指标,这些指标主要用于评定车辆是否会脱轨、扩宽线路或是发生蛇行。

(1) 脱轨系数

脱轨系数用于分析评价轨道交通车辆是否会在车轮轮缘横向力的作用下爬上轨头而导致车辆脱轨。脱轨系数为爬轨侧车轮与钢轨的横向力 Q 同车轮与钢轨的垂向力 P 的比值 Q/P。假设车轮轮缘和轨道之间为点接触状态且车轮相对于钢轨恰好无法滑下,此时车辆处于即将发生脱轨的临界状态,通过推导计算,可以得到脱轨系数的临界值,其表达式为:

$$\frac{Q}{P} = \frac{\tan\alpha - \mu}{1 + \mu\tan\alpha} \tag{3-1}$$

式中:α——轮缘角,(°);

μ——轮轨间摩擦系数。

脱轨系数限值见表 3-1。

脱轨系数限值 表3-1

车　种	脱轨系数 Q/P	
	250m≤曲线半径 R≤400m	其他线路(曲线半径 R>400m)
客车、动车组	≤1.0	≤0.8
机车	≤0.9	≤0.8
货车	≤1.2	≤1.0

(2) 轮重减载率

轮重减载率是用于评定轨道交通车辆是否会因轮重减载过大而引起脱轨的安全指标,它是轮重减载率 ΔP 与该轴平均静轮重 $\overline{P}$ 的比值,轮重减载率的计算公式为:

$$\frac{\Delta P}{\overline{P}} = \frac{P_2 - P_1}{P_2 + P_1} \tag{3-2}$$

式中:P_1、P_2——左右轮重。

轮重减载率限值见表 3-2。

轮重减载率限值 表3-2

试验速度 v(km/h)	轮重减载率 $\Delta P/\overline{P}$	试验速度 v(km/h)	轮重减载率 $\Delta P/\overline{P}$
≤160	≤0.65	>160	≤0.80

(3) 轮轴横向力

轮轴横向力 H 用于评定轨道交通车辆在运行过程中是否会因过大的横向力而导致

轨距扩宽或线路产生严重变形,按公式(3-3)进行评定:

$$H \leqslant 15 + \frac{P_0}{3} \quad (3\text{-}3)$$

式中:P_0——静轴重,kN;

　　　H——轮轴横向力,kN。

(4)横向稳定性

横向稳定性用于评定转向架是否发生了不能迅速衰减的连续横向振荡,采用转向架构架横向振动加速度进行评价。

3.2.2.2　舒适性

轨道交通车辆的舒适性评价可以从两方面考虑,包括车辆运行品质与车辆运行平稳性。

(1)车辆运行品质

车辆运行品质可以采用运行过程中车体振动加速度 a_{ty}、a_{tz} 进行评价,不同车种的评定限值见表3-3。

车辆运行品质评定限值　　　　　表3-3

车　种	$a_{ty}(\text{m/s}^2)$	$a_{tz}(\text{m/s}^2)$
客车、动车组	≤2.5	≤2.5
机车	≤2.5	≤3.5
货车	≤3.0	≤5.0

(2)车辆运行平稳性

车辆运行平稳性采用平稳性指标或乘坐舒适度 N_{MV} 进行评价,具体测量与计算方法可参考《机车车辆动力学性能评定及试验鉴定规范》(GB/T 5599—2019)和《铁路车辆乘坐舒适性评估》(UIC 513—1994)。

平稳性指标 W 的计算公式如下:

$$W = 3.57 \sqrt[10]{\frac{A^3}{f} F(f)} \quad (3\text{-}4)$$

式中:A——振动加速度,m/s^2;

　　　f——振动频率,Hz;

　　　$F(f)$——频率修正系数,见表3-4。

频率修正系数　　　　　表3-4

垂直振动		横向振动	
$f(\text{Hz})$	$F(f)$	$f(\text{Hz})$	$F(f)$
$0.5 \leqslant f < 5.9$	$0.325 f^2$	$0.5 \leqslant f < 5.4$	$0.8 f^2$
$5.9 \leqslant f < 20.0$	$400/f^2$	$5.4 \leqslant f < 26.0$	$650/f^2$
$f \geqslant 20.0$	1	$f \geqslant 26.0$	1

乘坐舒适度指标 N_{MV} 计算公式如下：

$$N_{MV} = 6\sqrt{(a_{XP95}^{W_d})^2 + (a_{YP95}^{W_d})^2 + (a_{ZP95}^{W_d})^2} \tag{3-5}$$

式中：W_d——根据水平方向权重曲线得出的上限指数；

$a_{XP95}^{W_d}$——在地板水平高度上测得的 X 方向（纵向）加速度的加权有效值的95%分布函数值，m/s^2；

$a_{YP95}^{W_d}$——在地板水平高度上测得的 Y 方向（横向）加速度的加权有效值的95%分布函数值，m/s^2；

$a_{ZP95}^{W_d}$——在地板水平高度上测得的 Z 方向（垂向）加速度的加权有效值的95%分布函数值，m/s^2。

以客车和动车组为例，平稳性指标等级对应表见表3-5，乘坐舒适度指标等级对应表见表3-6。

平稳性指标等级对应表　　　表3-5

平稳性等级	平稳性指标	评定
1级	$W \leq 2.50$	优
2级	$2.50 < W \leq 2.75$	良好
3级	$2.75 < W \leq 3.00$	合格

舒适度指标等级对应表　　　表3-6

乘坐舒适度等级	乘坐舒适度指标	评定
1级	$N_{MV} < 1.5$	非常舒适
2级	$1.5 \leq N_{MV} < 2.5$	舒适
3级	$2.5 \leq N_{MV} < 3.5$	一般
4级	$3.5 \leq N_{MV} < 4.5$	不舒适
5级	$N_{MV} \geq 4.5$	非常不舒适

3.2.2.3 结构安全性

总体来说，车辆结构安全主要依靠强度设计予以保证。轨道交通车辆的结构强度问题一般反映在以下几个方面：

①结构静力破坏。这种破坏通常发生在零部件上，也可能发生在货车调车作业与车辆碰撞事故中。

②疲劳失效。这是由于结构部分薄弱部位耐久性差、疲劳强度不足，导致在动荷载作用下，运用一段时间的轨道交通车辆承载构件在这些薄弱部位发生裂纹萌生及扩展，引起结构损伤与渐进断裂。

③结构动态特性设计不良引起的共振。这是因结构动态特性设计不合理导致结构自振频率与结构系统的振动频率重合而诱发结构的激烈振动,轻则导致动力性能恶化,重则引起结构因剧烈振动而遭损伤乃至毁坏。

④难以预测的意外事故引发的结构失效。例如,由于天气与环境因素发生意外翻车,因偶然或人为失误引起车辆在较高运行速度下撞击后导致结构坍塌,或车辆与障碍物碰撞后导致交叠和结构塑性变形。这些事故属于车辆运行中发生的偶发事件,一般来说是无法杜绝的,但往往也是直接严重危及乘员生命安全的恶性事故。

对此,轨道交通车辆强度设计需要有针对性地进行4类分析:静强度(刚度)分析、疲劳强度分析、模态分析、耐撞击安全防护设计与分析,具体评定标准可参见《机车车辆强度设计及试验鉴定规范 总则》(TB/T 3548—2019)。

3.2.3 新型轨道交通车辆

提高车辆运行速度、降低环境影响、提高能源效率,是新型轨道交通车辆技术创新的主要方向。新型轨道交通系统一般指钢轮钢轨以外的轨道交通系统。

3.2.3.1 跨座式单轨车辆

单轨交通(Monorail Transit)是一种轨道为一条带形的梁体、车辆跨座于其上或悬挂于其下行驶的交通系统。单轨交通按其走行模式和构造不同,分为跨座式单轨(Straddle Monorail)和悬挂式单轨(Suspended Monorail)两种类型。跨座式单轨交通系统的轨道梁采用预应力混凝土梁制成,如图3-1所示;悬挂式单轨交通系统的轨道梁一般为箱形断面的钢结构。

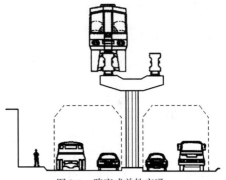

图3-1 跨座式单轨交通

单轨交通属于中低运量城市轨道交通,一般采用轻型车辆,列车编组数4~6节,客运能力为单向运量1万~2万人次/h。其轨道结构简洁,易于融入城市景观,适用范围较广,应用范围不断扩大。例如,我国安徽省芜湖市已经开通了跨座式单轨交通1号线,同时还有多条线路即将开通。

跨座式单轨交通的车辆骑行于轨道梁上方,除底部的走行轮外,车体两侧的下垂部分有导向轮和稳定轮夹于轨道梁的两侧,以保证车辆沿轨道安全平稳地行驶。

单轨交通系统的优点包括:
①车辆走行装置采用空气弹簧、橡胶轮胎、电力驱动,噪声低、排放少,乘坐舒适。
②能够实现在大坡度(60‰)和小曲线半径(50m)的安全运行,选线灵活。
③车辆在高架上采用跨座式或悬挂式运行,乘客视野宽广,起到旅游观光作用。

单轨交通系统的缺点包括:
①车辆走行装置较复杂。

②由于其走行装置采用橡胶轮,与混凝土轨面的滚动摩擦阻力比钢轮钢轨大,其能耗比钢轮钢轨系统约高40%,且有轻度的橡胶粉尘污染。

③车辆在区间发生事故时,疏散和救援工作比较困难。

④道岔结构复杂、笨重,道岔转换时间较长,延长了列车折返时间。

3.2.3.2 胶轮导轨车辆

胶轮导轨车辆采用橡胶车轮,运行于相匹配的轨道及有专用导向装置的轨(路)面。

胶轮系统的一种通用形式是在传统钢轮轨的基础上,增设胶轮走行系统。列车在正常运行状态下使用胶轮走行系统。钢轮轨作为安全备用装置,仅在胶轮出现泄气或爆裂故障时使用;或在列车通过道岔区段时,如侧面导向轨中断,替作导向和走行装置。

胶轮车辆的走行轮行驶在一对平行的带形平板轨道上。平板轨道通常采用宽翼工形钢或混凝土筑成的板带,两条平板轨道分别设在左右两条钢轨的外侧。列车运行依靠各转向架前后的一对水平胶轮,抵紧道床两侧的导向轨滚行,使列车沿确定的路线安全行驶。

胶轮导轨系统起源于法国巴黎。采用充气橡胶车轮,不仅改善了乘行舒适度,而且由于胶轮的黏着力高,提高了许多诸如启动、制动、爬坡等动力性能,并很大程度地减少了噪声、振动带来的环境污染。其轮轨结构如图3-2所示。

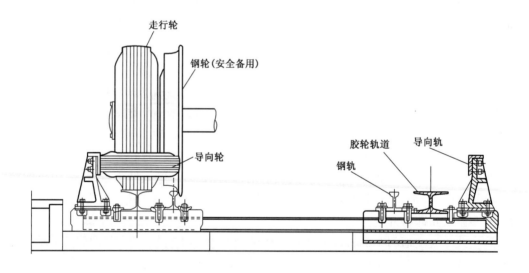

图3-2 两侧导向胶轮地铁轮轨结构(尺寸单位:mm)

3.2.3.3 中低速磁浮交通系统

中低速磁浮交通系统采用常导电磁悬浮、短定子异步直线电动机驱动技术,速度为100~160km/h,具有低噪声、污染少、转弯半径小、爬坡能力强、空间要求低等优势,运能可达每小时单向2万人次左右。其适用于机场、港口、市内繁华区、市郊城镇、通往中小城市的中低速中运量轨道交通,是一种非常有发展前景的交通系统,我国拥有世界上里程最长的中低速磁浮线(长沙磁浮线),已成功开通的中低速磁浮列车如图3-3所示。

图3-3 长沙及北京中低速磁浮列车

中低速磁浮交通系统由轨道、车辆、供电和运行控制系统等组成。车辆、牵引与控制装备、轨道及敷设于轨道上的装备构成紧耦合的系统,本小节一并介绍。

(1)轨道

中低速磁浮的轨道为F形钢板,提供列车悬浮的磁面、车辆滑橇的支承面及液压制动的摩擦面。直线感应电动机的次级线圈——铝反应板直接固定于轨道的上表面。轨道与轨道梁的连接可以采用两种形式,一种是通过轨枕(一般为钢枕)支承,另一种是通过预埋在轨道梁上的连接件直接连接。轨道与轨道梁连接,即形成完整的轨道结构,如图3-4所示。

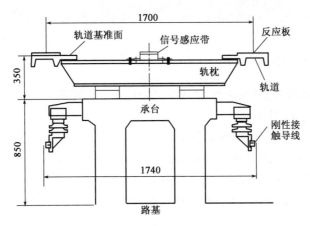

图3-4 中低速磁悬浮轨道结构(尺寸单位:mm)

(2)车辆

中低速磁浮车辆由两节端车和若干节中间车组成。端车上配置驾驶台和运行控制设备。每节车均由车体和走行机构组成,车体功能和采用的技术与传统轨道交通车辆相近,走行机构是磁浮车辆与传统车辆的主要不同部分,其装载有悬浮磁铁模块、直线电动机定子等专用设备。

（3）供电

中低速磁浮列车的牵引供电采用直流750V或1500V的电流制式。中低速磁浮列车需要交直流牵引变电所供电，其牵引供电方式与地铁、轻轨基本相同。但中低速磁浮列车在正常运行时处于悬浮状态，车辆与轨道之间没有机械接触，磁浮列车无法像地铁、轻轨系统那样用钢轨作为回流线，磁浮车辆的牵引接触网必须由两根相互独立的接触导线（正负两极）构成。由于磁浮列车为外包式结构，因此牵引接触网（又称供电轨）布置于梁体两侧。

3.2.3.4 高速磁浮车辆与系统

高速磁浮系统也可看作是一种跨座式单轨系统，已实现500~600km/h的商业营运速度，其运输速度介于高速轮轨列车和民航飞机之间。2019年5月23日，我国速度600km/h的高速磁浮试验样车在青岛下线，标志着我国在高速磁浮技术领域实现重大突破。

高速磁浮交通系统通过车轨之间的磁力实现车辆无接触支承、导向、驱动和制动，通过大推力长定子同步直线电动机实现高速驱动，要求车-轨、悬浮-导向在不同速度及荷载变化下保持稳定。通过悬浮运行消除摩擦阻力，实现高速行驶，适于中大运量与运距，具有更强的气候与环境适应性。

3.3 汽车

3.3.1 汽车分类

《机动车辆及挂车分类》（GB/T 15089—2001）第1条规定，本标准适用于道路上使用的汽车、挂车及摩托车，其中：

①汽车是指由动力驱动，具有4个或4个以上车轮的非轨道承载的车辆，主要用于：载运人员和（或）货物；牵引载运人员和（或）货物的车辆；特殊用途。其中还包括：与电力线相连的车辆，如无轨电车等；整车整备质量超过400kg的三轮车辆。

②挂车是指就其设计和技术特性需由汽车牵引，才能正常使用的一种无动力的道路车辆。

由于使用目的的不同，各种汽车的质量及尺寸参数有所差异，进而影响道路、停车等基础设施的设计、建设、维护，道路收费管理和道路交通安全等。根据《汽车、挂车及汽车列车外廓尺寸、轴荷及质量限值》（GB 1589—2016）第4.1条规定，除栏板式、仓栅式、平板式、自卸式货车及其半挂车外，其他汽车、挂车及汽车列车外廓尺寸的最大限值见表3-7。

其他汽车、挂车及汽车列车外廓尺寸的最大限值（单位：mm）　　表 3-7

车 辆 类 型			长度	宽度	高度
汽车	三轮汽车		4600	1600	2000
	低速货车		6000	2000	2500
	货车及半挂牵引车		12000	2550	4000
	乘用车及客车	乘用车及二轴客车	12000	2550	4000
		三轴客车	13700		
		单铰接客车	1800		
挂车	半挂车		13750	2550	4000
	中置轴、牵引杆挂车		12000		
汽车列车	乘用车列车		14500	2550	4000
	铰接列车		17100		
	货车列车		20000		

汽车的主要质量参数有整车装备质量、最大装载质量与最大总质量。整车装备质量指汽车完全装备好的质量，包括润滑油、燃料、随车工具、备胎等所有装置的质量；最大装载质量指汽车在良好、硬质的路面上行驶时所允许的最大额定装载质量；最大总质量指汽车满载时的总质量。《汽车、挂车及汽车列车外廓尺寸、轴荷及质量限值》（GB 1589—2016）第 4.3 条规定的汽车、挂车及汽车列车最大总质量限值见表 3-8。

汽车、挂车及汽车列车最大总质量限值（单位：kg）　　表 3-8

车 辆 类 型			最大允许总质量限值
汽车	三轮汽车		2000
	乘用车		4500
	二轴客车、货车及半挂牵引车		18000
	三轴客车、货车及半挂牵引车		25000
	单铰接客车		28000
	双转向轴四轴货车		31000
挂车	半挂车	一轴	18000
		二轴	35000
		三轴	40000
	牵引杆挂车	二轴，每轴每侧为单轮胎	12000
		二轴，一轴每侧为单轮胎，另一轴每侧为双轮胎	16000
		二轴，每轴每侧为双轮胎	18000
	中置轴挂车	一轴	10000
		二轴	18000
		三轴	24000

续上表

车 辆 类 型		最大允许总质量限值
汽车列车	三轴	27000
	四轴	36000
	五轴	43000
	六轴	49000

3.3.2 汽车性能评价

3.3.2.1 动力性

汽车的动力性指汽车在良好路面上依靠自身动力直线行驶时,高效完成运输工作的能力。汽车的动力性主要由三个方面的指标决定,即汽车的最高车速、汽车的加速时间和汽车的最大爬坡度。

最高车速是指在水平良好的路面上汽车所能达到的最高行驶速度。

汽车的加速时间能够反映汽车的加速能力,它对平均行驶车速有着很大影响。加速时间分为原地起步加速时间和超车加速时间,分别反映汽车在不同工况下的全力加速能力。

汽车的最大爬坡度用于表示汽车满载(或某一载质量)时在良好路面上的上坡能力。

3.3.2.2 燃油经济性

汽车的燃油经济性是指在满足动力性要求的前提下,汽车以最小的燃料消耗经济行驶的能力。

燃油汽车的经济性常用一定运行工况下汽车行驶百公里的燃油消耗量(单位为 L/100km)或一定燃油量能使汽车行驶的里程来衡量。根据限定工况,燃油经济性的评价指标可分为等速行驶燃油消耗量和多工况循环燃油消耗量。

对于混合动力电动汽车,由于其能源归根结底来自油箱(此处不考虑插电式混合动力电动汽车),仍然可以用以 L/100km 为单位的指标来评价其燃油经济性。

纯电动汽车(也包括燃料电池电动汽车),主要采用能量消耗率和续驶里程这两个指标来评价其能量经济性。

3.3.2.3 安全性

(1)制动性

汽车行驶时能在短距离内停车且维持行驶方向稳定性和在下坡时能维持一定车速的能力,称为汽车的制动性。汽车的制动性是汽车主要性能之一,直接关乎汽车的行驶安全。

汽车的制动性主要从以下 3 个方面来评价:

①制动效能。制动效能最基本的评价指标即制动距离和制动减速度,定义为在良好

路面上汽车以一定初速度制动到停车的制动距离和制动时汽车的减速度。

②制动效能的恒定性。制动效能的恒定性,即抗热衰退性能,指汽车高速行驶或长下坡连续制动时制动效能保持的程度。

③制动时汽车的方向稳定性。制动时汽车的方向稳定性,即汽车在制动时能够维持预期的行驶路径方向,不发生跑偏、侧滑及失去转向能力的性能。

(2) 操纵稳定性

汽车的操纵稳定性是指在驾驶员不感到过分紧张、疲劳的条件下,汽车能遵循驾驶员通过转向系及转向车轮给定的方向行驶,且当遭遇外界干扰时,汽车能抵抗干扰而保持稳定行驶的能力。

在汽车操纵稳定性的研究中,常把汽车作为一个控制系统,求出汽车曲线行驶时的时域响应与频域响应,来表征汽车的操纵稳定性,这样可以对驾驶员意图及操作、行驶速度、道路条件和外界干扰等进行多要素的评价。

3.3.2.4 平顺性

汽车行驶时,路面不平及发动机、传动系统和车轮等旋转部件可激发汽车的振动,进而对驾驶员与乘客产生感官上的影响。通常,路面不平是汽车振动的基本输入,故汽车的平顺性指汽车在行驶过程中尽可能不受路面不平等振动环境影响,确保成员舒适和所载运货物完好的性能。

平顺性的评价指标通常被称为振动响应量。其中,首要评价指标是车身的加速度,加速度越大,乘坐舒适性越差。除加速度之外,还有 2 个振动响应量,即车轮-地面的动载和悬架动挠度,可以作为平顺性评价的辅助性指标。

3.3.2.5 通过性

汽车通过性是指汽车能以足够高的平均车速克服恶劣地面条件与通过地表几何障碍的能力。根据地面对汽车通过性影响的原因不同,又分为支承通过性与几何通过性。汽车通过性主要取决于路面的物理性质及汽车的结构参数和几何参数。

(1) 汽车支承通过性评价指标

通常采用牵引系数、牵引效率及燃油利用指数 3 项指标来评价汽车的支承通过性。

①牵引系数。与汽车支承通过性关系最为密切的指标是牵引系数,规定为单位垂直负荷所具有的挂钩牵引力,可反映汽车在松软地面上加速、爬坡及牵引其他车辆的能力。

②牵引效率(驱动效率)。牵引效率为驱动轮输出功率与输入功率之比,可反映车轮功率传递过程中的能量损耗。

③燃油利用指数。燃油利用指数为单位燃油消耗量所输出的有用功,单位可取 J/mL 或 kJ/mL。燃油利用指数的主体是汽车,不是其行走机构。

(2) 汽车几何通过性评价指标

由于汽车与地面间的间隙不足而被地面托住、无法通过的情况,称为"间隙失效"。当车辆中间底部的零件碰到地面而被顶住时,称为"顶起失效";当车辆前段或尾部触及地面而不能通过时,分别称为"触头失效"和"托尾失效"。

与间隙失效有关的汽车几何尺寸称为汽车通过性几何参数,可作为汽车几何通过性评价指标。这些参数包括最小离地间隙、纵向通过角、接近角、离去角、最小转弯直径等。

3.3.3 新型汽车

新型汽车主要包括新能源汽车、自动驾驶和智能网联车辆。

3.3.3.1 新能源汽车

汽车产业是制造业的主体和核心之一,发展新能源汽车是实现"双碳"的必由之路。新能源汽车的发展正面临动力电动化革命、能源质量化革命和交通自动化革命的历史性机遇。

新能源汽车包括混合动力汽车(Hybrid Electric Vehicle,HEV)、纯电动汽车(Battery Electric Vehicle,BEV)、燃料电池电动汽车(Fuel Cell Electric Vehicle,FCEV)和替代能源汽车。

混合动力汽车使用两个或两个以上不同动力源来推进车辆行驶,其基本结构是在纯电动汽车和燃料电池汽车的基础上增加一套辅助动力系统——动力发电组或某种原动机。原动机可以是内燃机、燃气轮机等。按发动机和电动机的耦合方式不同,混合动力汽车可分为串联式、并联式、混联式(串、并联式)及插电式混合动力汽车。

纯电动汽车是指以车载电源为动力,用电动机驱动车轮行驶的车辆,包括电动轿车、电动货车和电动客车。纯电动汽车由底盘、车身、动力电池组、逆变器、驱动电动机、电动机控制器和辅助设施等组成。电力驱动及控制系统是电动汽车的核心,也是区别于内燃机车的最大不同点。纯电动汽车与插电式混合动力汽车均需要通过充电桩获取能源。

燃料电池电动汽车是以氢气、甲醇等为燃料,通过化学反应产生电流驱动电动机的清洁能源汽车。燃料电池与传统动力电池最大的区别在于工作原理不同。燃料电池的反应机理是通过电化学反应将燃料中的化学能转变为电能。燃料电池电动汽车的车身、动力传动系统、控制系统等与纯电动汽车基本相同。与纯电动汽车相比,燃料电池电动汽车增加了燃料电池组和储氢罐。

3.3.3.2 自动驾驶和智能网联车辆

面向自动驾驶及其他高等级服务的智能汽车有两条技术发展路径:智能化、网联化。自主式智能主要依赖车载传感器来感知信息,并辅之以高精度地图和高精度定位技术。在智能化交通基础设施尚未普及、车用无线通信技术(Vehicle to Everything,V2X)不够成熟时,自主式技术路线是智能化发展的主流路线,但车载设备成本高。网联化发展路径以车内网、车际网和车载移动互联网为基础,按照约定的通信协议和数据交互标准,在车-路-云-网之间进行无线通信和信息交换,汽车可通过共用的路侧设备辅助、车路协同实现自动驾驶。

智能网联汽车是依靠人工智能、移动互联网、大数据等技术的智能化、网联化汽车,可实现更好、更安全地自动驾驶,是新型汽车的主要发展方向。根据《汽车驾驶自动化分级》(GB/T 40429—2021),驾驶自动化等级共 6 级,各等级定义及特点见表 3-9。

驾驶自动化等级划分　　　　　　　　　　　　　表 3-9

分　级	定　义
0 级(应急辅助)	不能持续执行动态驾驶任务中的车辆横向或纵向运动控制,但具备持续执行动态驾驶任务中的部分目标和事件探测与响应的能力
1 级(部分驾驶辅助)	在其设计运行条件下持续地执行动态驾驶任务中的车辆横向或纵向运动控制,且具备与所执行的车辆横向或纵向运动控制相适应的部分目标和事件探测与响应的能力
2 级(组合驾驶辅助)	在其设计运行条件下持续地执行动态驾驶任务中的车辆横向或纵向运动控制,且具备与所执行的车辆横向或纵向运动控制相适应的部分目标和事件探测与响应的能力
3 级(有条件自动驾驶)	在其设计运行条件下持续地执行全部动态驾驶任务
4 级(高度自动驾驶)	在其设计运行条件下持续地执行全部动态驾驶任务并自动执行最小风险策略
5 级(完全自动驾驶)	在任何可行驶条件下持续地执行全部动态驾驶任务并自动执行最小风险策略

3.4　船舶

船舶是一种能航行或漂浮于水域中,承担运输、作业等任务的载运工具。船舶的发展大致经历了四个时代:舟筏时代、帆船时代、蒸汽机船时代和柴油机船时代。目前,海运承担了 90% 以上的世界贸易运输。

3.4.1　船舶分类

船舶种类繁多,按用途可分为军用船和民用船,民用船又分为运输船、工程船、工作船、渔船和其他特殊用途船等。其中,运输船又称商船,其分类如图 3-5 所示。

运输船
├ 客船:全客船、客货船、渡船等
├ 货船
│　├ 干货船:普通货船、多用途船、散货船、集装箱船、滚装船、
│　│　　　　载驳船、木材船、冷藏船、半潜船等
│　└ 液货船:油船、液化气船、液体化学品船等
└ 兼用船:矿/油船、矿/散/油船等

图 3-5　运输船的分类

船舶按航行区域不同,可分为极区船、远洋船、近海船、沿海船、内河船等。
按航行状态不同,可分为排水型船、半潜船、潜水船、气垫船、水翼船等。
按推进动力不用,可分为内燃机船、蒸汽机船、汽轮机船、电力推进船、核动力船、帆船等。
按推进器形式不同,可分为螺旋桨船、平旋推进器船、喷气推进船、喷水推进船、明轮

船等。

按机舱位置不同,可分为中机型船、中后机型船和尾机型船等。

按上层建筑形式不同,可分为平甲板型船、首楼型船、首楼和尾楼型船(凹甲板型船)、首楼和桥楼型船、三岛型船等。

按造船材料不同,可分为钢质船、木质船、铝合金船、玻璃钢船、水泥船等。

3.4.2 船舶载货能力评价

船舶的载货能力指具体航次中船舶所能装运货物的种类和数量的最大限值。货物数量指货物的重量、体积或件数。船舶的载货能力包括载货重量、载货容量和特殊载货能力。

充分利用船舶载货能力是取得良好营运效益的基本要求,也是船舶配积载的基本原则。因此,在拟订货物装载计划时,首先应对船舶载货能力予以核算。

载货能力核算的目的是比较航次货运任务与船舶载货能力是否相适应,以便判明船舶能否接收该航次装货清单中所列的货物品种和数量。若货物数量过多,在重量、体积、件数及特殊要求等方面有一项或数项超出船舶相应能力,则应调整货载,以免影响货主备货、货物报关及船舶装载和开航。

3.4.2.1 载货重量

船舶载货重量是指在具体航次中船舶能够装运货物重量的最大限值,即船舶的航次净载重量(Net Dead Weight, NDW),其大小受到船舶航经海区所允许使用的载重线、航线上的限制水深及航程长短、油水及其他储备品的装载及补给计划、压载水、船舶常数等因素的限制。对于船龄较长的老旧船,载货重量还应考虑其船体强度的影响。

载货重量核算要求本航次拟装载货物重量之和不超过航次净载重量,否则会导致船舶超载,影响船舶安全航行。拟装载货物重量取自货主或其代理提供的装货清单。

3.4.2.2 载货容量

船舶载货容量是指具体航次中船舶装载的货物所允许使用的最大载货处所容积。船舶种类不同,其载货容量的表示及核算亦有所不同。

对于杂货船,在装载件杂货时,载货容量是指货舱的包装容积;对于固体散货船,载货容量一般是指货舱的散装容积,但在运输件杂货时,应使用包装容积;木材船的载货容量是指其货舱容积与允许装载木材的甲板空间体积之和;液体散货船的载货容量是指其液货舱容积。

杂货船、固体散货船、木材船及液体散货船载货容量的核算要求:

$$\sum V_c + \delta V \leq \sum V_{ich} + V_d \tag{3-6}$$

式中:$\sum V_c$——航次货物的装舱体积(包括亏舱的体积),木材船应加上木材甲板货的装载体积,m^3;

δV——液体散货膨胀余量,m^3,考虑到液体散货在运输过程中由于温度的变化会发生膨胀,导致体积变大,因此应提前预留出一定的货舱容积,防止货物溢

出。对其他货船,该值取 0;

$\sum V_{ich}$——货舱总容积,m^3;

V_d——允许装载甲板木材的上甲板空间体积,m^3,对其他货船,该值取 0。

对于集装箱船,其载货容量一般换算为国际标准箱(Twenty Feet Equivalent Unit,TEU)单位,这是衡量集装箱船大小的重要标准。实际营运中,集装箱船可装载 20 英尺(约 6.1m)集装箱和 40 英尺(约 12.2m)集装箱,校核时还需要考虑 20 英尺箱容量和 40 英尺箱容量。

3.4.2.3 特殊载货能力

特殊载货能力是指船舶结构和设备所具有的装载某些特殊货物的能力。例如,船舶货舱及甲板强度、起重设备的起吊能力、系固设备等可以表征船舶承运重大件货的能力;杂货船间舱甲板是否液、火密等决定了船舶承运包装危险货物的能力;集装箱船所设置的外接电源和插座位置决定了船舶装载冷藏集装箱的能力;某些杂货船具有的深舱容量或冷藏舱大小和制冷压缩机性能决定了该船装载某些动植物油或冷藏货物的能力。

3.4.3 新型船舶

3.4.3.1 智能船舶

智能船舶融合了现代信息技术和人工智能等新技术,具有安全可靠、节能环保、经济高效等显著特点,是未来船舶发展的重点方向。

国际海事组织(International Maritime Organization,IMO)、国际标准化组织(International Organization for Standardization,ISO)等将智能船舶列为重要议题,国际主要船级社先后发布了有关智能船舶的规范或指导性文件。但目前,全球智能船舶仍处于探索和发展的初级阶段,智能船舶的定义、分级分类尚未统一,智能感知等核心技术尚未突破,智能船舶标准体系、测试与验证体系亟待建立,智能技术工程化应用十分有限,相关国际海事公约法规研究才刚刚起步。

(1)IMO 对智能船舶的定义与分级

2018 年 5 月,在国际海事组织海事安全委员会第 99 次会议上,国际海事组织提出了海上水面自主船舶(Maritime Autonomous Surface Ships,MASS)的初步定义,指在不同程度上可以独立于人员干预运行的船舶。自主船舶定义为如下 4 个等级。

①第 1 级:船舶拥有自动化处理及决策支持功能,但海员在船并可随时接管。

②第 2 级:实现远程遥控,可从其他地点控制和运营船舶,海员在船可以操作和控制船舶。

③第 3 级:实现远程遥控,海员不在船。

④第 4 级:完全自主船舶。

2019 年 6 月,国际海事组织海上安全委员会第 101 次会议通过了《水面自主船舶试航暂行导则》(以下简称《导则》)。大会鼓励各缔约国参考《导则》,根据本国的实际情况组织自主船舶的海上测试,并根据实际试航实践对《导则》提出完善提案,为其正式发布提供支撑。

(2)中国船级社对智能船舶的定义

2015年,中国船级社(China Classification Society,CCS)基于近年来的科研成果,充分考虑国内外有关智能船舶的应用经验和未来船舶智能化的发展方向,编制并发布了《智能船舶规范2015》。CCS智能船舶规范体系由智能航行、智能船体、智能机舱、智能能效管理、智能货物管理和智能集成平台六大功能组成,分别从船舶数据感知、分析、评估、诊断、预测、决策支持、自主响应实施等方面对不同的智能功能提出了相应要求。

2020年,中国船级社发布《智能船舶规范2020》,在原有规范框架之上,以船舶系统为基础,按照局部应用到全船应用、辅助决策到完全自主的发展方向,增加了远程控制操作和自主操作功能,形成了完整的智能船舶规范框架及相应的功能和技术要求。

(3)我国智能船舶的研究进展

2019年12月15日,我国自主研发的小型自主航行货船"筋斗云0号"在珠海东澳岛首航,对于我国船舶自主航行技术的研发、测试、规范标准制定具有开创性意义。

2021年9月14日,我国自主研发的智能航行300TEU集装箱船"智飞"号在山东青岛女岛港海区成功开展海试。该船总长117.15m,型宽17.32m,型深9.9m,设计航速12节,续航力4500海里,采用全回转电力推进系统。"智飞"号具有人工驾驶、远程遥控驾驶和无人自主航行3种驾驶模式,能够实现航行环境智能感知认知、自主循迹、航线自主规划、智能避碰、自动靠离泊和远程遥控驾驶。

3.4.3.2 风帆动力船舶

绝大多数货船都使用石油燃料,世界航运业的碳排放量居高不下。因此,提高船舶运输效率、减少燃料消耗和污染物排放是船舶技术提升的重要方向。其中,在货船上安装风帆作为船舶推进的辅助动力以达到节能减排的目标,成为研究重点之一。

2018年11月13日,我国建造的全球首艘安装风帆装置的30.8万t超大型原油船"凯力"轮成功交付。图3-6为"凯力"轮及其风帆装置。该风帆高39.68m,宽14.8m,回转底座最大外径5.3m,底座中间圆筒直径4.5m,运转时可以降低船舶发动机的负载功率,平均每天可节省3%的油耗。

图3-6 "凯力"轮及其风帆装置

3.4.3.3 冰级液化天然气船

液化天然气(LNG)作为一种清洁能源,是传统能源的有效替代。LNG 的海上运输通常由 LNG 船完成。LNG 船是能在 -163℃ 低温下运输 LNG 的专用船舶。根据其货物围护系统不同,LNG 船分为薄膜型、球罐型、棱柱型 3 种,其中较常见的是薄膜型和球罐型。

冰级液化天然气船用于实施经北极圈的 LNG 运输。2017 年交付的"Christophede Margerie"号 LNG 船是全球首艘北极专用 ARC7 级 LNG 船,如图 3-7 所示。该船长 299m,宽 50m,运输能力约 17.3 万 m^3,破冰能力达到全球商船最高破冰级别,可在 -52℃ 的极低温环境下连续攻破厚度达 2.1m 的北极冰而自由航行。该船配备了 3 台吊舱式全回转电力推进器,其快速性和操纵性都远优于轴桨推进和舵系操纵的常规船舶。2018 年 7 月,第一船 LNG 通过北极东北航道运抵江苏如东接收站。

图 3-7 冰级 LNG 船

3.5 航空器

3.5.1 航空器分类

任何由人制造控制的飞行物体称为飞行器。在大气层中飞行的飞行器称为航空器,而在大气层外的飞行器称为航天器。

根据获得升力方式的不同,航空器可分为两大类:一类依靠空气浮力而飘浮于空中,为轻于空气的航空器,又分为气球和飞艇;另一类依靠自身与空气之间相对运动产生的空气动力克服重力而升空,为重于空气的航空器。国际民航组织对航空器的分类如图 3-8 所示。

民用航空器主要为用于商业飞行的航线飞机和通用航空器。

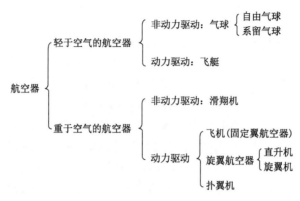

图 3-8　国际民航组织对航空器的分类

(1) 航线飞机

航线飞机也称运输飞机,分为运送旅客的客机和专门运送货物的货机,以及由客机改装成的客货混用的运输飞机。航线飞机的吨位大、产值高,航线飞机的飞行构形成了一个世界范围的航空运输网。航线飞机是民航运输的主体,而其中旅客机又占据了主要部分,以下重点对旅客机展开介绍。

按航程的远近分类,旅客机可以分为远程客机、中程客机和短程客机,通常将航程在 3000km 以下者定义为短程客机,3000~8000km 为中程客机,8000km 以上为远程客机。有时也把航程在 5000km 以下者称为中短程客机,5000km 以上为中远程客机。一般来说,飞机航程越远,起飞质量越大,设备也越先进。

按发动机分类,旅客机可分为活塞式飞机和喷气式飞机。1958 年以前,航线上主要使用活塞式飞机,1958 年以后,喷气式客机大批量投入使用,活塞式飞机由于速度慢、效益低,只在短程航线上有少量使用。

20 世纪 70 年代初,为增加载客量,机身加宽、载量增大的客机出现了。例如,1969 年投入使用的波音 747 机体宽 5.96m,每排有 10 个座位,中间为 2 条走道,载客量为 352 名。此后,客机又被分为宽体客机和窄体客机。宽体客机是指机身直径在 3.75m 以上、机内有 2 条通道的客机;窄体客机是指机身直径在 3.75m 以下、机内只有 1 条通道下的客机。

我国将客机分为干线客机和支线客机。一般把 100 座以下、航程 3000km 以内的飞机划为支线客机,将 100 座以上的飞机划为干线客机。干线客机主要用于国际航线和国内主要大城市之间的主干航线;支线客机则主要用于大城市和中小城市之间在一定区域内的飞行。干线飞机由于载客多、设备先进,是航空运输的主力,但它只能在设备齐全、有足够强度和长度跑道的大型机场起降。

(2) 通用航空器

通用航空包括除运输运营外所有非军事用途的航空活动,应用非常广泛。通用航空使用小型航空器,起飞质量不超过 50t,一般可分为公务机、农业机、教练机、多用途轻型飞机等。

①公务机。公务机是指供公务或商务活动使用的小型飞机,也称为行政用机或商务机。公务机载客量一般不超过15人,起飞质量在10t以下。豪华、远距公务机的起飞质量最大可达30t,最远航程在5000km以上,飞行性能和客机相近。有些公务机可载客20人,也可进行运输经营。

②农业机。农业机是指专门为农、林、牧、渔业服务的飞机,有些是专门设计的,也有用多用途轻型飞机改装的,一般是单发动机的小型飞机,飞行速度在400km/h以下,结构强度较高,具有良好的低空飞行性能。

③教练机。教练机用于培养飞行人员。初级教练机至少有两个座位,通常只有一个发动机。高级教练机一般有双发动机,机上的仪表设备和飞行性能与公务机相近。

④多用途轻型飞机。多用途轻型飞机包括用于空中游览、救护、短途运输、家庭使用、空中摄影、体育运动、个人娱乐等的飞机,起飞质量一般不超过5t,一些超轻型飞机的起飞质量只有几百公斤。

3.5.2 民用航空器性能评价

世界范围内,民用航空器中的98%以上是飞机,直升机在短途运输、农业航空、空中摄影等方面有较广泛的用途,但总量不到民用航空器的2%,其他类型航空器的数量则更少。人们对民用航空器的要求主要是安全、快速、经济、舒适及环保。

(1)安全性

飞行安全是航空公司运营的基本条件,各国飞机在制造时都要经过主管当局的适航认定。飞机安全性主要体现在主要部件的可靠性上,特别是发动机、液压系统等的可靠性上,其次体现在电子设施的先进性上。近几十年,飞机的电子系统发生了革命性变化,主要发展方向是减轻驾驶负担,减少人为因素失误,提高飞机安全性能。

(2)快速性

自喷气式客机在20世纪50年代进入航空运输业以来,大型民航飞机的速度稳定在高亚声速范围即800~1000km/h的水平。20世纪60年代末,投入商业营运的高速喷气式客机速度可达到2倍声速,但由于运行费用过高,环境污染问题解决不好,最终退出了航线。

(3)经济性

经济性是人们对营业性飞机的主要要求。经济性不仅体现在耗油率上,而且要考虑飞机在整个使用寿命期间的全部成本。空客380和波音787飞机通过采用全新的大推力发动机,大量使用复合材料,使飞机的飞行性能及经济性有了极大提高。

(4)舒适性

在剧烈的空运市场竞争中,舒适性是客户选择飞机的重要依据,其中飞机的使用空间、座位的舒适性、饮食、娱乐及乘客服务等都是重要考量。

(5)环保性

环保性主要是指对噪声和排气污染的要求。不少国家都制定了噪声适航标准,噪声过大的飞机不能进入该国飞行。通过改进发动机和飞机气动性能,多数航线飞机都能达到相关标准。减低排气污染是航空业未来发展面临的巨大挑战,发动机和飞机制造厂商正通过各种途径提高效能,降低能耗,试用新型燃料,减少排气污染,以降低飞机飞行造成的大气污染。

3.5.3 新型民用航空器

随着航空技术的发展和人们环境保护意识的提高,新型民用航空器的主要发展要求为绿色、效率、智能和安全。新型民用航空器在应用领域上可分为新型运输客机及新型通用飞机。其中,新型运输客机主要有超音速客机、翼身融合式布局飞机等,其发展方向主要是解决通勤效率、乘客安全以及环境保护等问题;新型通用飞机的发展方向除提高效率、安全性及环保性外,还着眼于垂直起降航空器在城市通勤中的应用。此外,为减少航空器对环境的影响,新能源动力飞机也是新型民用航空器的一大发展分支。

(1) 超音速客机

超音速客机(Supersonic Transport,SST)是指可超音速巡航的民航客机,历史上有协和号及图-144两款超音速客机投入商业营运。但这两款飞机自问世以来一直备受成本效益、环境破坏等问题困扰,并未得到大规模推广使用。超音速客机尚需进一步提高经济性,减少环境污染,才可能大量进入航线运营。目前,超音速飞机的研究内容主要包括降噪设计、提升能源效率及安全性等,相关法规也在逐步完善。

(2) 翼身融合式布局飞机

翼身融合(Blended Wing Body,BWB)是一种飞机布局设计概念。它将传统的机身与机翼结构融合,将机身作为升力体的一部分,在增大机翼面积的同时也减小了机翼与机身的干扰阻力。这种布局可有效提升飞机的升阻比及巡航效率,提高飞机的有效荷载和燃油经济性,需要依靠自动控制系统控制多舵面协同工作,从而实现对飞机的控制。

(3) 新能源动力飞机

在节能减排、低碳环保的背景下,新能源动力飞机的研究受到世界各国的广泛关注。由于锂电池的能量密度只能满足小型飞机使用要求,目前新能源动力的主要研究方向为油电混合动力、氢能及生物燃料等在大型飞机上的应用。

复习思考题

1. 汽车行业发展当前面对哪些挑战?应当采取哪些措施来应对这些挑战?
2. 简述汽车的动力性及其评价指标。
3. 简述汽车的经济性及其评价指标。
4. 简述新能源汽车的分类。
5. 什么是智能网联汽车?简述三项智能网联汽车的关键技术。
6. 民用航空器性能的主要要求有哪些?

7. 新型民用航空器的发展方向有哪些?

本章参考文献与延伸阅读

[1] 赵洪伦.轨道车辆结构与设计[M].北京:中国铁道出版社,2009.
[2] 胡用生.现代轨道车辆动力学[M].北京:中国铁道出版社,2009.
[3] 柳拥军,佟关林.城市轨道车辆[M].北京:科学出版社,2016.
[4] 田佰军,邱文昌,伍生春.船舶结构与货运(管理级)[M].北京:人民交通出版社股份有限公司,2021.
[5] 刘宏新.汽车原理与构造[M].北京:机械工业出版社,2015.
[6] 姚为民.汽车构造(上册)[M].7版.北京:人民交通出版社股份有限公司,2021.
[7] 余志生.汽车理论[M].6版.北京:机械工业出版社,2019.
[8] 吉武俊,胡勇.汽车概论[M].2版.北京:北京理工大学出版社,2019.
[9] 于增信,孙莉.汽车发动机原理[M].北京:机械工业出版社,2020.
[10] 王书贤,向立明.汽车底盘构造[M].北京:机械工业出版社,2019.
[11] 吴华杰,戴晓锋.汽车电器[M].北京:北京理工大学出版社,2020.
[12] 吴兴敏,金玲.新能源汽车[M].2版.北京:化学工业出版社,2021.
[13] 崔胜民.新能源汽车概论[M].3版.北京:北京大学出版社,2020.
[14] 崔胜民.智能网联汽车新技术[M].2版.北京:化学工业出版社,2021.
[15] 宋传增.智能网联汽车技术概论[M].北京:机械工业出版社,2020.
[16] 杜嘉立.船舶原理[M].大连:大连海事大学出版社,2016.

第4章 CHAPTER FOUR
交通运输基础设施

学习目的与要求

掌握轨道交通工程、道路工程、航道与港口工程、民航与机场工程、管道工程、综合交通枢纽的基本概念、基本类型、基本功能及系统特征;了解各类交通运输基础设施的构成特征、主要技术要求及初步的规划设计方法。通过学习本章,学生应具备较全面的综合交通运输系统基础设施知识,初步了解不同类型交通设施的差异性,以及不同运输方式设施衔接需要满足的基本技术要求。

4.1 交通运输基础设施概述

交通运输基础设施是指为社会生产和居民生活提供交通运输服务的工程设施,以及保持设施正常运行的基本装备。

交通运输基础设施通过承载载运工具的移动及作业而实现有效的交通运输服务,以保证国家或地区社会经济活动的正常进行。交通运输基础设施能够为全社会提供特定的交通移动能力,其交通供给水平与其类型、各设计要素取值等因素有关。

按运输方式和基础设施构造形式划分,交通运输基础设施可分为轨道交通工程、道路工程、航道与港口工程、民航与机场工程、管道工程、综合交通枢纽等。

4.1.1 基本组成

不同交通方式的基础设施,一般都是由线状设施、点状设施和附属工程三部分组成的网络系统。

4.1.1.1 线状设施

铁路的区间、道路的路段、水路的航道、民航的航路、管道等均属于线状设施。

①轨道交通工程及道路工程:该类基础设施下部结构是放置在大地上(内)的线状人工构筑物,包括路基、桥涵、隧道等结构类型;在这些构筑物上再设置便于载运工具使用的设施,也称为上部结构。轨道交通工程的上部结构采用轨道结构,道路工程的上部结构采用路面结构。

②航道与港口工程:该类基础设施包括助航设施、通航建筑物、航道整治建筑物、控制河段船舶通航的控制设施、航道水文设施等。

③民航与机场工程:该类基础设施是与空中航路有关的空域及地面专用设施。

④管道工程:该类基础设施包括管道本体、管道防护等工程设施。

4.1.1.2 点状设施

车站、交叉口、码头、航站楼、泵站等都属于点状设施。

①轨道交通工程:车站、机务段(动车段)、车辆段(客车技术作业站与停车场)、编组站(场)等。

②道路工程:交叉口(平交与立交)、匝道、车站、车场等。

③航道与港口工程:码头、港口的航道、港池、锚地、货物堆存及转运场地等。

④民航与机场工程:航站楼、站坪、航站区交通设施、航站区附属设施、公务机设施等。

⑤管道工程:增压站、加热站、热泵站、减压站和分输站等。

4.1.1.3 附属工程

附属工程包括供电、通信信号、给排水等交通控制与运营管理和供应所需的相关设施。

4.1.2 交通运输供给效能

交通运输是利用交通基础设施及载运工具实现人和物移动的过程。交通运输供给效能主要体现在运输服务能力、运输便捷性、供需适应性、资源消耗、安全性等方面。

(1)与运输服务能力有关的主要指标

交通运输基础设施中有线状设施和点状设施,在运输能力上也相应地表现为线路及断面、节点出入及转换(如车站、机场、港口、交通枢纽等)的运输能力。

①线路运输能力指单位时间(如小时、日、年等)基础设施线上(如线路、路段、航路、管路等)可运送的交通对象(人、物、载运工具)的最大数量。不同交通方式的能力指标名称有所不同。铁路称为输送能力、通过能力。客货共线铁路以货运为主,输送能力以货运量为基础衡量,是指铁路设计线路单方向1年可运送的直通货物吨数,客车按对数折算成货物吨数;通过能力是指铁路设计线路1日(小时)可通过的列车对数最大值。道路则称为通行能力,指1日(小时)可通过的标准小客车数量的最大值。

客货共线铁路的线路通过能力通常为 2~9 对/h，与正线数目（单线、双线）、闭塞方式等因素有关；其输送能力通常为 3000 万~10000 万 t/年，与通过能力、列车牵引质量等因素有关。高速铁路与城际铁路的通过能力可达 20 对/h，8~16 节编组列车的断面运能可达 11~22 千人/h，与列车编组数、车辆类型、闭塞方式等因素有关。

道路通行能力与道路等级、车道数、交叉口间距、车流构成等多种因素有关。单车道的通行能力通常为 700~2000pcu/h，受道路等级及类型（间断流、连续流）、车辆构成等因素影响。

②节点运输能力包括车站的车辆通过能力（列车通过能力）、接发能力；车站行人设施的行人通过能力、接纳能力；机场、港口的吞吐能力，指一年进出的旅客、货物总量，如机场一条跑道的旅客吞吐量约为 2000 万/年，港口一个集装箱泊位的货运吞吐量约为 500 万 TEU/年。

(2) 与运输便捷性有关的主要指标

①旅行速度指运输对象从运输系统内的起点到终点的距离与时间之比。我国客货共线铁路网中，1980~2005 年客车的平均旅行速度为 44~60km/h，货车的平均旅行速度为 29~33km/h。2005 年以后，城际铁路及高速铁路开始大规模建设，城际铁路及高速铁路列车的平均旅行速度可达 150~250km/h，与列车最高运营速度、停站距离、停站时间等因素有关。高速公路车辆的平均旅行速度为 50~90km/h，与设计行车速度、路段拥挤度、路段车流构成等因素有关。普通公路及城市道路车辆的平均旅行速度通常低于 50km/h。

②行驶速度（技术速度）指运输过程中载运工具的行驶距离与行驶时间之比。行驶时间不包括在站点的停站时间。我国客货共线铁路网中，1980—2005 年客车的平均行驶速度为 55~70km/h，货车的平均行驶速度为 44~48km/h。城际铁路及高速铁路列车的平均行驶速度可达 180~280km/h，与列车最高运营速度、停站距离、停站时间等因素有关。高速公路车辆的平均行驶速度为 70~110km/h，与设计行车速度、车辆类型与载重、路段车流构成、道路通行管理规则等因素有关。普通公路及城市道路车辆的平均行驶速度通常低于 60km/h。

(3) 与供需适应性有关的主要指标

①拥挤度、饱和度或能力利用率。

②排队长度或等候时间。

(4) 与资源消耗有关的主要指标

①建设成本包括每公里建设成本、每小时每万人（吨）公里运能的建设成本。

②运营成本包括每公里运营成本、每小时每万人（吨）公里运能的运营成本。

③土地用量包括每公里土地占用量、每小时每万人（吨）公里运能的每公里土地占用量。

④能耗指每小时每万人（吨）公里的能耗。

⑤有害气体排放量指每小时每万人（吨）公里的有害气体排放量。

(5) 与安全性有关的主要指标

基础设施应从各个环节保障交通工具运行达到设定的安全标准。常用的安全性指标有：

①交通工具事故率(死亡率)指一定时间内某种交通方式运用中发生事故(事故导致死亡)的人数占该方式全部乘客的比例。

②交通设施事故率(死亡率)指一定范围内某种交通实施使用中发生事故(事故导致死亡)的全年人数占设施规模的比例。

4.2 轨道交通工程

轨道交通基础设施包括轨道、路基、桥梁、隧道等结构物，还有供电、通信信号等附属工程设施设备，这些结构物及设施设备要使列车按设计速度安全、有效地运行，必须按一定的方式组合，满足线路平面、纵断面、横断面的一系列标准。相关标准体现在《铁路线路设计规范》(TB 10098—2017)、《Ⅲ、Ⅳ级铁路设计规范》(GB 50012—2012)、《城市轨道交通技术规范》(GB 50490—2009)等中。

4.2.1 总体技术要求

不同类型的轨道交通线路，采用的主要技术标准的项目及标准值有所不同。在轨道交通线路设计中，主要技术标准是专有名词，是指对轨道交通的选线设计、运输能力、工程造价、运营质量，以及选定其他有关技术标准起主导作用的基本标准和设备类型。

4.2.1.1 主要技术标准

(1)设计速度

①客货共线铁路，因其运输对象主要是省际货物与城际出行的旅客，通常以货运为主进行设计，设计速度为200km/h及以下。

②高速铁路、城际铁路、市域铁路，因其运输对象主要是旅客，通常按客运专线进行设计。高速铁路设计速度为250km/h及以上，目前分为250km/h、300km/h、350km/h三个速度级别，未来高速磁浮铁路可达500～600km/h；城际铁路设计速度为200km/h及以下，分为200km/h、160km/h、120km/h三个速度级别。市域铁路有160km/h、140km/h、120km/h、100km/h等速度级别。

③重载铁路，因其运输对象是货物，通常按货运专线设计，设计速度为100km/h及以下，分为100km/h、80km/h两个速度级别。

④城市轨道交通、市域轨道交通，按客运专线设计，城市轨道交通线路因服务城区而以地下线为主，设计速度为120km/h及以下，地铁设计速度一般为80km/h；市域轨道交通设计速度为160km/h及以下。

(2)铁路等级

以铁路为例，不同类型铁路的主要技术标准的项目略有差别，见表4-1。

不同类型铁路的主要技术标准　　　　　　表 4-1

高速铁路、城际铁路	客货共线铁路	重载铁路
铁路等级、设计速度、正线数目、正线线间距、最小曲线半径、最大坡度、动车组编组数（城际铁路）、到发线有效长度、列车运行控制方式、调度指挥方式、最小行车间隔	铁路等级、旅客列车设计速度、正线数目、最小曲线半径、限制坡度、牵引种类、机车类型、到发线有效长度、闭塞类型	铁路等级、货物列车设计速度、正线数目、设计轴重、最小曲线半径、限制坡度、牵引种类、机车类型、牵引质量、到发线有效长度、闭塞类型

以客货共线铁路为例，按其在铁路网中的作用和客货运量划分为 4 个等级。Ⅰ、Ⅱ级铁路设计遵循《铁路线路设计规范》（TB 10098—2017）；Ⅲ、Ⅳ级铁路设计遵循《Ⅲ、Ⅳ级铁路设计规范》（GB 50012—2012）。

4.2.1.2　线路设计标准

线路设计至少应包括平面设计、纵断面设计、横断面设计、铁路与道路交叉设计。

(1) 平面设计标准

平面设计标准有最小曲线半径、缓和曲线线形及长度、夹直线长度、到发线有效长度、站坪长度、线间距等。

最小曲线半径的选择对工程与运营的影响很大，是平面设计中最重要的标准。其取值与铁路类型、设计速度、铁路等级、轨道类型、车型等有关，高速铁路一般在 3200m 以上；客货共线铁路根据设计速度不同可降至 600（80km/h）～1200m（120km/h）；地铁则可降至 300（B 型车 80km/h）～350m（A 型车 80km/h）；在困难或特殊困难条件下可进一步降低；特殊情况下还可以按限速条件设计。

(2) 纵断面设计标准

纵断面设计标准有最大坡度、最小坡段长度、竖曲线半径、竖缓和曲线线形及长度等，以下着重对最大坡度进行介绍。

最大坡度的选择对工程与运营的影响也很大，是纵断面设计中最重要的标准。其取值与铁路类型、铁路等级、地形类别、牵引种类等有关，一般为 6‰～30‰。客运专线的列车质量较货运线（客货共线铁路、重载铁路）小很多，采用的坡度标准值较大，轮轨铁路 20‰～30‰，磁浮铁路 50‰～80‰。

货运线最大坡度的取值低于客运线，因为客货共线铁路、重载铁路与客运专线的设计目标有所不同。货运线期望用足牵引动力牵引尽量多的货物，牵引质量是根据单机牵引地段的最大坡度计算出来的（计算条件是列车在此坡道上按计算速度做等速运行），因此这种坡度称为限制坡度，含有"限制"列车牵引质量之意。为保证列车在曲线、隧道等有附加阻力的地段按不低于计算速度运行，曲线段、隧道段需要进行最大坡度折减。

客运线因配置的单位质量功率较大而在曲线、隧道段最大坡度处的动力足以保证列车运行不低于计算速度，故不需要进行最大坡度折减。客运线在长大坡道处也有需要考虑的特殊问题。例如，在长大陡坡地段（大于 24‰、连续高差 16m 以上）设计地铁线路要进行故障工况下的动力验算，要求当列车动力损失一半时列车仍然能够启动、牵引列车到前方车站,从而提高救援效率。

纵断面设计还要考虑与平面设计相结合。例如,采用有砟轨道的轨道交通线路,其竖曲线不能与平面缓和曲线重叠。

(3)横断面设计标准

横断面设计标准主要体现在线路限界。限界是限定车辆运行及轨道周围建筑物超越的轮廓线,铁路行业称为"铁路建筑限界",城市轨道交通行业细分为"车辆限界""设备限界""建筑限界"三种。

客货共线铁路(重载铁路)、高速铁路、城际铁路的铁路建筑限界数值有所差异,主要体现在高度及宽度上。竖向以轨顶高度计算,客货共线铁路(重载铁路)区间正线的建筑限界高度一般为 6550mm,高速铁路及城际铁路为 5650mm + y,y 为接触网结构高度,与接触网结构类型有关,为 1100~1800mm。横向以距线路中心线的宽度计算,客货共线铁路及重载铁路区间正线的建筑限界宽度为 2440mm,高速铁路为 2440mm,城际铁路为 2200mm。在车站、曲线、桥梁、隧道等地段的铁路建筑限界值因客运服务、设施布置、空气动力作用等要求而有所不同。

城市轨道交通建筑限界总体上比铁路建筑限界略小,具体指标可查阅相关设计规范。

(4)铁路与道路交叉设计标准

当两者位置关系可选择时,优先采用铁路上跨道路的方式。

铁路上跨道路(含公路)时,铁路桥跨设置应满足相应道路对净空和停车视距的要求;当立交净空不足 5.0m 时,应设置限高标志及限高防护架。如果道路为乡村道路,桥下净空要求适当降低,根据通行对象类型不同设计为 2.5~4.5m。上跨铁路的道路立交桥下净高,应满足铁路建筑限界要求。

4.2.2 轨道结构

轨道起着引导车辆行驶方向、直接承受由车轮传下的压力并把它们扩散到路基或桥隧结构物上的作用。轨道结构分为有砟轨道结构、无砟轨道结构两大类。

4.2.2.1 有砟与无砟轨道结构

铁路与城市轨道交通轨距均为 1435mm,轨道结构也基本一致,分为有砟与无砟两类。

铁路有砟轨道结构主要由钢轨和联结零件、轨枕和扣件、道床等部分组成,车站范围通常还有道岔,在客货混运铁路的地面线路上普遍使用。有砟道床由不同颗粒级配的道砟构成,其优点是具有一定的弹性且初期工程成本较低,可减少轮轨冲击影响;缺点是容易松动变形,养护维修工作量较大。

有砟轨道的强度和稳定性取决于钢轨类型、轨枕类型和密度、道床类型和厚度等因素。根据主要运营条件,如设计运量和最高行车速度,将轨道分为特重、重型、次重型、中型和轻型 5 个等级。

无砟轨道采用自身稳定性较好的混凝土或沥青道床代替有砟道床来传递行车时的

动、静荷载。与有砟轨道相比,优点是养护维修工作量很小,缺点是道床的刚度大,需要通过垫板、基座等部件减少轮轨冲击及振动影响。高速铁路、城际铁路大部分采用无砟轨道。

无砟轨道结构类型有弹性支承块式、枕式、板式、混凝土整体道床、无砟无枕式、浮置板式等。我国高速铁路使用较多的是预制板式 CRTS Ⅲ 型无砟轨道,是借鉴日本 CRTS Ⅰ型、德国 CRTS Ⅱ型技术,并结合我国既有技术及实际情况开发的新型轨道结构。我国地铁使用较多的是混凝土整体道床、弹性支承块式无砟轨道,在噪声振动敏感区段也会采用浮置板式无砟轨道。

磁浮交通、单轨交通等新型轨道交通,由于轮轨关系的不同,轨道结构形式也发生了变化。例如,低速磁浮交通的轨道截面呈 F 形,跨座式单轨的轨道结构是轨道梁。

4.2.2.2 道岔

道岔是轨道交通线路和线路间连接和交叉设备的总称,其作用为使列车从一条线路转向另一条线路,或者越过与其相交的另一条线路。道岔大都设在车站区。

轮轨铁路中最常用、最简单的线路连接设备是普通单式道岔,或称单开道岔。它由转辙器、转辙机械、辙叉、连接部分和岔枕组成。除了单开道岔外,还有双开、三开、交分道岔等,可供多个方向转向。

磁浮交通、跨座式单轨的道岔由多节可变位的轨道梁及相关驱动设备构成。

4.2.2.3 无缝线路与钢轨伸缩调节器

客货共线铁路的普通线路钢轨标准长度为 25m,钢轨之间有接头,列车运行至此会产生接头冲击振动与噪声。无缝线路是由标准长度的钢轨焊连而成的长钢轨线路,又称焊接长钢轨线路,因为长轨条没有轨缝而得名。列车在无缝线路上运行大大减少了轮轨冲击振动与噪声,并改善了列车行驶的平稳性。无缝线路类型分为温度应力式和放散温度应力式两类。

温度应力式无缝线路由一根焊接长钢轨(1~2km)及其两端 2~4 根标准轨组成,并采用普通钢轨接头。无缝线路的焊接长轨在铺设后要用扣件锁定,限制其伸缩。由于外界环境温度变化会与锁定轨温形成温差,导致钢轨产生内应力,称为钢轨温度力。对于 50kg/m、60kg/m、75kg/m 钢轨,温度每度变化产生的温度力分别为 16.3kN、19.2kN、23.6kN。在我国北方地区,昼夜温度变化可达几十度,在钢轨内部形成的温度力可达数百千牛。在无缝线路发展初期,我国北方铁路发生过多次胀轨跑道事故。

为减小钢轨温度力,在锁定钢轨时控制好扣压力,允许钢轨随温度变化有一些伸缩,随时释放超限的温度力,这需要在焊接长轨端部安装钢轨伸缩调节器,允许长钢轨伸缩。这种线路称为放散温度应力式无缝线路。

钢轨伸缩调节器又称温度调节器,是一种调节钢轨伸缩的设备,由基本轨、尖轨、大垫板、轨撑、导向卡(或导向轨撑)及连接零件构成。钢轨伸缩调节器通常安装在无缝线路需调节钢轨伸缩量的地段或大跨径钢梁桥的端部。

4.2.3 路基

路基是轨道交通线路承受轨道和列车荷载的地面基础结构物。按照地形条件及路线平面和纵断面设计要求,路基横断面可以修筑成路堤、路堑和半路堤半路堑三种基本形式。

(1)路基宽度

客货共线铁路大量采用路基。路基顶面宽度根据铁路等级、轨道类型、道床厚度、路基类型、路基填料类型和线路间距等因素确定。单线区间直线上的路基顶面宽度为 5.0~7.4m;双线区间直线上的路基顶面宽度为 9.9~11.6m。而在区间曲线路段上,由于需要设置曲线超高而加厚道床厚度,在曲线外侧的路基宽度应随超高的不同而适当加宽。

(2)路基排水

为了消除或减轻地面水和地下水对路基的危害,使路基处于干燥状态,须采用地面和地下排水措施,将降落在或渗入路基范围内的地面或地下水拦截、汇集、引导和排出路基范围外。这些排水设施有:侧沟、排水沟、截水沟、渗(暗)沟等。

(3)路基沉降要求与路基加固处理

①Ⅰ级铁路(客货共线)的路基沉降要求:工后沉降量一般地段不应大于 20cm,路桥过渡段不应大于 10cm,沉降速率均不应大于 5cm/年。

②200km/h 客货共线铁路的路基沉降要求:工后沉降量一般地段不应大于 15cm,桥台台尾过渡段不应大于 8cm;沉降速率均不应大于 4cm/年。

③高速铁路的路基沉降要求:采用无砟轨道结构时,路基工后沉降一般地段不大于 3cm,不均匀沉降不大于 2cm/20m;过渡段差异沉降折角不大于 1/1000,差异沉降不大于 0.5cm。

高速铁路对路基控制差异沉降提出了更高的要求,相应地对其加固处理及路基填筑填料质量也提出了很高的要求。高速铁路需要对软土、湿陷性黄土、膨胀土、冻土、不良地质的地基进行处理。软土路基的加固处理方法有加筋土法、换填法、强夯法、袋装砂井法、振冲法、排水固结法、高压喷射注浆法、水泥搅拌桩法、石灰桩法、水泥粉煤碎石桩(CFG桩)法、预应力管桩地基加固法、塑料排水板+土工格栅、塑料排水板+堆(超)载预压法、预应力管桩+土工格栅法等。

(4)路基过渡段

高速铁路、城际铁路大量采用桥隧结构物,这些结构物与路基衔接时就形成了路桥(路基-桥梁)、路涵(路基-涵洞)、路隧(路基-隧道)、堤堑(路堤-路堑)等类型的过渡段,甚至在路基上不同轨道结构(有砟轨道-无砟轨道)变化处也有过渡段。从过渡段的地基条件、软基处理方法、填料选择、压实标准、质量检测方面采取措施,可以减少两者之间的塑性变形差,实现平稳过渡。由于两种结构物刚度不同,会引起轨道竖向刚度的突变。过渡段设计施工的技术要点是控制差异沉降并实现轨道刚度的逐渐变化。

(5)其他结构物

除了轨道、路基之外,轨道交通结构物还有桥梁、隧道、防护工程等。

我国大跨径桥梁、长隧道施工技术已达到国际先进水平甚至国际领先水平。尤其是长隧道施工能力的提高，大大加快了我国中西部铁路网的建设进程。至2020年底，我国已建成的铁路隧道总数超过16000座，总长接近20000km，其中长度10km以上的隧道超过300座，长度20km以上的隧道有11座。长隧道施工能力的提高改变了山区铁路的传统选线设计原则。早期山区铁路选线原则是尽量沿河谷走向，通过展线翻越高山。例如，宝(鸡)成(都)铁路在翻越秦岭山脉时，在直线25km的距离内要上升817m，尽管采用了30‰的最大坡度(多机牵引地段)，但实际线路长度还是达到了45km，展线系数达到1.8。其关键制约因素是不具备10km以上长隧道的施工能力，宝成线最长隧道约为2.4km。长隧道施工能力的提升可大大减小高山地区的铁路展线系数。川藏铁路(雅安至林芝段)的地形比秦岭地区要陡峻复杂得多，线路设计中采用的最大坡度也是30‰，但展线系数却只有1.2，比宝成线秦岭地段小得多，其主要原因就是采用了众多长隧道。展线系数降低可以减少设计线路的绕行距离，节省列车运行时间，提高铁路客货运旅行速度。

4.2.4 车站

运输对象只能在车站进出是轨道交通运输的本质特点。

各种客货运作业如旅客乘降，货物的托运、装卸、交付、保管等都必须通过车站才能实现；铁路运输的各种技术作业如列车接发、会让、越行，以及车列的解体、编组、机车和乘务组的更换等都是在车站办理。为完成这些作业，车站除正线外，还配有其他站线、设备和建筑物。

4.2.4.1 车站类型及功能

铁路车站按运输对象的不同，可分为货运站、客运站和客货运站。货运站主要办理货物装卸作业及专门办理货物联运或换装作业；客运站主要办理客运业务、供旅客乘降及中转；客货运站兼办客货运业务，同时具有客运及货运功能，也称为客货混合站。普速铁路大部分车站为客货运站。

铁路车站按技术作业类型可分为中间站、区段站、编组站。中间站的主要功能是办理列车的通过、会让和越行等技术作业，部分中间站则还有摘挂调车等技术作业。此外，中间站还承担少量的客货运业务。区段站的主要功能是办理机车的更换、整备、维修等技术作业，兼有中间站功能。编组站主要功能是办理大量货物列车的解体、编组等技术作业。

在几条铁路干线交叉或接轨的地点，有大量的客货运业务和列车编解工作，通常会形成铁路枢纽。铁路枢纽是指在铁路网节点或网端，由客运站、编组站等各类车站，相关的联络线路，以及为其协同运输服务配置的设备组成的技术设备总称。

4.2.4.2 车站分布及布置

为保证必要的通过能力，方便沿线客货运输，轨道交通线路会设置多个车站，车站把一条线路划分成若干个长度不同的区间，车站就成为相邻区间的分界点，区间和分界点是组成轨道交通线路管理的两个基本环节。

客货共线铁路各类车站的分布,首先要满足各级铁路规定的远期货运和客运输送能力的要求,同时也要满足列车技术作业的要求。对于单线铁路,车站分布还要注意区间通过能力的均衡性。区段站的分布主要考虑车流组织和技术作业要求、机车类型、机车交路制度及机车乘务组的合理连续工作时间等因素。中间站的分布主要依据通过能力的要求。在人口稠密、货运量大的地区,单线的站间距离不宜小于8km,双线的站间距离不宜小于15km;而在人口稀少、货运量小的地区,单线的站间距离不宜大于20km,双线的站间距离不宜大于30km。为了方便客货运输,这些车站的位置应尽量同城乡居民点和工矿区相配合。同时,由于车站占地面积大,车站位置应选择在地形平坦、地质条件好的地方,以免影响运营安全和增加工程量。

高速铁路、城际铁路、城市轨道交通均为一次建成双线的铁路,车站分布不需要考虑区间通过均衡性问题,但因最高运行速度、服务对象等因素站间距有所不同,高速铁路一般在30~60km,城际铁路一般为5~20km,市域(郊)铁路为3~6km,地铁线路为1~2km。

(1) 铁路中间站的布置特点

中间站除了同区间直接连通的正线外,一般设有下列设备:

①办理列车接发、会让、待避和零摘作业的到发线,其数量可根据运量(列车对数)确定;单线铁路的列车对数小于等于12对/d时设1条到发线,13~24对/d时设2条,大于24对/d时设2~3条;双线铁路设2~3条。

②客运设备,包括站台、跨线设备(如天桥、地道等)、旅客站房、站前广场等。

③货运装卸作业设备,包括办理装卸作业的货物线、存车线、货物仓库、货物站台、站房和装卸机械等;仅有零担货物,作业量不大的中间站,可利用到发线和旅客站台进行装卸作业,并将零担仓库设在旅客站台上。

④在货物装卸作业量大、品种复杂时,根据运量和调车作业需要而设置的牵出线。

(2) 铁路区段站的布置特点

铁路区段站的设备布置与中间站类似,但有如下特点:

①场地比中间站更长更宽。因客货需求较大,客运用的站台及货运用的到发线配置较多。一般中间站到发线为2~4条,长度约1km;区段站的到发线通常在10条以上,车站总长会超过2km。

②配置机务作业设备。有的区段有配属机车(称作基本段),承担机车检修和整备作业,有的不配属机车(称作折返段),仅承担整备作业。

③配置车辆整修设备,包括列车检修所、站修线、车辆段等。

(3) 铁路编组站的布置特点

铁路编组站主要办理大量货物列车的解体和编组作业,一般不承担客货运业务。编组站与区段站一样,设有机车、车辆的整备与维修设备。此外,编组站设备布置有如下特点:

①场地比区段站更长更宽,通常有数公里长、数百米宽。丰台西站是我国最大的路网

性编组站,双向三级八场,站坪面积约 8.5km²,南北长约 9.5km,东西最宽约 3.5km。

②配置改编列车到发设备,包括到达场、出发场或兼办改编列车到达和出发的到发场。

③配置改编列车调车设备,主要包括驼峰、牵出线、调车场和调机等。

④配置通过车场,供无改编作业需求的列车通过本场。

⑤设置驼峰等设备,用于提高列车编组效率。

⑥配置站内外连接线路设备,包括进出站线路、站内联络线、机车走行线等。

(4)高铁动车段的布置特点

高铁动车段是存放、检修高速铁路列车的场所。动车段具有动车组的存放、运用检查和高级修理等功能,相应地设置存车场、运用检查场和高级修厂。各场一般按纵列式布置,各场之间用走行线相连接。动车段下设若干个动车运用所,运用所不配高级修厂。与铁路区段站相比,动车段有如下特点:

①场地空间大。无论是存车线还是检修线,需要容纳列车全长,通常为 8 节及 16 节编组。上海动车段南翔动车运用所占地约 1.33km²(2000 亩)。

②检修分为五级,一、二级检修放在运用检查场,三级修(架修)和四、五级修(解体组装库及部件检修)集中在高级修场。

③运用检查场配置若干存车线、检查库线、检修库线、临修线、镟轮线、调试线、动态试验线等设施。

④高级修厂配置外皮清洗线、三级修库、转向架检修库、解体组装库及部件检修间等设施。

4.2.5 供电系统

轨道交通系统供电对象分为列车及沿线设备,为前者供电称为牵引供电,为后者供电称为设备供电。沿线设备包括沿线通信信号设备、维修设备、车站各类电器与照明设备。这些设备位置相对固定,供电多为三相交流电,与普通电气设备供电没有差异。

轨道交通牵引供电因系统类型而不同。高速磁浮铁路交通采用交流变频供电,电气化轮轨铁路牵引供电采用交流供电。城市轨道交通牵引供电既有直流供电又有交流供电,我国以直流 1500V 为主。本节将简要介绍轮轨铁路牵引供电的主要内容。

铁路牵引供电系统,是把电能从国家电网(变电所或发电站)传送到铁路列车的电力设备的总称。从国家变电所把 AC110~220kV(50Hz 交流电)引线至铁路牵引变电所,降压为 AC27.5kV 输送到接触网上,列车通过受电弓从接触网取电。

牵引供电的主要设备包括:

①牵引变电所,其功能是将国家电力系统输送来的三相高压电(AC110~220kV,50Hz)通过牵引变压器转变为适合铁路列车使用的单相交流电(AC27.5kV,50Hz),然后经馈电线送至沿铁路线架设的接触网上。

②牵引网,其功能是为列车提供稳定、持续、可靠的电能。牵引网由馈(电)线、钢轨

回流线、接触网(包括接触线、承力索、吊弦等)、悬挂装置、支持装置、立柱及基础等构成。

③在高速铁路中,还设置分区所、AT(自耦变压器)所。

分区所并联上下行接触网末端,用以提高供电臂末端接触网上的电压水平,均衡上下行供电臂的电流,降低电能损失;当相邻变电所发生故障而不能供电时,分区所闭合断路器,让非故障牵引变电所实行越区供电,这样可提高供电的可靠性。

AT 所是在采用自耦变压器供电方式时设置,一般每隔 10～15km 设置一台自耦变压器,设置自耦变压器的地方称为 AT 所。这种供电方式可使牵引变电所间隔达到 50km,而其他供电方式(直接供电方式、带回流线的直接供电方式)的牵引变电所间距只有25～30km。

4.2.6 通信信号系统

4.2.6.1 铁路通信系统

铁路通信系统是指在铁路运输生产和建设中,利用各种通信方式进行各种信息传送和处理的技术与设备。铁路通信以运输生产为重点,主要功能是实现行车和机车车辆作业的统一调度与指挥。因铁路线路分散、业务种类多样,组成统一通信的难度较大。为指挥运行中的列车,必须用无线通信,因此铁路通信必须采用多种通信方式,有线和无线相结合。

铁路通信系统包括如下子系统:

①传输子系统,为其他通信子系统和信号系统等提供信息传输及交换信道。该系统由光数字传输设备及光纤环路组成。

②无线通信子系统,为固定用户(如调度员、车站值班员等)与移动用户(如列车司机、维修、公安等流动人员)之间提供通信手段,对行车安全、运营效率、服务质量、应付突发事件提供保证。该系统由数字集群设备组网。

③程控电话子系统,是供工作人员与内部及外部进行公务通信联系的通信子系统。该系统由数字程控交换机网络构成。

④数字专用调度电话子系统,为列车运行调度指挥、电力调度、防灾救护及维修等部门提供作业指挥而设置的专用直达电话系统。该系统由数字调度主系统、分系统、前台及分机组成。

⑤闭路电视监视子系统,为控制中心的调度员、各车站值班员、列车司机等提供有关列车运行、防灾救灾以及旅客疏导等方面的图像信息。该系统由图像摄取、图像显示及录制、车站控制、中心控制、视频信号传输等部分组成。

⑥广播子系统,用于向旅客通告列车运行以及安全、向导等服务信息,向工作人员发布作业命令和通知。该系统由中心控制设备、车站及车辆段广播设备和传输接口组成。

⑦其他子系统,包括光缆光纤监测、动力环境监测、时钟等系统。

4.2.6.2 城市轨道交通通信系统

城市轨道交通通信系统与铁路通信系统功能类似,主要包括传输系统、公务电话系统、专用电话系统、专用无线系统、技术防范系统、广播系统、乘客信息系统、时钟系统等子系统。根据各子系统的技术特征,可以分为路网级系统和线路级系统。路网级系统是需进行路网级核心交换或核心数据下发的子系统,包括高速数据网、专用无线、公专电话、上层网时钟、技术防范系统、乘客信息系统等子系统;线路级系统是具备单线系统业务功能的子系统,如广播导乘、记点、线路时间、线路传输等。

4.2.6.3 铁路信号系统

铁路上为保证行、调车作业安全,提高车站、区间通过能力及列车解编能力,改善作业人员劳动条件,需要建立专门的信号设备或系统。

铁路信号系统包括为信号设备、联锁设备、闭塞设备三部分。

(1)信号设备

铁路信号设备包括信号机(臂板、色灯)与机车信号、地面固定信号、移动信号、标志标示,以及听觉信号(响墩)等,用于向有关行车和调车工作人员(司机)发出指示和命令。按列车进站、出站、通过、预告、调车等不同运行指令,控制信号灯变化颜色。

(2)联锁设备

铁路联锁设备是指控制车站的道岔、进路和信号,并实现它们之间联锁关系的设备。进路是指列车或调车车列在站内及车辆段行驶时所经过的径路。在车站为列车进站、出站所准备的进路,称为列车进路;为各种调车作业准备的进路称为调车进路。联锁关系是在有关信号机和道岔之间,以及信号机和信号机之间建立起一种相互检查、互相制约的关系。

铁路列车转换线路必须通过车站处的道岔,因而车站是列车运行控制中需要保障安全的重点区域。在车站上设置联锁设备来防止车站区段出现列车敌对进路,从而保证站内行车和调车安全,并提高车站通过能力。

联锁设备分为集中联锁(继电联锁、计算机联锁)和电锁器联锁(壁板电锁器联锁、色灯电锁器联锁)。编组站、区段站和电源可靠的其他车站,一般采用集中联锁。

(3)闭塞设备

闭塞设备用于保证列车在区间内的运行安全,提高通过能力。

闭塞方式就是用信号或者凭证,保证列车按照前行列车和追踪列车之间必须保持一定距离(空间间隔制)运行的技术方法。不同的闭塞方式形成的区间通过能力有很大差异。

①路签闭塞。路签闭塞包括路签(牌)、电气路签(牌)闭塞。其主要特点是以一个区间为一个闭塞分区,其中只能同时运行一列列车,通过能力较低。当区间长度为 30km 及以上时,单线区间通过能力小于 1 对/h。

②半自动闭塞。半自动闭塞区间两端车站各装设一台具有相互电气锁闭关系的半自

动闭塞机,以出站信号机开放显示为行车凭证的闭塞方式。半自动闭塞是我国单线铁路区间闭塞的主要类型。

③自动闭塞。自动闭塞利用通过信号机把区间划分为若干个装设轨道电路的闭塞分区,通过轨道电路将列车和通过信号机的显示联系起来,使信号机的显示随着列车运行位置而自动变换的一种闭塞方式。在每个闭塞分区始端都设置一架防护该分区的通过色灯信号机,平时显示绿灯,只有当列车占用该闭塞分区(或发生断轨故障)时,才自动显示红灯,要求后续列车停车。自动闭塞的优点是划分了闭塞分区,可用最小运行间隔时间开行追踪列车,从而大大提高区间通过能力;整个区间装设了连续的轨道电路,可以自动检查轨道的完整性,提高行车安全。

自动闭塞可实现列车的追踪运行,前提是列车分方向行驶,因而只能用于双线铁路。

④移动闭塞。移动闭塞对列车安全间隔的控制比自动闭塞更进一步。通过车载设备和轨旁设备不间断的双向通信,控制中心可以根据列车实时速度和位置动态计算列车的最大制动距离。列车长度加上最大制动距离和在列车后方所需防护距离,便组成了一个与列车同步移动的虚拟分区。由于保证了列车前后的安全距离,两个相邻的移动闭塞分区就能以很小的间隔同时前进,使列车能以较高的速度和较小的间隔运行,从而提高运营效率。

移动闭塞线路取消了物理层分区划分,将线路分成了若干个通过数据库预先定义的线路单元,每个单元长度为几米到十几米之间,移动闭塞分区即由一定数量的单元组成。单元数目可随列车的速度和位置而变化,分区长度也动态变化。移动闭塞系统中列车和轨旁设备必须保持连续的双向通信。列车不间断向轨旁控制器传输其标识、位置、方向和速度,轨旁控制器根据来自列车的信息计算、确定列车的安全行车间隔,并将相关信息(如先行列车位置,移动授权等)传递给列车,控制列车安全运行。

与自动闭塞相比,移动闭塞可实现更为密集的列车追踪运行,列车通过能力进一步提高。双线铁路列车通过能力可达 20~30 对/h,高速铁路及地铁普遍采用移动闭塞方式。

4.2.6.4 城市轨道交通信号系统

城市轨道交通的最小列车运行间隔可达 2min,一般的自动闭塞不能达到这个要求,需要采用移动闭塞。

地铁行车控制一般配置自动列车控制(Automatic Train Control, ATC)系统,是一套完整的控制、监督、管理系统,并可拓展为无人驾驶控制系统,包括 3 个子系统:列车自动防护(Automatic Train Protection, ATP)、列车自动监控(Automatic Train Supervision, ATS)、列车自动运行(Automatic Train Operation, ATO)。

4.2.6.5 磁浮交通通信信号系统

城市轨道交通中的中低速磁浮列车运行,采用与城市轨道交通相同的通信信号设备和技术标准。

高速磁浮列车采用无人驾驶,通过牵引系统的同步直线电机相位计算和辅助绝对定位装置确定列车的速度和位置,通过速度防护和位置防护控制列车的追踪间隔,实现类似移动闭塞的列车追踪运行。

4.2.6.6 CTCS

CTCS 是中国列车运行控制系统(Chinese Train Control System)的英文缩写,包括地面子系统和车载子系统。

地面子系统含应答器、轨道电路、无线通信网络(GSM-R)、列车控制中心(TCC)/无线闭塞中心(RBC)。车载子系统由 CTCS 车载设备、无线系统车载模块组成。

CTCS 分为 5 个应用等级:CTCS-0 级应用于既有的客货混运铁路;CTCS-1 级应用于 160km/h 以下的区段;CTCS-2 级应用于提速干线和高速新线;CTCS-3 级应用于提速干线、高速新线或特殊线路;CTCS-4 级应用于高速新线。

4.3 道路工程

道路(公路和城市道路)是主要供汽车行驶的线状工程结构物,由路线、结构物(构造物)和沿线附属设施三个基本部分组成。

道路系统是为道路交通运输系统提供的设施、设备及规则等的统称。本节将针对道路基础设施,介绍其规划设计和施工养护等内容。

4.3.1 总体技术要求

4.3.1.1 道路分类与分级

(1)道路分类

按道路所在区域与使用特点,可分为公路、城市道路、厂矿道路、林区道路和乡村道路;按行政级别可分为国道、省道、县道、乡道和村道 5 类;按功能可划分为干线道路、集散道路和地方道路。

①按使用特点划分。

公路指连接城镇、乡村和工矿基地等,主要供汽车行驶的道路。

城市道路指在城市建成区范围内,供机动车、非机动车及行人通行的道路,是城市组织生产、安排生活、物质流通所必需的交通设施,也是城市市政设施的重要组成部分。

厂矿道路与林区道路为专用道路。厂矿道路指专门服务于工厂、矿山运输车辆通行的道路,适应专门的生产过程及特殊装备移动要求。林区道路指在林区主要供各种林业运输工具通行的道路。由于林区道路的位置、交通性质及功能不同,其技术要求应按专门制订的林区道路工程技术标准执行。

乡村道路,指修建在乡村、农场主要供行人及各种农业运输工具通行的道路。由于乡村道路主要为农业生产服务,一般不列入国家公路等级标准。

②按行政管理划分。

国道,是在国家干线网中具有全国性的政治、经济和国防意义,由国家统一规划,并经确定为国家级干线的公路。我国国道以 G 开头,分为国家高速公路和普通国道。如 G2 为北京—上海国家高速公路,G318 为上海—西藏自治区聂拉木县的国道。

省道,是指具有全省性的政治、经济意义,并确定为省级干线的公路,由省负责建设、养护、改造。通常以 S 开头。

国道与省道为干线公路,县乡村道为农村公路。

③按功能划分。

干线道路承担重要集散中心(各个重要城市或城市内各主要区)之间大量长途车流,组成道路网的主要骨架,并提供尽可能高的服务水平。集散道路连接地方道路(或支路)和干线道路。地方道路(或支路)直接服务于地方到发性交通,交通量较小。

(2)道路分级

以上述道路分类为基础,主要考虑道路在设计控制和设计标准方面的差异性,包括出入口控制、设计速度、交通量、服务水平和设计年限等,分别对公路和城市道路进行道路分级。

①公路分级。

根据《公路工程技术标准》(JTG B01—2014),按使用任务、功能和适应的交通量,公路可分为高速公路、一级公路、二级公路、三级公路、四级公路五个等级。

高速公路为专供汽车分向、分车道行驶,全部控制出入的多车道公路。高速公路的年平均日设计交通量宜在 15000 辆小客车以上。

一级公路为供汽车分方向、分车道行驶,可根据需要控制出入的多车道公路。一级公路的年平均日设计交通量宜在 15000 辆小客车以上。

二级公路为供汽车行驶的双车道公路。二级公路的年平均日设计交通量宜为 5000 ~ 15000 辆小客车。在城镇密集地区或城镇段,采用多车道公路且考虑非机动车、行人通行。

三级公路为供汽车、非汽车交通混合行驶的双车道公路。三级公路的年平均日设计交通量宜为 2000 ~ 6000 辆小客车。

四级公路为供汽车、非汽车交通混合行驶的双车道或单车道公路。双车道四级公路年平均日设计交通量宜在 2000 辆小客车以下;单车道四级公路年平均日设计交通量宜在 400 辆小客车以下。

②城市道路分级。

根据《城市道路工程设计规范(2016 版)》(CJJ 37—2012)规定,城市道路按其在道路网中的地位、交通功能以及对沿线服务功能的不同,分为快速路、主干路、次干路和支路四个等级。

快速路应设置中央分隔、全部控制出入、控制出入口间距及形式,应实现交通连续通行,单向设置不应少于两条车道,并应设有配套的交通安全与管理设施。快速路两侧不应设置吸引大量车流、人流的公共建筑物出入口。

主干路应连接城市各主要分区,应以交通功能为主。主干路两侧不宜设置吸引大量车流、人流的公共建筑物的出入口。

次干路应与主干路结合组成干路网,应以集散交通的功能为主,兼有服务功能。

支路宜与次干路和居住区、工业区、交通设施等内部道路相连接,应解决局部地区交通,以服务功能为主。

4.3.1.2 道路设计控制因素

道路线形和结构设计必须与道路上行驶汽车的特性如速度、数量、大小、质量等相适应。这些反映车辆特性的要素是道路几何设计和结构设计的依据,包括设计车辆、设计速度、设计交通量、道路通行能力和服务水平。

(1) 设计车辆

作为道路设计依据的具有代表性的车型称为设计车辆。其外廓尺寸、载质量、运行性能等直接关系到行车道宽度、弯道加宽、道路纵坡、行车视距、道路净空、路面及桥涵荷载的选取,对决定道路几何尺寸和结构具有极其重要的意义。普通公路以自重 5t、载重 5t 的货运车辆为设计车辆,高速公路与城市道路以小客车为设计车辆。

道路设计控制参数与车辆性能有极其密切的关系。汽车的动力性能、操控性能提升,智能网联、自动驾驶技术的应用,车辆燃料与驱动方式改变,都应当引起对道路设计参数甚至设计思想的充分研究并进行适时调整,不断改善道路的安全性、经济性、环保性。

(2) 设计速度

设计速度又称为设计车速,是"气候条件良好、交通密度小、汽车运行只受道路本身条件(如几何要素、路面、附属设施等)影响时,中等技术驾驶员能保持安全顺适行驶的最大行驶速度"。设计车速是道路几何设计(如确定平曲线半径、超高、纵坡坡度、坡长、视距等)的基本依据。设计速度直接决定了道路的线形几何要素,同时又与道路的重要性、经济性有关,是用来体现道路等级的一项重要技术指标。

(3) 设计交通量

交通量指单位时间内通过道路某一断面的交通实体数量,又称交通流量。交通量可以按年、日或小时计,其单位为辆/d 或辆/h。车辆数量是按各种交通车辆不同折算系数换算成小客车后的总和。设计交通量为预期到设计年限末,用以作为道路设计依据的交通量,有设计年平均日交通量和设计小时交通量。目前公路和城市道路一般规定采用设计小时交通量作为道路设计依据。

(4) 道路通行能力

道路的通行能力亦称道路交通容量,是指机动车辆在正常情况下以可以接受的运行速度行驶,在保证行车舒适、车流无阻碍的条件下,单位时间内通过道路某一断面处的最大交通量,以辆/d 或辆/h 计。当道路交通量接近该道路的通行能力时,就会出现运行拥挤现象,一旦发生干扰就会造成交通阻塞或断续运行。

(5) 服务水平

服务水平是指道路使用者在不同的交通流状况下,所能得到的速度、舒适性、经济性等方面的服务程度。以道路实际流量与设定服务交通量或基本通行能力之比反映道路的服务质量。前者称为拥挤度,后者称为饱和度。我国将道路服务水平以交通流状态为条件划分为四级,描述交通流从自由流、稳定流到饱和流和强制流的变化阶段。

4.3.1.3 道路工程

一般将道路的规划和设计归属于道路工程的范畴,将桥梁、涵洞和隧道构造物分别归属于桥涵工程和隧道工程的范畴,将交通安全和交通管理设施归属于交通工程的范畴。本节将简要介绍工程设计、施工技术和养护管理等内容。

(1) 工程设计

道路工程设计主要包括路线几何设计、路基设计、路面设计和排水设计。

路线几何设计确定道路的平面、纵断面以及横断面的三维参数和指标。

路基设计根据道路的几何线形,当地地形、地质条件,选择合理的路基断面形式,确定合理的路基填料和压实标准、边坡形状和坡率,对高填深挖路基进行边坡稳定验算,进行路基排水系统与结构物设计,进行路基防护与加固设计等。

路面设计通过确定面层和其他各结构层的类型、路面结构层组合设计、厚度设计、路面材料配合比及方案比选,保证路面在预定试用期内处于规定的工作状态。

排水设计通过设计边沟、截水沟和排水构造物,拦截、汇集、给送、排放地表水或地下水,防止地表水和地下水对公路的损害,确保公路排水畅通、结构稳定、行车安全。

桥梁设计包括上部结构设计和下部结构设计,有简支梁桥、预应力混凝土连续梁桥、拱桥、斜拉桥和悬索桥等不同桥型。

涵洞设计包括涵洞式样、孔径尺寸、出入口铺砌类型、泄水面高程拟定,涵洞长度计算,涵身分节和涵长调整,以及涵洞基础设计等内容。

隧道设计包括隧道洞口、洞门、衬砌结构、通风排水等设计内容。

(2) 施工技术

道路工程施工包含路基工程、路面工程、桥涵工程、隧道工程和附属设施等工程的施工。

①路基施工包括路堑开挖、土石方移运、路堤填筑压实、防护与加固工程构建、工程结构物背后回填以及与路基直接有关的各项附属工程。

②路面施工包括基层施工、沥青混凝土面层施工、水泥混凝土面层施工及封层施工等。基层施工包括配料、拌和、施工前准备、摊铺、碾压、接缝处理、现场检测等步骤。沥青路面施工包括材料和设备准备,沥青混合料拌和、运输、摊铺、碾压,施工接缝处理,平整度等路面质量指标检测等。水泥混凝土路面施工包括设置模板传力杆,混凝土拌合物搅拌、运输、铺筑、捣实,整修接缝,混凝土养护,质量检验,开放交通等。

③桥涵施工其中的桥梁施工包括上部结构和下部结构施工,上部结构施工包括简支梁桥、预应力混凝土连续梁桥、拱桥、斜拉桥和悬索桥等不同桥型的施工。下部结构包括桥墩、桥台等施工。

④隧道施工主要采用新奥地利隧道施工法,它是从岩石力学的观点出发而提出,结合喷锚技术、监控量测等形成的施工方法,包括洞口段及洞门施工、隧道开挖掘进施工、隧道初期支护、隧道防水层施工和二次衬砌施工等五个步骤。

⑤附属工程施工包括路缘石、人行横道、护栏和中间带施工等内容。

(3)养护管理

道路养护管理是指对道路设施和交通状况的监测、分析、修复、引导、调控和信息传递,主要包括道路养护管理、桥涵养护管理、道路路政管理、交通安全设施管理、服务设施管理几个方面。

4.3.2 道路路线

道路路线几何特征是道路在地面上的位置及其三维外貌特征(形状和尺寸),主要包括路线平面、纵断面和横断面的设计。

4.3.2.1 路线平面

道路路线在水平面上的投影称作路线的平面,其中间位置的连线一般称为道路的中线。公路平面线形由直线、圆曲线和缓和曲线组成,缓和曲线应采用回旋线。低等级公路为简化设计,也可只使用直线和圆曲线。平面线形设计必须与环境等相协调,具体参数则根据设计速度、地形、与纵横断面相配合、驾驶员的视觉和心理等条件来确定。

(1)直线

直线适用于地形平坦、视线目标无障碍处,能提供较好的超车条件,双车道公路有必要在间隔适当距离处设置一定长度的直线。但直线过长往往会引起过高车速或驾驶员由于缺乏警觉易疲劳而发生事故,且直线在地形变化复杂地段工程费用高。因此,要避免使用过长直线,并注意直线的设置与环境相适应。限制直线长度的设计指标为同向曲线间最小长度和反向曲线间最小长度。

(2)圆曲线

圆曲线是路线平面设计中的重要组成部分。常用单曲线、复曲线、双(多)交点曲线、虚交点曲线、回头曲线等,包含了圆曲线,有易与地形相协调、可循性好、线形美观等优点。圆曲线相关设计指标主要有圆曲线最小半径、圆曲线最大半径和圆曲线最小长度三个指标。

(3)缓和曲线

缓和曲线是道路平面线形要素之一,它是设置在直线与圆曲线之间或半径相差较大的两个转向相同的圆曲线之间的一种曲率连续变化的曲线。除四级路可不设缓和曲线外,其余各级公路都应按要求设置缓和曲线。在现代高速公路上,有时缓和曲线所占的比例超过了直线和圆曲线,成为平面线形的主要组成部分。在城市道路上,缓和曲线也被广泛地使用。回旋线、三次抛物线和双纽线在极角较小的情况下几乎没有差别,三种曲线都可以作为缓和曲线使用。随着极角的增加,三次抛物线的长度比双纽线的长度增加得快些,而双纽线的长度又比回旋线的长度增加得快些。回旋线的曲率半径减小得最快,三次抛物线的曲率半径减小得最慢。目前,回旋线是道路路线设计中最常用的一种缓和曲线,世界各国使用最多的就是回旋线,我国也规定使用回旋线作为缓和曲线。描述缓和曲线的参数主要有缓和曲线最小长度和缓和曲线参数。对回旋线来说,回旋线参数越大,回旋线的弯曲度越缓,回旋线的整体长度也越大(这种性质和圆曲线类同,圆曲线半径越大,圆弧弯曲度越平缓,整个圆也变得越大)。

4.3.2.2 路线纵断面

沿着道路中心线竖直剖切,然后展开即为道路路线纵断面,主要反映路线的起伏、纵坡以及与原地面的填挖情况。纵断面设计就是根据汽车的动力特性、道路等级和自然地形,确定道路起伏的坡度和长度,以便达到安全迅速、经济合理以及舒适的目的。其主要特性指标有坡度、坡长和竖曲线等。

(1)坡度

描述纵坡坡度的指标为最大纵坡、最小纵坡和合成纵坡等。

最大纵坡,是道路纵断面设计的重要控制指标。特别是在地形起伏较大的地区,纵坡大小直接影响路线长度、使用品质、工程量以及运营经济。纵坡过大或陡坡过长,会使汽车沿陡坡行驶时车速降低、水箱水沸腾和气阻等,严重时发动机熄火,使驾驶条件恶化;沿陡坡下行时,又易因制动次数多使制动器发热甚至使制动失效而引起车祸。各级道路允许的最大纵坡应根据汽车的动力特性、道路等级、自然条件以及工程、运营经济等因素,通过综合分析论证确定。

最小纵坡,指一般纵断面采用的最小坡度。在挖方、低填方路段以及其他横向排水不畅路段,为保证排水需要,均应设置不小于0.3%的最小纵坡。当设置平坡(0%)或小于0.3%的纵坡时,需要进行纵向排水设计。

合成纵坡,指路线纵坡与弯道超高或路拱横坡组合而成的坡度,其方向即排水方向。

(2)坡长

描述纵坡坡长的指标为最小坡长、最大坡长和缓和坡段。

为保证行车的安全与平顺,应规定坡段最小长度。如果坡长过短,会使变坡点增多,影响乘客的舒适感。另外,驾驶员驾驶操作及变换排挡需要一定的长度,同时变坡点之间应至少具备能敷设相邻两个竖曲线的长度。两变坡点之间还应满足视距的要求。

最大坡长指控制汽车在坡道上行驶,当车速下降到最低允许速度时所行驶的距离。

在纵断面设计中,连续上坡(下坡)时,应在一定纵坡长度范围内设置缓和坡段。缓和坡段的纵坡应不大于3%,其长度应符合纵坡长度的规定。

(3)竖曲线

纵断面上两纵坡线交点称为变坡点。在变坡点处,为保证行车安全、顺适以及视距而设置的纵向曲线即是竖曲线。竖曲线可采用圆曲线或抛物线。竖曲线相关设计指标有竖曲线最小半径(凹型和凸型)、竖曲线最小长度等。影响因素主要包括缓和冲击、行程时间不应过短和满足视距要求三个方面。

4.3.2.3 路线横断面

路线横断面是指中线上各点的法向切面,由横断面设计线和地面线构成。典型的公路横断面设计线包括行车道、中间带(中央分隔带、左侧路缘带)、路肩(右侧硬路肩、土路肩)、边沟、边坡、截水沟、护坡道以及取土坑、弃土堆、环境保护设施等组成部分。城市道路横断面还包括非机动车道、人行道、绿化带、分车带等。

(1)横断面分类

公路横断面的组成和各部分尺寸根据公路等级、技术等级、设计交通量、地形条件等因素确定。在保证必要的通行能力和交通安全与畅通的前提下,尽量做到用地省、投资少,使道路发挥其最大的经济效益与社会效益。公路横断面一般分为整体式和分离式两类,如图 4-1 所示。

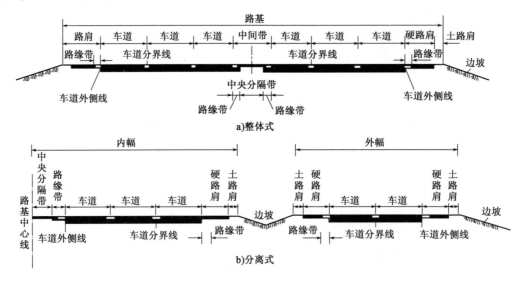

图 4-1 不同类型公路横断面示意图

城市道路的交通性质和组成比较复杂,各种交通工具和行人通行都需要在横断面设计中综合考虑,所以城市道路路线设计中横断面设计是主要内容,一般在平面和纵断面设计之前进行。根据机动车、非机动车与行人通行空间的分隔方式,分为单幅路(俗称"一块板")、双幅路(俗称"两块板")、三幅路(俗称"三块板")和四幅路(俗称"四块板")等,如图 4-2 所示。

(2)横断面组成

公路横断面主要由行车道、路肩和分隔带等组成。行车道是道路上供各种车辆行驶空间的总称,包括机动车道和非机动车道;路肩是位于行车道外缘至路基边缘,具有一定宽度的带状结构部分;路缘带是行车道左右边缘的狭窄带状路面,是路肩或中间带的组成部分。路缘带通常仅在高级公路上设置,以增加交通安全,为行车提供必要的侧向净空;路缘石是设置在路面与其他构造物之间的标石,在分隔带与路面之间、人行道与路面之间一般都需要设置路缘石;中间带是高速公路和一级公路上用于分隔对向车辆的带状构造物,中间带由中央分隔带和两条左侧路缘带组成,为保证路基稳定,路缘带设在路基两侧,为具有一定坡度的坡面;为了汇集和排除路面、路肩及边坡流水,在挖方或低填方路基两侧还需设置纵向排水沟。

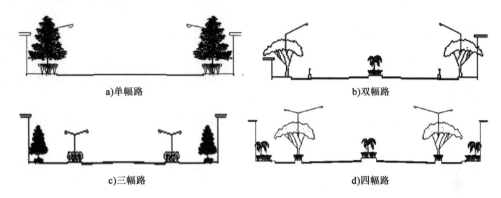

图 4-2　不同类型城市道路横断面示意图

城市道路上供各种车辆行驶的部分统称为行车道。供汽车、无轨电车、摩托车等机动车行驶的部分称为机动车道;供自行车、三轮车等非机动车行驶的部分称为非机动车道。还有人行道和分隔各种车道(或人行道)的分隔带及绿化带。城市道路各组成部分相互联系、相互影响,其位置安排和宽度确定应先保证行人和车辆的安全畅通,要与道路两侧的各种建筑物及自然景观相协调,并能满足地面、地下排水和各种管线埋设的要求。横断面设计应注意近期与远期结合,并预留管线位置,路面宽度和高度均应有发展余地。

公路与城市道路的机动车道基准宽度为 3.5m(12 英尺),根据道路类型、等级、设计车速略有变化,应符合公路与城市道路设计规范。

4.3.3　道路结构物

道路结构物(或构造物)是道路的实体或主体,包括路基、路面、桥涵与隧道结构和防护工程。大型桥梁、隧道需专门设计。

4.3.3.1　路基

路基是在地表按照道路路线设计的线形(位置)和横断面(几何尺寸)要求,开挖或填筑而成的带状岩土结构物。路基设计的主要内容包括一般路基、特殊路基、路基排水和路基防护与支挡。针对一般路基的设计,需要确定包括路床、填挖方路基、路基填挖交接处理、高路堤与陡坡路堤、深路堑、填石路基、轻质材料路堤、工业废渣路堤及路基取土与弃土等方面的技术指标。特殊路基方面,需要确定滑坡地段路基、崩塌地段路基、岩堆地段路基等不同特殊路基技术要求。对于路基排水,主要分为地表排水(涉及设置边沟、设置排水沟、坡度要求、蒸发池要求、设置下挖式通道排水、互通立交排水要求等)、地下排水(涉及排水垫层和隔离层设计、暗沟暗管设计、渗沟设计、渗井设计、排水隧洞设计、检查井和疏通井设计等)。对于路基防护与支挡,主要有坡面防护、沿河路基防护、挡土墙、边坡锚固、土钉支护、抗滑桩等的要求。

根据挖填情况,路基横断面的典型形式一般分为路堤、路堑和填挖结合三种类型。高速公路较多采用路堤形式,城市交通性干道在环境敏感区会采用路堑式,填挖结合多用于山区公路。

路堤是指路基顶面高于原地面的填方路基。按路堤填土高度不同,又可分为低路堤和高路堤。填土高度小于1.5m为低路堤;填土高度大于18m(土质)或20m(岩质)为高路堤。随路堤所处地质与水文条件及加固类型不同,还有浸水路堤、护脚路堤及挖沟填筑路堤等形式。

路堑是指全部由原地面开挖而成的路基,所以也称挖方路基。路堑常见的横断面形式有全挖路基、台口式路基及半山洞路基。

挖填结合路基是指在横断面上部分填筑、部分开挖形成的路基。对于斜坡上的路基,采用半填半挖形式,可以避免深挖高填,减少土石方量,实现土石方的填挖平衡。

4.3.3.2 路面

路面横断面由行车道、硬路肩或土路肩组成。根据道路类型与等级可选择不同形式,通常分为槽式横断面和全铺式横断面。为保证路面上雨水及时排出,缓解因雨水对路面的浸润和渗透而导致的路面结构强度减弱,路面表面应做成直线形或抛物线形的路拱。

(1)路面结构分层

由于行车荷载和自然因素对路面的影响随深度增加而逐渐减弱,对路面的强度、抗变形能力和稳定性的要求也随深度增加而逐渐降低。因此,路面结构通常分层铺筑,按照功能划分为三个层次,即面层、基层和功能层。面层要求满足结构性及功能性,包括足够的结构强度、较高的抗变形能力、较好的水稳定性和温度稳定性,以及良好的抗滑性和平整度。基层要求有足够的刚度和强度,良好的抵抗疲劳破坏的能力,以及足够的水稳定性。功能层要求能改善土基的温度和湿度状况,进一步扩散应力。

(2)路面材料组成

按照面层材料组成分类,路面可以分为土路面、砂石路面、沥青混凝土路面、水泥混凝土路面等。按照路面结构力学特性的相似性,可以将路面结构分为柔性路面、刚性路面和复合式路面三种类型。根据基层材料类型及组合的不同,又可以将沥青混凝土路面划分为:柔性基层沥青路面,半刚性基层沥青路面、组合式基层沥青路面和刚性基层沥青路面。

其中水泥混凝土路面主要性能指标有接缝设计(涉及纵向接缝要求、横向接缝要求、交叉口接缝布设、端部处理、填缝材料选择等)、混凝土路面配筋设计、混凝土材料(涉及回弹模量、拉弯模量、动态模量等)等。其中沥青路面主要性能指标有标准轴载及设计交通量、结构层设计(采用不同沥青混合料类型)、结构组合设计、路基回弹模量、基层和功能层(材料强度要求)、沥青面层(平整度、抗滑性能、高温稳定性、水稳性、抗裂性能)、路面结构厚度(设计弯沉值)等。

4.3.3.3 桥涵与隧道结构

桥涵是道路工程的一个组成部分,因而桥涵设计一般应符合路线布置的规定,其引道的线形应与路线的总体布设相协调。除此之外,还应遵循技术先进、安全可靠、适用耐久、经济合理的要求,按照美观和有利环保的原则进行设计,并考虑因地制宜、就地取材、便于施工和养护等因素。主要设计内容有桥涵布置、桥涵孔径、桥涵净空、桥上线性及桥头引道(纵坡不大于4%、引道要求)、构造要求(如桥梁支座设计、护栏设计等)、桥面铺装防水和排水、养护及其他附属设施(如养护通道、防撞避雷、防火、照明、导航设施等)。

隧道结构包括主体建筑物和附属设备。主体建筑物由洞身和洞门组成,附属设备包括避车洞、消防设施、应急通信和防水、排水设施,长隧道还有专门的通风和照明设备。隧道设计应满足公路交通规划的要求,根据公路等级、隧道长度及交通量等控制因素合理确定隧道勘察设计标准与工作内容。隧道的主要技术指标包括:隧道总体设计(涉及隧道位置选择、隧道线形设计、隧道横断面设计、横通道及平行通道、监控两侧与超前地质预报、施工计划等)、建筑材料(涉及材料强度要求、刚度要求、弹性模量要求等)、洞口及洞门、衬砌结构设计(涉及喷锚衬砌、整体式衬砌、复合式衬砌、明洞衬砌等)、防水与排水要求、特殊形式隧道(如小净距隧道、连拱隧道、分岔隧道、棚洞等)、辅助通道、辅助工程措施等。

4.3.3.4 防护工程

防护工程是指为防止降水或水流侵蚀、冲刷及温度、湿度变化的风化作用造成路基及其边坡失稳的工程措施。路基坡面防护常用的措施有种草、栽植灌木、抹面、喷浆、圬工铺筑等,用以防治土质和风化岩石路基边坡的冲刷、碎裂与剥落,并可起到美化路容和协调自然环境的作用。在雨量集中或汇水面积较大时,还需同排水设施配合。防护设计应根据边坡开挖高度、坡率、岩土特性和理论计算结果,选择合理的防护形式,以确保边坡的稳定,同时兼顾安全、适用、经济、美观等基本工程建设原则。

4.3.4 道路附属设施

道路附属设施是为了保证行车安全、方便驾驶、提供服务、进行管理,在道路沿线设置的各种附属设施,包括交通标志、标线、护栏、防眩栏(板)、反光标志、防护设施(如防积雪、积沙、坠石等)等交通安全设施;道路排水设施;道路绿化设施;道路其他附属设施。

4.3.4.1 交通安全设施

交通安全设施主要包括交通标志、标线、护栏、隔离栅、轮廓标、诱导标、防眩设施等。护栏与隔离栅既要满足防护(防撞)要求,又不能影响视距。道路交通标志和标线用规定的图形、符号、文字、线条、立面标记、突起路标等,表示特定管理内容和行为规则。交通安全设施主要有门架、立杆两种固定方式。

4.3.4.2 道路排水设施

道路排水设施是道路系统的组成部分,包括地表排水、路面内部排水、地下排水三种主要方式,均需要进行专门设计。地表排水包括排除路(桥)面表面、中央分隔带、坡面和由公路毗邻地带或交叉道路流入的表面水;路面内部排水设施包括路面边缘排水系统、排水基层或排水垫层单独或组合。地下排水通过暗沟、渗沟、渗井、渗水隧道或仰斜排水管等地下排水设施,拦截、引排含水层的地下水,降低地下水位或疏干坡体内地下水。公路构造物、下穿道路及沿线设施排水包括桥面排水、桥(涵)台和支挡构造物排水、隧道排水、下穿道路排水、沿线设施排水等。特殊地区及特殊路段排水包括多年冻土区排水、膨胀土地区排水、黄土地区排水、盐渍土地区排水、滑坡路段排水和水环境敏感路段排水等。

4.3.4.3 道路绿化设施

道路绿化是指在道路两旁及分隔带内栽植树木、花草等以达到保护环境、隔绝噪声、净化空气、美化环境、保证行车安全的目的。道路绿化设计应统筹考虑道路的功能性质、行人与车辆交通的安全要求、景观的艺术性、道路环境条件与植物生长的要求、绿化与道路工程设施的相互影响、绿化建设的经济性等因素。

道路绿化设施设计包括道路绿带设计(分车绿带设计、行道树绿带设计、路侧绿带设计)、交通岛、停车场及立体交通绿化设计、植物选择等。

4.3.4.4 道路其他附属设施

道路监控设施主要包括信息采集设施、监控中心处理设施、交通管控设施、信息显示设施、信息传授存储和供电设施等。道路收费设施主要包括收费站、停车场库等收费设施。

道路服务设施主要包括城市停车场、公交停靠站、加油站、城市道路照明、交通管理设施、高速路服务区等。照明设施是为保证能见度低时交通正常运行,车辆可识别路况及各种交通标志。设置于道路上的照明设施包括路灯,隧道照明系统等设备。通风设施主要是在隧道内部进行通风的构筑物及其相关的设备。

4.4 航道与港口工程

水路交通运输系统的基础设施包括航道和港口。

航道是水运的首位要素。随着船舶尺度增大、船舶运行密度增加和纵横水运网的逐步形成,现代水上航道已不仅是天然航道,而是包括人工运河、进出港航道以及保证航行安全的航行标志系统、现代通信导航设备系统的工程综合体。海上航道主要还是自然水道,人工水道、运河及过船建筑只是作为自然水道的补充或改进。

港口是水路运输中停靠船舶、装卸货物和上下旅客的场所。港口为船舶提供能安全停靠的设施,及时完成货物和旅客由船至岸或由岸到船以及由船到船的转运,并为船舶提供补给、修理等技术与生活服务。港口既是水路交通运输的终端,又是连接水陆运输的枢纽。

4.4.1 航道分类及要素特征

广义航道指沿海、江河、湖泊、水库、渠道和运河内可供船舶、排筏在不同水位期通航的水域。

在天然河道、湖泊、水库内,航道设定范围只占水面宽度的一部分而不是全部。用航标标出可供船舶航行的这部分水域,既是确保航行安全的需要,也是客观条件的制约。在自然环境中不同水位期能供船舶安全航行的水域,不仅要有足够的水深,而且要有平稳的流态,不是所有水域均可满足要求。有些位置还受过河建筑物的限制,如桥梁高度。因此,狭义的航道是一个在三维空间上既有要求又有限制的通道。

《中华人民共和国航道法》中所称航道,是指中华人民共和国领域内的江河、湖泊等内陆水域中可以供船舶通航的通道,以及内海、领海中经建设、养护可以供船舶通航的通道。航道包括通航建筑物、航道整治建筑物和航标等航道设施。

4.4.1.1 航道分类

航道可以按照多种方法分类。按形成因素分为天然航道、人工航道、渠化航道;按通航时间分为常年通航航道、季节通航航道;按限制条件分为单行航道、双行航道、限制性航道;按通航船舶类型分为内河船航道、海轮进江航道;按航道所处水域分为沿海航道、内河航道;按照管理属性划分为国家航道、地方航道、专用航道。

沿海航道是指位于海岸线附近、具有一定边界、可供海船航行的航道。沿海航道属于自然水道,其通过能力几乎不受限制。每一海区的地理、水文情况反映在该区海图上。随着船舶吨位的增加,一些海峡或狭窄水道会对通航船舶产生一些限制条件。

内河航道是指河流、湖泊、水库内的航道,以及运河和通航渠道的总称。内河航道大部分利用天然水道加上引航标等设施构成。内河航道与沿海航道相比,其通行条件有很大差别,反映在通航水深、通航时间(部分内河航道不能夜行)和通航方式(如单向过船)等。大多数内河自然水道还需考虑航运、发电、灌溉、防洪和渔业的综合利用与开发。

内河航道、沿海航道按照航道可通航船舶的吨级划分为不同的等级,具体划分方法可参见《内河通航标准》(GB 50139—2014)等相关标准,见表4-2。

内河水运航道与船舶对应标准 表4-2

航道等级	船舶吨级 (t)	船形尺寸 总长×型宽×设计吃水 (m×m×m)	航道等级					弯曲半径 (m)
			天然河道			限制河道		
			水深 (m)	单线宽度 (m)	双线宽度 (m)	水深 (m)	宽度 (m)	
1	3000	75×16.2×3.5	3.5~4.0	120	245	—	—	1050
				100	190	—	—	810
				75	145	—	—	800
				70	130	5.5	130	580

续上表

航道等级	船舶吨级(t)	船形尺寸 总长×型宽×设计吃水 (m×m×m)	航道等级 天然河道 水深(m)	天然河道 单线宽度(m)	天然河道 双线宽度(m)	限制河道 水深(m)	限制河道 宽度(m)	弯曲半径(m)
2	2000	67.5×10.8×3.4	3.4~3.8	80	150	—	—	950
				75	145	—	—	740
		5×14×2.6	2.6~3.0	35	70	4	65	540
3	1000	67.5×10.8×2.0	2.0~2.4	80	150	—	—	730
				55	110	—	—	720
				45	90	3.2	85	500
				30	60	3.2	50	480
4	500	45×10.8×1.6	1.6~1.9	45	90	—	—	480
				40	80	2.5	80	340
				30	50	2.5	45	330
5	300	35×9.2×1.3	1.3~1.6	40	75	—	—	380
				35	70	2.0	75	270
				22	40	2.5 / 2.0	40	260
6	100	26×5.2×1.8	1.0~1.2	—	—	2.5	18~22	105
		32×7.0×1.0		25	45	—	—	130
		32×6.2×1.0		15	30	1.5	25	200
		30×6.4(7.5)×1.0		15	30	1.5	28	220
7	50	30×6.2×0.7	0.7~1.0	13	25	1.2	26	180
		23×5.4×0.8		10	20	1.2	20	90
		21×4.5×1.75		—	—	2.2	18	85

  航道通过能力是指对于确定港区的给定航道和一定的到港船型组合,在港口正常生产作业状态下,基于设定的港口服务水平,一年期内能通过该航道的船舶数量(艘)或船舶载货(t)。影响航道航行条件的主要因素有:航道通航尺度(深度、宽度、弯曲半径)、水流速度、气象条件、河床边界条件和航道设施状况等。这些因素对港口建设、船型选择及运输组织具有决定性影响。

  4.4.1.2 航道通航尺度和水流条件

  (1)航道通航尺度

  根据我国《内河通航标准》(GB 50139—2014)规定,各级航道的尺度是航道工程要达到的标准,指在设计最低通航水位时航道的航道水深、宽度和弯曲半径的总称。确定某个河段的航道尺度时,应依据不同河流或水域的性质、通航船(队)船型、过船密度和运量等进行分析论证。

航道标准尺度应保证船舶正常安全航行,提供发挥合理运输效益的条件,同时航道工程的投资和维护费用少。因此,它是满足一定船舶(队)安全有效航行条件下的最低技术标准。凡客观条件许可,无须增加航道工程费用,或费用虽有增加但经论证仍属合理的情况下,可采用较大的航道尺度。

①航道水深。

航道水深是航道尺度中最为直接的一项。航道水深决定着船舶的航速和载重。一般在平原和河口地区,航道水深不足是碍航的关键。在这些地区,采取工程措施的主要目的是解决航道水深问题。

航道标准水深是指设计最低通航水位下航道范围内的浅滩最小水深。航道标准水深一般包括船舶的标准吃水和富余水深,可用公式(4-1)表示:

$$H = T + \Delta H \tag{4-1}$$

式中:H——航道水深,m;

T——船舶吃水,m;

ΔH——富余水深,m。

②航道宽度。

航道宽度是指设计最低通航水位时具有航道标准水深的宽度。航道宽度取值一般以保证两个对开船队安全错船为原则。在船舶(队)航行密度小、航道狭窄段不长、拓宽工程较大时,可采用单线航道。

③航道弯曲半径。

航道弯曲半径 R 是指弯曲航道中心线的曲率半径,弯曲半径越大航行越便利。受自然河道地形及两岸地物限制,船舶往往不得不在半径较小的弯曲河道中行驶。因此,规定弯曲半径最小限值作为航行保障的条件之一。我国《内河通航标准》(GB 50139—2014)规定航道最小弯曲半径为顶推船队长度的3倍、货船长度的4倍、拖带船队最大单船长度的4倍中的大值。在条件受限河段,航道最小弯曲半径不能达到上述要求时,航道宽度应加大,加大值应经专门研究确定。

(2)通航净空尺度

通航净空尺度是水上过河建筑物通航净高和净宽尺度的总称。以桥梁为例,通航净高指水面至梁底的高度。水上过河建筑物的布置不得影响和限制航道的通过能力。通航孔的布置应满足过河建筑物所在河段双向通航的要求。在水运繁忙的宽阔河流上,通航孔的布置应满足多线通航的要求;在限制性航道上,应采取一孔跨过通航水域。《内河通航标准》(GB 50139—2014)规定了不同河流、水系的水上过河建筑物通航净空尺度。

(3)流速流态

航道中的表面流速和局部比降不能过大,否则航行船舶的推力不能克服逆流阻力前进,下行船舶的舵效难以发挥,使船舶操纵困难。航道允许的最大纵向表面流速和局部比降的数值与船型、整治措施有着密切关系,应综合比较确定。垂直航道轴线的横向流速亦不应过大,否则会将船舶推离航道、发生事故。

4.4.2 航道设施

航道设施主要包括助航设施与船舶通航控制设施、通航建筑物、航道整治建筑物、航道水文设施等。

4.4.2.1 助航设施与船舶通航控制设施

助航设施即航标。国际航标协会(The International Association of Marine Aids to Navigation and Lighthouse Authorities, IALA)在《国际航标协会助航指南》中定义:海上航标是促进船舶和/或船舶交通的安全与有效航行而设计的、在船舶之外运行的一种装置或系统。《中华人民共和国航标条例》中定义的航标指供船舶定位、导航或者用于其他专用目的的助航设施。按照设置地点,航标可分为海区航标与内河航标。按工作原理分类,有视觉航标、音响航标和无线电航标。

航标的主要功能包括定位、警告、交通指示和标识特殊区域。永久性航标的位置、特征、灯质、信号等载入各国出版的航标表和海图。

虚拟航标是指物理上不存在、由授权的助航服务提供部门发布、能在导航系统中显示的数字信息物标。虚拟航标是继视觉航标、无线电航标之后国际航标学会认可的、旨在提升和增强航标管理机关的航标助航服务能力的现代化技术手段。

虚拟航标通过两种方式实现,一种是采用船舶自动识别系统(Automatic Identification System, AIS)AIS 基站向外广播,船舶使用 AIS 设备进行接收,然后通过电子海图或航道图系统进行显示。还有一种模式是通过更新电子航道图的方式实现:航标业务系统负责管理虚拟航标基础数据,并生成更新记录。电子海图生成系统同步获取虚拟航标更新数据,进行编辑和更新,最终输出电子航道图产品。

在有些山区的天然河流,航道弯曲狭窄,水流湍急、紊乱,通航条件差。特别是在枯水期航道水深和宽度较小,需在局部河段对船舶通行进行单线控制,即控制河段。

通行信号台是控制河段揭示信号的船舶指挥场所。为确保控制河段航道的畅通安全,船舶在通过时必须按有关规定接受通行信号台的指挥,根据揭示信号单向、有序地通行。

4.4.2.2 通航建筑物

为帮助船舶(队)克服航道上下游集中水位落差,顺利通过河道上的闸、坝,必须修建通航建筑物。通航建筑物常见于内河航道,海上应用较少,主要有船闸和升船机两类。

(1)船闸

船闸是用水力直接提升船舶过坝,以克服航道上的集中水位差一种通航建筑物。船闸主要由闸首、闸室、输水系统、引航道、口门区、连接段、锚泊地等组成。

船闸的工作原理图如图 4-3 所示。如果船舶(队)从下游驶向上游,闸室内水位与下游水位齐平,下闸门开启,上闸门及上游输水阀门关闭。首先将船舶(队)从下游引航道内驶向闸室,关闭下闸门及下游输水阀门,然后打开上游输水阀门给闸室灌水,等闸室内水位与上游水位齐平后,打开上闸门,船舶(队)驶出闸室,从而进入上游引航道。如果船舶(队)从上游驶向下游,其过闸程序与此相反。

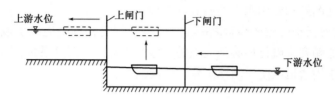

图 4-3 船闸工作原理示意图

(2) 升船机

升船机是利用机械力将船舶提升过坝的通航建筑物,由承船厢、支承结构或斜坡道、闸首、机械传动机构、事故装置、电气控制系统等主要部分组成。

船舶通过升船机的程序与其通过船闸的程序基本相同。

4.4.2.3 航道整治建筑物

为改善航行条件、提高航行尺度所采取的炸礁、疏浚和构筑整治建筑物等工程措施称为航道整治。航道整治建筑物是指用于整治航道的起束水、导流、导沙、固滩和护岸等作用的建筑物。

航道整治建筑物大多修建在河底或与岸坡相接的坡面上,具有水工建筑物受力复杂、施工影响因素多、工程量大的特点。航道整治建筑物种类繁多、形式多样,其结构和建筑材料均有不同,总体上可分为重型和轻型两大类。

重型航道整治建筑物主要由土、石料、混凝土、钢板桩、土工织物等构筑。重型航道整治建筑物用得较多的是抛石结构。抛石结构靠自重稳定,适应性强且具有施工简单、维修方便、容易就地取材的特点,是国内外普遍采用的一种形式。

轻型航道整治建筑物采用竹、木、梢料、橡胶等材料构成。轻型航道整治建筑物结构简单、施工期短、工程费用小,但强度小且使用期限不长。在沙质易冲的河床上筑坝常需要沉排护底,而轻型航道整治建筑物作为沉排护底居多。

常用的航道整治建筑物还有丁坝、锁坝、顺坝、潜坝、洲头分流坝、洲尾导流坝、护岸、格坝、底墙、转流建筑物等。

航道整治应根据水资源综合利用的原则和河床演变规律,进行全河段总体规划,局部滩险整治应服从全局。

4.4.2.4 航道水文设施

水文测站是在河流上或流域内设立、按一定技术标准经常收集和提供水位要素的各种水文观测现场的总称。由适当数量的各类水文测站构成的水文检测资料收集系统,构成流域或区域水文站网,通过水文测验对水文要素进行测定。水文要素是某一点或区域在某一时间的水文情势,包括各种水文变量和水文现象的主要物理量。其中降水、蒸发和径流是水文循环的基本要素。同时,把水位、流量、流速、水温、含沙量、冰凌和水质等列为水文要素。根据《中华人民共和国水文条例》中的定义,水文测站分为国家基本水文测站、国家重要水文测站和专用水文测站。

作为影响航海活动的主要因素之一,水文、气象情况特别是通航水域实时的水文、气象情况,一直是船舶安全航行所必须关注的。建设水文气象信息系统,不仅有利于船舶航行安全,也有助于周边地区防洪防汛工作的开展。

4.4.3 港口设施

港口设施包括港口水域设施和港口陆域设施。

4.4.3.1 港口水域设施

港口水域是指与船舶进出、停靠及作业相关的一定范围的水上区域,主要设施包括进出港航道、港池、锚地、回旋水域、防波堤、导航设施等,如图4-4所示。

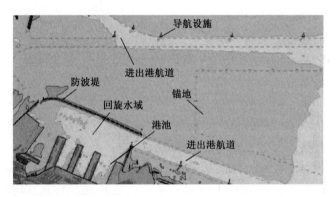

图4-4 港口水域设施布置示意图

(1)进出港航道

进出港航道是指由海上航线或内河主航道通向港内水域的连接航道。为保证安全通航,航道必须有足够的水深与宽度,弯曲度不能过大。船舶在航行时必须保持足够的富余水深。

(2)港池

港池是指码头附近供船舶停泊和进行货物装卸作业的水域,应有足够水深与宽度,能保证船舶安全靠离。对于一般河港或与海连通的河港,一般不需要修筑防波堤,而对于开敞海港,如大连、青岛等,为了阻挡海上风浪和泥沙的影响,保持港内水深和水面平静,必须修筑防波堤。

(3)锚地

锚地是专供船舶或船队在水上停泊、避风、应急、联检、编解队、水上过驳,以及进行各种作业的水域。锚地要求有足够的水深,使抛锚船舶即使由于较大风浪引起升沉与摇摆时仍有足够的富余水深。

锚地位置应选择在靠近港口、天然水深适宜、海底平坦、锚抓力好、水域开阔、风浪和水流较小处,便于船舶进出航道。

(4) 回旋水域

回旋水域是指为船舶靠离码头、进出港口时转头或改换航向而设定的水域。其水域可以同航行水域共用并有相同的水深,所需面积随当地的风、浪、水流等条件和港作拖轮的配备情况而异。对于无掩护的开敞水域或缺乏港作拖轮的港口,回旋水域的直径约为2.5倍船长;有掩护的水域,且港作拖轮条件较好时,其直径约为2倍船长;允许借码头转头的水域,其直径约为1.5倍船长。

4.4.3.2 港口陆域设施

港口陆域是指提供旅客候船、上下船和货物装卸、堆存及转运使用的空间。凡在港口范围内的陆地面积统称为陆域,主要设施包括码头、仓库和堆场、港口铁路与道路、装卸与运输机械、客运站,以及给排水、供电、通信和辅助生产设施等,如图4-5所示。

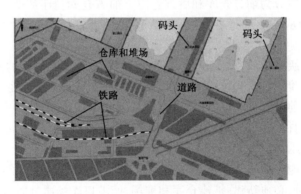

图 4-5 港口陆域设施布置示意图

(1) 码头和泊位

码头指停靠船舶、旅客上下船、货物装卸作业的场地。港口水域和陆域的交接线称为码头前沿线或码头岸线,是港口的生产岸线和生产活动的中心。一艘船停靠在码头上,它所占用的码头空间称为泊位。

码头根据货物种类的不同要求,布置各种类型的装卸机械,并安排一定面积的待运货物临时堆场和前沿运输通道,以完成船舶的货物装卸操作。合理布置作业地带,安排足够的地带宽度,有助于加快货物的装卸,缩短船舶的停靠时间。

货物类型不同,所采用的装卸工艺存在着差异。水路运输的货物,可分为普通件杂货、集装箱货物、干散货和液体货等。一般可将港口分为普通件杂货区、集装箱区、散货区、液货区或者能同时装卸集装箱和普通件杂货的多用途码头。

码头规模主要由泊位停船吨级和泊位数量两个指标体现。停船吨级主要取决于货种、航线运距和吞吐量。运距越长、船舶吨位越大,码头规模就越大。泊位数量越多,码头规模越大。

表 4-3 为 2020 年上海港码头设施规模及货运年通过能力。海港生产性公用泊位平均长度为 200m/泊位,年通过能力为 200 万 t/泊位;内河码头泊位平均长度为 51m/泊位,年通过能力为 14.2 万 t/泊位。

上海港码头设施及货运年通过能力(2020 年)　　　表 4-3

码头分类		泊位合计		其中:生产性泊位		
		数量(个)	长度(km)	数量(个)	长度(km)	年通过能力(万 t)
海港码头	公用泊位	218	30.5	145	28.9	29919
	专用泊位	844	75.3	415	46.9	28597
	小计	1062	105.8	560	75.8	58516
内河码头		—	—	759	38.7	10782

注:根据《2021 上海市综合交通发展年度报告》整理。

(2)仓库和堆场

仓库按所在位置分为前方仓库和后方仓库。前方仓库位于码头的前沿地带,用于临时存储准备装船和从船上卸下的货物;后方仓库用于较长期存储货物,位于离码头较远处。

通常一个万吨级泊位的库场面积不宜小于 10000m², 中级泊位的库场面积不宜小于 5000m²。库场的长度比泊位长度更短些,以便在相邻库场间留出运输通道。

堆场分成码头前沿区、前方堆场和后方堆场三个区域。前沿区一般情况下仅作为流动起重运输机械、门机、火车的通道和货物堆载场地。对于有门机码头的前方堆场,按门机吊臂可伸到的范围确定宽度。后方堆场指上述区域以外的堆场。

港口库场通过能力是指仓库或堆场在一定时间内能够通过的货物最大数量。在新建、扩建泊位的同时,必须新建、扩建仓库和堆场,使港口库场通过能力与泊位通过能力保持协调一致。

(3)港口铁路与道路

港口铁路由港外线和港内线组成。港外线包括专用线和港湾站,港内线包括车场、联络线、装卸线等。完整的港口铁路应包括港口车站、分区车场、码头和库场的装卸线,以及连接各部分的港口铁路区间正线、联络线和连接线等。港口车站负责港口列车到发、交接、编解集结;分区车场负责管辖范围内码头、库场的车组到发、编组及取送;装卸线承担货物的装卸作业;港口铁路区间正线用于连接铁路网接轨站与港口车站;联络线连接分区车场与港口车站;连接线连接分区车场与装卸线。

港口道路可分为港内道路与港外道路。港内道路由于要通行载货汽车与流动机械,所以对道路的轮压、车宽、纵坡与转弯半径等方面都有特殊要求。港外道路是港区与城市道路、公路连接的通道,通行一般的运输车辆,其功能及技术条件与普通道路相同。

(4)装卸和运输机械

港口装卸设备主要指港口用来完成船舶与车辆的装卸,库场货物的堆码、拆垛与转运以及舱内、车内、库内装卸作业的起重运输机械。港口装卸设备种类很多,通常可分为两类:一类是固定式装卸设备,如固定在泊位上为船舶装卸服务及固定在仓库或堆场为进出库服务的装卸机械;另一类是移动式装卸设备,如在港口水域或陆域一定范围流动作业的装卸机械。

4.5 民航与机场工程

民航运输系统由飞机、机场、空中交通管理系统和航路四部分组成。机场是提供飞机起飞、着陆、停驻、维护、补充给养及组织飞机飞行保障活动的场所,也是旅客和货物的起点、终点或中转点;空中交通管理系统是为了保证飞机飞行安全以及提高空域和机场飞行区利用效率而设置的各种助航设备、空中交通管制机构和规则;航路是指由国家统一划定的具有一定宽度和高度,有较完善的通信、导航设备,可保证飞行安全的空中通道。

民航与机场工程基础设施主要包括机场航站区基础设施及飞行区基础设施,以及布设在机场的空中交通管理系统的设施与设备。

4.5.1 航站区

4.5.1.1 航站区分级及功能

航站区为机场内航站楼及其配套站坪、交通、服务等设施所在的区域。根据《运输机场总体规划规范》(MH/T 5002—2020),航站区按照规划目标年的旅客吞吐量规模划分为7个等级,见表4-4。

航站区指标　　　　　　　　　表4-4

指　标	年旅客吞吐量(万人次)	指　标	年旅客吞吐量(万人次)
1	<50	5	2000~<4000
2	50~<200	6	4000~<8000
3	200~<1000	7	≥8000
4	1000~<2000	—	—

航站区具有三项基本功能:

(1)为航空器与地面交通运输工具提供联系,使运输模式切换更加便捷。保障空侧的航空器与各种服务车辆交接流畅,满足旅客对陆侧进出场的交通需求。

(2)为进出机场的旅客及货、邮办理相关手续,主要包括售票、办票、货邮交运与提取、安全检查与管理以及海关联检。

(3)适应客货进出机场模式转变的需求。离港客货以随机模式(不同的交通方式、出发地点和到达时间)到达机场航站区,乘坐目标航班按批次离港;对于飞机进港侧,客货则要经历相反的服务流程。适应这种动态变化的客货流是航站区的关键功能。

4.5.1.2 航站区的基础设施

(1)航站楼。航站楼是航站区的主体建筑,连接站坪与进出机场的地面交通。其中主要设施包括公共大厅、候机大厅、行李处理设施、安全检查设施、机械化代步设施、登机桥、车道边等。

(2)站坪。站坪是位于航站楼空侧附近供航班上下旅客、装卸货物、加油、停放的机坪。其中主要设施包括站坪机位、机位滑行通道、飞机推出等待位、空侧服务道路、地面保障设备停放区等。站坪通常被列入飞行区的范畴。

(3)航站区交通设施。航站区交通设施是旅客、行李、货物在航站楼与其他交通工具换乘的特定交通接驳设施,包括公共交通站台、车辆停车场、供车辆和行人流通的道路设施等。

(4)航站区附属设施。航站区附属设施包括航站区内塔台、机坪管制设施、旅客过夜用房、综合服务设施、公共设施、航站区公共绿地等。

(5)公务机设施。公务机设施是为公务机提供作业服务的设施,包括公务机楼、公务机坪、地面固定基地运营商(Fixed Base Operator,FBO)基地、专用保障设施等。

4.5.1.3 航站楼布局模式

航站楼的平面布局与旅客量、飞机运行次数、旅客类型(国际和国内)、使用该机场的航空公司数量、场地物理特性、出入机场的地面交通模式等因素有关。

航站楼的平面布局有前列式、指廊式、卫星式和转运式四种基本类型,如图4-6所示。大型机场多采用其中一种或多种类型的组合。

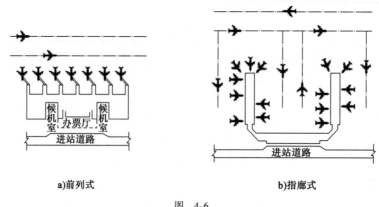

a)前列式　　　　　　　　　　b)指廊式

图 4-6

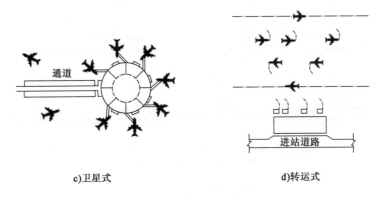

图 4-6 航站楼的平面布局图

①前列式布局,航站楼呈线形,一般为弧形,登机口和登机桥设置在弧形外侧,飞机机头朝向航站楼停靠。

②指廊式布局,航站楼的主楼向机坪方向伸出一条或多条廊道,飞机停靠在廊道两侧。

③卫星式布局,登机厅设置在航站楼主楼之外,通过廊桥与主楼连接,飞机以径向或平行位置围绕登机厅进行停放。

④转运式布局,飞机位于远离航站楼的站坪上,采用转运车来运送登机和下机的旅客。

航站楼竖向布局有单层、一层半、两层、多层系统四种类型。

①单层系统:所有旅客和行李的进程都在机坪层进行。

②一层半系统:旅客出入航站楼、航空公司的航务和行李处理活动在机坪层进行,而上下飞机则在二层进行,使到达和出发的旅客在平面上分隔开。

③两层系统:进站旅客进程在上层进行,而到达旅客进程包括提取行李则在机坪高度进行。航空公司运行和行李处理也在下层进行。

④多层系统:当交通量较大或交通类型存在特殊要求时,可采用多层系统的竖向布局。航站楼竖向布局如图4-7所示。

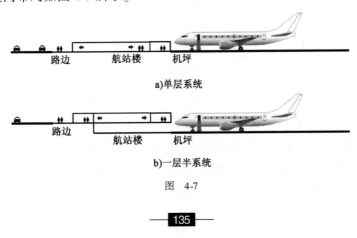

图 4-7

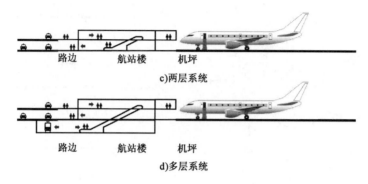

图 4-7 航站楼的竖向布局图

4.5.2 飞行区

4.5.2.1 飞行区的定义与分级

飞行区为供飞机起飞、着陆、滑行和停放使用的场地,其分级根据拟使用该飞行区跑道的各类飞机中最长的基准飞行场地长度(指标Ⅰ)、各类飞机中的最大翼展或最大主起落架外轮外侧边的间距(指标Ⅱ)确定,见表4-5、表4-6。

飞 行 区 指 标 Ⅰ   表4-5

飞行区指标Ⅰ	飞机基准飞行场地长度(m)
1	<800
2	800~<1200
3	1200~<1800
4	≥1800

飞 行 区 指 标 Ⅱ   表4-6

飞行区指标Ⅱ	翼展(m)	主起落架外轮外侧边间距(m)
A	<15	<4.5
B	15~<24	4.5~<6
C	24~<36	6~<9
D	36~<52	9~<14
E	52~<65	9~<14
F	65~80	14~16

4.5.2.2 飞行区的基础设施

飞行区由跑道、升降带、跑道端安全区、滑行道、机坪等部分组成,如图4-8所示。

(1)跑道。跑道是陆地机场供飞机起飞和着陆使用的特定长方形场地,包括结构道面(狭义上的跑道)、道肩、净空道、停止道、防吹坪等。

（2）升降带。升降带是飞行区中跑道和停止道（如设置）中线及其延长线两侧的特定场地，用以减少飞机冲出跑道时遭受损坏的危险，并保障飞机在起飞或着陆过程中在其上空安全飞行。

（3）跑道端安全区。跑道端安全区是对称于跑道中线延长线、与升降带端相接的特定区域，用以减少飞机在跑道外因过早接地或冲出跑道时遭受损坏的危险，同时使冲出跑道的飞机能够减速、提前接地的飞机能够继续进近或着陆。

（4）滑行道。滑行道是供飞机滑行并将机场的一部分与其他部分之间连接的规定通道，包括平行滑行道、联络滑行道、旁通滑行道、进口滑行道、出口滑行道、快速出口滑行道、机坪滑行道等。

（5）机坪。机坪是机场内供飞机上下旅客、装卸货物或邮件、加油、停放或维修使用的特定场所。站坪特指航站楼附近的机坪，因此机坪的范围更大。

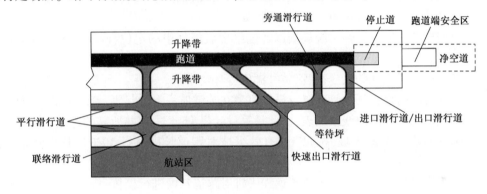

图 4-8　机场飞行区基础设施示意图

4.5.2.3　目视助航设施与空中交通管制设施

（1）目视助航设施

飞行区内还设有目视助航设施，辅助飞行员在低能见度或夜晚等条件下进行进近、起飞或降落。目视助航设施主要包括进近灯光系统、跑道灯光系统、滑行道灯光系统、其他灯光（如跑道识别灯、机场灯标、障碍物灯等）、地面标志、标记牌和调光系统等。

①进近灯光系统。进近灯光系统指在进近区内由一行位于跑道中线延长线的灯光和距跑道入口一定距离的横排灯光组成的系统，包括进近灯、入口灯、坡度灯与顺序闪光灯。其作用是在夜间或能见度较低的白天，辅助着陆飞机驾驶员判断飞机至跑道入口的距离，调整飞行姿态以及对准跑道方向等。

②跑道灯光系统。跑道灯光系统安装在机场跑道上，为飞机在夜间或能见度较低的白天着陆时指示跑道位置和范围的灯光设备。包括跑道边灯、跑道入口灯、入口翼排灯、接地地带灯、跑道中线灯和跑道末端灯等。

③滑行道灯光系统。滑行道灯光系统安装在机场停机坪与跑道滑行道之间用于引导飞机滑行的灯光设备。主要包括滑行道中线灯、滑行道边灯、停止排灯、中间等待位置灯

和跑道警戒灯等。

(2)空中交通管制设施

空中交通管制设施包括机场航管(如塔台、航管楼等)、空管监视[如一次监视雷达(PSR)、场面监视雷达(SMR)、广播式自动相关监视系统(ADS-B)等]、航空通信(如甚高频、高频低空通信设施,航空电报等)、航空无线电导航[如仪表着陆系统(ILS)、无方向信标台(NDB)等]、航空气象(如自动气象观测设备、天气雷达、风廓线雷达等)、航行情报服务设施等。

4.5.2.4 飞行区几何设计与机场道面结构设计

(1)飞行区几何设计

飞行区几何设计包括跑道长度设计、跑道体系设计、滑行道体系设计。

①跑道长度设计。跑道长度受飞机起降性能、飞机起飞重量、机场高程、气候条件以及跑道物理特性五大因素影响,其设计流程如下:

a. 根据机场在航空运输系统规划以及远景发展规划中的定位,确定该机场跑道长度的设计机型。

b. 获取机场所在地的气压高程、特征温度等环境参数。

c. 根据气压高程、特征温度,以及设计机型在关键航程上的起飞、着陆重量,查询飞机制造商提供的飞机性能曲线或图表,由此计算设计机型起飞、着陆所需的跑道长度。

d. 估计跑道的有效纵坡,按每1%有效纵坡对跑道长度进行10%加长以修正跑道长度。

e. 针对偶尔起降的大型飞机或超远程飞机对跑道长度进行校核,若校核不通过,则需要缩短航程或减少商务载重。

②跑道体系设计。跑道体系包括跑道(结构道面)、道肩、净空道、停止道、跑道安全带、防吹坪等,可参考《民用机场飞行区技术标准》(MH 5001—2021)确定跑道体系各部分的长度、宽度、横纵断面、坡度等设计参数。

③滑行道体系设计。滑行道是连接飞行区各个部分的飞机运行通道,分为进口滑行道、出口滑行道、平行滑行道、快速出口滑行道、联络滑行道、机坪滑行通道等。滑行道几何设计的主要内容为:确定滑行道、道肩和滑行带的宽度,设计其纵、横断面,确定出口滑行道的位置,选定平曲线半径和确定曲线增补面,保障滑行道同跑道、其他滑行道或物体的最小间隔距离等。

(2)机场道面结构设计

机场跑道、滑行道和机坪需要铺设道面结构,供飞机起飞、着陆、滑行和停放使用。机场道面结构应具有如下性能:具有足够的结构强度;具有足够的抗滑能力;具有良好的平整度;具有充足的耐久性;表面无碎屑,不会产生道面异物(Foreign Object Debris, FOD)风险。

道面结构设计的内容包括:道面类型和结构组合选择;各结构层材料组成设计;道面结构设计,确定各结构层的厚度;经济评价和最终方案选择。道面结构的设计方法可分为两大类:经验法和力学-经验法。具体设计流程可参考《民用机场沥青道面设计规范》(MH/T 5010—2017)和《民用机场水泥混凝土道面设计规范》(MH/T 5004—2010)。

4.6 管道工程

管道运输是使用管道输送流体(液态、气态)货物的一种运输方式。管道运输区别于其他运输方式的最大特征是依赖管输介质的压力差推动管输介质在可控空间内流动,从而实现货物的长距离运输,是设施与装备一体的运输方式。管道运输可分为油品管道(包括原油管道和成品油管道)、天然气管道,以及输送水资源、煤浆、氢气、二氧化碳等介质的其他管道。管道工程设施是为大规模运输油(如原油、汽油、柴油、煤油等)、气(如气田气、煤制气、煤层气等)或固体料浆(如煤浆等)而建设的管网设施与设备。

气体管道输送速度一般为 20~30km/h。液体管道运输的基本原理与气体管道类似,主要差别是由泵提高液体的压力势能,推动液体在管道内的单向流动,输送速度在 10km/h 左右。

4.6.1 管道运输设施与装备

管道运输液态和气态货物的装备主要包括管道本体、存储设施、动力设备、辅助设施等。

管道本体是承载和运输气、液态货物的主体设备,多数由高强度碳钢建成,管道直径和压力等级根据运输的货物种类和运输规模确定。

存储设施主要是为了保障管道系统的持续稳定运行,在管道首末端或关键节点建设的储气库、储油罐、缓冲罐等设备设施,主要功能是调节上下游管输资源不平衡状态,为管道提供持续稳定运行的条件。

动力设备按照介质分为压缩机和泵两类,压缩机主要用于气态介质的输送,一般由电动机或燃气轮机驱动,将气态介质由低压低密度提升到高压高密度状态,推动气态介质在管道内的流动;泵主要用于输送液态介质,一般由电动机驱动,将液态介质由低压状态提高到高压状态,推动液态介质在管道内的流动。

辅助设施主要包括穿跨越的隧道和桥梁、通信设施、控制仪表和计算机、给排水设施、消防设施、放空或泄压设施、截断阀室、标识设施、维抢修机构等设备设施,主要功能是保障管道功能的实现,减轻管道设施失效后的不良后果。

4.6.2 管道运输的基础设施

管道运输设施包括管道线路、站库和管道附属设施。

4.6.2.1 管道线路

管道线路设施包括管道本体、管道防护、管道穿跨越等工程设施。

管道本体是由管子、管件、阀门等组焊成整体的工程设施,连接管道起点站、中间站和终点站,是管道设施的主体部分。

管道防护设施包括管道防护结构及管道防腐工程设施。管道防护结构包括管道内、外壁防腐,管道保温层等工程设施。管道防腐工程包括阴极防护的沿线测试设施、牺牲阳极防护设施、杂散电流排除设施等。

管道穿跨越工程设施包括穿越铁路、公路的工程设施,穿跨越河流、峡谷的工程设施,穿山隧道工程设施,穿越不良地质地段的工程设施等。

4.6.2.2 站库

按站库所处位置可分为起点站(首站)、中间站和终点站(末站)。

按输送的介质和作用不同,站库又可分为管道输油站和管道输气站。管道输油站分为增压站、加热站、热泵站、减压站和分输站等类型,设有泵房、油池、阀房等建筑物。管道输气站分为压气站、调压计量站、配气站等类型。

另外,还可以按自动化管理方式分为就地控制站、分区集中控制站和中央集中控制站。

各种站库工程虽然各有特点,但就一般站库工程而言,站库设施包括:

①工艺系统工程,其中有油或气储存系统、加压系统、加热系统、计量系统、管网系统、收发装卸系统、工艺辅助系统等工程。

②管道动力系统工程。

③管道监控系统工程。

④管道通信系统工程。

⑤水源、给排水及消防系统工程。

此外,还有防雷和静电排除设施、管道防护设施、维修设施、生活用建筑、土石方平整及站内道路工程等。

4.6.2.3 管道附属设施

管道附属设施主要包括沿管道线路修建的通信线路工程、供电线路工程、道路工程等。有的管道还有专用的燃料供应系统工程。如在永冻土地区,还须设置平行于管道的供冷系统,使永冻土不解冻。

线路附属工程包括支线或预留线的管道阀门设施、紧急截断阀门装置、管道排气或排液设施、管道线路检测仪表(如就地检测和远传的压力、温度仪表、清管器通过指示器等)、线路保护和稳管构筑物、地面架设管道的支承结构、线路标志(如里程桩、转角桩、埋设位置标志、穿跨越标志、航空巡视标志)等设施。

管道运输需用大量的通用设备和管道专用设备。通用设备主要有储罐、输油泵、压气机、各类动力设备、加热或冷却设备、管道阀门、各种仪器和仪表、监控设备、通信设备等。

管道专用设备有油气工艺处理设备、浆液制作和输送设备、清管器收发装置、油和气流体计量设备、油品界面检测仪表等。

4.6.3 管道运输装备

（1）基本装备

管道运输装备与传统交通运输装备差异明显，主要运输装备包括压缩机、输油泵、放空系统、清管器等。

管道用压缩机是为天然气增压的动力机械，以离心式天然气压缩机为主，少量采用活塞往复式天然气压缩机。管道用压缩机需要同时满足高压力、大容量、高可靠性和高安全性等特征。

管道用输油泵是为油品介质增压的动力机械，以离心泵为主，需同时满足高压力、大容量、高可靠性和高安全性等要求。

放空系统是输气管道系统中为保障系统在故障状态下的安全、降低事故风险而主动采取放空措施的主要设备，通常从管道站场或阀室接出，通过放空调节阀和管道将放空的天然气引到空旷处，再利用放空立管向大气排放。按照是否点火燃烧，放空系统可分为点火的放空火炬和不点火的放空立管。

清管器是油气管道必不可少的关键设备，主要功能是向管道中释放或接收清管球，将管道内沉积的杂质等带出，避免杂质对管道形成腐蚀或对设备造成破坏。

近年来管道行业持续推进节能降耗工作，通过密闭输送、内浮顶油罐、自动管输流程切换、惰性气体置换等方式降低油品管输过程的损耗；通过优化截断阀设置、移动式压缩机回收放空气、电驱压缩机替代燃驱压缩机等方式减少天然气管输过程中的损耗；通过提升电驱机组效率、高速电机替代低速电机、调速电机替代定速电机等方式降低动力能耗等方式，逐步提升了管输过程能量利用效率，降低了能耗和碳排放。

（2）管理系统

管道运输的连续性、可靠性、安全性是系统的核心竞争力。由于管道设施或在野外，或为隐蔽工程，需要建立专门系统进行监测。管理系统主要涉及以下几方面：

①管道线路智能化：通过无人机巡线、视频监控、泄漏监测、远程阴极保护桩、腐蚀大数据分析、内检测数据大数据分析、焊片智能识别、高后果区可视化管理等先进手段，对油气管网沿线的风险点智能识别和监控，显著提升管网安全水平。

②管道站场智能化：综合用视频智能巡检、设备运行参数监测等感知技术，实现对站场安全状态的全方位感知；以监测控制智能化、信息化技术为支撑，实现压缩机、输油泵、流量计等核心设备的智能诊断，预防性维修，显著降低站场设备事故率。

③管道安全环保智能化：建立管道沿线和站场的自主监控、动态预警、大数据分析、趋势预测、可视化展示设备设施，实现管道风险分级管控与隐患排查治理智能管理，环境风险及高后果区水土污染智能管控，避免管道事故对环境的不利影响。

④智能化应急管理：基于物联网等技术实现应急抢修的资源高效和精准管理，通过构建应急指挥平台，实现突发事故下应急信息快速查询和远程指挥。

油气管网智慧化设施以数据、模型、技术、知识的集成融合为基础，以管道数字孪生体为载体，构建与实际管道系统精准映射、同生共长、行为一致、迭代优化的数字模型，实现在管道全生命周期内进行全要素描述、全方位分析、洞察力预测及综合性决策，最终实现管道全业务链的智能化升级和协同运转。

4.7 综合交通枢纽

在交通运输系统中，站、场、枢纽均为服务客货及相应载运工具的设施空间。上下客与装卸货是"站"的核心功能，为载运工具提供包括停放、维护、保养等服务是"场"的核心功能，客货流的集散与换乘是枢纽的核心功能。

早期交通枢纽指两种交通方式或两条以上交通线路的换乘设施，是多个站点的集合。现代综合交通枢纽是综合交通网络的关键节点，是各种运输方式高效衔接和一体化组织的主要载体。综合交通枢纽为旅客与货物集散提供设施、为运输方式与运输方向的转换提供场所，根据功能布局可分为单一型、综合型、门户型，根据设施规模可分为特大型、大型、中型、小型。

综合交通枢纽与场站本质上是一类交通建筑，作为设施设计应遵循建筑设计的标准、规范、规定。从功能的完整性与服务的便捷性，综合交通枢纽基础设施应包括枢纽本体及配套设施、集疏运设施。本节重点介绍综合交通枢纽功能及配合、设计要点及原则。

4.7.1 枢纽分类

4.7.1.1 客运场站与枢纽

客运场站是客流运输的基地，是运输网络中客流集散、换乘的地点。场站作为交通枢纽的主体构成要素，是枢纽提供运输服务功能的依托。以虹桥枢纽为例，铁路站、航站、城市地铁与公交站、停车与集疏运道路等构成枢纽的交通运输基础设施。

客运枢纽是客运过程中集结的终点、疏散的起点，是相同交通方式不同线路间客流的中转点或不同交通方式间客流的转换点。服务于一种交通运输方式的客运枢纽称单式客运枢纽，如铁路枢纽、水路枢纽、公路枢纽、航空枢纽等；服务于两种或两种以上交通运输方式的枢纽称为综合客运枢纽。

客运枢纽发展从平面式、独立式向立体式、综合式转变，以保证客流集散便捷、安全高效为前提，更加注重客运枢纽与周围空间的综合开发，建立公交导向发展的模式而形成枢纽综合体。

4.7.1.2 货运场站与枢纽

货运场站是为货物的输送、存储及代理、通信信息、综合服务等提供的场所,具有运输组织、装卸、中转、存储、通信信息、综合服务等功能,是货运枢纽的基本组成部分。按运输方式的不同,货运场站可分为公路货运场站、铁路货运场站、港口货运场站等。

综合货运枢纽为服务两种及以上对外运输方式,具有货物集聚、辐射功能,实现不同运输方式之间的货物有效换装与衔接,集中布设的具有完善信息系统的货运服务场所。综合货运枢纽按承担的功能与服务范围不同,分为城市对外货运枢纽与城市内部货运枢纽;按服务对象与服务功能不同,分为陆港型、港口型、空港型、生产服务型、商贸服务型、陆上边境口岸型6种类型;按照主导方式不同,分为航空主导型、水路主导型、铁路主导型和公路主导型枢纽。

4.7.2 综合客运枢纽设计

枢纽设计需要综合运用交通工程学、城市规划设计理论、交通行为与心理学等方法,从整个综合交通运输系统特别是公共交通系统的最优化出发,以安全、便捷、高效、集约、绿色、文化为设计原则,实现规划设计组织一体化,交通运行流程一体化,基础设施建设一体化,信息导向一体化,安全应急处理一体化。

综合客运枢纽通常以一种或两种运输方式如铁路、机场等的高等级站为核心,组织可衔接的其他交通运输方式、配套城市端或地区性集疏运系统,形成综合交通枢纽。枢纽设计包括枢纽综合体设计与集散系统设计,至少包括6个功能性子系统,见表4-7。

综合客运枢纽组成基本要素及主要交通设计内容　　表4-7

基本要素	定　义	主要交通设计内容
运送子系统	系统内、外组成部分之间联系的运送方式及设施	布局设计、流线组织设计、交通衔接设计、枢纽内部交通设施细节设计
设备子系统	包括枢纽外部运送方式设备、换乘服务设备和其他设备	—
信息子系统	为乘客的出行和换乘提供各种信息服务,提高换乘效率	交通信息服务设计
人员子系统	包括被服务者(乘客)和提供服务者(内部员工)	行人流组织设计
技术管理子系统	包括各种作业技术、方法和管理制度,属系统软件部分	提供需求分析
延伸服务子系统	包括各种商业服务设施和社会服务设施,满足人民通勤、购物、休闲、交流、住宿等需求	交通语言系统与交通流线组织设计等

客运枢纽在选址、需求预测等前期规划工作基础上,进行枢纽规模的预测、枢纽总体布置、土建工程、枢纽信息导向系统、安全应急系统、经济评价等设计。按照设施功能,可将设施分为5类:站房类设施、场地类设施、换乘类设施、信息类设施和商业服务等辅助类设施。

枢纽设施由交通空间、商业空间、环境空间构成,如图4-9a)所示。枢纽综合体内部为步行空间,视需要布置各类行人运送设施、轻型轨道系统。枢纽布局模式可分为平面式、立体式、混合式3种类型。平面式是指所有交通方式在同一平面上,乘客通过地面步行道、人行天桥或地道来进行换乘,如图4-9b)所示。立体式是指枢纽内各种交通方式设施在同一水平面上的投影完全重叠或少部分不重叠的组织模式,如图4-9c)所示。混合式是指枢纽平面式与立体式相结合的组织模式。

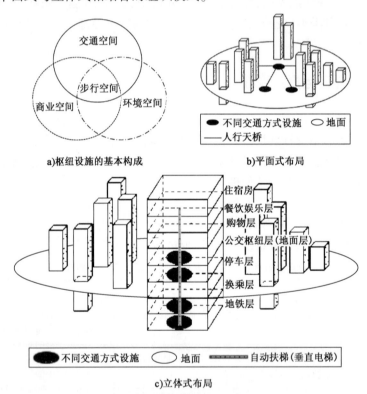

图4-9 枢纽设施构成与布局模式

各类交通设施要一体化设计。由于综合交通客运枢纽集中了多种交通方式,各交通方式之间的换乘量不同,设施布局须以换乘量为依据,换乘量大的设施必须最靠近,使换乘距离的总长及层数最小。

4.7.2.1 以铁路客运站为核心的综合交通客运枢纽

(1)设计规模

铁路客运站的设施规模根据客流测算。客货共线铁路旅客车站专用场地最小面积应按最高聚集人数确定,客运专线铁路旅客车站专用场地最小面积应按高峰小时发送量确定,其最小面积指标均不宜小于 $4.8m^2/$人。其中旅客活动地带的人均面积指标为 $1.83m^2/$人，停车场地人均面积指标为 $2.96m^2/$人。此外，还应考虑接驳设施的规模，如铁路南京南站占地面积约 70 万 m^2，其中站房总建筑面积约 45.8 万 m^2，接驳交通设施建筑面积超过 10 万 m^2。

（2）衔接交通设施设计

与铁路客运枢纽衔接的交通设施，根据其规模、功能等级及外部交通网络条件（由所处区位决定）决定基本配置，应满足表 4-8 的要求。

铁路客运枢纽衔接交通设施基本配置要求　　　　表 4-8

枢纽级别	区位	长途汽车站	轨道交通	高速公路、一级公路或快速路	快速路或多条主干路	公交枢纽站、中途站	上/落客区	出租车蓄车区	社会车停车场	自行车停车场	行人过街设施
特级	城市外围	●	●	●	—	●	●	●	●	○	●
一级	中心区	◎	●	—	●	●	●	◎	●	○	●
	城市外围	●	●	●	—	●	●	●	●	○	—
二级	中心区	◎	◎	—	●	◎	●	●	●	○	●
	城市外围	●	●	●	—	●	●	●	●	○	●
三级	中心区	◎	○	—	●	●	●	●	●	○	●
	城市外围	●	—	—	●	●	●	●	●	○	—
四级	中心区	◎	—	—	◎	●	●	●	●	○	●
	城市外围	◎	—	—	◎	◎	●	●	●	○	—

注：●表示应；◎表示宜；○表示可；—表示无要求。

铁路客运枢纽及集疏运设施涉及长途客运站规划设计、公交枢纽规划设计、出租车停车场和社会停车场规划设计、轨道交通规划、地下空间综合开发、广场景观绿化设计、与周边路网交通的衔接设计等。图 4-10 为某城市铁路客运枢纽布局案例。

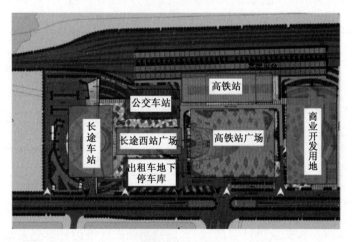

a) 枢纽总体平面布局

图 4-10

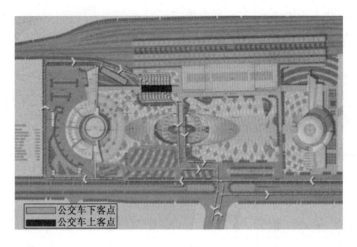

b)公交车流线

图 4-10 铁路客运枢纽设计案例

4.7.2.2 以长途汽车站为核心的综合交通客运枢纽

(1) 设计规模

根据《汽车客运站级别划分和建设要求》(JT/T 200—2020),汽车客运站分为一级、二级、三级和便捷车站。汽车客运站设施由场地设施(换乘设施、站前广场、停车场库、发车位)和建筑设施(站务用房、办公用房、生产辅助用房和生活辅助用房)组成,具体各部分面积计算可参考规范《汽车客运站级别划分和建设要求》(JT/T 200—2020)。

(2) 衔接交通设施设计

汽车客运枢纽衔接设施的基本配置应满足表 4-9 的要求。汽车客运枢纽功能布置与设计理念遵循以人为本、公交优先、无缝换乘、交通分流的原则。

汽车客运枢纽衔接交通设施基本配置要求　　表 4-9

枢纽级别	区位	高速公路或一级公路	快速路或主干路	轨道交通	公交枢纽站	上/落客区	出租车蓄车区	社会车停车场	行人过街设施
三级	中心区	—	◎	◎	◎	●	○	●	●
	城市外围	◎	◎	◎	◎	●	○	○	—
四级	中心区	—	◎	—	◎	●	●	●	●
	城市外围	—	◎	—	◎	●	○	○	—

注:●表示应;◎表示宜;○表示可;—表示无要求。

图 4-11 为某汽车客运站设计案例,此客运站是面向城市内外客运及城乡公共交通一体化的城市综合枢纽。其所包含的交通功能分区有:对外长途客运、城乡快速公交(Bus Rapid Transit,BRT)首末站、BRT 停车场、维修保养场、交通换乘等;主要交通方式有:长途

客车、常规公交、BRT、出租车、私人小客车等;客流主体为公共交通客流,并且基地以公交设施用地为主。

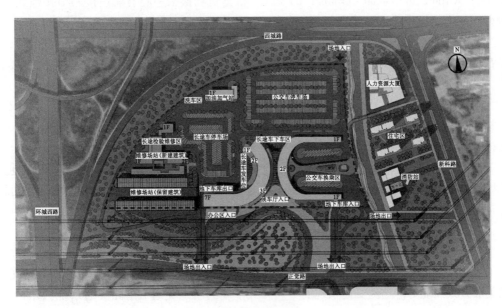

a)客运站总平面布局

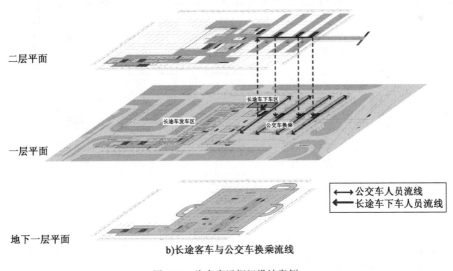

b)长途客车与公交车换乘流线

图 4-11 汽车客运枢纽设计案例

4.7.2.3 以机场为核心的综合交通客运枢纽

(1)机场交通换乘中心设计

换乘中心(GTC,亦称地面交通中心),指为解决大型机场陆侧交通换乘问题而设计的专门设施。GTC是机场内外衔接系统的重要组成部分,是乘客在机场陆侧区域进行各种交通方式之间的转换以及各种活动的场所。具有一定规模的航空枢纽通常都采用机场换乘中心(Airport Intermodal Terminal)的模式。根据机场换乘中心与航站楼的衔接模式,一般可以把机场换乘中心分为分离式、联合式和一体式3种。

分离式是指机场换乘中心与航站楼完全分离,机场换乘中心位于机场范围以外时,需要在航站楼和中心之间提供固定且专用的公交服务。联合式是指中心与机场航站楼邻近,通过专用换乘通道设施就可以衔接GTC和航站楼,如阿姆斯特丹的斯契福尔机场、日本大阪的关西机场,是大型机场较为常见的模式。一体式是指机场换乘中心直接与航站楼相结合,乘客通过设置在站台上的楼梯或自动扶梯就可进入航站楼,具体如亚特兰大国际机场和东京成田国际机场。

城市航站楼是一类特殊的分离式机场换乘中心,包括机场所在城市航站楼和空港异地城市航站楼,是机场航空服务及航站楼基本功能向机场周边区域的延伸和拓展,它可以包括机场航站楼除登机前安检以外的全部功能。这种设施的作用是:便利旅客,吸引客流,扩大机场辐射能力。

(2)衔接交通设施设计

机场陆侧交通系统分为机场内部交通和进出机场交通,目的是合理配置进出机场交通的集散方式及能力。陆侧交通系统的交通方式主要为轨道交通与道路交通系统,如图4-12所示。出租车及私人小客车停车所需设施的布局及设计,是以机场为核心的综合交通客运枢纽需要特别应对的问题。机场客运枢纽衔接交通设施基本配置要求见表4-10。

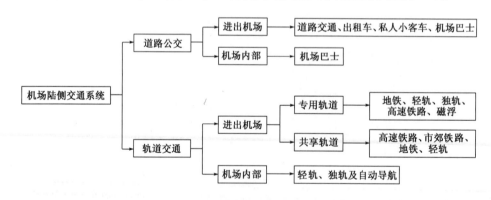

图4-12 机场陆侧交通系统

机场客运枢纽衔接交通设施基本配置要求　　表4-10

枢纽级别	轨道交通或机场轨道专线	机场专线巴士、常规公交或长途汽车站	高速公路、快速路或一级公路	循环路	上/落客区	出租车蓄车区	社会车停车场
一级	●	●	●	●	●	●	●
二级	●	●	●	●	●	●	●

续上表

枢纽级别	轨道交通或机场轨道专线	机场专线巴士、常规公交或长途汽车站	高速公路、快速路或一级公路	循环路	上/落客区	出租车蓄车区	社会车停车场
三级	○	●	●	◎	◎	●	●
四级	—	●	◎	○	○		●

注：●表示应；◎表示宜；○表示可；—表示无要求。

以上海虹桥国际机场为例，如图 4-13 所示，由东至西分别布置西航站楼、东交通广场、磁浮、高铁、西交通广场；在东交通广场设置公交巴士东站及候车大厅，可布设高速巴士和线路巴士，服务机场与磁浮。公交巴士站南北两侧分设单元式社会停车库，服务机场与磁浮。在西交通广场布置公交巴士西站及高速巴士主站、候车厅及售票厅，并在公交巴士站南北两侧设置服务高铁的大型地下三层停车库。

a) 机场水平布局

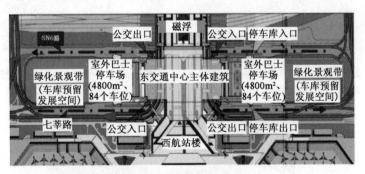

b) 东交通广场总体功能布局

c) 机场剖面布局

图 4-13 上海虹桥综合客运枢纽

基于空间集约和换乘便利的竖向设计是大型综合交通客运枢纽的核心内容。仍然以虹桥枢纽为例,设计高程12m处为高架出发层,6m为机场、磁浮段与东交通中心沟通的换乘廊道层面,0m为轨道及站台层,−9.5m为地下大通道层,−16.5m为地铁站台层,提供了足够的换乘容量与便利性。

4.7.2.4 疏解道路设计

(1) 内部交通疏解道路设计

枢纽内部机动车交通系统设计主要是针对车道边。车道边是布置在枢纽建筑物边缘或内部,用于人车转换的交通设施,满足机动车在此区域上/落客,是内部交通与外部交通换乘的界面,是枢纽内实现人、车换乘的区域。车道边有人行道(出发人流、到达人流),车行道(停车车道、通过车道),附属设施(如排队通道、行李手推车、栏杆等)。

(2) 内外衔接道路设计

枢纽内外衔接方式主要分为平面交叉和立体交叉,立体交叉又可分为一般互通立交(或简易立交)和枢纽互通立交,如图4-14所示。当枢纽出入口衔接道路的等级为干路及其以下等级的道路,可以考虑采用平面交叉形式,如上海西站;当枢纽出入口衔接道路的等级为干路及其以上等级的道路,可以考虑采用简易立交形式,如天津东站;外部衔接道路等级为快速路或高速公路,枢纽与此类道路衔接时必须采用互通立交形式,如上海南站。

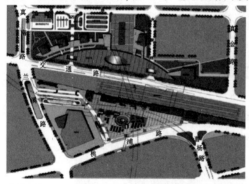
a) 平面交叉形式(上海西站)

b) 简易立交形式(天津东站)

c) 枢纽互通立交形式(上海南站)

图4-14 内外衔接道路设计

(3)对外疏解道路设计

对于城市中心区的枢纽过境交通的处理应提倡"交通保护核"模式。针对不同服务对象,枢纽的对外衔接必须遵循"多层次多通道疏解、多方向多路径集散"的原则,提高枢纽交通运行的灵活性和保障度,避免交通集中冲击,实现安全、便捷、高效的目标。

4.7.3 货运场站与枢纽设计

4.7.3.1 货运场站

(1)铁路货运场站

铁路货运场站各功能区通常有两种布置方法,一种是按作业功能区块的重要度逐步布置,一种是按预测的各类货物的货运量大小逐步布置,布置结束后再根据交通运输组织的便利及作业的顺畅程度要求,对部分功能区的位置进行调整。在实际的场站功能区布置时,一般结合这两种方法的优缺点,综合考虑拟建项目的整体布局及地理条件进行合理布设。

集装箱堆场、散堆场、长大笨重货物堆场等应只设一处,并在铁路货场方向一侧,保证与铁路货运站作业的便利;运输用仓库应按铁路运输到货、发货分别设置;理货区应设在仓储区中央位置,以方便作业;配送仓库的设置应远离铁路货场;流通加工区应设在流通加工仓库附近。

(2)公路货运场站

公路货运场站通过车辆作业区、装卸作业区、仓储区、站务管理区等四个功能区实现生产作业。场站的规模等级应根据需要,因地制宜;运输站的设置应尽量减少装卸次数、缩短转运距离,提高货物运输效率。公路货运站主要生产设施包括库(棚)设施、信息交易中心、场地设施和道路设施等。

布局时,应根据不同的货运核心业务,按功能区分别布设相应设施,保证合理的生产关系,生产设施、设备的布局应符合生产工艺的要求;站内道路统一规划,合理使用,使站内车流、货流、机械流、人流便捷通畅,互不干扰;公路货运场站的办公楼通常与仓库分开建造,并布置在临主干道一侧。

(3)港口货运场站

货运码头前沿线的平面布置,须满足建设地点的自然条件及船舶靠离岸作业和陆上货物集疏、存储作业等要求,常见的布置形式有顺岸式、突提式、挖入式和离岸式。综合性港口一般按货物种类、数量、船舶类型、货物流向、集疏运条件、港口自然条件和码头平面布置。

集装箱码头应设置在码头用地充足并与公路连接良好的地点;工业港区一般设在港区尽头并与城市规划工业用地结合;港口工作船、码头和停泊区多设置于靠近主要港区与港口有关系的办公区域附近的防波堤处。

(4)航空货运场站

传统航空货运站的布局大多是"一"字形布局,满足航空货运作业性质和货物流向性的需要,即分为空侧、陆侧两方向进出货,设计简洁、直接。但航空货运站的设计往往还受到地形地貌、用地面积、建造预算、公司规划等多方面因素的影响,尽可能采用最经济的规划来布局航空货运站。同时具有国际、国内货物操作业务的货运站大多会按照国际货运站(进港/出港)、国内货运站(进港/出港)的模式进行分区。

航空货运站的功能是通过对航空货物进行收运、安检、存储、驳运、分解/组装等进行一系列作业,完成由路侧到空侧的转换,因此必须包含一定的货物存储空间、货物作业空间和能使货物高效运行的管理空间。

4.7.3.2 综合货运枢纽

综合货运枢纽主要指具备较大规模以及功能较为完善的物流园区和物流中心。综合货运枢纽的内部交通系统是枢纽物流活动正常运转的基本保证,起着联系各功能分区及与外部联系的重要作用,是枢纽运行效率的决定性因素,同时也是枢纽消防安全与内部景观构成的重要因素。其主要由以下几个部分组成:枢纽内部道路网、搬运设备、货场及堆场、装卸作业场所、仓储或信息服务设施、设备等。

(1)停车场

停车场是货运枢纽的重要组成部分。其主要设计指标包括停车规模、停车形式及空间布局。按照停车场使用性质的不同,可以将其分为社会停车场、专业停车场和专用停车场三种类型。停车系统要根据节点规模以及各类车辆停车状况来设计。

(2)出入口

出入口设计是货运枢纽交通系统的重要环节,甚至影响整个货运枢纽的运作效率。对于货运枢纽来说,外部交通是其规划设计时需要重点考虑的因素之一。出入口的数量、位置以及大小等的确定至关重要,需兼顾内部与外部交通之间的协调性。

(3)外部交通衔接

由于物流节点的运输车辆都是大型货车,而且车流量相对较大,因此应尽量避免主要出入口设置于城市主要干道上,其主要的布置形式与货运场站的设置形式遵从相同的原则。

复习思考题

1. 交通基础设施的效能指标主要有哪些?
2. 轨道交通的概念及基本特性是什么?轨道交通系统有哪些主要类型?
3. 高速铁路、城际铁路、地铁在线路总体技术要求上有哪些主要差异?
4. 在交通强国背景下,如何理解我国轨道交通、道路交通运输系统的发展趋势?
5. 道路是如何分级和分类的?道路设计的主要控制因素有哪些?
6. 道路路线平纵横的几何特征有哪些?

7. 简述道路主要结构物的特征。道路附属设施包括哪些主要部分?
8. 简述航道设施的内容及其基本功能。
9. 如何划分港口水域、陆域?港口水域、陆域分别包含哪些设施?
10. 民航机场主要包括哪些基础设施?各部分基础设施的作用是什么?
11. 航站区的功能是什么?其等级是如何划分的?
12. 简述航站楼的典型布局模式及其优缺点。
13. 管道线路工程、站库工程、附属工程各包括哪些主要设施?
14. 油品管输系统、天然气管输系统各包括哪些主要设备?
15. 分别以公路、铁路和机场为例简述综合客运枢纽设计的基本模式和方法。
16. 综合交通枢纽区域疏解道路的设计内容有哪些?
17. 简述货运枢纽内部交通系统的基本组成及其设计模式。

本章参考文献与延伸阅读

[1] 顾保南,赵鸿铎.交通运输工程导论[M].3版.北京:人民交通出版社股份有限公司,2014.
[2] 叶霞飞,顾保南.轨道交通线路设计[M].上海:同济大学出版社,2010.
[3] 郑健,王峰,钱桂枫,等.高铁线路工程[M].上海:上海科学技术文献出版社,2019.
[4] 张明锐,张永健,王靖满,等.高铁牵引供电系统[M].上海:上海科学技术文献出版社,2019.
[5] 陈永生,罗云飞,王先帅,等.高铁信号与控制[M].上海:上海科学技术文献出版社,2019.
[6] 吴祥明.磁浮列车[M].上海:上海科学技术文献出版社,2003.
[7] 方守恩,陈雨人.道路规划与几何设计[M].北京:人民交通出版社股份有限公司,2021.
[8] 黄晓明.路基路面工程[M].6版.北京:人民交通出版社股份有限公司,2019.
[9] 凌建明.路基工程[M].北京:人民交通出版社,2011.
[10] 孙立军,等.铺面工程学[M].上海:同济大学出版社,2012.
[11] 严作人,陈雨人,姚祖康.道路工程[M].2版.北京:人民交通出版社,2011.
[12] 过秀成.交通运输工程学[M].北京:人民交通出版社股份有限公司,2017.
[13] 吴丽华.航道整治[M].3版.北京:人民交通出版社股份有限公司,2017.
[14] 杨立新.航标[M].大连:大连海事大学出版社,2016.
[15] 中华人民共和国住房和城乡建设部.内河通航标准:GB 50139—2014[S].北京:中国计划出版社,2014.
[16] 谈至明,赵鸿铎.机场规划与设计[M].北京:人民交通出版社,2010.
[17] 刘岩松,张弛.民航概论[M].北京:清华大学出版社,2017.
[18] ASHFORD N J,MUMAYIZ S,WRIGHT P H. Airport engineering:planning,design,and

development of 21st century airports[M]. Hoboken: John Wiley & Sons,2011.

[19] 中国民用航空局. 民用机场飞行区技术标准:MH 5001—2021[S]. 北京:中国民航出版社,2021.

[20] 中国民用航空局. 民用机场水泥混凝土道面设计规范:MH/T 5004—2010[S]. 北京:中国民航出版社,2010.

[21] 杨筱蘅. 输油管道设计与管理[M]. 北京:石油工业出版社,2006.

[22] 何利民,高祁. 油气储运工程施工[M]. 2版. 北京:石油工业出版社,2021.

[23] 张其敏,孟江. 油气管道输送技术[M]. 北京:中国石化出版社,2008.

[24] 程和美. 管道工程施工[M]. 北京:中国建筑工业出版社,2007.

[25] 《综合客运枢纽设计指南》课题组. 综合客运枢纽设计指南[M]. 北京:人民交通出版社股份有限公司,2015.

[26] 交通运输部规划研究院. 综合客运枢纽项目可行性研究指南[M]. 北京:人民交通出版社股份有限公司,2014.

[27] 国家铁路局. 铁路旅客车站设计规范:TB 10100—2018[S]. 北京:中国铁道出版社,2018.

[28] 全国道路运输标准化技术委员会. 汽车客运站级别划分和建设要求:JT/T 200—2020[S]. 北京:人民交通出版社股份有限公司,2020.

[29] 全国物流标准化技术委员会. 物流园区分类与规划基本要求:GB/T 21334—2017[S]. 北京:中国标准出版社,2017.

第 5 章
CHAPTER FIVE

综合交通运输组织

📖 学习目的与要求

综合交通运输系统需要根据不同交通运输方式的技术经济特征,综合考虑客货运输需求及运力资源,制订合理的运输组织计划。通过学习本章,学生应了解客货运输需求及运输市场的基本特点、运力资源组成及配置要求、运输规划与运输计划的基本组成;区分旅客运输与货物运输的特点,掌握不同交通运输方式客货运输组织的基本内容、主要方法以及关键问题;掌握旅客联程运输及货物多式联运的内涵、组织方法及发展趋势。

5.1 运输组织概述

运输组织是对运输资源进行科学、经济、合理配置和利用的系统方法。

5.1.1 运力资源组成及配置

运输企业或运输系统为完成运输任务所投入的各类固定设备、移动设备、相关人力,统称为运力资源。运输能力是指运力资源在一定运输组织方法、运行控制条件和外部环境条件下,单位时间内所能完成的最大的客货运输量或者周转量。运输能力是运输设备能力和运输组织效率的综合体现,是交通运输系统供给量的代表性指标。

5.1.1.1 运输能力影响要素

固定设备能力可细分为交通港站通过能力和交通线路通过能力。交通线路通过能力又称为通过能力或通行能力。移动设备能力表现为交通载运工具(如铁路列车、道路车辆、水运船舶、航空飞行器等)的载运能力。

影响运输能力的主要因素可划分为以下几类:

①设备条件。设备条件指运输生产过程中使用的各种设备的数量(规模)及等级,载运工具数量和基础设施规模是影响运输能力的根本因素。

②交通条件。交通条件指交通特征,包括交通运输流的流向、流量、流时、运距等组成要素及交通运输量在交通网络上的时空分布。运输能力不能脱离交通条件与客货对象而单独存在。

③运行条件。运行条件指载运工具在技术设施网络上的运行规则、控制手段。运行条件是影响通过能力的主要因素。

④环境条件。环境条件主要指交通运输系统的外部环境条件及内部环境条件。不良环境条件会干扰载运工具的运行计划。

5.1.1.2 交通港站通过能力

交通港站通过能力是综合交通枢纽、交通运输网络能力的基本构成。在计算交通港站客货设施通过能力时,应根据其服务对象、作业环节分别确定影响因素。计算港站设备通过能力时,可以采用直接计算法和利用率计算法两种方法。若港站设备的作业简单、载运设备单一,如旅客列车到发线,可采用直接计算法;若作业复杂、载运设备多样,则需要采用利用率计算法。

直接计算法的计算公式如下:

$$N = \frac{1440}{t_{占}} \tag{5-1}$$

式中:N——港站某项设备的通过能力,单位时间(1d)各方向通过的车(机、船)数,列(辆、架、艘)/d;

$t_{占}$——载运工具的技术作业平均占用该项设备的时间,min。

以某铁路车站为例,式中 N 即表示该车站某项设备(包括到发线、咽喉道岔组、调车线等)的通过能力。$t_{占}$ 表示每列车在该设备上进行相应作业占用该项设备的平均时间。上述方法一般用于求出某项设备通过能力的平均值。计算交通港站通过能力的方法还有图解计算法及计算机模拟法。

5.1.1.3 交通线路通过能力

按运输方式交通流的不同形态,交通线路通过能力计算包括间断流交通线路能力计算和连续流交通线路能力计算两个部分。

(1)间断流交通线路能力计算

受交通设施和运行规则的影响,铁路区间、城市地面道路路段、水运航道以及混合作业的机场跑道,其交通流表现为周期性中断的特点。间断流交通线路能力的计算公式如下:

$$C_{\mathrm{J}} = \frac{1440}{E[T]} \tag{5-2}$$

式中：C_{J}——交通线路通过能力，单位时间(1d)内某方向通过的车(机、船)数，列(辆、架、艘)/d；

$E[T]$——平均每车(机、船)通过所占用交通线路的时间，min。

铁路区间一般按照列车运行图进行运输组织，其通过能力取决于运行图周期以及一个运行图周期内所包含的列车对数(或列数)，计算公式如下：

$$n = \frac{1440 - t_{空隙}}{T_{周} / K_{周}} \tag{5-3}$$

式中：n——铁路区间通过能力，对(列)/d；

$t_{空隙}$——接触网检修或施工空隙时间，min；

$T_{周}$——运行图周期，min；

$K_{周}$——一个运行图周期内所包含的列车数，对(列)。

(2) 连续流交通线路能力计算

高速公路、城市快速路，其交通流表现为连续流的特点，线路能力分为基准通行能力、可能通行能力和设计通行能力。

基准通行能力是指道路组成部分在理想的设备、交通、控制和环境条件下，一条车道均匀段上或一横断面上 1h 所能通过的标准车辆的最大辆数。在理想交通条件下，即载运工具为单一、标准的连续流，假设与之相适应的最小时距为 $T(\mathrm{s})$，则其通行能力为：

$$C_{\mathrm{L}} = \frac{3600}{T} \tag{5-4}$$

式中：C_{L}——连续流交通线路基本通行能力，每小时能通过的车数，辆/h。

可能通行能力是指现实交通条件下，一条车道均匀段上或一横断面上 1h 能通过的标准车辆的最大辆数。而设计通行能力是指道路交通的运行状态保持在某一设计的服务水平时，一条车道均匀段上或一横断面上 1h 能通过的标准车辆的最大辆数。《公路路线设计规范》(JTG D20—2017)规定的各个服务水平下高速公路路段一条车道最大服务交通量见表 5-1。

高速公路路段单车道服务水平分级与最大服务交通量　　表 5-1

服务水平	v/C^*	设计速度(km/h)		
		120	100	80
		最大服务交通量(pcu/h)	最大服务交通量(pcu/h)	最大服务交通量(pcu/h)
一	$v/C \leq 0.35$	750	730	700
二	$0.35 < v/C \leq 0.55$	1200	1150	1100
三	$0.55 < v/C \leq 0.75$	1650	1600	1500
四	$0.75 < v/C \leq 0.90$	1980	1850	1800
五	$0.90 < v/C \leq 1.00$	2200	2100	2000
六	$v/C > 1.00$	0~2200	0~2100	0~2000

注：*v/C 是在基准条件下，最大服务交通量与基准通行能力之比。基准通行能力是五级服务水平条件下对应的最大服务交通量。

要求高速公路服务水平应不低于三级,高速公路路段的设计通行能力计算公式如下:

$$C_d = MSF_i \times f_{HV} \times f_p \times f_f \tag{5-5}$$

式中:C_d——单车道的设计通行能力,pcu/h;

MSF_i——设计服务水平下单车道的最大服务交通量,pcu/h;

f_{HV}——交通组成修正系数,按如下公式计算:

$$f_{HV} = \frac{1}{1 + \sum P_i(E_i - 1)} \tag{5-6}$$

P_i——车型i的交通量占总交通量的百分比;

E_i——车型i的车辆折算系数,依据不同车型车辆的时空占用换算;

f_p——驾驶员总体特征修正系数,通过调查确定,通常在0.95~1.00;

f_f——路侧干扰修正系数,高速公路一般取1.00。

5.1.1.4 交通线路输送能力

交通线路输送能力是指在确定的载运工具类型、固定设备和运输组织方法的条件下,按照载运工具数量、容量和乘务人员的数量,在单位时间内(通常是高峰小时、一昼夜或一年)所能运送的旅客人数或货物吨数。输送能力以通过能力为基础,是运输能力的最终体现,是衡量交通线路技术水平与服务水平的重要指标。

在通过能力一定的条件下,交通线路旅客输送能力可按下式计算:

$$p = CNm\beta \tag{5-7}$$

式中:p——线路单向旅客输送能力,人/单位时间;

C——交通线路通过能力,单位时间内能通过的车(机、船)数,列(辆、架、艘)/单位时间;

N——载运工具定员,人/列(辆、架、艘);

m——载运工具编组数;

β——载运工具额定满载率。

交通线路货物输送能力一般按年度计算,计算公式如下:

$$s = \frac{365NQ\gamma}{\beta \times 10^4} \tag{5-8}$$

式中:s——线路单向的货物运输能力,万t/年;

N——载运工具通过数,列(辆、架、艘)/d;

Q——载运工具牵引总质量,t;

γ——净载系数,即规定的装载货物质量与其总质量的比值,如列车净载系数一般取0.60~0.70;

β——货运波动系数,即一年内最大的月货运量与全年月平均货运量的比值。

5.1.2 运输计划与管理

运输计划编制的目的是在各种资源(如资金、物力、人力、土地等)的限制条件下,从时间、空间上合理分配使用运力资源,在满足交通运输需求的同时,提升企业运输效益。

5.1.2.1 企业运输计划

各运输企业必须对运输生产过程进行有效管理,以使运输生产按目标有序进行。为此要制订较完善的运营计划,确定一段时间内载运工具、运输通道、其他运输设备和人员的合理使用,该计划称为交通运输的日常生产计划。尽管各种运输方式日常生产计划的形式有很大不同,其组成部分可以主要归纳为两部分:一是规定一定时间段内(一般按月或旬)具体的技术经济指标,称为战术性运输计划;二是对日或班的运输工作作出具体安排,称为实施性运输计划。

运输企业的战术性运输计划包括客货运输运量计划、设备检修计划、载运工具运用计划、运行组织计划等。交通港站的战术性运输计划一般包括工作量计划、重点物资装卸计划并明确规定需要完成的主要技术经济指标。民航机场和公路车站一般不编制月度计划。

实施性运输计划是战术性运输计划分解后的、一定时间段内(一般按日或旬)具体的技术经济指标。主要的交通运输计划见表 5-2。

主要的交通运输计划　　　　　　　　　　　　表 5-2

计划编制主体		战术性运输计划	实施性运输计划
运输企业	铁路运输企业	月度货物运输计划、铁路运输工作技术计划	日、班计划
	公路运输企业	月度企业运行作业计划	短期运行作业计划、日运行计划
	船舶运输企业	船舶月度运输作业计划、航运企业旬度作业计划	日作业计划、船舶航次计划
	航空运输企业	月度运输计划	日运输计划
交通港站	铁路车站	月度、旬度货物运输计划与旅客输送日计划	班计划、阶段计划、调车作业计划
	公路车站	一般不进行具体编制	
	水运港口	月度生产计划、旬度作业计划	昼夜分班作业计划、单船作业计划
	民航机场	一般不进行具体编制	

5.1.2.2 运输市场监管

运输市场监管是为促进资源的有效配置和整体社会福利的提高,由政府通过立法或其他行政手段对运输行业(企业)的某些特定生产及经营行为进行的直接干预。政府对运输市场及运输企业行为所制定的规定,包括行业进入和退出管制、费率管制和安全管制等。运输市场监管方式主要由干预的强制性、重要性和实际效果等决定。

(1) 市场调控立法

政府按法律来指导和调控运输供需双方的活动。例如,运用一般法律调控财政、劳方及其他相关市场,进而影响运输市场的运转方式。

(2) 产业立法和消费者保护立法

对于一般的产业立法和消费者保护立法,两者通常都适用于运输,但前者调控限制性商业惯例和企业并购等事务,后者调控广告等各种形式的经济活动。此外,许多国家都专门制定了详细的运输政策,用来维护使用者的利益。

(3) 价格控制

垄断的运输服务供给者会利用其垄断权力,将价格定于边际成本之上,为此政府出台一系列价格政策加以管制,这些价格管制政策以多种形式展现,从收益率管制(允许从制定价格中获得一定利润)到最高限价(允许以平均价格规律增长,但增长率要低于总成本水平),每种方法都有各自的优势与缺陷。

(4) 许可证

政府可以给经营者、车辆和各种服务颁发许可证,以此管理运输供给的质量和数量。对客车和货车实施的驾驶许可证制度也会影响私人交通的需求。在特许经营中,存在这样一种特殊牌照,私有部门凭此特殊牌照可在一定时期内获得某公共设施的运营权。例如,在大型体育赛事举办过程中,为专用配送车辆颁发特殊许可证,凭证对场馆进行货运配送。实际上,国际运输中早已存在这种运输政策,利用发牌体系来限制运输服务的供给或约束贸易中的货运商。

(5) 运输业投入相关政策

运输会消耗大量能源,尤其是石油,还有其他原材料和中间产品。因此,政府针对能源和其他部门的政策会间接影响运输,如许多国家规定出售的燃油必须为无铅汽油等。

(6) 税收和补贴

政府可以运用财政手段,通过多种形式来改变运输服务的总成本,如提供补贴来促进人们使用运输服务,或收取燃油税来为道路建设筹措资金等。有时政府会以纯限制性税收的方式,针对高收入群体进行一定比例征税,以降低因相关资源的过度使用造成的社会成本,提高交通运输服务获取的公平性。

(7) 购买运输服务

政府在许多活动中都需要使用运输服务,如需要运输来转移部队人员、提供医疗服务等。因此,作为一个庞大的消费者,政府会给予运输供给者一定程度的补偿激励。这种现象在地方管理部门表现更为显著,如地方管理部门会向运输供给者租借运力。此外,政府也可以通过购买某种运输服务来影响更大的市场,如购买军用运输装备不仅可以利用规模经济优势,形成产出的成本优势,也会降低相关民用产品的成本。

(8) 提供信息

政府通过多种机构为运输使用者提供技术支持,并提供综合信息以提高运输业的决策水平。许多信息直接服务于运输部门,如针对海运和空运的气象服务;部分信息间接服务于运输部门,如与海外贸易相关的信息。

(9)道义劝告

道义劝告是在常规劝告基础上的市场管理手段。常规劝告方法是对安全性等问题进行教育或提出忠告。若人们不接受忠告,政府可行使其他更为有效的权力(如拒绝颁发执照或取消补贴),对市场准入机制进行调整,以避免因不理性行为给公共利益造成损害。

5.2 旅客运输组织

5.2.1 旅客运输组织概述

旅客运输的任务是最大限度地满足广大旅客的旅行需求,安全、迅速、准确、便利地运送旅客及行李、包裹、邮件至目的地,并保证旅客在旅途中得到舒适、愉快、优质的物质与文化服务。旅客运输组织简称客运组织。从综合运输视角出发,旅客运输组织需要以出行者服务效益最优和社会化成本集约为目的合理配置和调度各种运输方式的运力资源,实现多种运输生产方式的协作、协同和协调。城市客运组织则是在城市范围内,在城市客运方式结构、技术经济特性、客流需求特征的基础上,对线路规划、时刻表、车辆使用计划、人员排班计划等与运营组织相关的工作进行统筹管理以实现客运系统多方式高效有序运行、乘客出行便捷、整体能耗及碳排放降低等目标。

(1)客运组织分类

根据旅客从出发地到目的地过程中经由运输区段的数量和使用运输方式的数量,可以将旅客运输划分为直达运输、中转运输和联程运输。

旅客使用同一运输方式且仅经过一个运输区段,属于直达运输。直达运输过程简单,主要是有秩序地组织旅客在港站内通行、检票进站、组织乘降及途中服务。

旅客使用同一运输方式且需经由不同运输区段,属于中转运输。在铁路出行中,旅客可以在同一车站内换乘其他去向的列车;在民航运输组织中,机场为需要换航站楼的中转旅客提供专门的驳运服务或设施。对于国际航班,机场还需要为旅客办理出入境手续。对于铁路和民航运输,中转旅客的行李需要进行有效分拣并随同旅客转乘的运输区段继续运输。

旅客跨不同运输方式完成出行,属于联程运输,如"航空+铁路""铁路+公路""航空+公路"等联程运输形式,通常需要利用综合交通枢纽或接驳系统完成。通过代码共享发售旅客联程运输电子客票、为旅客提供"行李直挂"服务,推动跨方式安检互认、信息资源共享,统筹布局客运枢纽设施等是未来联程运输发展方向,有利于提高旅行便利性和运输效率。

(2) 客运组织内容

旅客运输服务过程含进出站(港)、运输途中、中转换乘三大环节。对客运生产部门而言,旅客运输作业内容表现为客流组织、计划编制、运行服务。旅客运输服务过程如图 5-1 所示。

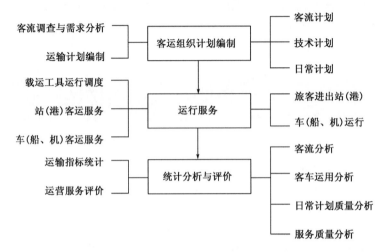

图 5-1 旅客运输服务过程

客流组织需要通过客流调查,分析客流产生与变化的规律,了解客流需求,为后续计划编制和运行方案制定提供依据。在计划编制阶段,需要合理利用运输能力,为满足旅客出行需求、提高运输服务质量、有效利用客运技术设备提供保证。运行服务分为两方面,运行调度负责执行计划方案和指挥车(船、机)的运行,由于实施计划时会出现偏离计划的情况,因此需要进行动态调度指挥作业,对运输过程中的非常态情况予以及时处理;站(港)客运服务主要负责执行具体运输计划,而车(船、机)上服务则负责满足旅客在车(船、机)上的安全、舒适、文化生活等服务需求。运输企业必须不断提升客运服务质量,以满足旅客的各种出行服务需求,因此需要开展客运组织实施效果评价,即旅客运输服务质量评价工作,以不断提高旅客满意度。

5.2.2 铁路客运组织

铁路客运组织包括确定列车开行方案、编制列车时刻表、配置运力资源、实施列车运行组织及调度指挥等。

5.2.2.1 旅客列车开行方案

旅客列车开行方案是列车运行图和机车车辆运用计划编制的基础,既要反映客运市场的需求,适应各客流区段上的客流密度,又要使客运设备得到经济合理的利用。具体来说,旅客列车开行方案是以客运量为基础,以客流性质、特点和规律为依据,科学合理地安排包括旅客列车开行等级、运行区段、开行数量、编组内容、停站方案、车底运用等内容,体

现从客流到列车流的组织方法。影响铁路旅客列车开行方案确定的因素包括:

①客流条件,包括客流量、客流性质及重点服务对象情况等。客流量及客流性质反映了旅客的出行需求,是制定旅客列车开行方案的基础。铁路运输企业为了较好地满足旅客的出行需求,同时又照顾长途旅客,应尽量提高有效客运周转量。

②运输组织条件,包括线路条件(如线路及车站能力、线路技术等级等)、列车条件(如列车编组、列车定员等)和行车组织方式等方面。

在制定开行方案时,列车开行数量、运行径路等会受到铁路基础设施设备能力的限制,主要反映在车站能力和区间通过能力上。车站能力主要是指车站的始发、终到能力和接发列车的能力。车站接发列车的能力主要受车站的到发线数目和车站整备折返能力的限制,当车站始发、终到能力不足时,可延长或缩短列车运行区段,以避开车站能力的限制。此外,还应考虑车站在政治、经济、文化、地理位置等多方面的影响因素,可超越客流需要而延长运行区段。

列车编组数量与长短途列车的性质有关:对于短途列车,其编组数量较少;而对于长途列车,其编组数量相对较多。列车编组内容(车型、车数)需要根据列车运行径路上沿途车站的到发线有效长度、站台长度、折返牵出线长度、牵引供电水平、列车间隔时间、线路能力等因素统一确定。

③经济条件,包括旅客旅行时间消耗、铁路部门效益等内容。

旅客的旅行时间是旅客出行成本的重要组成部分,对列车开行方案中的诸多方面均会产生影响,是制定列车开行方案需要考虑的重要因素。为了减少旅客的旅行时间,提高旅客的满意度,需要对影响旅客旅行时间的各因素进行统筹考虑。旅客的旅行时间消耗主要分为候车时间、途中停站时间、列车运行时间、换乘时间四部分。

铁路部门的收益是影响开行方案的一个重要因素。列车区间载客量是影响铁路部门收益的直接因素,反映了列车对客流的吸引情况,其大小取决于旅客对乘车方案的选择。为了最大化列车吸引的客流,开行的列车应充分考虑旅客的出行需求、出行选择等因素。编制列车开行方案时,需要综合考虑铁路收入和旅客服务水平两个方面确定合理的列车客座利用率。

(1)普速铁路旅客列车开行方案

列车运行区段包括列车的始发站、终到站及经由线路。列车停站次数的增加会使旅行时间加长,同时也会降低线路的通过能力,增加列车的开行费用,所以在停站方案中要合理确定列车的停靠站。

为适应旅客出行需求,铁路需要开行不同种类的旅客列车,如速度不同的普通、快速、特快列车,服务内容不同的普通、空调、卧铺、豪华列车,提供不同专项服务的旅游、会议等专用列车,从而充分发挥铁路的优势,提高铁路在客运市场的竞争能力。

列车的开行数量是指单位时间某方向上或区段内全天为满足运量需求而开行的旅客列车数量,当上下行列车成对运行时,可用对数表示。

普速铁路旅客列车开行数量 N 的计算通式如下:

$$N = \frac{A}{a_{均}} \tag{5-9}$$

式中：A——两站间单向计划客流密度，人/d；

$a_{均}$——列车平均定员人数，人。

由于旅客列车的种类及运行距离不同，其所能吸引的客流量不同，要求的列车编组内容也不同，各种列车的定员也就不同，因此在确定开行数量时应对各种旅客列车分别进行计算，一般从高级列车到低级列车顺序计算。

(2)高速铁路、城际铁路及市域(郊)铁路列车开行方案

高速铁路、城际铁路及市域(郊)铁路主要以客运为主。在确定列车开行方案时，除了需要考虑与普速铁路类似的影响因素以外，还需充分发挥客运专线铁路的自身特点及优势。

高速铁路按线路功能定位可分为通道型、区域城际间高速铁路等不同类别。通道型高速铁路，其线路特点是里程长、站点多、平均站间距大，连接多个省会及枢纽城市，与多条铁路线路相连接，其列车开行方案具有如下特点：存在350km/h、300km/h 和 250km/h 等多种速度动车组列车共线运行；节点城市等级决定起讫点的选择及停站频率；停站模式多样化，直达与中转换乘相结合；列车开行周期性设置等。

城际铁路主要输送城际间客流，一般两端车站与其他铁路相连，线路较为独立，里程较短。以京津冀、长三角、大湾区等区域为例，主要城市间距离一般不超过300km。城际铁路列车一般为动车组担当，主要采用立即折返、循环运行的运营组织模式，其列车开行方案主要特点是高密度、公交化以及灵活编组等。

市域(郊)铁路主要服务于都市圈范围内城市、中心城镇之间的客运需求，并兼顾服务城市组团、次中心城镇之间的客运需求。一般情况下，市域(郊)铁路车站站间距离较短，列车运行速度比高速铁路低，但比普速铁路快；在工作日早晚高峰以通勤客流为主，客流量较大。因此，其列车开行方案以满足高峰小时最大断面客流量为前提，采用"高密度、小编组、公交化、周期化"的运营模式，开行具有不同速度等级的列车。同时，市域(郊)铁路需要与高速铁路、城际铁路等协调衔接，使线路间分工合理、明确，为旅客提供快捷方便的运输服务。

5.2.2.2 旅客列车时刻表

旅客列车时刻表是根据铁路列车运行图编制结果，提供给旅客了解所有列车始发、终到及沿途停站的站点信息及到发时刻的表格。列车运行图规定了各种列车占用区间的次序，列车在每个车站的到达、出发或通过时刻，列车在各区间的运行时间，列车在车站的停站时间，机车及动车组运用交路等。列车运行图是铁路各部门的综合计划，所有与列车运行有关的部门，特别是客运部门，必须严格按照列车运行图的要求，组织本部门的工作。为适应运量变化、技术设备改善以及运输组织方式的改变，每经过一定时期，就有必要重新编制一次列车运行图，并根据实际情况和市场需求不定期做局部调整。为适应客流的频繁变化，可以实施旅客列车运行"一日一图"。

铁路旅客列车运行图的编制原则及方法如下。

①方便旅客旅行。在安排旅客列车运行线路时,必须把方便旅客旅行作为一项基本要求,并规定适宜的旅客列车始发、终到和通过各主要站的时刻。旅客列车始发时刻不宜过早,终到时刻也不应过晚,以满足旅客出行的需要。各方向各种列车的运行时刻应相互衔接,以缩短旅客中转换乘的等待时间。

②减少停站次数及停站时间,以提高旅客列车的直通速度。

③经济合理地使用客运机车车辆及动车组,加速客运机车、客车车底和动车组的周转。

④保证旅客列车运行与客运站技术作业过程的协调。由于要求旅客列车在大城市有较合适的到发时刻,这就可能出现密集到达或出发的情况。在密集到(发)时间内列车的到(发)间隔应与车站技术作业过程相协调,否则将使车站不能正常地接发列车。

⑤为货物列车运行创造良好条件。在普速铁路列车运行图编制过程中,应尽可能均衡地铺画旅客列车运行线,有利于车站客运设备的有效利用,有利于保证旅客列车的良好运行秩序,并且有利于货物列车均衡地运行,有利于加速机车车辆周转。

列车运行图的编制工作,应贯彻国铁集团集中领导和各局(局是铁路局集团有限公司的简称)分级负责相结合的原则。跨三局及以上的直通旅客列车,在国铁集团统一领导下集中编制;跨两局的直通旅客列车,由两局协商编制;局管内旅客列车,则由各局组织进行编制。

编制前,应进行全面调查研究,同时准备下列编图资料:

①各线路,特别是主要干线的客流量、客流密度及旅客列车开行数量。

②各种旅客列车的编组辆数、车型、定员。

③各种旅客列车区间运行时分、起停车附加时分、慢行时分。

④各种旅客列车的停车站名及停站时分标准。

⑤现行运行图的执行情况及存在问题分析,总结过去实践经验,提出改进建议。

编制旅客列车运行图一般分两步进行:第一步铺画旅客列车运行方案图(简称客车方案图)。客车方案图主要是解决列车整体布局问题,只是对每一方向画出各技术站间的列车运行线,而不详细画出经过每一车站的时刻;第二步根据方案图铺画详细的运行图,即详细规定出每一列车在各个车站上到、发或通过时刻。

旅客列车运行方案应按照先国际、后国内,先直通、后管内,先快车、后慢车的顺序进行编制。在编制列车运行详图时,除国际联运的旅客列车在国境站的接续时刻不得变更外,其他列车的运行时刻可作小量必要的调整,以便创造更好的会让和运行条件,与货物列车运行取得较好的配合。

5.2.2.3 客车车辆及动车组运用

(1)旅客列车车底需要数

旅客列车车底需要数的计算方法有图解法和分析法两种。

①图解法。根据客车方案图绘制客车车底周转图,如图5-2所示(图中运行线上的数字为列车车次,垂直线与运行线及车底交路线的交点数为需要的车底数量),可从周转图

上直接查得需要的车底数。在客车车底周转图上，垂直于横轴的截取线与列车运行线、折返站停留列车的交点数即为车底需要数。

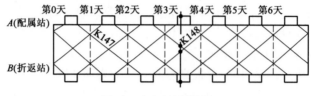

图 5-2 客车车底周转图

②分析法。

车底周转时间是指车底自配属站始发时起，至该车底从折返站返回原配属站再次出发时所经过的时间。车底周转时间按每一对旅客列车分别计算。

设某种旅客列车的车底周转时间为 $Q_{车底}(d)$，在一个周转时间内平均每天发出的列车数为 K。则该到达站该种旅客列车的车底需要数 $n_{车底}$ 为：

$$n_{车底} = Q_{车底} K \tag{5-10}$$

由于 $K = \dfrac{N}{Q_{车底}}$，因此，公式(5-10)又可写成：

$$n_{车底} = Q_{车底} \dfrac{N}{Q_{车底}} = N \tag{5-11}$$

式中：N——车底周转时间内发出的该种旅客列车总数。

(2)经济合理地使用客车车辆的方法

客车车底运用应充分挖掘客车潜力，加速客车车底周转，节省客车车辆需要数。经济合理地使用客车车辆的方法如下：

①提高直通速度，适当压缩旅客列车车底在途中和配属站、折返站的停留时间。

②变更旅客列车发到时刻，并适当压缩车底在折返站的停留时间。

③组织长途列车与短途列车的车底套用。

④组织短途列车与长途列车拉通运行，并适当改变一些到发时刻，如图 5-3 所示。A—B、B—C 两区段分别开行旅客列车，车底需要数分别为 4 组和 3 组。如采取两区段旅客列车合并开行，并取消客车车底在 B 折返站的整备作业停留时间，则只需 6 组车底，可节省 1 组。

⑤将同样编组的客车车底混合服务于几种旅客列车，并适当缩减停留时间，以节省车底的需要数。

(3)动车组运用与管理

动车组是由动车(有动力)和拖车(无功力)组成的自带动力、固定编组、两端均可操纵驾驶、整列一体化设计的一组列车。动车组的整备、维修是保证动车组有效使用和运用质量的前提条件，动车组的运用和整备、维修计划是统一编制、统筹安排的，可以根据运用期间所有动车组的数量、设备状态、所在位置、累计运行公里和定检期限，安排滚动式的运用方案，在保证完成运输任务和按期进段检修的前提下，使动车组的利用率达到最高。

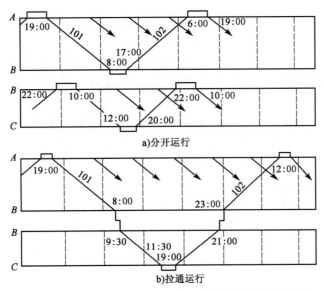

图 5-3　旅客列车分开运行与拉通运行和车底周转图的关系示意图

动车组主要有 3 种运用方式，即固定区段使用方式、不固定区段使用方式和半固定运行区段使用方式。

①固定区段使用方式。固定区段使用方式是指动车组在给定的线路上运行并且其运行区段固定的使用方式。动车组从动车段出来担当某个区段列车运输任务，除因达到修程规定时才检修入段外，其余每次返回动车段所在站时，只在车站进行整备作业。

②不固定区段使用方式。不固定区段使用方式是指动车组完成一次列车任务后，下一次所担当列车的运行区段没有限制，一组动车组多车次套用的使用方式。不固定区段使用方式从全线（或高速铁路网）出发，统筹考虑动车组的使用与维修来安排动车组的运用。

③半固定运行区段使用方式。半固定运行区段使用方式是指一些动车组采用固定区段使用方式，而其余动车组采用不固定区段使用方式。它是介于固定区段使用方式和不固定区段使用方式之间的一种方式，同时具有这两种动车组使用方式的优缺点。

动车组运用计划是动车组运用和维修的综合计划，是根据给定的列车运行图、有关动车组检修修程的相关规定以及检修基地条件等，对动车组在何时、何地、何种类型的检修等作出具体安排，以确保运用状态良好的动车组实现列车运行图。显然，动车组运用计划也是运输组织的基本计划，当列车运行图调整时，动车组运用计划也将需要重新编制。

动车组运用计划最终以动车组周转图的形式表示。动车组运用计划的编制实质是将动车组分配给运行图上的列车运行线，使每一列车运行线都有一组动车组完成运行任务，也就是指派运行线给动车组担当运输任务。动车组运用计划需要考虑如何使投入的动车组最省、动车组使用尽可能均衡，遵循的主要原则如下：

①动车组运用计划的编制应与列车开行方案紧密衔接。列车开行方案中明确规定了

每列车所使用的车型、列车的始发和终到车站、列车的始发时刻和终到时刻,这就要求分配担当每一列车的动车组与该车次所需动车组属性一致。

②动车组与列车运行线满足一一对应的要求。任意一列列车必须有一组动车组担当运输任务,由于列车运行图不成对或由于修程限定造成动车组空车回送也是允许的,但应将空车回送压缩到最低限度。

③满足列车运行图约束。若运行图编制完毕,其规定的所有列车的始发终到时刻不能变动,但是如果某些列车的到发时刻变动能明显提高动车组运用效率,则实际编图时可根据动车组运用计划编制情况,进行适当的调整。

④满足检修条件约束。动车组达到修程规定,必须到相应的检修场所检修。检修必须保障日常检查和检修所需时间,并且在规定的场所进行。

⑤满足接续时间约束。构成动车组交路后续列车的始发时刻应晚于动车组担当完成前行列车的最早出发时刻,即指派给同一动车组的相邻两列车应符合最小折返时间或检修时间的接续要求。

5.2.2.4 客运列车调度指挥

日常运输组织工作中,由于运量波动、线路施工、气候及自然灾害以及事故故障等影响,会发生列车停运、加开、晚点等情况,需要通过列车运行调整保证按图行车。

旅客列车调度指挥需要遵循下述原则:安全生产的原则,按图行车的原则,集中统一指挥的原则,按列车等级进行调整的原则,服从全局(全线)整体优化的原则。可采用的主要方法如下:

①利用冗余时间和储备能力。利用运行图中的冗余时间和预留的储备能力,在不影响正点列车的情况下,晚点列车插空运行。

②压缩停站时间。停站比较多的列车,晚点后可以通过逐站压缩停站时间来恢复其正点。但压缩停站时间必须以保证旅客乘降为前提。旅客列车规定停车的车站,不得变停车为通过。

③运行速度的控制与调整。为满足列车运行调整的需要,在保证行车安全的情况下,有时要求列车赶点运行,压缩区间运行时间;有时要求列车放点运行,适当延长区间运行时间。

④变更越行地点。无论是越行列车,还是被越行列车的晚点,都将引起越行点的变化。根据列车晚点情况及其运行速度的变化,正确选择越行点和安排越行方案,是列车运行调整的常用方法。

⑤利用备用运行线。备用运行线是在编制计划列车运行图时,根据一定的原则,与正式列车运行线一起铺画的;如果计划列车运行图是按最大运量铺画的,节假日、春运和暑运才启用的运行线,平日也可作为备用线使用。当晚点列车采用上述措施仍不能进行有效调整时,可让其利用备用线运行。晚点列车的原运行线可作为前方晚点列车的备用线。

⑥临时停运。当晚点列车尤其是跨线列车严重晚点,各种措施都无法有效调整,且由

于列车交路的变更,将引起返回列车始发晚点时,可选择在有条件的车站运休,并按返回列车在该站的固定发车时间正点发车,返回原始发站。

5.2.3 公路客运组织

公路客运利用道路网络完成旅客输送,站点设置具有灵活性。由于道路交通状况变化多,站间运行时间又存在诸多不确定性,公路客运组织需要布局站点、制定客运班次计划,并根据相关规章及运输需求,及时调整运行作业计划,包括车辆与司售人员配置。

5.2.3.1 公路客运站点设置与班次时刻表

公路客运站点是集散旅客、停放车辆,为旅客及运输经营者服务的场所。客运站点布局关系到整个客运网络的布局,一般由运输管理部门统一规划。

客运站点设置的原则主要有:方便旅客的集散和换乘;布局合理,列入城市建设的总体规划;衔接其他运输方式,车辆流向合理、出入方便;具备足够的场地,并留有发展的余地。随着综合运输的发展,客运站点的布局越来越重视与其他运输方式及城市公共交通的衔接,有些城市客运站与铁路、地铁、城市公交一起构成立体的换乘枢纽。

客运班次计划是客运服务活动有序进行的基础。根据客流调查及预测,掌握各线、各区段、区间的旅客流量、流向、流时及规律,结合企业运力确定营运线路、客运班次、停靠站点、编排班次发车时刻的计划,并对外公布。

客运班次计划包括行车路线、发车时间、起讫站、途经站及停靠点等。客运班次时刻表的到发时刻应相互配合,并与其他方式/班次衔接,与客运站设施设备能力协调。车站的到发班次不宜过于集中,在始发站和终点站尤其要保证站务作业的均衡性。

对计划内班线、班次及时刻表,要本着方便旅客上下、转乘、途中食宿、及时运送、经济合理的原则进行编制。

①根据旅客流向,确定要开办客运的汽运线路和起止终点。

②根据旅客流量,确定各线路月度需要安排的班次数 b:

$$b = \frac{q_i}{q_0 \varepsilon} \qquad (5\text{-}12)$$

式中:q_i——月份 i 线路日均客流量,人/月;

q_0——每车额定载客量,人;

ε——实载率,%。

③根据客流变化特征,确定各个班次的发车时间及同一班次发出的客车数。

④为每个车次编代号。

⑤根据上述资料,编制班次时刻表报主管部门,批准后正式公布实行。

5.2.3.2 运行作业计划

运行作业计划相当于客运班次的执行计划。运行作业计划的主要任务,是组织车主、车站作业和维修保养,即将客运班次计划中所规定的各项任务及各项指标分解落实到车站(车队)配属的单车计划。企业通过运行作业计划,实现在一定时间和空间范围内对运输活动的具体组织与管理,使企业按期均衡地完成运输任务。

(1)运行作业计划形式

运行作业计划一般采用月度计划形式,并可根据具体情况灵活处理。计划期如过长,会因情况变化大、干扰因素多而失去指导意义;计划期过短则不仅会增加编制计划的工作量,而且会因计划经常变动而打乱正常工作秩序,失去指导生产和工作的意义。

(2)运行作业计划的编制过程与方法

应依据运行作业计划完成的客运量、周转量,配备客车数和调度计划。

确定运行作业计划期完好车日数、工作车日数、总行驶里程和平均车日行程,主要依据是客车运用计划所定的完好率、工作率、营运速度。计算公式如下:

$$计划期完好车日数 = 计划期营运车日数 \times 计划完好率 \quad (5-13)$$

$$计划期工作车日数 = 计划期营运车日数 \times 计划工作率 \quad (5-14)$$

$$计划期总行驶里程 = 计划期营运速度 \times 计划期总出车时间 \quad (5-15)$$

$$平均车日行程 = \frac{计划期总行驶里程}{计划期工作车日数} \quad (5-16)$$

确定客车运行循环方式。客运班次确定后,需要安排车辆运行计划,根据线路长度与服务频次安排车辆班次。可将企业计划执行的全部班次统一合理编配,分为若干个带有代号的班次组。通常把这种与每辆客车一天运行任务相对应的客车班次组称为循环代号,循环代号数即为每天行驶各班次所需要的客车辆数。编排循环代号既要考虑充分发挥车辆效率,又要合理分配运行任务,考虑驾驶员的劳逸结合,并使各代号车日程保持相对均衡。各个代号的一日行程要大致相等,代号与代号要首尾相连,使各单车均衡完成生产任务。某客车运行周期循环表见表5-3。

某客车运行周期循环表　　　　表5-3

序号 (路牌)	车次	起站	止站	开车 时间	到达 时间	距离 (km)	车日行程 (km)	午餐点	夜宿点
3052	1967	重庆	成都	15:45	19:45	360	720		
……	……	……	……	……	……	……	……	……	……

确定行车方案需要编制客车运行作业计划表和客运单车运行作业计划表等。由于客运班车连续进行,不但要求每一循环代号内各班次必须首尾相连,而且各循环代号间也要首尾相连,以保证客车循环运行;同时,客车班次分布于各线,客车不能长期在外行驶,必须按期回队保养、修理,这要求各循环代号不但要保证能连续运行、还要能够按期返回车辆基地。客车运行周期表就是按一定要求将循环代号加以组合,保证按运行、保养、修理周期组织客车合理运用的计划表。

如前所述,公路客运易受路况、气候等外部因素影响,需要进行调度,即及时调整以保证主要站点到发时间、执行计划班次与时刻表,称为运行调度。客运调度工作是通过运行

作业计划和调度命令,对营运客车与劳动力进行的安排和管理。其承担的主要任务有:

①运力和运量的平衡。根据车辆运行动态和技术状况调配车辆,预备足够的运力,随时监督和检查客运服务活动,及时处理发现的各种问题。

②根据旅客流量、流向、流时变化及道路情况,及时调整运力,注意长短途、干支线班车的相互配合以及公路客运与其他客运方式的衔接。

③及时掌握各条公路上道路、桥梁、涵洞、隧道、渡口等的通过能力及使用情况,营运区域内的气象资料,适当调整计划,努力缩短运输生产中断时间。必要时修改运行作业计划,以减少客车运行的盲目性及由此而造成的浪费现象。

④执行当地临时性、紧急性客运工作,完成节假日、抢险、救灾等运输任务。

⑤严格执行客车保修计划,保证客车按计划进行保养、修理。

5.2.4 水路客运组织

水路客运组织是指水路客运企业对在一定时期内客船、邮轮、客滚船等的生产活动的全面计划和安排,即在一定运输任务的条件下,合理选用船舶、航线、挂靠港,制定最优的运输组织方案并实施的过程。

按照水运航线范围,水路客运组织可分为国际水路客运组织和国内水路客运组织,后者可进一步细分为沿海水路客运组织和江海客运组织。按载运船舶不同,可分为普通水路客运组织、滚装船客运组织、游船及邮轮客运组织等。

水路客运组织基本上采用定期运输方式,其组织系统由乘客或游客、船舶(如客船、客滚船、邮轮等)、航线、挂靠港四大核心要素组成,运营主体包括船公司与码头公司等。因此,水路客运组织内容主要包括客船运营组织、客运码头运营组织两大部分。

5.2.4.1 航线与客船运营组织

(1)航线设计

航线是客运组织的核心。由于水运速度限制,单纯运输目的的水上客运航线已基本退出市场。邮轮成为水上客运主要交通工具,其既是旅游交通工具、也是旅游本身。邮轮旅客不仅可以在船上享受独特的服务和风景,邮轮短时间靠岸时还可以进行陆上旅游。以下简要说明邮轮航线的设计。

邮轮以长航线为主,也有短航线等多种组织方式。全球邮轮航线平均长度为 $9.9d$,$4\sim14d$ 航线占总航线的比例高达 69.2%,其中,$4d$ 航线占比 8.3%、$5d$ 航线占比 9.5%、$6d$ 航线占比 2.6%、$7d$ 航线占比 34.8%、$10d$ 航线占比 6.5%、$14d$ 航线占比 7.5%。

①多点挂靠邮轮航线。多点挂靠邮轮航线,是指连续挂靠两个以上邮轮港,最终完成整个航程的运输安排。例如,"鼓浪屿"号从上海吴淞国际邮轮港始发,开启上海—舟山—冲绳—上海的多母港运行航线。外国籍邮轮可以在我国多点挂靠,但须经特案批准,且必须是国际航线。

②多母港邮轮航线。邮轮港口从客源地可分为母港和访问港。多母港邮轮航线主要

体现为同一邮轮航线上的港口互为母港、同一邮轮游客来源多元化、游客上下船的自由度显著提升、岸上旅游目的地更加丰富、同时促进出境游和入境游等双向引流典型特征。如每周到上海的邮轮,有一部分是国内游客下船和新的国内游客上船,还有一部分是国外游客到上海游玩、再乘邮轮回去。

③邮轮短航线。如依托海湾港口城市(如广州、深圳、香港等)互为母港航线,开发1~2d的粤港澳大湾区邮轮航线,还包括环岛游航线(如三亚或海口的邮轮游艇旅游)。

④无目的地海上游航线。无目的地海上游航线指邮轮并不靠岸,仅在海上巡游的航线。无目的地海上游航线进一步丰富了邮轮旅游产品供给,可满足乘客休闲娱乐、企业休闲商旅以及私人聚会等多样性的消费需求。

(2)客船航次计划与运行控制

基于开设航线情况及客运需求,船公司需要进行航线配船、制订客运航班时刻表。根据航班时刻制订航次计划,经调度会议审议后,成为船舶运行计划;值班调度根据船舶运行计划向有关船长下达调度指令,船长根据指令安排船舶相关港口挂靠、运行与相关管理;值班调度会同客运码头现场调度,共同监控船舶运营情况,及时处理突发情况,保证航次计划如期执行。

5.2.4.2 客运码头运营组织

(1)客运码头计划

客运码头计划是指客运码头企业在计划期内对进出码头的船舶及所载乘客的数量、流向和主要技术经济指标的安排。按编制期限长短,客运码头计划分可为年度计划、月度计划、旬度计划、日常计划和单船计划等。其中,单船作业是最基本的执行计划,由码头调度部门制定,经调度会议审议批准后,单船计划作为安排生产的依据。

(2)客运码头运营控制

客运码头运营控制,是指码头调度人员根据单船计划,监督与控制码头运输生产活动。客运码头调度人员通常由计划调度员、值班调度员及现场调度员组成,其中,值班调度员负责码头计划的制订与调整;值班调度员主要负责整个码头所有进港、在港、出港客船的生产作业指挥工作;现场调度员则负责客船进出指定作业泊位及在泊位作业的指挥工作。

5.2.5 航空客运组织

航空客运组织包括航空公司机队规划、航线规划、航班计划、运行控制等,以及机场运行与管理等。其中,在航空公司,机队规划、航线规划属于战略层面,航班计划属于战术层面,运行控制则属于操作层面。

5.2.5.1 航空公司机队与航线网络规划

机队(Fleet)是指航空公司所拥有的飞机总称,包括机队规模(飞机的数量)和机队结构(不同型号飞机的比例关系)。狭义的机队规划(Fleet Planning)是对机队规模和结构进行决策。机队规划一般可划分为中短期规划(5年以内)和长期规划(5～15年)。

机队规划的目标是在满足运输需求的条件下,使运力和运量保持均衡,获得最佳的经济效益。除机队规模和结构优化外,机队规划还包括飞机选型、机队置换计划和机队配置计划。飞机选型是为航线选择最适合的机型,重点分析与不同航线相匹配的飞机的技术经济性能。增值指标如交货时间、付款条件、机队通用性和舒适度等也是飞机选型的考虑因素。机队置换计划主要包括处理(转卖)老(旧)飞机,购买(融资租赁和经营租赁)新飞机的决策,包括单架飞机、单机型飞机和多机型组合机队飞机三种情况。机队配置计划用于决策航空公司机队在各个机场运营基地的部署问题,即决定在各机场投放的机型和数量,可通过构建运营总成本最小的数学模型来进行决策。

(1) 机队规模规划

机队规模体现了航空公司的运输能力(简称运力),其中客运运力常用总座位数来表示,货运运力常用总吨位数表示。机队规模可用市场需求指标、运输能力指标和飞机运营绩效指标进行描述。市场需求指标由客运量、货邮运输量、航线距离等要素构成;运输能力指标由飞机架数、机型系列、飞机业载、平均座级构成;飞机运营绩效指标包括平均日利用率、客座率和载运率。

影响航空公司机队规模决策的主要因素包括:现有运输需求和运力,预期的需求市场份额的变动,获得进入新航线的许可情况,现有飞机更新情况,提高运营效率和合理调配飞机的需求等。通常情况下,长期机队规模规划采用宏观规划方法,按"自上而下"的顺序进行;中短期机队规模规划则采用微观规划方法,即在航班、航线机型选择的基础上,按"自下而上"的顺序进行,从局部到整体得出机队规划结果。微观机队规模规划对已经开航或拟开航的各航线逐条进行 OD 流需求预测,再计算汇总各航线各个座级飞机的数量(不一定是整数),从而得到公司飞机总数量。

(2) 机队结构优化

航空公司的机队一般由多种机型飞机组成,机型构成称为机队结构,具体包括:客货机比例、不同座级飞机的比例、不同航程飞机的比例等。航空公司常依据机队结构与航线结构的匹配程度进行决策,确定组成机队的机型和各种机型的配置比例。

机型种类减少可以节省相应设施设备的投入,尤其是航材的储备,从而节省成本。根据人类的学习曲线,简单的机队结构有利于机组和机务人员提高技术熟练程度,减少故障率即差错率,提高飞机的完好率和可用率,使运行能力得到有效保障。这也是低成本航空公司常选用单一机型的原因。对于服务多个目标市场的航空公司,单一机型并不能满足不同市场的需求,合理配置机队结构,才能既满足市场需求,又降低运行成本。

5.2.5.2 航线网络优化与航班计划

(1) 航线网络优化

航线网络优化不仅取决于空运服务需求,也受到政府对空运业务的管制、航空公司联盟的协作、空域资源利用、机场等地面保障单位的条件、替代品的挑战等外部因素影响,以及现有航线网络、机队结构、市场开发能力、信息技术应用等内部因素限制。

城市间航线网络（City-to-City Network 或 Point-to-Point Network）和枢纽航线网络（Hub-and-Spoke Network）是两种极端的航线网络，在运营、管理、舱位控制、延误处理等各方面都有区别。航线网络优化以运输总成本最小为目标，以适应性、效益性、前瞻性和全局性为原则，对所有 OD 流安排具体的运输路径。不同的 OD 流运输方式，将形成不同的航线网络结构。枢纽航线网络结构是通过枢纽机场汇集客流，然后再分运而形成的一种网络结构。可以对机队和网络进行联合优化以达到运营成本最小化。枢纽航线网络的优化设计问题又称为枢纽选址问题（Hub Location Problem），广泛应用于邮政网络、电信网络以及航空公司的航线网络构建中。

枢纽航线网络优化包括以下四个步骤：确定枢纽机场的数量；确定枢纽机场的具体位置；确定非枢纽机场和枢纽机场具体的连接方式；所有 OD 流的具体路径安排。不同的枢纽航线网络优化设计问题，建模求解方法不同。

（2）航班计划

航班计划编制过程是航空公司对各种生产要素的优化配置过程，核心是航班计划决策。航班计划涉及航线、航班、班次（Frequency）、班期（Shift）、机型等基本要素，最后以航班时刻表的形式公布。旅客根据航班时刻表提供的信息选择要乘坐的航班，航空公司围绕航班计划来调配运力、安排人员、协调管理。我国民航企业每年制定冬春季和夏秋季两次航季航班计划。

影响航班计划的因素主要有：①动态变化的外部因素，即市场需求、市场份额、旅客对航班票价的选择行为等；②内部相对固定的约束性因素，如运力、机场时刻资源、飞机维修计划等。航班计划的制定主要是解决：航班频率和时刻优化问题，机型指派问题（Fleet Assignment Problem，FAP）。

航班频率和时刻优化是指基于运输需求预测的结果，根据航空公司各航线上需求在一个周期内的分布、机场时刻资源以及机队资源，确定合理的航班班次、班期和时刻等，其目的是最大限度地扩大公司在航空运输市场中所占的份额，增加销售收入。重力模型在新开航线预测时有较好的应用，一般航空公司以航班计划延误最小为目标来制定时刻表。机型指派指根据飞机舱位容量、运营成本、潜在收益及飞机可行性，将具有不同舱位容量的机型指派给各定期航班，其目的是确定航班所使用的最佳机型，即为每一个定期航班指派一种且只有一种飞机机型（不具体指定某一架飞机），从而使得收益最大或运营成本最小。在机型指派的基础上，确定每架飞机的飞行任务，则是飞机排班计划，具体又包括飞机路径问题（Aircraft Routing Problem）和飞机指派问题（Aircraft Assignment Problem）。其中，飞机路径问题非常复杂，可以用来检查航班时刻表的协调性，其决策的难点在于受到维修计划的严格约束，并且"航班集"生成的"航班串"数量众多，问题规模大，求解十分困难。

（3）运行控制

运行控制中心（Airline Operations Control，AOC）是航空公司运行的指挥核心机构和"大脑中枢"，发挥航班运行调度的指挥职能，目的是保障飞机的安全运行和保障航班计划的正常执行。航班日常运行控制主要涉及执行原计划、针对微小的变动对计划进行更新,针对不正常情况对计划进行调整(Rerouting)。

飞行计划的制定需要在航班起飞前,根据具体的气象资料、航行情报、飞机性能、空中领航和航行规则,确定该航班的业载以及完成本次航班飞行所需的飞行时间和燃油量。飞行计划的优化是要在保证安全的前提下,尽量提高航班运行的经济效益,即成本最小化。航空公司常通过减少燃油消耗来实现降低成本的目的。

大型枢纽机场由于航班保障服务所引起的延误约占15%,所以地面服务设备调度是航班生产作业管理研究的重要课题。航班过站可能使用的地面作业设备包括:加油车、航食车、清洁车、加水车、升降装卸车、行李车、拖车、摆渡车、空调设备等。这些设备如果不能在飞机进入停机位及时到位,就可能影响航班的正常起飞,造成延误。上述设备并不都属于航空公司,通常按照先到先服务和设备最小负荷优先原则进行调度保障,即在考虑进入机位时间的先后顺序的同时,首先指派给预计服务时间最短的飞机。优化过站航班的地面服务设备调度是一个混合多目标优化问题。

按照航班计划执行的航班属于正常航班,否则就称为不正常航班。航空公司处理不正常航班的调度策略包括:延误、取消、飞机交换、机型替换、摆渡飞机以及备降。时间连续但延误时间未知、延误成本不能预先准确计算,这给不正常航班恢复问题的数学建模造成了很大的困难,成为学术界和实践界的研究热点。

5.2.5.3 航空客运机场运行与管理

陆侧(Landside)和空侧(Airside)两部分是航空客运组织的重要场所。陆侧由航站楼和地面到达系统组成,是旅客转换交通模式的地方。空侧由跑道、滑行道和停机坪组成,也被称为飞行区,是飞机活动的场所。

(1)机场陆路到达运输组织

机场陆路到达系统(Airport Access System,AAS)为进、离港旅客提供地面交通服务,以机场为核心的综合交通枢纽一般具有多方式衔接交通服务。机场陆路到达运输组织中需要按照航班高峰时段客流量合理配置接驳公共交通运力,并注意与首、末航班时刻衔接。

(2)机场航站楼旅客组织

除了运输途中的飞行外,航空客运生产均在机场完成。航站楼旅客作业流程是一种排队网络,是杰克逊开网络(Jackson Open Network),涉及值机排队系统、安检排队系统和登机口排队系统。值机排队系统是并行的排队系统,在这个排队系统中旅客输入过程是非稳态的泊松(Poisson)过程,与航班时刻表、航班旅客数和旅客达到累计分布有关。安检排队系统以值机系统的输出为输入,是一个多渠道、国内国际分离的排队系统。登机口登机排队系统旅客输入过程与登机开始时间和航班出发时刻有关,不是简单的 Poisson 过程。航站楼运行规划的主要手段是进行流程仿真研究。

(3)飞行区运行组织

飞机在结束一次飞行任务后,需要在机场飞行区完成一系列活动后才能继续下一次航班任务。飞机地面作业流程如图 5-4 所示。整个流程所花费的时间称为过站时间,与机型、旅客数、货邮量及地面作业效率有关。例如,正常情况下 150 座级的飞机,最小过站时间为 55min,而 300 座级的飞机,最小过站时间则为 75min。

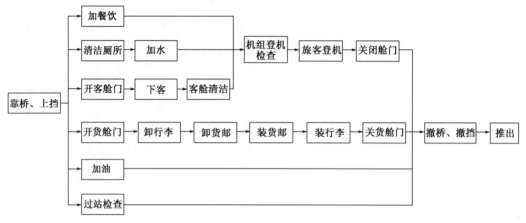

图 5-4 飞机地面作业流程

(4) 枢纽机场运行组织

中转旅客占比超过 30% 的机场常被称为枢纽机场。枢纽机场运行组织主要涉及中转旅客/行李流程规划和航班波运行下停机位指派问题。

中转旅客流程设计与旅客最小衔接时间、旅客中转效率等都有密切关系,且要求中转手续尽可能简洁,中转旅客行走距离尽可能短。中转行李流程设计则除了按照中转旅客的航班进行分拣外,还需要有效防止错送、漏送和破损。

枢纽机场停机位指派问题通常设定指派周期是一个到达-出发波的时段,涉及的航班有已在停机位上的航班、航班波的航班和其他在指派周期中到达的航班。为了保障航班波的航班不延误,在到达或者出发航班波期间不安排其他到达航班,但在到达与出发航班波的衔接期间可以有其他航班的到达或出发。一般以中转旅客行走总距离最小为目标函数,并以每一个航班必须且仅能指派一个停机位、同一时间同一个停机位仅能分配一个航班、停机位种类与机型有效匹配等为原则设计约束条件。

5.2.6 城市客运组织

城市客运是以城市居民日常活动为主要对象,通过城市交通基础设施和载运工具,实施有目的的乘客空间位移的运营活动。在城市客运中,城市公共交通(简称公共交通)是客运服务的主要形式。公共交通是运用公共汽电车、城市轨道交通、城市客运轮渡等载运工具和有关设施,按照核定的线路、站点、时间、票价表,为公众提供基本出行服务的城市客运方式。公共交通还包括巡游出租车、网络预约出租车等。

5.2.6.1　城市轨道交通运输组织

(1)城市轨道交通列车开行方案

城市轨道交通列车开行方案一般是指全日行车计划,是营业时间内分时段开行的列车交路方案及对数计划。全日行车计划是根据营业时间内各时段的最大断面客流量,列车定员人数和车辆满载率,以及希望达到的服务水平编制的。

城市轨道交通线路列车交路按照运行距离可分为单一交路、大小交路,按照线路条件又有Y形交路、环线交路等。考虑到不同时段、不同线路的技术条件和客流特点,开行方案还需考虑开行快慢车组合运行方案等。在确定开行交路的基础上,营业时间内时段 i(小时)应开行列车数 n_i[列(或对)/h]可按下式计算:

$$n_i = \frac{p_{\max}}{p_{列}\beta} \tag{5-17}$$

式中:$p_{\max}$——单向最大断面客流量,人/h;

$p_{列}$——列车定员数,人;

β——线路断面满载率。

相应时段 i 的行车间隔时间 $t_{间隔i}$(s)计算公式如下:

$$t_{间隔i} = \frac{3600}{n_i} \tag{5-18}$$

(2)城市轨道交通列车运行图

城市轨道交通主要服务于城市客流。城市轨道交通客流具有流量大、阶段性高峰明显且变化大等特征,同时,城市轨道交通线路车站配线少,中间站一般不设置侧线,列车利用正线停车,折返站设置折返线办理列车折返作业,除部分有条件的线路外,列车间一般不存在越行和会让作业,具有列车停站时分相对固定、车底频繁出入车辆段(停车场)等特点,因此,城市轨道交通列车运行图基本为平行运行图。编制城市轨道交通列车运行图时,除了考虑与铁路列车运行图相似的特点外,还应重点考虑下述特征:

①列车发车间隔的时段性。城市轨道交通服务于城市日常出行客流,根据客流在一天内的变化情况,城市轨道交通为满足不同时间段乘客乘车的需求,一般采用不同的发车频率。列车的发车间隔具有明显的时段性。

②车辆出入车辆段(停车场)频繁。高低峰时段由于列车开行数量不同,车辆需要频繁出入车辆段(停车场)。

③不同交路折返作业要求。由于城市轨道交通列车都需要在折返站折返,因此需要根据折返站线路配置、折返方式合理安排列车的折返作业。

5.2.6.2　公共汽电车交通组织

狭义的城市公共交通是指公共汽电车交通,简称公交,是在规定的线路上,按固定的时刻表,以公开的费率为城市公众提供服务的运输系统。城市公交线网的布设对城市居民的生活有很大影响，线网规划和设计必须以居民公共交通出行需求分布为依据。公交线路按照功能可以分为骨干线、区域线、驳运线，各级线网应功能明确、层次清晰、相互协调。如《上海市公共汽(电)车客运线路优化导则》规定的不同功能层次公交线路的基本特征见表5-4。

上海不同功能层次公交线路的基本特征　　　　表5-4

指　　标	骨　干　线	区　域　线	驳　运　线
主要运行道路	城市快速路、主干路	城市主干路、次干路	支路
主要服务区域	功能区之间、功能区客运走廊	功能区间、功能区内	社区内、连接枢纽
出行距离	中长距离出行	中短距离出行	短距离出行
线路形状	弯曲少、迂回少	允许适量的弯曲和迂回	允许弯曲和迂回
站距	<800m	<500m	300m左右
主要运营车辆	容量大、舒适性高的车辆	8m以上车辆	7m左右车辆为主
线路调度	路线配车多，发车频率高	部分路线发车频率较高	依实际情况而定
道路宽度	24m以上	7m以上	7m以上

(1) 公交时刻表

公交时刻表(本节简称时刻表)是公交运营企业为出行者提供的公交运输服务指南，同时也是公交运营企业用以组织运营生产全过程的技术文件。公交时刻表是计划调度的基本形式，依据运营生产特点、客流波动特征、服务水平要求，确定各时段的发车频率和调度方法。公交时刻表是计算所需车辆数量、安排车辆维修养护、组织乘务员作息的依据。

首末站时刻表是公交时刻表的主体，确定了在某首末站始发的所有公交车辆的发车时刻、发车间隔、发车类型以及调度方案等。依据线路首末站时刻表，可以推算出相应的车辆进出场时刻表、中途站时刻表。进出场时刻表可以依据首末站时刻表中每个车辆担当的第一班次始发时刻、最后一班次到站时刻以及停车场位置等资料为依据推算得到。中途站时刻表公布车辆到站时刻，它依据首末站时刻表中各班次车辆在首末站的发车时刻，按照不同时段交通条件和客流条件下的车辆行驶时间和停站时间，推算出每班车从首末站发车至中途站的计划行驶时间。

①公交时刻表的设计依据。公交时刻表依据客流需求和行业规定的服务要求进行设计，设计的关键是需全面掌握客流的波动规律，依据客流在时间、断面、方向的不均衡特征，确定各时段的发车频率和调度方法，以满足乘客乘车的需求；此外，应考虑企业的运输能力和运营成本，综合体现社会效益和企业效益。

②公交时刻表的编制过程。编制公交时刻表时，需要将时刻表方案与车辆的运用、人员的运用结合起来。时刻表的编制过程一般分三个部分：编制时刻表轮廓方案，这个过程决定了首末班车时刻、各时段发车间隔；编制车辆排班计划，主要是将公交车辆分配到时刻表的各班次中；编制人员排班计划，即确定乘务员驾驶班次的职责表。时刻表编制流程

如图 5-5 所示,在得到时刻表的同时,也将得到车辆排班表和乘务员的排班表。时刻表编制时会产生许多指标数据,如车辆满载率、车辆空驶里程、乘务出勤空闲时间等,这些指标用于对多方案进行评价。

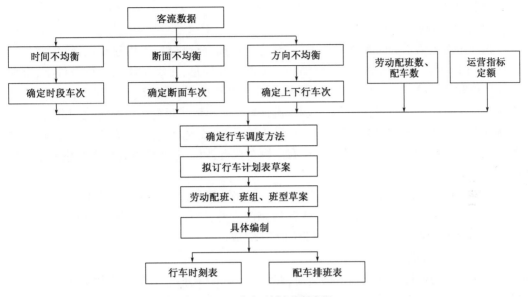

图 5-5　公交时刻表编制流程

(2)公交发车间隔确定方法

公交时刻表编制的重要参数之一是发车间隔,发车间隔与发车频率呈倒数关系。在给定首个班次的发车时间之后,依据发车间隔可以依次确定后续所有班次的发车时间,因此发车间隔的确定是形成合理的公交时刻表的重要前提。

在传统公交时刻表的编制过程中,一般以乘客出行成本最小为主要目标,根据日最大客流断面、小时最大客流断面需求、行业服务标准确定行车间隔。但传统的调度方式仍会造成载客不平衡、乘客出行或等待时间成本高、发车间隔不均衡等问题,因此需要对发车间隔的推算进行合理有效的优化,其模型一般可表示如下:

①发车间隔优化目标。公交发车间隔的优化是一个多目标的问题,需要同时考虑乘客出行成本和企业运营成本两方面,采用 i 时段的发车间隔 h^i 作为决策变量。发车间隔优化目标为:

$$\min Z = f(C_c, C_p) \tag{5-19}$$

式中:Z——总成本;

　　C_c——企业运营成本,如固定成本和变动成本;

　　C_p——乘客出行成本,如等车、乘车的时间等成本。

②发车间隔优化约束条件。在发车间隔的优化模型中,主要的约束条件为发车间隔的上限 H^i_{max}、下限 H^i_{min}。

$$H^i_{min} \leqslant h^i \leqslant H^i_{max} \tag{5-20}$$

其中，$H_{\min}^i$ 多从线路上设施的通行能力出发进行考虑，如专用道、中途车站、首末站的通行能力，且多线路共用设施时候还需要合理分配线路间的能力占比；$H_{\max}^i$ 一般根据线路服务功能确定，通常由城市交通运输行业管理部门规定，如规定通勤高峰期的骨干线路发车间隔上限是 8min。

(3) 公交车辆排班方法

在确定客流需求和时刻表之后，需要对公交车辆进行排班，即构建车次链、编制排班计划，给定时刻表、线路长度、发车间隔和客流需求等信息，在满足相关约束条件下，调配车辆执行时刻表给定班次（中间可插入空驶班次以减少车辆需求）。车辆调配的结果是构建车辆执行的班次序列，即公交车辆排班计划。对车辆排班计划进行优化，其优化目标是使整个公交线路运营成本最低，包括车辆购置成本（车辆数）、车辆能耗成本、排放成本等；约束条件包括保证每车次都有且仅有一辆车执行，每个车次任务开始和结束的车辆相同，车辆出入同一车场等。

传统的单条线路调度中车次链的构建比较简单，但是在大型公交系统中，为了优化时刻表所用的最小车辆数，常常使用车辆跨线调度方案，这时车辆的运营轨迹由"线"变成了"面"，车辆的调度工作需通过智能化的方法完成。

(4) 公交动态调度

公交车辆的运行过程受到道路交通、客流量、交叉口、信号灯等诸多因素的影响。当遇到影响行车计划表正常实施的状况发生时，线路调度人员须及时采取相应的调整措施，最大限度地减小或消除干扰事件对线路运营产生的负面影响。行业内将这种根据现场情况对行车计划表进行实时调整的调度方式称为动态调度。

动态调度应急措施主要包括调整行车顺序、调整行车间隔、调整有关车次的发车时间、安排机动车辆、调整中途站停站次数等。人工动态调度逐步被智能化系统调度所取代。公交智能化调度系统结合道路通行条件的变化情况进行公交车辆的站间行程时间预测，通过对车辆发车间隔、停站顺序、站间车速、驻站时间等变量进行滚动优化，还可以与交叉口信号进行控制协调，提升全线行车间隔稳定性和时刻表兑现率。

5.2.6.3 出租车交通组织

出租车交通能够为居民提供个性化的客运服务。按照预约形式划分，出租车分为巡游出租车、网络预约出租车，前者采用路侧扬招的形式、后者采用互联网预约的形式提供服务。出租车的运力投放是出租车交通组织的重点，一般可以用空驶率法进行估算。

(1) 计算出租车承担的城市居民出行周转量 Z（万人公里）

$$Z = RCBP \tag{5-21}$$

式中：R——城市人口数量，万人；

C——日人均出行次数；

B——城市居民出行方式结构中出租车所占的比例；

P——城市居民出租车方式平均出行距离，km。

(2)计算出租车日载客营运里程 $L_营$(万 km)

$$L_营 = \frac{Z}{n} \quad (5-22)$$

式中:n——出租车平均有效车次每趟的载客量,人。

(3)计算城市出租车投放量 N

$$N = \frac{L_营}{(1-k)Tv} \quad (5-23)$$

式中:k——出租车空驶率,k = 出租车空驶里程/出租车总行驶里程×100%,可以根据既有历史数据进行统计;

T——每辆出租车的日平均运营时间,h;

v——出租车的日平均运营速度,km/h。

5.3 货物运输组织

5.3.1 货物运输组织概述

货物运输相较于旅客运输,是通过载运工具完成货物位移的过程。货物运输是整个物流系统中一个极为重要的环节,在物流活动中处于中心地位。为了提高货物运输的效率、降低运输成本、保护环境,货物运输组织要更加注重对运输方式、运输路径及运输工具的合理选择。从综合运输视角出发,货物运输组织需要以畅通生产和消费两端的社会货物流通为目的,统筹配置铁、公、水、空、管等各种运输方式的运力资源,从安全、高效、经济、绿色等目标出发,合理发挥各方式的技术经济特点,实现货物运输生产的分工协作、连接贯通,畅通国民经济循环。

(1)货物运输分类

货物运输可根据运输方式不同,分为铁路运输、公路运输、水路运输、航空运输和管道运输;可根据货物的运输距离分为长途货物、中途货物和短途货物运输;可根据货物运输跨及地域范围分为国内货物和国际货物运输;可根据货物运输条件分为普通货物和特种货物(如鲜活易腐货物、危险货物等)运输;可以根据货物对运输速度的要求分为快速货物和普通货物运输。

(2)货物运输组织内容

货物运输是货物从发货地到目的地的运输过程,首先货主或托运人需要向运输企业提出运输需求申请,运输企业按照确定的业务流程,从货主或托运人手中收取货物,通过一定组织方法,按约定价格将货物运输到收货人手中。货组织流程可分为提出运输需求、运输需求受理、制定运输方案、组织货物装运、货物到达和交付五部分。

按照一批货物是否需要1辆或1辆以上的载运工具运输,可将货物运输形式分为整车货物运输和零担货物运输。例如,铁路货物运输方面,凡一批货物的质量、性质、体积、形状需要以1辆或1辆以上货车装运的,均按整车条件运输;公路货物运输方面,整车运输是指托运人一次托运的货物在3t(含3t)以上,或虽不足3t,但其性质、体积、形状需要1辆3t以上车辆的公路货物运输的形式。因载运工具的特殊性,水路和航空货物运输形式不按照整车运输和零担运输划分。

货物运输组织需要遵循经济合理的原则,即充分、有效、节约地使用运输能力,以最小的运力消耗、最少的运输成本、最快的运送速度,均衡、及时、安全完好地完成物资输送任务。货物运输组织的主要内容包括:根据载运工具的容许空间、设备条件、容许负荷,合理安排货物种类,确定合理的货物装载方案;根据货物发送需求,合理确定货物运到期限,并根据运输工具的运行要求,安全、高效、经济地设计发送、途中、到达作业各环节,同时提供全程性的货物监控服务和信息查询服务;面向区域或者全国货运网络,编制货物运输计划,实现运输能力的最佳运用、运力资源的最佳配置;面向多种类型的货运市场,设计有竞争力的货物运输产品,如快捷货物运输、重载运输、多式联运、国际联运、企业定制运输服务等。

(3)货物运输与物流

货物运输指将货物通过载运工具从一个地点运送到另一个地点的过程。物流的含义更广泛,其与传统货运相比,主要区别体现在物流的运输、仓储、配送、加工、分拣、包装等以生产企业的生产、销售计划为前提,生产的精益化组织要求物流在时间上的精确化。

物流服务有高度的计划性,必须充分考虑各种不确定性因素,要随着生产和销售计划而发生变化,即物流计划是精心设计的系统化的物流服务方案;物流要加强市场营销以争取用户,但这种营销并不是简单的报价和签约,而是为用户设计一整套最优化、最经济的产品物流方案;物流会向客户提供更多种类的增值服务,而不是单纯的完成货物运输的任务。因此,应加快推进传统货物运输向现代物流转变。

(4)特种货物运输

特种货物运输是指货物在运输、配送、保管及装卸作业过程中,需要采用特殊措施和方法的货物运输。特种货物一般分为三类,即危险货物、超限大件货物、鲜活易腐货物。

①危险货物运输。危险货物运输是指专门组织或技术人员对危险品使用特殊载运单元或载运工具进行的运输,要经过受理托运,仓储保管,货物装卸、运送、交付等环节,这些环节分别由不同岗位人员操作完成。其中,受理托运、货物运送及交付环节尤其应加强管理。

②超限货物运输。超限货物运输指用非常规的载运工具运输外形尺寸和质量超过常规载运工具装载规定的大型物件的货物运输。办理流程包括办理托运、制定运输方案、签订运输合同、线路运输工作组织、运输统计与结算等。

③鲜活易腐货物运输。鲜活易腐货物运输是指在运输过程中需要使用专门的载运单

元或者载运工具,或采用特殊措施,以便保持一定温度、湿度或供应一定的饲料、上水、换水,以防止死亡和腐烂变质的货物的运输。其办理流程包括受理、装载、运送等。

5.3.2 铁路货运组织

(1) 货物运输计划

铁路货物运输计划是对铁路货物运输的具体组织和安排,不仅体现了国家的运输任务,也是铁路与市场相联系的桥梁与纽带,是铁路货运营销的重要内容。铁路货物运输计划同时也是铁路制订和实施各项计划,如基本建设计划、机车车辆运用计划、设备制造维修计划、生产财务计划以及列车编组计划、列车运行图、运输方案、日常运输工作计划等的依据,是铁路日常运输组织工作的重要组成部分,也是实现运输效益和效率最大化的重要手段。

铁路货物运输计划应明确规定货物的运输数量(简称运量)、运量构成和运输方向,为了加强计划管理,凡经由铁路运输的货物都要纳入运输计划,实行计划运输。铁路货物运输计划按其编制期限可分为长远计划、年度计划和月度计划。

长远计划是较长时期的运量规划,通常为五年或十年,它根据国民经济发展的远景制定,表明相应时期内全路的运量规模和货物周转量等基本经济指标预期达到的目标,并作为铁路网发展规划和技术装备发展的依据。

年度计划直接反映计划年度国民经济计划中铁路应完成的运输任务,包括当年的货物发送量、货物流向、货物平均运程、货物周转量和货运密度等经济指标,作为列车编组计划、列车运行图和分配各铁路局集团有限公司货物运输任务的依据。

货物运输生产计划根据年度计划和托运人当时提出的具体运输要求编制,包括安排货源货流组织的铁路运输生产货运计划(简称货运计划)和安排货车等运输设备运用的铁路运输生产技术计划(简称技术计划),传统的铁路运输生产计划的编制周期为一个月,它既是年度计划在计划周期的具体安排,又是组织日常运输生产活动的依据。

(2) 货物列车编组计划

车流组织是铁路行车组织的一项重要内容,它规定车流由发生地向目的地运送的组织制度。货物列车编组计划是车流组织的具体体现。在铁路网上,装车站把装出的重车向卸车地点输送就构成了重车流;卸车站把卸后的空车送往装车地点又形成了空车流。

货物列车编组计划具体规定了路网上所有重空车流在哪些车站编成列车,编组哪些种类和到达哪些车站(装卸站或解体站)的列车,以及各种列车应编入的车流内容和编挂办法等,是编制列车运行图的基础。现阶段的编制原则为:

①合理组织装车地直达运输,减少技术站的改编工作量,加速货物输送和车辆周转。

②最大限度地减少车辆改编作业次数,尽量将调车工作集中到技术设备先进、编解能力大、作业效率高的主要编组站上进行,以减少人力物力消耗,节约开支,降低运输成本。

③合理确定各技术站编组列车的办法和列车编解任务,以确保各站工作的协调配合,

维持良好的作业秩序。

④合理组织区段管内和枢纽地区的车流,以减少重复改编,加速车流输送。

货物列车按编组地点和运行距离可划分为:始发直达列车、阶梯直达列车、基地直达列车、技术直达列车、直通列车、区段列车、摘挂列车、小运转列车,如图5-6所示。

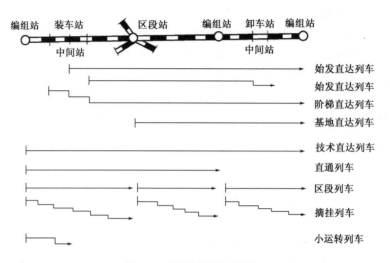

图5-6　货物列车分类示意图

为充分发挥铁路运输能力,满足货物运输需求,铁路货物运输组织还有如下形式:

①重载货物运输。重载铁路是指满足列车牵引质量不小于8000t、轴重达27t以上、在长度不小于150km线路上年运量不低于40Mt三项条件中两项的铁路。重载列车组织形式主要有单元式、整列式和组合式三种。单元式重载列车运用范围最广,经济效益显著。在我国繁忙干线上开行的重载列车主要为整列式,其他国家应用较少。我国大秦铁路开行单元式及组合式重载列车,其中两万吨重载列车采用两列及以上同方向运行的万吨单元重载列车首尾相接、合并组成的组合形式。

②快捷货物运输。铁路开展快捷货物运输的目的在于丰富铁路货运服务产品,提高货物运输的时效性和可靠性,增强铁路在中、高附加值货物运输市场上的竞争力。我国铁路快捷货物运输班列主要包括:五定班列(集装箱班列、普通货物班列等)、行邮行包专列、高铁快运班列、电商快递班列、铁海快线集装箱班列等。

近年来,以医药、鲜活易腐货物运输等为代表的快捷货物运输需求逐渐增加,这些货物品类对运输速度和运输条件提出了更高的要求。随着高铁网络密度和覆盖范围的增加,高铁在快捷货物运输市场中的作用也日趋凸显。《国家综合立体交通网规划纲要》中也明确指出要发展高铁快运。目前,我国高铁快捷货物运输大多通过载客动车组列车捎带、载客动车组预留车厢、高铁确认车等模式开展高铁快捷货物运输服务。

③国际铁路货物联运。在两个或两个以上国家铁路货物的全程运送中,使用一份运送票据,并以连带责任办理的运送,称为国际铁路货物联运,目前国际铁路货物联运的公

约主要为《国际铁路货物运输公约》《国际铁路货物联运协定》，两部公约均是关于国际铁路货物联运范围、运输条件、运送费用计算核收办法及铁路与收、发货人之间权利和义务的协定，是欧洲和亚洲的一些国家办理国际铁路货物联运时采用的最主要协定，对铁路和收、发货人均具有约束力。我国于1954年开始执行《国际铁路货物联运协定》，近年来快速增加的中欧班列就是在此基础上蓬勃发展起来的。中欧班列是按照固定车次、线路、班期和全程运行时间开行，运行于我国与欧洲以及"一带一路"沿线国家间的铁路国际联运列车。自2011年3月由我国重庆开往德国杜伊斯堡的首列中欧班列开行以来，中欧班列始终保持着快速发展态势，构建了我国至欧洲的铁路快运通道，丰富了国际铁路货物联运形式。面对中欧班列持续高位的运输需求，可从加强中欧班列运输组织、优化班列开行方案、完善境外通道布局、加快信息集成平台建设等方面，持续推动中欧班列高质量发展。

④路企直通运输。路企直通运输是通过适应性技术改造和运输组织优化等措施，实现本务机车在铁路与"三厂"（电厂、钢厂、石化及炼油厂）、"两矿"（煤矿、金属及非金属矿）、"一港"（主要港口）、"一路"（合资及地方铁路）间的直入直出。为保证运输作业全过程贯通和结合部的无缝衔接，需要引导厂矿企业将货源货流向能够实行路企直通运输的装卸车点集中，减少零散装卸作业点，采取按列组织模式，大力组织点到点直达，同方向整列运输。对大宗货源货流，实现路企间定点、定线组织。

(3) 车站货运工作组织

①车站货运作业。车站货运作业包括办理货物的承运、装车、卸车、保管与交付，零担货物的中转，货运票据的编制与处理等。装车一般指将货物从发站铁路货场装至货车上，卸车一般指将货物从货车上卸至到站铁路货场。

②铁路货场管理。铁路货场是车站办理货运作业的基本场所，是车站的一个生产车间。货场管理的目的是：经济合理地利用铁路货场设备，科学地组织货运作业，提高货场作业能力和运输效率，按时保质保量地完成国家规定的货物运输任务。货场管理的内容主要包括货场计划管理、货场作业方案、货场设备管理、货场安全管理。

③中间站货运作业集中化。铁路实行货物运输作业集中化，大多数是封闭货运小站，加大货运站间距离，重点装备货运基点站，将货运业务集中在基点站办理。适合我国国情、路情的货运集中化方式主要有：停办车站的全部货运作业，限办车站某一品类或某一季节性货物、停办其他货运作业，封闭运量小的专用线，实行枢纽内货运站的专业化。

④技术站中转作业。技术站中转作业流程可概括为到达、解体、集结、编组、出发。集结是指在技术站上为编组某一到达站(又称去向)的出发车列(或车组)，由于在质量或长度上有一定要求，因而使陆续进入调车场的货车有先到等待后到凑集满重或满长的过程，这一过程称为货车集结过程。按调车场和按车流的货车集结过程如图5-7所示。货车在这种过程中消耗的时间，称为货车集结时间。在货物作业车的技术作业过程中，取送车作业是最重要的环节。只有及时送车，才能及时完成货物装卸作业；只有及时取车，货车才能及时编入列车正点出发。货车取送与装卸和编发紧密配合如图5-8所示。

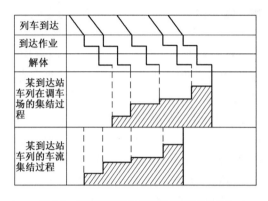

图 5-7　按调车场和按车流的货车集结过程

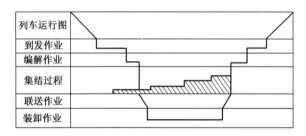

图 5-8　货车取送与装卸和编发紧密配合

5.3.3　公路货运组织

(1) 货物运输计划编制

公路运输企业的货物运输计划由运输量计划、车辆计划、车辆运用计划三部分构成。通常,先编制运输量计划,明确任务,然后编制车辆计划与车辆运用计划,以满足运输量计划的要求。

①运输量计划以货运量和货物周转量为基本内容,主要包括:关于货运量与货物周转量的上年度实绩、本年度及各季度的计划值以及本年计划与上年实绩比较等内容。通常可根据下列资料确定货物运输量:国家近期运输方针和政策;各种运输方式的发展情况;公路网的发展情况;企业长期计划中的有关指标和要求;运输市场调查及预测的结果,以及托运计划、运输合同等资料;服务地区经济发展以及其他有关的资料。当运力小于需求时,以车定产;当运力大于需求时,以需定产。

②车辆计划即企业计划期内运输能力计划,主要需列明企业在计划期内营运车辆类型及各类车辆数量增减变化情况及其平均运力。车辆计划的主要内容包括:车辆类型及年初、年末及全年车辆数、各季度车辆增减数量、标记吨位等。其中车辆数为平均车数,指公路货运企业在计划时期内所平均拥有的车辆数。

③车辆运用计划是计划期内全部营运车辆生产能力利用程度的计划,它由车辆的各项运用效率指标组成,是平衡运力与运量计划的主要依据之一。车辆运用计划编制的关

键在于各项效率指标的确定。由于各项效率指标相互联系、相互作用,须注意各项指标之间的相互协调。

(2)车辆运行调度与行驶路线

①车辆运行调度。车辆运行调度是通过车辆运行计划和调度命令,对企业内部各个生产环节,特别是对车站、车队、场站、装卸等部门作出合理安排,使其在时间、空间上平衡衔接,紧密配合,组成一个统一协调的整体,以保证运输生产的连续性和均衡性。

车辆运行调度工作的主要任务是确保货物调运计划和运输生产计划的完成。在完成上述任务的过程中,应充分发挥车辆运用效率,使企业取得较好的经济效益。为确保上述任务的完成,在组织运输生产过程中,需要根据运输政策和运输任务的分布,发布生产调度命令。通过各级调度机构编制车辆运行作业计划,将货物调运计划和运输生产计划具体落实到车站、车队和驾驶员,并对车辆运行进行不间断的组织、指挥和监督,发现生产环节的不平衡情况时,应及时组织平衡,保证运输生产连续而有节奏地进行。

车辆运行调度需要科学分析客观条件,挖掘运输潜力,使运力得到最佳运用,这是公路货运企业组织生产活动、提高经济效益的一种重要手段。主要车辆运行调度方法包括循环调度、交叉循环调度、三角调度,如图5-9所示。

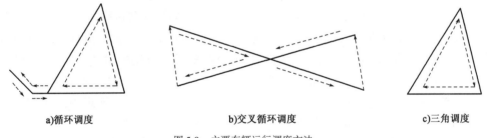

a)循环调度　　　　b)交叉循环调度　　　　c)三角调度

图5-9　主要车辆运行调度方法

②车辆行驶路线。车辆行驶路线就是车辆在完成运输工作中的运行路线。由于车辆在完成货运任务时,通常有多种可选择驶路线,而不同行驶路线的完成效果之间存在着较大差异。因此,在满足货运任务要求的前提下,如何选择最经济的运行路线,是货运组织工作中的一项重要内容。

当道路网结构复杂且货运点分布范围较大时,可以采用运筹学方法来确定车辆行驶路线的最佳方案。大宗货物运输中,车辆采用整车装卸的运输形式。由于装卸点位置以及车辆载重行程较为固定,因此车辆里程利用率最高的路线就是最佳行驶路线方案。

整车装卸货运车辆的行驶路线一般分为往复式和环形式两类,往复式行驶是指车辆在某路线两装卸作业点之间做一次或一次以上重复行驶,环形式行驶路线是指不同运输任务的装卸点依次连接成一条封闭路线。小批量货物运输路线则多为汇集式行驶路线,该种行驶路线下,车辆沿着分布于运行路线上各装卸作业点依次完成相应的装卸作业,且每运次的货物装(卸)量均小于该车额定载质量,直到整个车辆装满(或卸空)后返回出发点。

(3) 货运站工作组织

公路货运站是公路运输办理货运业务及仓储保管、车辆保养修理及为用户提供相关服务的场所,是公路货物运输的生产与技术基地。其中,设在多条运输干线交汇处或多种运输方式衔接地,能够共同办理多种运输业务,可为客户提供综合性运输服务的场所称作运输枢纽。场站承担货物集散、中转换装、车辆运行组织、后勤保障和综合服务等功能,在公路运输系统中发挥着基地、桥梁与纽带的作用。

公路货运站有零担、集装箱货运站及中转站等。公用型货运场站面向全社会的货运车辆开放,是公路运输网络及综合运输网络系统中的重要结点。货运站的基本任务是满足营运区域内客户对公路货运的要求,组织好公路货运工作以及公路与铁路、水路等其他运输方式的联运;提高公路运输的实载率。

(4) 货物运输组织形式

① 整车运输组织。整车运输组织主要形式包括双班或多班运输、定挂与甩挂运输、定时运输与定点运输等。

多班运输以工作 8h 为一个班次。一天 24h 内,如果一辆车出车工作两个班次或三个班次,就称为双班运输或多班运输。

定挂运输是指汽车在完成运行和装卸作业时,汽车与全挂车一般不分离、将汽车和挂车固定在一起。甩挂运输是指在运输过程中,根据不同的装卸和运行条件,由载货汽车或牵引车按照一定的计划,相应地更换挂车继续行驶的一种运输方式。甩挂运输组织形式可分为一线两点甩挂运输、一线多点沿途甩挂运输、多线一点轮流甩挂运输、循环甩挂运输、驮背运输等。甩挂运输有利于减少空驶率、提高运输效益及运输安全性。

定点运输是指按发货点固定车队、专门完成固定货运任务的运输组织形式。定时运输是指车辆按运行计划所拟定的行车时刻表进行运行,行车时刻表一般规定汽车从车场开出的时间、每个班次到达和开出货运站的时间,以及装卸工作时间等内容。

② 零担运输组织。货主需要运送的货不足一车,则作为零星货物交运,承运部门将不同货主的货物按同一到站凑整一车后再发运的服务形式。零担运输组织形式可分为直达式零担班车运输、中转式零担班车运输、沿途式零担班车运输等。

5.3.4 水路货运组织

水路货运组织可分为船舶运营组织与港口运营组织两大部分。

5.3.4.1 船舶运营组织

(1) 船舶运营组织的基本内容

船舶运营组织的基本内容主要包括船舶运营计划、船舶调度两部分。

① 船舶运营计划。它是指航运企业在计划期内对所运输货物的数量、流向和主要技术经济指标,以及运营船舶的提供和调配所作出的安排,主要由货物运输计划(即运量计划)、运力计划(船舶计划及船舶运用计划)以及运量与运力平衡后制订的船舶作业计划3

部分组成。此外,按编制期限长短,船舶运营计划分可为年度计划、月度计划、旬度计划、日常计划等。

②船舶调度。船舶调度又称航运调度,它是指航运企业调度部门为保证企业作业计划实现而进行的一系列检查和督促、联系和协调、指挥和部署工作的总称。根据业务范围的大小,船舶调度,可分为计划调度、各船队(如货运、油运、客运等)调度、船舶运行值班调度、在港作业船舶值班调度等。

a. 船舶调度工作制度。船舶调度工作制度通常包括调度值班制度、调度会议制度、调度汇报制度、调度通信规程、调度日志、调度工作规程、调度命令、调度统计与分析等。

b. 调度作业调整。调度作业调整的对象包括船舶、港口、货物三个方面。调整的内容和方法主要可概括为船舶在港作业的调整、运行作业调整和在港密度调整。

c. 调度作业决策。调度作业决策负责解决当发生特殊情况需要处理,又存在多个解决方法时如何选择最佳方案的问题,其与调度作业调整不同,调度作业调整负责解决当计划和实际将发生或已发生偏差时如何采取补救措施的问题。

(2) 不同运营方式的船舶运营组织的特点

当船舶采用班轮运输组织或不定期船运输组织时,其运营组织有自身的特点。

①班轮运输组织。班轮运输组织主要解决以下问题:航线设计、航线配船、班轮船期表的编制及班轮日常组织管理。

a. 航线设计。航线设计是指班轮公司在开辟新的航线时,确定航线结构和班轮挂靠港口的过程,主要包括拟定航线各挂靠港口间所需要的船舶吨位、各港间空船吨位平衡表、空船最优调拨方案、最优航线等。航线设计核心是明确航线结构(也称航线布局形式)。以集装箱班轮运输为例,常见的航线结构形式包括点-点航线(图5-10)、枢纽-辐射式航线(图5-11)、环绕式航线(图5-12)、钟摆式航线(图5-13)。值得注意的是,这些航线形式也经常结合使用,例如,枢纽-辐射式航线的干线航线可以是点-点航线,也可以是钟摆式航线或者环绕式航线。

b. 航线配船。航线配船是指合理地配置船型、船舶规模及数量,使其不仅能满足每条航线的技术、运营要求,而且能使船公司获得良好的经济效益。航线配船包括多线多船型、多线单船型和单线单船型3种情况。多线多船型的配船问题是研究多条航线和多船型的情况下的合理配船问题。多线单船型的配船问题较多线多船型配船问题简单,而且只有在运量大于运力时才有研究的必要。单线多船型的配船问题只有当运力大于运量时才有研究的必要。目前航线配船的方法主要有数学模型法和比较计算法。无论何种方法,航线配船首先都必须收集、整理、分析船型、航区资料;其次是提出航线配船方案的评价标准;最后是根据各航线的运营经济特性,将船舶分配到相应的航线上。

c. 班轮船期表的编制。班轮船期表是以表格的形式反映船舶在位置和时间上运行程序的文件,其主要内容包括船名、航次编号、始发港、中途港和终点港的港名,到达和驶离各港的时间。编制班轮船期表遵循以下步骤:首先,确定航线参数,含航线货流量、航线形式、挂靠港口、投入船型以及有关的技术定额等;其次,计算船期表相关参数,包括往返航次时间、航线配船数、航线发船间隔、到发时间；最后，确定班轮船期表。在对货运需求与船舶供给、船舶使用、航线班期密度、港口工作量等方面进行综合平衡的基础上，最终确定班轮船期表。

d. 班轮日常组织管理。班轮日常组织管理是指基于公布的船期表，调度部门编制航次船舶运行计划及实施过程监控等工作。

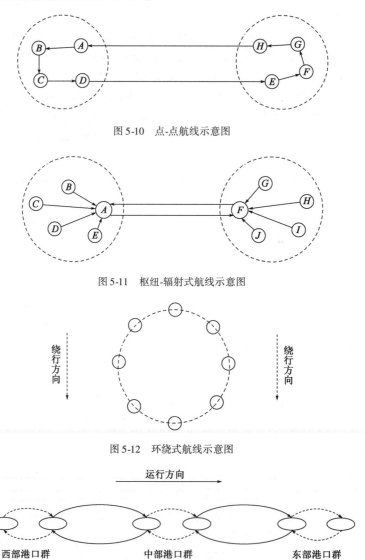

图 5-10　点-点航线示意图

图 5-11　枢纽-辐射式航线示意图

图 5-12　环绕式航线示意图

图 5-13　钟摆式航线示意图

②不定期船运输组织。不定期船运输组织主要解决以下问题：航次估算、船舶最佳运

营航速决策、具体船舶选线决策、具体航次选船决策、具体航次船舶航行线路决策、船舶期租决策、船舶封存决策以及日常组织管理等。

a. 航次估算。航次估算是对船舶每一航次的运营经济效果预先所作的测算。航次估算是船东或经营人进行航次租船决策的基础，特别是当有多个航次货载机会时，根据估算结果，船舶经营者就能作出最有利的决策，即选择单位时间净收益最大的航次签订航次租船合同。

b. 船舶期租决策。对船东而言，通过将期租租价（C/B）与租金基价（H/B）进行比较，以确定船舶期租是否有利：当 C/B > H/B 时，出租盈利；当 C/B = H/B 时，出租不赔不赚；当 C/B < H/B 时，出租亏损。

c. 船舶封存决策。船舶封存决策是指通过权衡船舶封存成本与船舶运营亏损额来选择最佳方案的过程。一般而言，船舶封存的经济条件为：当船舶运营亏损额 < 船舶封存成本时，应继续运营；当船舶运营亏损额 = 船舶封存成本时，视其他情况而定（称为封存点或封存界限）；当船舶运营亏损额 > 船舶封存成本时，应停航封存。

5.3.4.2 港口运营组织

（1）港口计划

港口计划包括年度生产计划和作业计划两大类。

①年度生产计划。它是编制港口其他计划的依据和基础，主要包括货物吞吐量计划、装卸生产工作计划、设备运用计划等。

②港口作业计划。它是把港口年、季度任务，结合计划月份的具体情况，按月、旬、日、班落实到港口生产的各个环节，并组织实现的计划。港口作业计划从类别上可分为月度生产计划、旬度生产计划、周滚动计划、昼夜作业计划、工班作业计划和单船作业计划。其中，昼夜作业计划是港口（或作业区）进入装卸作业的船舶、车辆昼夜 24h 分班次连续作业计划，由泊位及作业计划、机械计划、堆场作业计划、集港计划、疏运计划等组成。单船作业计划详细规定了船舶从抵港到发航为止所有的作业项目、程序、时间和相应责任者，并对港区各部门及港外协作单位提出具体协作要求，是组织船舶装卸作业的主要依据。

（2）港口调度

港口调度，也称码头生产控制，是保证企业作业计划实现而进行的系列检查和督促、联系和协调、指挥和部署工作的总称。港口调度可分为计划调度、船舶积载、装卸工艺、装卸值班调度、港口拖轮值班调度、机车值班调度等。港口调度一般设立三部分的职责人员：业务计划人员、值班调度人员和业务核算与分析人员。我国港口生产调度工作主要是通过编制生产作业计划、召开各类生产调度会议以及现场调度指挥来开展的。

（3）港口装卸作业组织

一条船舶的装卸作业是由若干条装卸作业线组成的。一条装卸作业线又由若干作业工序所组成。因此，作业工序组织是装卸作业的基础，而装卸作业线与装卸作业线之间的协调，则是船舶装卸作业组织的重要内容。

①装卸工艺方案的选择。港口装卸工艺是指港口货物装卸和搬运的程序与方法,包括装卸作业的操作方法、作业顺序、作业技术标准和规范以及维护工艺纪律的生产组织程序。

装卸工艺过程是指货物从一种运输工具换装到另一种运输工具所完成的换装作业过程,一般是由一个或多个操作过程组成的。一个操作过程是指在船、车、库(场)之间,货物每经过其中两个环节完成的一次位移。常见的港口装卸工艺过程包括以下几种类型:车-库(场)-船;船-驳船-车;车-库(场)-车-船;车-船;船-船(海船、江船、驳船)。

在港口装卸工艺过程中,根据不同的工作地段划分作业工序:舱内作业、起落舱作业、水平搬运作业、拆码垛作业(或库场作业)、车上作业等工序。

在实践中,不同类型货物的装卸工艺有所不同,表 5-5 显示了不同类型货物的主要装卸工艺方案。

不同类型货物的主要装卸工艺方案　　　　表 5-5

货物类型	主要装卸工艺方案
集装箱货物	底盘车系统;跨运车系统;轮胎式龙门起重机系统;轨道式龙门起重机系统;跨运车-龙门起重机混合系统
件杂货	船-汽车或火车;船-堆场-汽车或火车;船-中转船
煤炭	船-汽车或火车;船-堆场-汽车或火车;船-输送带
矿石	船-堆场-汽车或火车;船-堆场-中转船;船-中转
粮食	船-输送皮带-粮仓;船-罐包机-堆场(袋)-汽车;船-散粮车;船-粮仓或仓库-散粮车;船-粮仓(散)-罐包机-汽车
液体、气体	船-管道-储罐;船-管道-油气罐车

②单线作业组织。单线作业组织是以操作过程为基础,以船舶每个舱口为单元所进行的人-机联合组织。组织散件货装卸作业时应充分发挥装卸机械的效能及各工序之间的协调与平衡。

③多线作业组织。多线作业是指一艘船或每个舱口组织两条以上作业线进行装卸的方法。由于一艘船舶在港装卸的停泊时间,取决于重点舱装卸作业延续时间。因此,缩短重点舱装卸作业延续时间成为多线作业组织的关键性问题。

④装卸作业监控。现场调度人员应密切注意重点舱装卸进度,采取措施缩短装卸时间。同时,应严密监督主导环节装卸机械的运行,尽量减少作业环节。

5.3.5　航空货运组织

航空物流网络以机场为"节点"、以航空运输线路为"边",具有服务范围广、附加值高、快捷高效等特点。

在从发货人开始,经过地面运输服务、机场货站服务及空中运输服务等作业环节,并最终将货物送到客户(收货人)手中的一系列过程中,由航空货运代理企业、地面运输企业、机场货站服务企业、航空运输企业及客户等组成的有机整体,称作航空物流服务链,如图 5-14 所示。

图 5-14　航空物流服务链构成的示意图

在航空货运组织中,运输计划和载运工具编组计划的编制与航空旅客运输组织相关计划的编制相同,不同的是航空货运组织更强调货运站工作组织、货运组织形式和货物的集装组织。

(1)航空货运业务流程

航空货运业务流程的环节较多,如市场销售、委托运输、订舱、标签、报关、交接发运、航班跟踪、信息服务、费用结算等。同时,货运站业务流程按照进港和出港、国内和国际、货物种类与形式、是否中转等又可进行详细划分。货站进出港作业流程如图 5-15、图 5-16 所示。

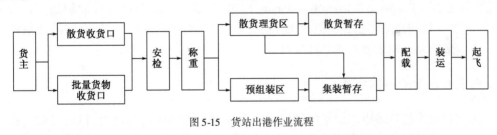

图 5-15　货站出港作业流程

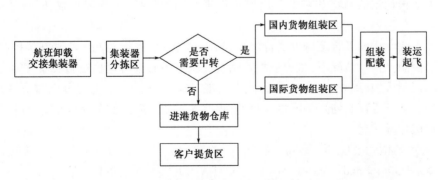

图 5-16　货站进港作业流程

(2)航空货运组织形式

航空货运组织形式,按照航班的确定性,可分为班机运输和包机运输;按照客货是否混载,可分为客机腹舱运输、全货机运输和"客改货"运输;按照货物类型,可分为航空货物运输、航空快递运输和航空邮件运输;按照是否集运,可分为散装运输和集装运输。

班机运输是定期、定航线、定始发站和目的港、定途经站的航班,具有安全、迅速、方便的优势,但客货混载情况下货运舱位受限较为严重。包机运输则是由租机人租用整架飞机或若干租机人联合包租一架飞机进行货物运输的方式。包机运输便于解决货运舱位限制,弥补无直达航班的不足,缓解旺季运输供给紧张的情况,并且便于满足特种货物的装载限定。

航空货物特种货物(Specific Goods)是指那些由于货物本身的性质原因(如危险品、鲜活易腐货物、有强烈气味的货物)、价值原因(如贵重货物)、体积原因(如超大货物)或质量原因(如超重货物)等,在承运时受特殊限制的货物的总称。其中,以航空冷链运输和航空危险品运输最为特殊。

近年来,冷链消费市场对航空冷链物流市场需求正在迅速增长,医疗用品和温度敏感材料类精密设备的需求也在不断增加。在药品运输方面,国际航空运输协会(IATA)在2013年9月颁布了药品航空运输领域的标准——药物处理独立验证机构卓越中心(Center of Excellence for Independent Validators for Pharmaceutical Logistics,CEIV Pharma)标准。该标准旨在帮助相关组织和整个航空货运供应链实现卓越的药品物流操作。截至2021年8月,我国(不含港澳台)仅有上海、北京、深圳、广州四个机场的货运设施获得该认证。

航空危险品是指在运输过程中可能对健康、安全或财产造成严重损害,并依据 IATA《危险品规则》(Dangerous Goods Regulation,DGR)分类标准归类的物质和物品。日常生活中,很多常见的物品都属于隐含类危险品,如汽车、带锂电池的玩具、家居用除虫喷雾等。航空危险品运输需要得到特殊许可。

5.3.6 管道运输组织

油气管道系统运输组织通常由管网运营企业专职的调度机构负责,包括对油气管网设施相关运输计划的制定和对生产运行实行统一调度指挥、远程监控操作、事故应急处置等。

我国主要干线油气管道调度实行调度中心远程控制、区域控制中心和站场控制、就地控制三级控制。正常情况下,整个油气管网会在调度中心进行远程控制操作,区域控制中心和站场控制机构(简称本地控)具有监视功能,紧急情况下,站场也可以对管道运输系统进行控制。三级控制均具备紧急切断、管道水击控制、静电释放(ESD)安全保护、输油输气过程优化等功能。

我国管道运行企业已经完成天然气、原油和成品油三套数据采集与监视控制系统(Supervisory Control and Data Acquisition,SCADA),并实现系统的国产化。

管网运营企业应当根据与托运商签署的服务合同,制订输气计划。托运商应当根据合同约定,按时提交明确上下载点的年度、月度输气计划以及日指定计划。托运商日指定计划与月计划存在偏差、托运商变更日指定计划,须经管网运营企业同意。管网运营企业调度机构根据企业下达的生产和销售计划,编制管道运行方案,通过季协调、月计划、周平衡、日指定等方式,对油气管网资源进行统一调配,优化运行。

5.3.6.1 油品管道输送工艺与流程

(1)油品管道输送工艺

油品管道输送工艺是指实现管道油品输送的技术和方法,主要根据油品性质和运输量,确定输送方法和流程、输油站类型与位置,选择管材和主要设备,制定运行方案和运输量调节措施。油品管道输送工艺可分为常温输送、加热输送和顺序输送等。实践中,应根据油品性质和管道所处的环境确定具体的输送工艺。

①油品常温输送是指针对成品油和低凝固点、低黏度的原油等油品在常温下的流动性能够满足长距离管输输送的要求,不需要对管输油品介质进行加热输送的管输方式。常温输送的油品在管道内流动过程中,不断与管道埋设处周围土壤换热,油品温度接近常温状态,是一种较为简单的管输方式。

②油品加热输送是指在输送易凝高黏油品时,为避免油品在管道内由于温度下降,黏度上升或凝固等问题,在管道起点和中途将油品加热的油品输送方法。通常除了加热输送,还可以采用给管道增加保温层、掺轻油稀释、热处理、加改性剂和减阻剂的方法,进一步保障油品在管道内流动时不凝、低黏,以降低输油的动力消耗。

③油品顺序输送是在一条管道中按一定顺序连续输送多种油品的管道输油工艺。为降低管道建设成本,提高单条管道输量,工程上将油品性质相近的多标号汽油、煤油、柴油等轻质油品类组织成连续的批次,或在原油管道上将不同性质的原油组织成连续批次,按照后续批次油品推动前批次油品的方式批量顺序输送,并在分输站和末站按照批次分别接收油品。顺序输送过程中会发生泵站混油和管道沿程混油,这是降低油品质量的关键原因。工程上通过优化批次组织、优化管输介质流速、增加隔离球、自动切换油品界面等方式减少混油量。

(2)油品管道输送流程

①原油管道输送流程如下:油田油库→原油长输管道→炼油厂油库→炼油厂。流程中可能增加储备油库、计量站等环节,其中管道首站除了接收油田油库的资源,还可能接收储备油库、进口码头、进口管道、其他上游管道的原油资源。

②成品油管道输送流程如下:炼油厂→油库→成品油长输管道→分销油库。流程中可能增加储备油库、计量站等环节,其中管道首站除了接收炼油厂的资源,还可能接收储备油库、进口码头、进口管道、其他上游管道的成品油资源。

5.3.6.2 天然气管道输送工艺与流程

(1)天然气管道输送工艺

天然气管道输送工艺较为通用,工艺涉及管道本体、首站、中间站和末站等。其中首站接收从上游油气田生产的商品天然气、储气库采气或液化天然气(LNG)接收站气化外输天然气,在首站进行计量、过滤、增压后进入管道。中间站包括分输站、清管站、压气站等,其中分输站为下游用户分输并计量天然气,清管站接收清管球并过滤净化天然气,压气站利用压缩机组为天然气增压,为天然气流动提供动力。末站是管道的终点,通常承担分输站的功能。

(2)天然气管道输送流程

天然气被从气井或油井中采出至输送给用户,其基本管道输送流程如下:油田或气田→输气干线→城镇或工业区配气管网→用户。

5.3.7 城市货运配送组织

5.3.7.1 城市货运配送

(1)城市货运配送的概念与要素

配送是在经济合理区域内,根据客户的要求对物品进行加工、包装、分割、组配等作业,并按时送达指定地点的货运活动。城市货运配送是从货物流通中心/节点到用户之间的一种特殊送货形式,与通常的直达运输不同,城市货运配送是"配"与"送"的有机结合,配送结合了分拣、加工、配货等功能。城市货运配送具有多品种、小批量、多批次、周期短的特点。

由于产品形态、企业状况及顾客要求不同,配送过程也会有所不同,甚至存在较大差异。通常城市货运配送过程包括备货、储存、分拣及配货、配装、配送加工、配送运输和送达服务7个环节。

①备货是配送的准备工作和基础工作,主要内容包括筹集货源、订货或购货、集货、进货及有关的质量检查、结算、交接等。

②储存有储备及暂存两种形态。储备是按一定时期的配送经营要求形成的对配送的资源保证,储备数量较大,储备结构较完善,视货源及到货情况,可以有计划地确定周转储备及保险储备结构及数量。暂存是具体执行日配送时,按分拣配货要求,在理货场地所做的少量存储准备。暂存主要是调节配货与送货的节奏。

③分拣及配货是完善送货、支持送货的准备性工作,有利于提高送货服务水平。

④配装是在单个用户配送数量不能达到车辆的有效载运负荷时,集中不同用户的配送货物进行搭配装载以充分利用运能、运力。

⑤配送加工是按照配送客户的要求进行的流通加工。

⑥配送运输往往是运输中的末端运输、支线运输,是较短距离、较小规模、频度较高的运输形式。

⑦送达服务是送达货物到用户的交接过程,包括卸货地点选择、卸货方式选择等交接服务。

(2)配送的服务方式

根据配送的主体和客体、配送的服务形式以及配送的组织形式等可以对城市货运配送进行分类。本节主要介绍按不同服务方式划分的配送类型。

①定时配送。定时配送指按规定的时间间隔进行物品配送,每次配送的品种和数量均可按计划执行,也可按事先商定的联络方式下达配送通知,按客户要求的品种、数量和时间进行配送。

②定量配送。定量配送指按规定的批量进行配送,但不确定严格的时间,只是规定在一个指定的时间范围内配送。这种方式由于每次配送的品种、数量固定,备货工作较为简单,不用经常改变配货备货的数量,可以按托盘、集装箱及车辆的装载能力规定配送的定量,既能有效利用托盘、集装箱等集装方式,也可做到整车配送,所以配送效率较高,成本较低。

③定时定量配送。定时定量配送指按照规定的配送时间和配送数量进行配送,兼有定时、定量两种方式的优点,具有较高的服务质量水平,组织工作难度很大。由于适合范围有限,通常只适合在生产稳定、产品批量较大的客户中推行。

④定时定量定路线配送。定时定量定路线配送是在规定的线路上按规定时间表进行物品配送。这种配送方式有利于安排车辆及驾驶员,在配送用户较多的地区,可以避免配送工作组织的困难,适用于消费者集中、配送数量、品种及时间等都较稳定的地区,如连锁商品配送活动。

⑤即时配送。即时配送指完全按照客户提出的时间、数量方面的配送要求,随即进行配送的方式。这种方式使客户可以将安全库存降低为零,以即时配送代替安全库存,实现零库存经营。

⑥准时(JIT)配送。准时配送是指以需定供,即供方根据需方的要求,按照所要求的品种、规格、质量、数量、时间等将物品配送到指定的地点的配送模式。准时配送可以使客户有效安排接货的人力、物力并实现零库存、零废品,也可以避免商品积压、过时变质等浪费现象。

(3)城市货运配送系统

①城市货运配送系统的构成要素。城市货运配送系统的构成要素包括:配送基础设施、配送装备、运输网络、配送管理、信息系统等。配送基础设施包括配送道路、货物流通中心、配送中心、仓库等。配送装备包括车辆、搬运装置、装卸装置等。运输网络包括运输路线的配置、配送节点的布局衔接关系等。配送管理包括各种设施、装备、网络的运转指挥、协调、组织等。信息系统具有组织协调运力,支持各要素之间的信息交互,存储客户需求、车辆路线安排等功能。

②城市货运配送系统优化目标包括:

社会目标。社会目标是为城市及周边范围的各类产业、客户提供通达、覆盖广的配送网络,在保证配送活动需求的场所、道路容量有限的前提下尽可能节约城市用地,减少车辆出行,减少交通压力和污染,间接降低社会成本。

技术目标。技术目标是指合理的配送中心数量、地址、规模,以及合理的运网密度等。合理的配送中心数量、地址、规模能有效协调基建投资成本与运输成本。运网密度是指单位区域面积城市配送道路的长度,这个长度因受交通时段、区间管制的影响并不是实际长度。一般认为,运网密度越大越好,但对应要求的投资越大,因而需要一个合理的运网密度。

经济目标。经济目标是使配送网络系统的费用最低,费用包括建设费与运营费。不同的配送模式、库存策略、运输手段等对配送的要求是不一样的,因而费用的最低化需考虑不同的配送模式、库存策略、运输方式等因素下的各种费用。

5.3.7.2 城市货运交通管理

城市货运配送需要服从城市货运交通管理的要求。城市货运交通管理配合货运线路、站点及停车规划,从区域和时段两方面,根据不同车型、路段和运输货物种类,对货运车辆制定交通管制措施,对货运车辆在市区装卸、停放的路边空间、装卸时间进行限制,根据不同货车的质量、尺寸、排放标准和载运货物种类对货车行驶路线及不同区域进出进行控制。不同城市的产业布局、货运需求、道路网络、交通管制等差别较大,城市货运交通管理政策也不尽相同。通常货运交通管理措施包括大型货车行驶规则、货车规定路线、货车停车限制等。

(1) 大型货车行驶规则

城市通常根据需要划定某些线路或区域范围,禁止或限制大型货车驶入。在指定道路以外的规定时间段内,大型货车行驶需要特殊许可证。在城市道路上,可通过巡逻和监视摄像器两种手段,对在规定道路上没有行驶许可证的车辆进行监督。

(2) 货车规定路线

基于安全和排放考虑确定货车在城区的限制路线。货车路线机制更好地满足了货车营运所需要的道路基础设施,如更大的转弯半径和车道宽度。在这些路线上的信号配时,可通过延长黄灯时间和增加绿信比的方式来适应货车加减速比较慢的实际情况。

(3) 货车停车与装卸

城市中心商务区货车的停车与装卸困难的问题比较突出,如道路相邻区域装载区不足;装载空间小,大型货车难以使用;货车的装载区时间管理与重型货车和配送车辆不协调等。

货车停车与装卸管理包括设置不同类型的设施满足货车停车和装卸的需要,包括路边、内街停车设施的利用。国外很多城市都针对货车的停车与装卸采取了很多措施,例如,通过管制标志,对路侧空间重新分配,修改路边标志,保证停车位可以为频繁进行装卸作业的货车预留;根据商务区的大小,规定设立装载区,在条件允许的地方,将商用车的装载区延长;引入新式的停车技术;制定装载区计费制度,规定货车可以使用停车位的最长时间;鼓励建筑商修建离街停车区,允许货车进行数小时的装卸作业;加强停车管理执法,尤其是针对那些造成交通拥堵和商务停车区的违规停车。

5.3.8 邮政快递作业组织

邮政快递业是为社会提供寄递服务以及国家规定的其他服务的行业,服务既包括邮政普通服务,也包括快递服务等商业化服务,行业主体包括邮政企业、快递企业等其他类型的寄递服务组织,公有制及多种所有制形式并存。邮政快递业在现代经济社会中的作用越来越突出,既是国家重要的社会公用事业,也是服务生产、促进消费、畅通循环的现代化先导性产业,是国脉所系、发展所需、民生所依。

邮件是指邮政企业寄递的信件、包裹、汇款通知、报刊和其他印刷品等。快件是指快递企业递送的信件、包裹、印刷品等。寄递服务是指将信件、包裹、印刷品等物品按照封装上的名址递送给特定个人或者单位的活动,包括收寄、分拣封发、运输、投递等环节。

5.3.8.1 收寄作业

收寄指邮政企业或快递企业接收寄件人交寄邮件或快件的过程。收寄方式主要有:窗口收寄、筒箱收寄、上门收寄及流动服务收寄等。收寄作业是邮政企业和快递企业联系广大客户的窗口。寄件人应按照寄递服务的有关规定交寄邮件、快件并接受收寄验视,邮政企业或快递企业在收寄时查验客户交寄的邮件或快件是否符合禁寄、限寄规定,以及客户在邮件详情单或快递运单上所填报的内容是否与其交寄的实物相符。经收寄验视合格的邮件快件,由邮政企业或快递企业接收,相关企业接受客户交寄委托,按约定将邮件快件迅速、准确、安全传递至目的地。在收寄过程中,企业与客户形成契约关系,契约关系至邮件或快件准确投交至收件人,完成寄递服务。

我国寄递物流网络深入城乡、通达全球。收寄作业是提升寄递服务质量、提高用户满意度水平的重要环节。邮政或快递企业需针对城市地区进行智能收投设施建设、针对农村地区完善建制村进行直接收投邮件快件机制建设,形成多类型、多层次的服务体系,以适应多元化需求,更好满足人民群众生产生活需要。

5.3.8.2 分拣封发作业

分拣是将邮件、快件按寄达地址信息进行分类的过程。封发是按发运路线将邮件、快件进行封装并交付运输的过程。

分拣封发环节在整个邮件、快件传递过程中起着枢纽的作用。邮件、快件从客户交寄开始,经由分发部门处理、交运,直到最终投递给收件人为止,邮件、快件始终处于运输过程中。从分散到集中,再由集中到分散,是邮件、快件运输的一般规律。邮件、快件分拣封发环节是为了适应邮件、快件的运输规律而专门设置的,作用是担负邮件、快件集散功能。

由于邮件、快件的集散具有数量多,流向关系复杂,劳动消耗大等特点,必须在全网范围内设计并建立邮件、快件分拣封发体系,这是规范组织邮件、快件分发环节的首要工作。邮件、快件分拣封发体系将全国乃至全球寄递网络紧密连接在一起。现代化的寄递网络体系具有机械化、自动化、数字化等特性,具有生产作业的韧性与柔性,可针对环境变化如天气、自然灾害等作出预判、跟踪并及时调整,以保证企业"使命必达"。

5.3.8.3 运输作业

邮件、快件传递是实物传递过程,传递速度很大程度上取决于运输的速度。因此,运输作业是邮件、快件传递的关键环节。邮件、快件运输的物质技术基础由运输路线和工具组成,我国运输路线按范围与管理权限分为全国干线、省内干线、区域支线(包括市内支线和农村支线);运输工具有轨道载运工具、空中载运工具、道路载运工具、水上载运工具、非机动工具(包括畜力车、自行车等)。

根据邮件、快件时限要求,合理有效地根据路由计划,运用各种运输工具,迅速、准确、安全和经济合理地将邮件、快件传递到目的地是各类经营主体的责任。邮件、快件传递的效果在于缩短空间和时间距离。传递过程中,运输工具按照规定的班次和时间运行,按照严格的时限要求,依运输工具的运行路线、班次、时刻、装载空间、停靠地点及时间,在全网范围内进行运输,绝大部分运输特别是干线运输起止和走向受制于交通运输线路的分布。同时,邮件、快件流量流向错综复杂,需交换和处理的邮件快件种类多、需求差异大,又受季节、气候等自然条件的影响,互相联系又交织裹挟的各类特殊因素使邮件、快件运输呈现出较强的复杂性。因此,必须统一指挥调度,严密组织,综合利用各种运输工具,充分利用运输能力,实施计划运输并应具有较强的应急变化韧性。

5.3.8.4 投递作业

投递作业指邮政企业或快递企业按规定将邮件或快件投交收件人或其指定的代收人的过程。投递是邮件、快件传递生产作业的最后一个环节,邮政企业或快递企业必须把到达寄达地的邮件、快件,按规定的时限和程序,准确、完整地投交给指定的收件人。

邮件的投递方式分为按址投递与客户领取等形式。按址投递是邮政企业或快递企业根据收件人名址,按规定将邮件、快件投交收件人或其指定的代收人的投递方式。客户领取是邮政企业或快递企业通知收件人到指定地点凭证领取邮件或快件的投递方式。

投递作业的组织主要包括:划分投递区段、规定投递频次、划定投递路线、配备投递人员、统一作业规范、选用投递方式以及制定投递时间表等。投递作业亦是邮政企业和快递企业联系广大用户的窗口,投递服务质量的优劣,直接决定了企业的成败。

未来,我国交通运输行业整体潜能的充分发挥将助力邮政快递业在多式联运、数据互通、标准衔接、一单到底、一检到底、一箱到底的综合运输体系保障下,服务水平与竞争能力跃上新台阶。到2035年,我国将基本建成邮政强国,行业规模体量和发展质量将大幅跃升,网络通达全球,设施设备智能,发展方式集约,服务供给多元,行业治理能力基本实现现代化。

5.4 旅客联程运输与货物多式联运

5.4.1 旅客联程运输

旅客联程运输简称旅客联运。《旅客联运术语》(JT/T 1109—2017)对旅客联运给出了以下定义:旅客联运是通过两种或两种以上对外运输方式完成的旅客连续运输。其发展目标为由单一旅客联运承运人或代理人为旅客及其行李全程负责,旅客全程使用一本票证。在我国,旅客联运一般被界定为由两种或两种以上运输方式完成一个运输任务,但由一个主要承运人全程负责、用一本票证并事后在各个承运人之间结算。

旅客联程运输的关键在于"联程",而联程实质上是运输方式的组合问题,可以根据运输方式的种类组合形成,如由两种及以上的铁路、公路、水路、民航客运等运输方式组合而成,如"空铁通""空巴通""海公铁联运"等。较为典型的发展模式及代表性产品主要包括空铁联运及公铁联运,以及多种铁路、多家铁路运营企业之间的旅客联程运输服务。随着我国铁路网络的进一步扩展,干线铁路网、城际铁路网、市域(郊)铁路网将形成以区域为核心的多制式铁路网络,可以预见未来铁路将在旅客联程运输中扮演关键性、主导性的角色,形成以铁路为骨干的旅客联程运输模式。

5.4.1.1 联运类型及主要特点

(1)空铁联运

空铁联运是航空公司与铁路运营企业合作,利用民航客票分销系统为旅客提供一站式购票、无缝衔接的一种全程运输服务,典型的联运产品包括法国的 TGVAir、德国的 Rail&Fly、AiRail、瑞士的 Flugzug(Basel)等空铁联运产品。汉莎航空、瑞士航空等航空公司可为旅客提供一站式购票服务,同时旅客可享受优惠组合票价。德国、法国、瑞士的铁路公司则为联运旅客保留和提供铁路车票,方便旅客往返于大型枢纽机场和周边铁路车站;瑞士航空公司还和瑞士铁路公司合作,为旅客提供铁路车站值机、行李直挂托运和提取服务。

我国从2012年开始进行空铁联运实践,中国东方航空集团有限公司(简称东方航空)与中国铁路上海局集团有限公司(简称上海铁路局)、中国国家铁路局集团有限公司(简称国铁集团)联合推出的"空铁通""空铁联运"是主要的代表。2012年4月,上海铁路局与东方航空签署战略合作协议,双方共同约定推出"空铁通"联运产品。东方航空采用"虚拟航班"理念,为铁路车次申请国际航空运输协会(IATA)代码,将铁路车次以虚拟航班的形式录入机票订座系统,并以东方航空"MU"两字码与航班号编码显示,由铁路实际承运。旅客通过东方航空境内外各营业部、所辖代理人购买东方航空承运并开通联运产品城市的出发或到达机票时,可同时预定对应铁路段车票,做到"一次订座、一票到底",旅客可凭身份证件在高铁站的指定地点换取火车票。2020年8月,东方航空携手国铁集团正式宣布,东方航空 App 和铁路12306App 全面实现系统对接,"空铁联运"产品正式上线。旅客可通过任一方的 App,一站式购买东方航空、上海航空航班与高铁车次的联运客票,这不仅是不同运输方式企业自有销售平台接口对接,更是开创了我国民航和高铁销售平台的互联互通以及铁路车次、航班信息的数据共享。旅客可自行选择航班与高铁进行组合,在 App 上完成全部预订流程。以上海虹桥国际机场、铁路虹桥站为核心枢纽,已开通苏、浙、皖地区大部分城市经上海前往东方航空国内各通航城市的双向联运;未来联运中转城市还将拓展,进一步满足旅客跨区域、多方式的出行需求。

(2) 公铁联运

公铁联运是由铁路与公路客运运营企业合作，或由铁路运营企业自行开展公路客运服务为旅客提供公路运输与铁路运输一票直达的运输服务。国外的公铁联运典型模式以美国铁路公司（简称美铁公司）的 Amtrak Thruway Service 为代表，美铁公司为将服务延伸至未开通铁路的城市，与多个公路客运企业合作，在全美范围内开通了公铁联运服务。旅客进行线路查询时，美铁公司网站会自动规划行程，显示铁路段和公路段的出行方案，旅客可选择并一次性购买联程客票，乘坐美铁列车到站后无缝换乘巴士直达目的地。

我国公铁联运主要通过设置高铁无轨站或在火车站附近设立接驳点等方式，实现铁路和公路的旅客联运。高铁无轨站设置在没有高铁或动车通达的城市，通过开通直达公路客运班车与就近的高铁车站无缝衔接，使旅客能享受到"购票、候车、直达快运"服务，将不通铁路的地区纳入"高铁生活圈"。结合部分区域的特殊地理位置和客运需求，我国有关运输企业还进行了公铁海联运的实践，其中"湛海联程"即是该种联运的代表。2018年7月1日，江门至湛江铁路全线贯通，中国铁路广州局集团有限公司特别推出湛江至海南公铁海联运服务项目"湛海联程"，旅客从湛江西站（海口站）仅凭"一票"，就能换乘车、船横跨琼州海峡，抵达海口站（湛江西站）。"广铁U彩"微信小程序可为乘客匹配多种时刻的联运方案，推荐衔接动车组、接驳巴士、跨海轮渡、市内专线的联程方案，订单支付成功直接用乘车码乘车，退票也可在线操作，实现乘车、购票、退票、网络一体化。通过在湛江西站设立专用换乘区域，在湛江北港码头设置专属（优先）登船通道、在海口南港规划前往市内的专线巴士候乘区等方式，衔接公路、铁路、海运。

旅客联程运输应具有以下特点：

①一站式便捷购票。旅客只需要与代理方签订运输合同，与参与联运的各运输方式运营主体的运输合同由代理方负责。代理方可以是铁路公司、公路公司、航空公司、船务公司或第三方运输企业。

②一张票一路畅行。旅客只需要购买一张联运客票，便可直接在参与联运的运输方式与运营主体之间进行换乘。

③一体化无缝衔接。一体化无缝衔接一方面体现为基础设施的有效衔接，另一方面体现为运输组织的相互协调。在基础设施方面，运输方式之间的基础设施应建立高效的衔接设施，为旅客换乘提供便利；在运输组织方面，旅客联程运输需要各运输方式在运输组织、客运服务、安全检查等方面相互协调，以便于开展旅客联程运输。

④一键式信息获取。旅客在全程出行的过程中，能够通过移动终端、场站大屏等实时获取旅程相关信息。

5.4.1.2 联程运输组织

实现旅客联程运输需要各运输方式运营主体间相互协调，构建一体化协同运营机制。运输组织的协同主要体现在以下方面：

①统一技术作业过程。旅客运输作业过程的协调与参与换乘使用的运输工具、交通设备及作业方式密切相关。为了经济合理地使用既有设施，做好各种运输方式的组织协

调工作,在换乘枢纽的客运组织上,必须对换乘作业通过统一技术作业过程,优化旅客运输各个环节协作配合,使相互衔接的不同运输工具按协同统一的时刻表进行。

②强化运行计划协同。铁路、航空等都是按照公布的时刻表或有规则地在固定线路、航线上从事旅客运输。因此,为满足联程运输的需要,列车、航班的时刻表需要相互衔接,并以时刻表为依据,制定相关运输方式的接驳开行方案,实现有效的衔接。

③共享统一信息服务。为了提高服务水平,应加强联程运输的信息化系统建设,实现旅客联程运输信息共享、信息发布的统一,促进旅客联程运输管理向信息化、智能化方向发展。

④构建一体化票务体系。应重点针对联程旅客一张票全网畅行的需求,实施一体化的票务体系,同时完善票务清分体系,保障票务收益的合理分配。承运方可以根据自身情况为合作方提供一定比例的客票席位以保障旅客联程运输的顺利进行。在发生延误的情况下,可由联运售票方组织协调退改签服务。

5.4.1.3 联运枢纽换乘组织

客运枢纽的客流具有量大集中、多向集散和换乘、时段不均衡性等特征。因此要做好客流的组织和衔接管理工作,将换乘客流和到发客流分开,将客流和车流分开,使其既能各行其道,又能相互贯通、相互转换。旅客枢纽内各种设备的布局首先应在考虑与相邻枢纽合理分工的前提下进行,不使设备重复或因设备不足而影响运输通畅,并应保证客流在枢纽内的流线顺畅、换乘方便。联程运输枢纽换乘组织具体应考虑下述要素:

(1)旅客联程运输的连续性

旅客联程运输过程由一系列运输活动构成,各相关活动形成的网络结构属于串并联结构,即一部分活动是顺序串联关系,各环节之间作业上呈流水线状,前一环节为下一环节的前提或条件;另一部分活动是并联关系。各运输环节间的紧密衔接保证了运输过程人流和信息流的连续和顺畅,从而不间断、无延误地完成旅客运输任务。

(2)设施设备能力的相互适应性

一方面,需要保证旅客运输中各种方式的自身运输能力的适应性;另一方面,需要考虑不同方式间运输能力的协调性。技术设备的这种相互匹配和适应,也体现在其良好的兼容性、技术设备参数的统一化和标准化。

(3)各环节作业时间的相互协调

综合枢纽的协调从时间角度,强调不同运输方式、交通工具到发时刻的衔接,以达到换乘时间最短;从空间角度,协调表现为场站布局、流线组织的合理性,以达到换乘距离最短,减少人流、车流的交叉冲突,衔接、配置合理优化,人流、物流和交通流线组织的顺畅、有序。

枢纽内的设施中,有商业区、旅客乘降区、候车区等。各区域连接,形成了各种交通流线:客运枢纽内流线优化要求将建筑区域空间布局、功能区划分和交通源头结合考虑,形成整体化的枢纽流线组织体系。

5.4.1.4 联运信息服务

信息共享是旅客联程运输中的关键内容之一,其中信息的采集、数据交换、数据挖掘等相关技术必须建立统一标准的数据接口标准。信息内容主要为旅客的旅行信息,包括出发地、席位信息、出发到达时间、换乘地等;旅客在途实时信息,主要为旅客实时位置信息;其他信息包括旅客的行李信息等。

信息系统可在各运输部门现有平台的基础上进行扩展,一方面满足各自系统所需要完成的常规业务,另一方面应开发出适用于旅客联程运输的功能模块。同时,还应建立完备的信息安全机制。

2014年,欧盟智能交通大会首次提出"出行即服务"(MaaS)理念,旨在为旅客提供一种跨模式整合、互联互通、智能服务、无缝出行及可持续的创新型出行服务解决方案,在提升出行品质、降低出行费用、合理调配交通设施资源及塑造智慧出行生态体系方面取得了明显的效果。MaaS本质上是以一站式便捷购票、一键式信息获取和一张票全网畅行为目标,统筹多方式交通出行信息的旅客联程运输信息集成系统,支持多平台、多方式集成的联程出行信息服务体系。

MaaS平台使各种运输方式的出行服务得以整合,出行者可将出行视为一种服务,依据出行需求购买由不同运营企业提供的出行服务,MaaS基于用户的出行需求提供相应的方案。基于MaaS理念,旅客联程运输信息服务应遵循以下原则:

①明确信息服务对象需求,通过大数据分析技术提高信息服务质量。针对旅客、运营企业、监管部门的信息服务需求特别是旅客出行的信息服务需求,通过精细化分析提供定制化信息服务,根据旅客画像提供个性化推介信息。

②构建多方式信息共享体系,实现一键式信息获取。以参与联程运输的不同交通运输方式、不同运营主体为基础,整合旅客出行需求,针对性地整合不同运输方式,为不同运输方式的承运商提供多方式的信息共享接口,重点解决运行信息互通服务,实现不同制式列车的出行时刻相互匹配,为区域联程信息服务打下基础。

5.4.2 集装箱及货物多式联运

5.4.2.1 集装箱运输组织

集装箱运输是指以集装箱为载体,将货物集合组装成集装单元,以便在现代流通领域内运用大型装卸机械和大型载运工具进行装卸、搬运作业和完成运输任务,从而更好地实现货物"门到门"运输的一种新型、高效率和高效益的运输方式。

(1)铁路集装箱运输组织

铁路集装箱运输组织的基本原则包括:

①按照"合理集结、多装直达、均衡运输、减少回空"的原则进行组织。

②对运输计划的提取和审批给予优先安排和保证。

③以开行快运班列为基本形式,不断优化运输方案、增加班列数量、提高运输质量。

④采取全路集中统一指挥的原则,及时交换信息,全面、及时、准确掌握运输动态。

铁路集装箱运输日常工作组织内容如图5-17所示。铁路集装箱运输计划的实质是将适箱货流组织成箱流,将箱流组织成车流,保证均衡运输。集装箱运输方案可以协调铁路内外的关系,使产、供、运、销各个环节紧密衔接,更好地为客户服务。

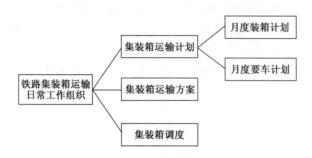

图5-17 铁路集装箱运输日常工作组织

(2)公路集装箱运输组织

公路运输可为铁路、港口(水运)、航空港的集装箱提供集疏运服务;同时,其可自成为一个独立的集装箱运输系统,为货主提供运输服务。公路运输以其机动灵活、快速直达的优势,在集装箱运输与多式联运中成为重要的环节。所以,公路集装箱运输在集装箱内陆运输系统和海陆联运中,都占有重要的地位。

公路集装箱运输的装卸作业主要在场站或货主自有库场进行。为适应某些货主以及公路集装箱货场作业的要求,需要配备一定数量的集装箱装卸设备。

公路集装箱运输可以发挥其通达性高的优点,完成集装箱运输系统的"末梢"运输任务。一般公路集装箱运输形式主要包括普通汽车货运方式、拖车+半挂车方式两种,具体形式如图5-18所示。

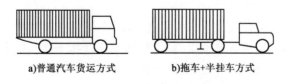

a)普通汽车货运方式　　b)拖车+半挂车方式

图5-18 公路集装箱主要运输形式

在国际集装箱由海上向内陆延伸的运输系统中,公路集装箱场站是一个重要作业环节,也是集装箱货物交接及划分风险责任的场所。它集"门到门"运输、中转换装、集装箱交接、堆存、拆装和货物仓储以及集装箱的清洁、检验和修理等多种作业功能于一体,并可揽货、代办提箱、报关、报验等业务,与船公司、港口、国际货运代理等企业及"一关三检"、理货、保险等部门有着密切的业务联系和协作关系。

(3) 水路集装箱运输组织

水路集装箱运输以海上国际集装箱运输为主,也包括内河集装箱运输。

海上国际集装箱运输多为班轮运输。国际集装箱班轮运输是指集装箱船舶按照预先公布的船期表和相对固定的费率,在固定的国际航线上、以既定的挂靠港口顺序运输集装箱的经营方式,分为定线定期集装箱班轮运输和定线不定期集装箱班轮运输。定线定期集装箱班轮又称核心班轮,集装箱船舶在航行过程中严格按照预先公布的船期表运行,到离港口的时间基本固定不变;定线不定期集装箱班轮运输中虽有船期表和固定的始发港和终点港,但中途挂靠的港口视货源情况可以有所变化,故又称弹性班轮。

集装箱码头是集装箱运输的枢纽,是各种运输方式相互衔接的换装点和集散地。集装箱码头生产作业包含以下四个关键子系统:集装箱装卸及堆存系统、集疏运系统、联检作业系统、管理信息系统。

(4) 航空货物集装运输组织

根据国际航空运输协会(IATA)的货物运输规则,航空运输所使用的集装装置被称为集装器(Unit Load Devices,ULDs),包括:集装网套、结构类及非结构类集装箱/棚等。航空货物集装运输组织需要考虑的因素包括:

①货物批量。即同一票货物是否可以用多个航班运输。

②货物运输优先级。优先级顺序一般为应急救援、紧急医疗,指定日期、航班和按急件收运的货物,有时限、贵重和零星小件物品,国际和国内中转联程货物。其他货物按照收运的先后顺序发送。

③货物本身的承重性(易碎性)。重不压轻,大不压小。

④货物不可混装性。某些货物之间必须隔离,不宜与其他货物混装,如鲜花、食品、危险品等。

⑤飞机载运货物的体积和质量限制。宽体飞机每件货物质量一般不超过250kg,体积一般不超过100cm×100cm×140cm。非宽体飞机载运的货物,每件货物质量一般不超过80kg,体积一般不超过40cm×60cm×100cm。

5.4.2.2 货物多式联运组织

货物多式联运是由两种及以上运输方式相互衔接、转运而共同完成的运输过程。多式联运与单一运输方式运输有着本质的区别,其充分发挥了联运链条上不同运输方式的内在优势,更好实现了运输服务的完整性和高效率。

(1) 多式联运的组织方法

多式联运的全过程就其工作性质的不同,可分为实际运输过程和全程运输组织业务过程两部分。实际运输过程是由参加多式联运的各种运输方式的实际承运人完成,其运输组织工作属于各方式运输企业内部的技术、业务组织。全程运输组织业务过程是由多式联运经营人完成,主要包括全程运输所涉及的所有商务性事务和衔接服务性工作的组织实施,其运输组织方法有很多种。多式联运按组织体制可分为协作式多式联运和衔接式多式联运两大类。

①协作式多式联运的运输组织方法。协作式多式联运的组织者是在各级政府主管部门协调下,由参加多式联运的各种运输方式的企业和中转港站共同组成联运办公室(或其他部门)。货物全程运输计划由该机构制订。协作式多式联运过程示意图如图5-19所示。

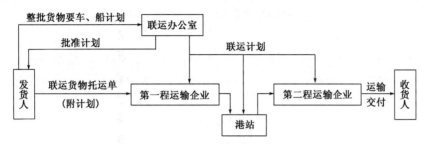

图5-19 协作式多式联运过程示意图

发货人根据货物运输的实际需要向联运办公室提出托运申请,并申报整批货物要车、要船计划,联运办公室根据多式联运线路及各运输企业的实际情况制定货物运输计划,把该计划批复给托运人并转发给各运输企业和中转港站。发货人根据计划向多式联运第一程运输企业提出申请,并填写联运货物托运委托书(附运输计划),第一程运输企业接收货物后经双方签字,多式联运合同即告成立。第一程运输企业组织并完成自己承担区段的货物运输至下一区段衔接地,直接将货物交给中转港站,经换装后由下一程运输企业继续运输,直至最终目的地由最后一程运输企业向收货人交付。在前后程运输企业之间和港站与运输企业交接货物时,需填写货物运输交接单和中转交接单(交接与费用结算依据)。联运办公室(或第一程企业)负责按全程费率向托运人收取运费,然后按各企业之间商定的比例向各运输企业及港站清算。

协作式多式联运组织方法是建立在统一计划、统一技术作业标准、统一运行时间表和统一考核标准基础上,而且在接受货物运输、中转换装、货物交付等业务中使用的技术装备、衔接条件等也需要同步建设、配套运行,以保证全程运输的协同性。这种组织方法在有的资料中称为"货主直接托运制",是我国多式联运(特别是大宗、稳定、重要物资运输)主要采用的方法。

②衔接式多式联运的组织方法。衔接式多式联运组织业务是由多式联运经营人完成的。该种组织方法,由多式联运经营人(Multimodal Transport Operator,MTO)受理发货人提出的托运申请,双方订立货物全程运输的多式联运合同,并在合同指定地点(发货人的工厂或仓库,或指定的货运站、中转站、堆场、仓库)办理货物的交接,多式联运经营人签发多式联运单据。例如,重庆自贸试验区牵头实施西部陆海新通道铁海联运"一单制",签发了全国首张中国国际货运代理协会(CIFA)多式联运提单,开立全球首份"铁路提单国际信用证",推进铁路与海运规则衔接。衔接式多式联运过程如图5-20所示。

接受托运后,多式联运经营人首先要选择货物运输路线,划分运输区段(确定中转、换装地点),选择各区段的实际承运人,确定零星货物集运方案,制订货物全程运输计划,并把计划转发给各中转衔接地点的分支机构或委托的代理人。根据计划与各运程的实际承运人分别订立货物运输合同。全程各区段间的衔接,由多式联运经营人(或其代表或其代理人)从前一程实际承运人接受货物再向后一程承运人交接,在最终目的地从最后一程实际承运人接收货物后再向收货人交付。

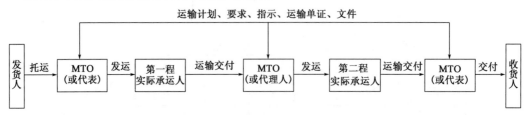

图 5-20 衔接式多式联运过程示意图

在与发货人订立多式联运合同后,多式联运经营人根据双方协议,按全程单一费率收取全程运费和各类服务费、保险费(如需多式联运经营人代办的)等费用。在与各区段实际承运人订立各分运合同时,需向各实际承运人支付运费及其他费用。在各衔接地点委托代理人完成衔接服务业务时,也需向代理人支付委托代理费用。

这种多式联运组织方法,在有些资料中称为"运输承包发运制"。国际货物多式联运主要采用这种组织方法,在国内多式联运中也越来越多地采用这种方法。

(2) 多式联运的类型

根据不同原则,多式联运可以分为不同类型。典型的多式联运主要包括围绕港口枢纽开展的海铁联运、海公联运,围绕铁路枢纽开展的公铁联运,围绕航空枢纽开展的空铁联运、空公联运。

① 海铁联运。海铁联运以港口为核心节点,实现货物在船舶和铁路车辆之间的换装。根据铁路作业区所处位置的不同,海铁联运可分为铁路作业区在码头后方的"铁-堆场-海"模式,铁路作业区在码头周边的"铁-公-海"模式,铁路作业线在码头前沿岸桥下的"车船直取"模式。海铁联运是我国水运集装箱集疏运大力推广的联运形式。

② 海公联运。海公联运以港口为核心节点,实现货物在船舶和公路车辆之间的换装。该种模式中水路和公路交接的地点主要是码头堆场,公路负责水路进出口箱的集疏运。海公联运目前是我国水运集装箱主要的集疏运方式。

③ 公铁联运。公铁联运以铁路货运场站为核心节点,实现货物在铁路和公路之间的换装。公铁联运主要以铁路为干线运输方式,公路负责末端"门到门"的接取送达。

④ 空铁联运。空铁联运以航空枢纽为核心节点,实现货物在航空和铁路之间的换装。根据民航货物运输的技术经济特点,通常与民航进行衔接的应为高速铁路或高等级快速货物列车。

⑤ 空公联运。空公联运以航空枢纽为核心节点,实现货物在航空和公路之间的换装。空公联运的服务范围半径很大,公路的集疏运范围并不仅局限于机场所在区域,有时集疏范围可以达到4000km,如上海与乌鲁木齐之间的空公联运。

在多式联运类型中,海铁联运、海公联运以及海铁公联运最具有发展潜力。例如,全国首批多式联运示范工程——青岛"一带一路"跨境集装箱海铁公多式联运示范工程,构建了"全程一单制、全链一体化、全域一站式"的多式联运组织模式,如图5-21所示,形成覆盖山东、辐射黄河流域、直达中亚和欧洲的海铁公联运物流大通道。

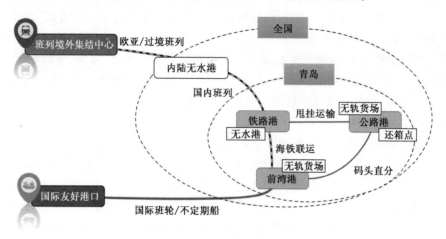

图5-21 青岛海铁公联运组织示意图

(3) 多式联运方案

多式联运方案一般按照集装箱多式联运方案设计,是指集装箱多式联运企业针对客户的运输需求,运用系统理论和运输管理的原理和方法,设计出满足客户需求的多式联运模式与路线的过程。

集装箱多式联运主要是不同运输方式之间跨时间及空间的活动过程,其活动的核心是利用现代化的运输设备与设施满足客户的需求。因此,一个完整的集装箱多式联运解决方案是由需求分析、方案设计和方案实施三个部分构成的,如图5-22所示。

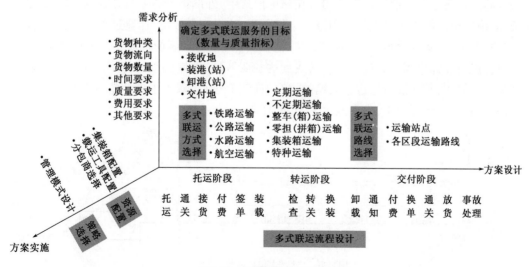

图5-22 集装箱多式联运方案

多式联运方案的生成有赖于信息化技术支持,需要整合多种运输方式形成综合信息服务平台。例如,西安成功开展了"一主两辅"多式联运信息平台体系的建设与运营。"一主"为西安港综合物流信息服务平台,是铁路、航空、港口的订舱、报关报检、转关、保险、理赔、金融服务、车货对接、全程跟踪等多元化的信息服务平台。"两辅"是指:"长安号运营支撑平台",支持国际班列的信息化服务,可实现全链条运输组织的信息管理、运输监管;"铁路局铁E达信息平台",实现对所有铁路货场的零散、批量、集装箱、整车四项业务全覆盖。该多式联运信息平台体系实现了港口、铁路、公路、航空、保税区企业等数据信息的互联互通,为多式联运物流需求提供全程解决方案。

(4)枢纽换装组织

换装作业是指将货物从一种运输工具上卸下,转装到另一种运输工具上的作业。枢纽的换装能力通常是货物多式联运系统的瓶颈。如何提高枢纽换装作业效率,是货物多式联运研究的重点问题。《国家综合立体交通网规划纲要》提出,到2035年国家综合立体交通网设施利用率更加高效,多式联运占比、换装效率显著提升;多式联运换装1小时完成率达到90%以上。由此可见,枢纽换装组织在综合立体交通网络中发挥了重要作用。

①港口枢纽换装组织。港口的换装组织方式按装卸工艺分为吊装和滚装两种方式。

a. 集装箱海铁联运吊装模式,即传统意义上的利用港口吊装设备如岸边起重机(简称岸桥)、门式起重机(简称门吊)、正面吊运机(简称正面吊)等将每一集装箱装上船舶或卸至陆地,具体又可分为"铁-堆场-海"模式(图5-23)、"铁-公-海"模式(图5-24)和"车船直取"模式。"铁-堆场-海"模式要求港区有直通堆场的铁路线路,铁路直接通往港口内铁路装卸站,列车驶入港口内铁路装卸站后,利用起吊设备卸下集装箱并堆存至临时堆场或直接由港内机车将集装箱堆存至码头后方堆场,在船到达后再吊装上船。"铁-公-海"模式下,载有集装箱的班列到达港区外装卸站,卸箱后依靠外部集装箱卡车(简称集卡)运送至港区堆场或码头前沿进行装船。在该种模式下,外部集卡的参与导致成本增加、耗时长、衔接复杂。但由于其无须占用港区土地面积,建设门槛较低,作业过程流畅,也被很多港口所采用。"车船直取"模式是理想中完美的海铁联运无缝衔接模式。该模式下,铁路班列直接通过铺设到码头前沿的铁路线到达装船区域,由岸桥直接将列车上的集装箱吊至集装箱船舶,其间没有经过集装箱的堆存、换装等过程,减少了外部集卡和港区内调运设备等的参与,流程简单,大幅缩短了装卸时间。

图5-23 "铁-堆场-海"换装工艺方案

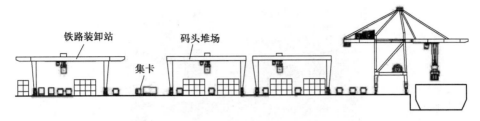

图 5-24 "铁-公-海"换装工艺方案

b. 滚装模式是指将装有集装箱的货车,或装有货物的带轮的托盘,或各种机动车作为货运单元,牵引进载运工具的货舱后,进行货物运输的一种运输方式。因此,广义上讲,现代运输方式中只要是以滚装方式进行货物装卸作业,都属于滚装运输范畴。但狭义上及在行业实践中,滚装运输是指以滚装船运输为主的水路运输方式。运输对象主要为集装箱及其他成组货物,一般以挂车或货车装运,上船后,转到多层甲板多个货物舱位,挂车和货车也随货一并船运,不再倒载。其优点是装卸方便、费用低。

我国各大港口以实现整体生产业务流程统一管控为核心,以优化港口换装作业为目标,积极打造"智慧港口"解决方案,赋能自动化码头。例如,2021 年,青岛港建设投用了世界首套智能空轨系统,利用立体空间打通了港、船、站、场之间的"最后一公里",构建了智慧绿色港口的集疏运新模式新样板,如图 5-25 所示。智能空轨系统由轨道、动车、运控、供电通信、转接和信息调度 6 大系统组成,能够精准对接海铁联运、船船中转、海关查验、集疏运、出口退运、出口换船、跨境电商、港站本地清关 8 种港口业务形态,作业全电动、无污染、低噪声,应用了北斗定位、5G 通信、机器视觉、激光扫描、无人驾驶、智能控制等前沿技术,充分体现了港口生产"高端化、融合化、绿色化、智能化"的发展趋势。

②铁路枢纽换装组织。铁路枢纽换装主要分垂直式换装和驮背运输两类。

a)

b)

图 5-25

c)

图 5-25 青岛港智能空轨系统实景图

a. 垂直式换装作业。我国公铁联运主要采用垂直式换装作业,主要为正面吊换装工艺方案和门吊换装工艺方案。正面吊换装工艺方案根据正面吊的作业特点进行设计,其平面布置可按作业通道、集卡车道、铁路列车到发线和堆箱区分别进行划分。正面吊换装工艺方案作业较灵活,但由于维修成本高、堆存与装卸效率比门吊低,其主要应用在小的办理站或代办点,如图 5-26 所示。门吊换装工艺方案采用的轨道式龙门起重机(简称轨道吊)是集装箱中心站进行装卸、搬运和堆码作业的主型装卸机械,在同样场地下,其堆码层数多、密度高,能充分利用场地面积,且定位能力较强,较易实现全自动化装卸,作业效率高、作业成本低、使用寿命长,如图 5-27 所示。

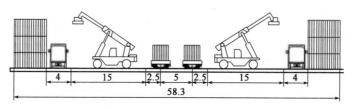

图 5-26 正面吊换装工艺方案(尺寸单位:m)

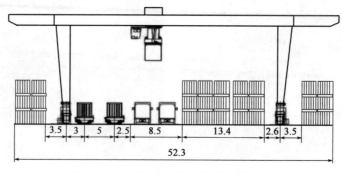

图 5-27 轨道吊换装工艺方案(尺寸单位:m)

b. 驮背运输。驮背运输已经发展多年,美国主要采用的驮背运输方式主要包括吊装式运输及公铁两用车型驮背式运输。为满足限界轮廓要求,欧洲驮背运输方式以平移式与旋转式最多。美国铁路限界轮廓高度高，因此采用吊装式运输时可以只将带有固定设备的公路半挂车吊至铁路平车进行运输，在半挂车与铁路平车之间利用托盘式固定装置进行连接。公铁两用车型驮背运输主要应用在以诺福克南方公司为代表的运输公司中，不借助铁路平车，直接将铁路半挂车与列车轮对进行连接。平移式驮背运输方式，这种运输方式首先是由德国 Beamer 公司设计并投入运营。平移式驮背运输方式是指首先半挂车驶入货运系统装卸站，进入装卸站后半挂车停在外形似浴盆的装置，而后该装置装载到铁路车辆上，并在车辆上将其加固。旋转式驮背运输方式在欧洲运用得最为广泛，铁路平车可以自行旋转一定角度，方便公路车辆自行开下。不同类型的驮背运输如图 5-28 所示。

a) 吊装式驮背运输

b) 公铁两用车型驮背运输方式

c) 平移式驮背运输方式

d) 旋转式驮背运输方式

图 5-28 驮背运输方式

③航空枢纽换装组织。航空枢纽换装组织模式主要包括直达式、邻近式、接驳式三种。直达式模式，即铁路线的机场站点设置在机场货运大楼的地下，货物在卸下后可通过地下转运通道直接上升进入机场货运大楼。邻近式模式，即铁路线的机场站点位于机场货运区外，距离机场货运区较远，货物在机场铁路站台卸下后换装货运货车由公路转运进入机场货运区。接驳式模式，即铁路线的机场站点与空铁联运中心相连，货物在站台卸下后，通过汽车运输方式将货物从空铁联运中心到达机场货运区内部。

④公路接驳组织。公路集装箱运输在多式联运中具有的重要作用，公路承担"场-站-门"之间的重箱和空箱运输。货运形式主要有以下几个方面：重箱的"场-门"之间运输；

重箱的"场-站"之间运输;重箱的"站-门"之间运输;重箱的"站-站"或"场-场"之间运输;空箱的"场-门"之间运输;空箱的"场-站"之间运输;空箱的"站-门"之间运输;空箱的"站-站"或"场-场"之间运输。

(5)基于大陆桥的集装箱多式联运

基于大陆桥的集装箱多式联运是以铁路为主体,以集装箱为媒介,海运、公路、内河水运、航空等多种方式相结合,横跨洲际大陆,实行海陆衔接的国际联运。主要的大陆桥运输有西伯利亚大陆桥、新亚欧大陆桥和北美大陆桥。

①西伯利亚大陆桥又名第一亚欧大陆桥,是由俄罗斯东部的符拉迪沃斯托克(海参崴)至荷兰鹿特丹港。贯通亚洲北部,共经过俄罗斯、中国、哈萨克斯坦、白俄罗斯、波兰、德国、荷兰7个国家,全长1万多公里。

②新亚欧大陆桥,又名"第二亚欧大陆桥",是指东起我国连云港西至荷兰鹿特丹的国际化铁路干线,全长1万多公里。其中,国内部分为陇海铁路、兰新铁路。

③北美大陆桥是历史悠久、影响大、服务范围广的大陆桥运输线。北美大陆桥指从日本向东,利用海路运输到北美西海岸,再经铁路线陆运到北美东海岸,再经海路运输到欧洲的"海-陆-海"运输线路。北美大陆桥包括美国大陆桥和加拿大大陆桥。

复习思考题

1. 某高速铁路线路的最小平均行车间隔为5min,全天运营时间为18h,该线路的列车为16节编组,定员1027人/列,满载率取0.8,求该线路的最大年输送能力(人次/年)。
2. 实施性运输计划与战术性运输计划之间有怎样的关系?
3. 铁路旅客列车开行方案的主要内容及影响因素有哪些?
4. 分别以普速铁路、高速铁路为例,说明旅客列车开行方案及列车运行图的主要内容、编制的要点。
5. 旅客列车车底及动车组运用应考虑的主要因素有哪些?举例说明经济合理使用客车车辆或动车组的方法。
6. 确定公路客运班次的因素、原则及程序是什么?
7. 城市公交线路发车间隔的确定与哪些因素有关?
8. 简述邮轮航线的主要类型、常见的班轮航线布局形式。
9. 为什么要进行机队规划?机队规划包括哪些内容?影响机队规划的因素有哪些?
10. 什么是不正常航班?航空公司处置不正常航班通常有哪些策略?
11. 旅客联程运输的主要内容、形式及特点是什么?需要重点解决的问题有哪些?
12. 邮政快递主要作业环节有哪些?各作业环节的组织关键是什么?
13. 《交通强国建设纲要》中提出"提升智慧发展水平,鼓励货运场站广泛应用物联网、自动化等技术,推广应用自动化立体仓库、引导运输车、智能输送分拣和装卸设备"。思考智慧运输对铁路货物的运输组织提出了哪些新要求?

14.《交通强国建设纲要》提出"到2035年,基本形成'全球123快货物流圈'(国内1天送达、周边国家2天送达、全球主要城市3天送达),货物多式联运高效经济"。试分析货物多式联运对于形成"全球123快货物流圈"发挥的作用。

本章参考文献与延伸阅读

[1] 杨浩.运输组织学[M].3版.北京:中国铁道出版社,2022.
[2] 徐瑞华.轨道交通系统行车组织[M].北京:中国铁道出版社,2005.
[3] 徐瑞华.交通运输组织基础[M].北京:清华大学出版社,2008.
[4] 苑春林.航空运输管理[M].北京:中国经济出版社,2018.
[5] 李明捷.机场规划与设计[M].北京:中国民航出版社,2015.
[6] 贾顺平.交通运输经济学[M].3版.北京:人民交通出版社股份有限公司,2019.
[7] 胡思继.交通运输学[M].2版.北京:人民交通出版社股份有限公司,2017.
[8] 尹传忠,王立坤,武中凯,等.综合运输学概论[M].上海:上海交通大学出版社,2020.
[9] 陈小鸿.城市客运交通系统[M].上海:同济大学出版社,2008.
[10] 杜文,肖龙文.旅客运输组织[M].2版.成都:西南交通大学出版社,2008.
[11] 董千里.交通运输组织学[M].北京:人民交通出版社,2008.
[12] 国家铁路局.铁路旅客运输服务质量 第1部分:总则:GB/T 25341.1—2019[S].北京:中国标准质检出版社,2019.
[13] 国家铁路局.铁路旅客运输服务质量 第2部分:服务过程:GB/T 25341.2—2019[S].北京:中国标准质检出版社,2019.
[14] 中华人民共和国交通运输部.水路客运服务质量要求:GB/T 16890—2008[S].北京:中国标准出版社,2008.
[15] 中国民用航空局.公共航空运输服务质量:GB/T 16177—2007[S].北京:中国标准出版社,2007.
[16] 顾正洪,付丽红,金晓红.道路运输组织学[M].徐州:中国矿业大学出版社,2015.
[17] 李旭芳,夏志杰.现代城市公共交通智能化管理概论[M].上海:同济大学出版社,2013.
[18] 彭勇.运输组织[M].北京:人民交通出版社股份有限公司,2017.
[19] 孙家庆.交通运输工程学[M].北京:中国财富出版社,2021.
[20] 中华人民共和国交通运输部.城市公共交通乘客满意度评价方法 第1部分:总则:GB/T 36953.1—2018[S].北京:中国标准出版社,2018.
[21] 中华人民共和国交通运输部.城市客运术语 第1部分:通用术语:GB/T 32852.1—2016[S].北京:中国标准质检出版社,2016.
[22] 中华人民共和国国家邮政局.邮政业术语:GB/T 10757—2011[S].北京:中国标准出版社,2011.

[23] 刘作义,郎茂祥.铁路货物运输[M].北京:中国铁道出版社,2011.
[24] 朱晓宁.集装箱运输与多式联运[M].3版.北京:中国铁道出版社,2016.
[25] 李维斌.公路运输组织学[M].北京:人民交通出版社,1998.

第 6 章
CHAPTER SIX

综合交通运输系统信息化与智能化

学习目的与要求

了解和理解综合交通运输系统信息化与智能化的主要技术手段,以及综合交通运输系统信息化和智能化的需求,掌握综合交通运输系感知与检测、通信与传输、分析与计算、服务与决策的基本学理,具备运用信息与智能技术等各类新技术构筑综合交通运输信息化与智能化系统的基本能力。掌握综合交通运输系统信息化与智能化发展方向和应用趋势,以及综合交通运输系统运行与服务提升的主要方向。

6.1 综合交通运输系统信息化与智能化技术

综合交通运输系统要实现"安全、便捷、高效、绿色、经济"等目标,离不开新技术的应用,特别是以 5G、物联网(Internet of Things, IoT)、人工智能(Artificial Intelligence, AI)、区块链(Block Chain)、云计算(Cloud Computing)和大数据(Big Data)为代表的新一代信息与智能技术,简称 5iABCD。2018 年 12 月,中央经济工作会议重新定义了"基础设施建设",把 5G、人工智能、工业互联网、物联网定义为"新型基础设施建设"。随后"加强新一代信息基础设施建设"被列入 2019 年中国政府工作报告。

信息技术与经济社会的交汇融合引发了数据迅猛增长,数据已成为国家基础性战略资源。特别是随着移动互联网的普及和 5G 技术的应用，大数据正日益对全球生产、流通、分配、消费活动以及经济运行机制、社会生活方式和国家治理能力产生重要影响。

云计算概念在 2006 年被首次提出，是继互联网、计算机后在信息时代迎来的又一次革新，正在成为信息技术产业发展的战略重点。云计算是分布式计算的一种，最初指通过网络"云"将巨大的数据计算处理程序分解成无数个小程序，通过多部服务器组成的系统处理和分析这些小程序得到结果并返回给用户。云计算已经不单单是一种分布式计算，而是分布式计算、效用计算、负载均衡、并行计算、网络存储、热备份冗余和虚拟化等计算机技术混合演进并跃升的结果。

区块链技术起源于比特币。狭义区块链技术是指按照时间顺序，将数据区块以顺序相连的方式组合成的链式数据结构，并以密码学方式保证其不可篡改和不可伪造的分布式账本。广义区块链技术是指利用块链式数据结构验证与存储数据，利用分布式节点共识算法生成和更新数据，利用密码学的方式保证数据传输和访问的安全，利用由自动化脚本代码组成的智能合约，编程和操作数据的全新的分布式基础架构与计算范式。相比于传统网络，区块链具有两大核心特点，即数据难以篡改及去中心化。基于这两个特点，区块链所记录的信息更加真实可靠，可以帮助解决人们互不信任的问题。

此外，传感器技术、定位技术（如北斗卫星导航系统）和地理信息系统（如 GIS）等也在综合交通运输系统的感知与检测、服务与决策等方面提供支撑。这些技术对于综合交通运输系统的未来发展具有重要作用。本节将分别从感知与检测、通信与传输、分析与计算、服务与决策四个方面对这些技术进行简要介绍。

6.1.1 交通感知与检测技术

6.1.1.1 传感器

传感器（Sensor）是一种检测装置，将感受到的被测量信息按一定规律转换成电信号或其他所需形式的信息输出，以满足信息的处理、传输、存储、显示、记录和控制等要求，是实现自动检测和自动控制的首要环节。传感器的发展趋势是微型化、数字化、智能化、多功能化、系统化、网络化。通常，根据其基本感知功能分为热敏元件、光敏元件、气敏元件、力敏元件、磁敏元件、湿敏元件、声敏元件、放射线敏感元件、色敏元件和味敏元件等十大类。各类传感器在综合交通运输领域均被大量使用，如在设施状况、交通流、系统运行状态等方面。

智能交通领域的智能传感器具有采集、处理、交换交通信息的能力，是系统功能化与微处理机信息化相结合的产物。智能传感器包括毫米波雷达、高清摄像头、激光雷达等。智能传感器具有以下 3 个优点：通过软件技术可实现高精度信息采集，成本低；具有一定的自动化编程能力；功能多样化。智能传感器可在以下场景中发挥重要作用。

（1）车路协同

通过布局毫米波雷达，实现雷达监视范围覆盖所有路口，可有效感知整个交叉路口的交通信息,掌控整个交叉路口的交通状态。交叉路口控制中心通过智能网联平台获取机动车、非机动车、行人等状态信息,利用局部协同控制算法技术优化设置信号灯相位、规划车辆行驶路线及速度,实现机动车、非机动车、行人等安全、快速通过交叉路口。

(2) 自动驾驶

自动驾驶是各类传感器的综合应用,环境感知是实现自动驾驶的前提。环境感知系统为自动驾驶提供了本车和周围障碍物的位置信息,以及本车与周围其他车辆、障碍物的相对距离、相对速度等信息,进而为各种控制决策提供信息依据。当自动驾驶系统完成周边目标信息采集后,中央决策系统会将各类信息进行融合,对道路、车辆、行人、交通标志、交通信号灯进行识别、分析、判断和决策车辆驾驶模式及将要执行的操作,并向控制和执行层输送指令。

在未来的智能交通系统中,多传感器融合技术会成为主流,基于贝叶斯估计、卡尔曼滤波、D-S 证据理论(Dempster/Shafer 证据理论)、神经网络推理的多节点信息交互确认,能提高信息的准确度。同时,随着物联网、边缘计算的广泛运用,传感器单个节点也会变得更智能,伴随着传感器的单点突破、点面结合,智能交通运行模式、模态都将发生新变化,实现数字化、远程化、产业化、定制化将是未来的发展方向。

6.1.1.2 北斗卫星导航系统

北斗卫星导航系统(简称北斗系统)是继 GPS、GLONASS 之后,我国自主建设运行的全球卫星导航系统,为全球用户提供全天候、全天时、高精度的定位、导航和授时服务的国家重要基础设施。北斗系统由空间段、地面段和用户段三部分组成,可在全球范围内为各类用户提供高精度、高可靠的定位、导航、授时服务,并且具备短报文通信能力,面向行业和大众用户提供实时厘米级、事后毫米级高精度服务,测速精度优于 0.2m/s,授时精度优于 20ns。

北斗系统具有以下特点:①北斗系统空间段采用三种轨道卫星组成的混合星座,与其他卫星导航系统相比高轨卫星更多,抗遮挡能力更强,尤其在低纬度地区性能优势更为明显;②北斗系统提供多个频点的导航信号,能够通过多频信号组合使用等方式提高服务精度;③北斗系统创新融合了导航与通信能力,具备定位导航授时、星基增强、地基增强、精密单点定位、短报文通信和国际搜救等多种服务能力。

6.1.1.3 卫星影像

卫星影像主要指在轨地球观测卫星通过遥感技术所收集的地面影像资料。在地球观测卫星应用之前,世界上普遍使用地面遥感和航空遥感技术获取地面信息。20 世纪 70 年代以来,卫星影像和遥感技术已成功应用于气象学、地理信息系统、农业、林业、勘探采矿、救灾应急等领域。截至 2021 年,地球轨道上已有超过 950 颗地球观测卫星。卫星数量的增加一方面使得卫星影像的获取更加便捷,另一方面也缩短了卫星的重访周期,提高了卫星影像的时效性。

按照电磁波谱波段与波长范围进行分类,卫星遥感可利用的波段范围可以分为四个大气窗口:①紫外-可见光-近红外反射窗口,包含可见光,在白天可以成像,是目前交通运输领域主要使用的波段范围;②近红外反射窗口,主要用于遥感地质扫描;③热红外发射窗口,用于热探测;④微波发射窗口,波长较长,能够全天候进行雷达探测。

  卫星遥感按信息获取方式不同,可分为被动式遥感和主动式遥感两类。通常所说的地面卫星影像属于使用摄影方式成像的被动式遥感,利用紫外-可见光-近红外反射窗口,通过接收地表反射的电磁波进行成像。随着技术的发展,被动式遥感影像的分辨率也在逐渐提高,高分辨率遥感卫星在实际应用中扮演着越来越重要的角色。目前世界上主流的高分辨率卫星有美国的 Quickbird、Worldview,法国的 Airbus,以及我国发射的高分二号等。

  主动式遥感则是通过遥感卫星向地面发射一定波长的电磁波,并接收地面的回波信号,使用的遥感器包括微波散射计、激光雷达、侧视雷达、合成孔径雷达等。由于不同地物存在后向散射差异,当地表内部结构发生变化时,卫星传感器接收到的信息会随之变化,因此相比被动式遥感,主动式遥感可以通过分析回波的性质、特征及其变化来识别地物特征。

6.1.2 交通通信与传输技术

6.1.2.1 5G 技术

  5G 技术是指第五代通信技术。1G 实现了模拟语音通信,具体表现为可以语音通话;2G 实现了语音通信数字化,具体表现为可以收发短信;3G 实现了语音以外图片等的多媒体通信,具体表现为可以查看图片等资源;4G 实现了局域高速上网,具体表现为可以方便地在线观看视频,但信号质量与基站覆盖情况有关。从 1G 至 4G 都着眼于人与人之间更方便快捷的通信,而 5G 实现了随时、随地、万物互联。

  5G 具有五个基本特点,即高速度、泛在网、低功耗、低时延和万物互联。5G 由于使用极高频无线电波进行通信,理论上其传输速度相较 4G 可以提高上百倍。在 4G 及以前的通信时代,所使用的宏基站功率大、体积大,不能密集部署,导致距离基站远时信号弱。5G 时代将使用微基站即小型基站,它能覆盖末梢通信,使得任何角落都能连接网络信号。低功耗主要由华为主导的窄带物联网(NB-IoT)和美国高通主导的海量机器类通信(eMTC)两种技术手段实现。低时延具体体现为 3G 网络时延约 100ms,4G 网络时延 20~80ms,5G 网络时延下降到 1~10ms,因此边缘计算技术可用于 5G 的网络架构中。

  基于高速度、泛在网、低功耗和低时延等特点,5G 能够应用于动态、复杂的综合交通运输系统,可较大限度地提高交通的智能化水平。以下列举 5G 在城市交通中的应用场景。

  (1)5G + 自动驾驶

  5G 车路协同自动驾驶技术的应用可以从总体方案、智能全域感知道路构建、智能路侧设备应用和软件平台构建四个方面实现。首先是总体方案,通过合理搭建及准确规划切片5G基础通信网,使数据信息的传输效果得到保障。其次是智能全域感知道路构建,即通过智能全域感知设施的布置,确保道路具备理想的信息交互以及全面感知效果,具备车辆自动驾驶通行条件。再次是智能路侧设备应用,即合理选择适宜的智能路侧设备,实现设施、交通信息的获取和应用。最后是软件平台构建,5G边云协同管理平台构建是关键一环,从边缘计算平台和边云协同管理平台两个层面着手,形成道路和车辆的协同控制,创造理想的自动驾驶条件。

(2) 5G+城市轨道交通

城市轨道交通无线通信系统由乘客无线网络、公安无线网络、运营无线网络、生产无线网络四大类构成。高速通信、端到端通信及绿色通信是5G可实现的三大主要功能。5G在城市轨道交通无线通信中主要应用于无线网络,提供更可靠的城市轨道交通通信服务。5G通信具有先进的端到端通信技术,能够降低传输时延,保障列车安全运行,提升列车运行效率。基于5G技术可优化资源调度和系统运行效率,进一步保障城市轨道交通系统运行的安全与稳定。更具体的应用包括:轨道交通智能客服机器人,实现人机交互,提供便捷服务;轨道交通车站智能化巡检、快速定位并解决问题;建立列车与地面之间的高速通道,提升智慧化运营能力;以及基于5G万物互联能力实现客流量密度检测,保障运营安全等。

(3) 5G+物流运输

5G网络的传输低时延,意味着物流企业运输环节的无人驾驶、无人配送方案成为可能,以1ms甚至更低时延和较高的通信可靠性,实现全自动化物流运输以及实时的系统操控。在物流信息处理环节,5G网络在信息传输时高度加密,保护了物流企业内部数据;信息的高速传输使整个物流系统节点环环相扣,高效运作。海量接入性是5G网络结合物联网技术,将人们衣食住行各个方面智能化终端设备和应用网络体系融入智能物流体系中,保证物流每个节点均能被中心实时监控和跟踪,从而提升物流服务质量。5G网络的低功耗特性将使射频通信、传感网等无线传感器网络广泛应用于物流行业,如接入5G网络的低能耗监控器能长时间监测冷链运输中的温度、湿度等,从而避免冷链"断链"损失。5G网络以其得天独厚的优势应用于物流领域,可为人们提供更丰富的物流服务,使物流业打破局限,全面实现智能化升级转型。

6.1.2.2 物联网

物联网(IoT)是指通过信息传感设备,按照约定的协议,把任何物品与互联网连接起来,进行信息交换和通信,以实现智能化识别、定位、跟踪、监控和管理的一种网络,是在互联网基础上延伸和拓展的网络。物联网概念最初来源于麻省理工学院(MIT)1999年建立的自动识别中心(Auto-ID Labs)提出利用网络无线射频识别(Radio Frequency Identification,RFID)系统,将所有物品通过射频识别等信息传感设备与互联网连接起来,实现智能化识别和管理。2005年,信息社会世界峰会(WSIS)正式确定了"物联网"概念,并发布报告 *ITU Internet reports 2005—the Internet of things*,介绍物联网特征、相关技术、面临挑战和未来的市场机遇。随着信息技术及相关学科的发展,人们分别从不同领域应用的角度对物联网进行了更为深入的研究,物联网的概念也随之深化、改变。

以往信息化建设将物理基础设施和信息基础设施分为两类系统,而在物联网时代,将建筑物、电缆与芯片、宽带整合为统一的基础设施。物联网首先对物品属性进行标识,分为静态属性和动态属性,静态属性一般直接存储在 RFID 标签中,而动态属性需要先由传感器进行实时探测,然后存储在 RFID 标签中。其次进行信息读取和转换,物联网需要特定的识别设备完成对物品属性的读取,并将信息转换为适合网络传输的数据格式。最后中央信息处理系统完成信息计算,将物品的信息通过网络传输到信息处理中心,由中央信息处理系统完成物品通信的相关计算。

物联网至今还没有一个广泛认同的体系结构,最具代表性的物联网架构是欧美支持的全球电子产品编码组织(EPC Global)"物联网"体系架构和日本的泛在网络标签(UID)技术体系架构。

①EPC Global"物联网"体系架构。EPC 系统由 EPC 编码体系、射频识别系统和信息网络系统 3 部分组成,包括 6 个方面,见表6-1。EPC"物联网"体系架构由 EPC 编码、EPC 标签、读写器、EPC 中间件、对象名称解析(Object Naming Service,ONS)服务器和 EPC 信息服务器等部分构成。

EPC 物联网系统构成   表 6-1

系统构成	名 称	说 明
EPC 编码体系	EPC 编码	用来标识目标的特定代码
射频识别系统	EPC 标签	贴在物品之上或内嵌在物品之中
	读写器	识读 EPC 标签
信息网络系统	EPC 中间件	EPC 系统的软件支持系统
	对象名称解析服务	
	EPC 信息服务	

②UID 技术体系架构。UID 技术体系架构由泛在识别码(uCode)、泛在通信器(UC)、信息系统服务器、uCode 解析服务器 4 部分构成。UID 使用 uCode 作为现实世界物品和场所的标识,UC 从 uCode 电子标签中读取 uCode,获取这些设施的状态信息并对其进行控制。UID 在多行业中得到广泛应用,将现实世界中 uCode 标签的物品、场所等各种实体,与虚拟世界中存储在信息服务器中各种相关信息联系起来,实现"物物互联"。

物联网在交通领域的应用也十分广泛,包括车路协同、车车通信技术(V2V)、车用无线通信技术(V2X)以及智能交通系统(Intelligent Transportation System,ITS)等方面。

(1) 车联网

车联网是一类物联网,是物联网在城市交通网络中的具体应用。车联网通过车辆网络动态收集、分发和处理数据,使用无线通信方式共享信息,实现汽车与汽车、汽车与建筑物,以及汽车与其他基础设施之间的信息交换,使汽车与城市网络相互连接。它甚至可以帮助实现汽车与路上的行人、汽车与非机动车之间的"对话"。

（2）智能交通系统

ITS 是物联网重要的应用领域。在 ITS 中引入物联网，有助于 ITS 突破发展瓶颈。如物联网强大的数据采集功能可以为 ITS 提供全面的底层交通数据；物联网可为交通数据的传输提供良好的渠道，为交通信息的发布提供广阔的平台。另外，ITS 由各个分系统组成，在物联网应用的基础上引入云计算，可以帮助 ITS 整合现有数据资源，通过云计算平台实现数据的融合、挖掘和分析，建立交通动态信息处理和管理控制平台，使海量交通数据得到更加高效及时的处理和发布，帮助交通管理部门及时调控包括陆路、水路、航空等系统在内的整个交通体系。

6.1.3　交通分析与计算技术

6.1.3.1　云计算

云计算是分布式处理、并行处理和网格计算发展的商业实现。云计算就是把普通的服务器或者个人计算机连接起来，以获得超级计算机（高性能和高可用性）的功能，但成本更低。云计算的基本原理是使计算分布在大量分布式计算机上，而非本地计算机或远程服务器中。企业数据中心的运行将更相似于互联，使企业能够将资源切换到需要的应用，根据需求访问计算机和存储系统。

云计算是一种资源交付和使用模式，通过网络获得应用所需的硬件、软件、平台资源。云计算将计算从客户端集中到"云端"，作为应用通过互联网提供给用户。计算通过分布式计算等技术由多台计算机共同完成，用户只关心应用功能，而不必关心应用的实现方式。应用的实现和维护由其提供商完成，用户根据自己的需要选择相应的应用。云计算不是一个工具、平台或者架构，而是一种计算的方式。

从部署云计算方式的角度出发，云计算可以分为 3 类。

①公有云：第三方提供商提供给用户使用的云。公有云一般可通过互联网使用。阿里云、腾讯云和百度云等是公有云的应用示例，借助公有云，所有硬件、软件及其他支持基础架构均由云提供商拥有和管理。

②私有云：为一个客户单独使用而构建的云，因而可对数据、安全性和服务质量提供最有效的控制。使用私有云的公司拥有基础设施，并可以控制在此基础设施上部署应用程序的方式。

③混合云：公有云和私有云这两种部署方式的结合。由于安全和控制原因，并非所有信息都能放置在公有云上。因此，大部分已经应用云计算的企业使用的是混合云模式。

从所提供服务类型的角度出发，云计算可分为 3 类，如图 6-1 所示。

①基础设施即服务（IaaS）：为企业提供计算资源，包括服务器、网络、存储和数据中心空间。

②平台即服务（PaaS）：基于云的环境，提供支持构建和交付基于 Web 的（云）应用程序的全生命周期服务。

③软件即服务(SaaS):在云端远程计算机上运行,这些计算机由其他人拥有和使用,并通过网络和Web浏览器连接到用户的计算机。

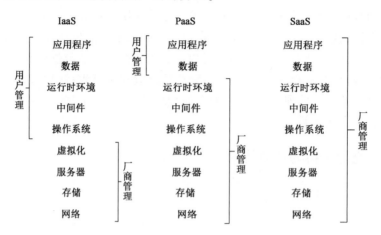

图6-1 云计算分类(基于提供服务的类型)

此外,云计算还有如下特性:

①虚拟化技术:虚拟化突破了时间、空间的界限,是云计算最为显著的特点。虚拟化技术包括应用虚拟和资源虚拟两种。

②动态可扩展:云计算平台可以帮助本地服务器增强计算能力,使计算速度大幅提高。在本地计算需求高峰期,通过本地计算任务溢出到云,可以让排队中的计算任务快速完成,提高整体计算效率;在本地计算需求低谷期,通过减少云端计算需求,可以充分节省计算成本。

③按需部署,弹性计算:计算机包含许多应用、程序软件等,不同的应用对应的数据资源库不同,用户运行不同的应用时需要较强的计算能力对资源进行部署,而云计算平台能够根据用户需求快速配备计算能力及资源。

④灵活性高:云计算平台能够根据用户的需求,从统一的云端资源池中快速帮助用户配备计算能力及资源。

⑤可靠性高:高可靠性是云计算技术的一大优势。即使服务器发生故障也不影响计算与应用的正常运行,因为单点服务器出现故障可以通过虚拟化技术将分布在不同物理服务器上的应用进行恢复,或利用动态扩展功能部署新的服务器进行计算。

⑥性价比高:将资源放在虚拟资源池中统一管理在一定程度上优化了物理资源,用户不再需要昂贵、存储空间大的主机,可以选择相对廉价的PC组成云,一方面减少了费用,另一方面计算性能不逊于大型主机。

云计算技术强调对算力的调动能力以及信息资源的应用能力。在云计算技术不断发展的过程中,其自身的拓展性以及可应用性也在不断提升,使云计算技术能够在交通运输领域发挥重要的作用,主要体现在交通信息采集、车辆运营管理以及交通信息处理等方面的应用。

在云计算技术支持下,能够实现高速联网收费,以及对公路主干线交通进行检测,同时也能支持违法行为异地处罚。云计算能够对算力资源进行整合,因此在应用过程中能够应对具有较高弹性的交通流信息计算需求。其算力能够满足交通高峰时段城市大范围的交通控制需求,能够根据现有的交通数据对路段交通需求进行预测,从而提升交通管理的针对性及有效性。现代交通运输行业的管理控制过程中,需要实现对信息的深度计算以及精细化的处理和发布,而云计算技术整合了多项数据处理技术,在应用过程中能够通过对个体交通行为的控制实现交通系统整体控制的目标。

云计算技术在交通运输领域应用的另一重点是交通信息云的搭建。交通信息具有很强的综合性,道路行车情况、交通信号标志以及交通违法信息等都属于交通信息范畴,在交通管理过程中需要综合相关信息采取有针对性的管理措施。通过建立交通信息云能够实现对交通信息的全面采集,并且能将相关信息进行直观的展示。交通信息云不仅能够对相关的交通信息进行整合,在收集交通信息的过程中,也可实现部分信息的处理及应用。因此,在交通运输管理领域应用云计算相关技术,能够很大程度上提升管理机构的交通态势感知能力,应用有限的管理资源提升交通信息处理的水平及效率。

6.1.3.2 大数据

大数据不是简单的"数据多或数据大",而是一种规模大到在获取、存储、管理、分析方面大大超出传统数据库软件工具能力范围的数据集合,它以海量的数据规模、多样的数据类型、快速的数据流转、较高的关联性和应用价值为主要特征。大数据技术的战略意义不在于掌握庞大的数据信息,而是通过充分利用智能技术,对数量巨大、来源分散、格式多样的海量数据进行采集、存储和关联分析,并从中发现新知识、创造新价值、提升新能力。大数据分析通常包含六个基本方面:可视化分析、数据挖掘算法、预测性分析、语义引擎、数据质量和数据管理、数据存储和数据仓库。大数据是信息技术发展的必然产物,是各行业数字化、信息化发展不可逾越的新阶段。

发展大数据已成为国家综合交通发展的战略性方针政策。交通运输部2019年印发《推进综合交通运输大数据发展行动纲要》中提出,2025年要力争建成更加完善的综合交通运输大数据标准体系,基本建成基础设施、载运工具等成规模、成体系的大数据集。随着综合交通运输及其相关数据共享开放、跨地区-跨行业-跨部门数据融合,大数据必定将在综合交通出行-货运-物流等信息服务、规划决策、运行管理及服务等领域发挥巨大作用。综合交通运输大数据的发展具体表现在三个方面:一是交通要素数字化,即利用物联网感知、数字建模等技术,推动交通运输基础设施、交通运输载运装备、交通运输管理服务对象与事项的全面数字化;二是多网融合互联化,利用光纤网、移动通信网、无线传感网、卫星通信网等多种信息通信技术,通过"有线+无线""公网+专网"等多种模式组合,促进各类交通运输业务与信息系统互联互通和联网运行;三是综合应用智能化,在数据开放与应用层面,不同业务领域实现数据的深度挖掘应用,推动综合交通运输行业管理、公共服务更加精准化、智能化和科学化,支撑业务协同和融合创新应用。

综合交通运输大数据基础技术包括采集与集成技术、云存储与资源管理调度技术、计算与挖掘分析技术、可视化与决策支持技术等,涉及统计学、计算机、人工智能等多个专业。物联网、车联网传感采集、智能终端、移动终端设备在铁路、公路、水路、民航和城市交通等领域的普及应用,使得交通数据采集的范围、广度和深度得到进一步加强,为交通大数据的发展提供了基础。这些数据包括设施(如路网)、设备(如车辆)、人员、安全保障等基础数据,还包括综合交通运输网络中人、车、路、环境等相互作用的关系数据,如速度、密度、流量、位置、票价等。

6.1.4 交通服务与决策技术

6.1.4.1 人工智能

1956年,人工智能(AI)概念被首次提出。人工智能是研究并开发能够模拟、延伸和拓展人类智能的理论、方法、技术及应用系统的一门技术科学,其目的是开发出一种能以与人类智能相似的方式作出反应的智能机器,核心研究问题包括建构类似甚至超越人类的推理、知识、规划、学习、交流、感知、移动和操作物体的能力等。

虽然人工智能科学与技术发展具有重大意义,但人工智能的行业应用是关键。需要认知和把握行业、专业领域的特征与规律,在此基础上发展人工智能。综合交通运输系统具有高度随机性、模糊性、不确定性和复杂巨系统性等特点,是天然的人工智能应用领域,智能交通系统(ITS)的产生与发展,极大地推动并加快了交通人工智能的应用与发展。

人工智能(AI)或智能技术(Intelligent Technology)是实现综合交通运输系统智能化的关键技术,可为综合交通运输系统状态与态势全面(全息)感知、风险监测预警、趋势智能研判、资源统筹调度等提供支撑。人工智能已在载运工具识别、路况识别、路线规划、自动驾驶、综合交通运输系统态势预测/预报/预警、系统优化控制等领域显示出卓越性能。根据交通行业的卡口、监控视频、公交客流、车辆定位、车辆运营调度等数据,基于大数据计算、人工智能辅助决策的方式,可以实现对交通系统的智能分析与决策。

展望未来人工智能的发展趋势,将以全息感知、大数据为基础,以新一代交通运输系统科学与工程和算法创新为核心,以强大的计算能力为支撑,进一步实现综合交通运输系统的可视化、可验证、可诊断、可预测、可学习、可决策、可交互,乃至决策自主化,使综合交通运输系统更聪明、更智慧,支撑"人享其行,物优其流"。人工智能也将带来交通运输系统诸如人文、社会和法律的研究课题,这些同样需要深入研究与探讨。

6.1.4.2 区块链

区块链(Block Chain)系统由一个共享的、容错的分布式数据库和多节点网络组成,最初应用于金融领域。每一个区块包含了前一个区块的加密散列、相应时间戳记以及交易资料[通常用默克尔树(Merkle Tree)算法计算的散列值表示]。在区块链数据库中,数据仅可通过共识算法以块的形式增加,不可修改或删除。为防止篡改,每个区块至少会包含一个块生成时间和签名,所有的交易数据都会被双方签名。区块链本质上是一个共享数据库,存储于其中的数据或信息,具有不可伪造、全程留痕、可以追溯、公开透明、集体维护等特征。相比于传统的网络,区块链具有数据难以篡改、去中心化两大核心特点。

区块链"去中心化"特征在信息安全应用场景中有着重要意义。综合交通运输系统行业网络和重要信息系统是国家信息安全防护的组成部分。利用区块链技术,可提升网络与信息安全态势感知及监测预警水平,建立健全网络与信息安全保障体系,提升行业网络安全风险防范、应急处置能力。区块链可以解决传统服务器存在的分布式拒绝服务攻击的问题;区块链可以在边缘计算机设备中保护应用,通过对边缘计算内的终端设备、域名分发数字证书,同时设置数据功能权限提供安全的信息数据系统;区块链还可以保护庞大而重要的交通数据,通过分布式账本无法改动数据,避免出现因交通系统单一节点出错丢失数据等问题。

此外,区块链"诚实""透明"的特征,创造了信任基础,可用于解决信息不对称问题,实现多个主体之间的协作、信任与一致行动,在综合交通运输管理及服务、支付的信用体系建立中将发挥重要作用,如个人及企业交通违法失信数据库、出行碳积分数据库等。

6.1.4.3 电子地图与高精度地图

电子地图(Electronic Map)是利用计算机技术,以数字方式存储和查阅的地图。早期使用位图式存储,地图比例不能放大或缩小。基于地理信息系统(GIS)的电子地图,信息使用向量式图像存储,地图比例可放大、缩小或旋转而不影响显示效果。电子地图软件一般利用地理信息系统(GIS)来存储和传送地图数据,也有采用其他信息系统的。

电子地图具有以下特征:以电子屏幕作为媒介随时随地进行显示;可实现地图制作、管理、阅读和使用一体化,并且可以进行实时修改;可根据需求对地图内容的详略程度进行调控;可以把图形、图像、声音和文字等合成到一起;可实现地图要素分层显示、分块存储,以提高加载速度;可以实现地图上的长度、角度和面积等的自动化测量。电子地图种类丰富,有地形图、栅格地形图、遥感影像图、高程模型图、各种专题图等。

电子地图目前的主流应用场景是各种交通运输方式的导航。当代人们出行越来越依靠导航系统,而导航系统的核心便是包含地理数据的电子地图,在此基础上提供定位、搜索、路径规划、线路状态显示等不同功能。不同地图服务商的核心竞争力在于电子地图地理数据的要素丰富度、更新频率和体验等。

高精度地图(High Definition Map)也称自动驾驶地图,是指绝对和相对坐标精度达到厘米级的高分辨率电子地图。相对普通电子地图,高精度地图体现在坐标精度更高、反映的道路形状及属性更准确、所含的道路交通信息元素更丰富和细致、数据的实时性要求更高。

高精度地图的逻辑数据结构可以分为静态地图数据、动态地图数据两个层级。底层是静态地图数据,包括车道、道路、道路附属物等。动态地图数据包括描述真实场景的实时动态信息。高精度地图的数据生产任务包括基础数据采集和后续数据更新,数据采集主要面向静态地图数据。高精度地图的数据生产一般采用"移动测量+众包"模式，以"移动测量+情报"模式实现初次数据生产，并结合"众包"模式进行数据补充和更新。

现阶段高精度地图是为满足车载高级驾驶辅助系统（Advanced Driving Assistance System, ADAS）及自动驾驶车辆导航的新型电子地图，主要服务于车，是实现自动驾驶的核心关键技术。高精度地图将大量的行车辅助信息储存为结构化数据，对路网进行厘米级精度的三维表征描述，如道路的实际样式、车道标线的类型等，进而辅助自动驾驶车辆完成地图匹配定位、先验环境感知、车道级路径规划。未来自动驾驶地图与智慧交通信息相互促进、融合，将为各自领域发展带来新的推动力：突破智能汽车关键基础地图技术，验证智能汽车基础地图服务能力，培育智能汽车基础地图新业态等。从单车智能到车路协同发展，将对高精度地图提出高动态性、高可靠性、高安全性等要求。

在自动驾驶车辆普及之前，高精度地图应用场景主要是高速公路和停车场，支持高速公路领航驾驶（Highway Pilot Driving, HWP）、停车场自主代客泊车（Autonomous Valet Parking, AVP）系统，支持部分自动驾驶功能的应用。

6.1.4.4　BIM 与 CIM

建筑信息模型（Building Information Modeling, BIM）技术是一种应用于工程设计、建造、管理的数据化工具，由 Autodesk 公司在 2002 年率先提出，目前已经在全球范围内得到业界的广泛认可。它可以帮助实现建筑及各类基础设施信息的集成，从设计、施工、运行直至寿命周期终结，各种信息始终整合于一个三维模型信息数据库中。设计团队、施工单位、设施运营部门和业主等各方人员，可以基于 BIM 进行协同工作，有效提高工作效率、节省资源、降低成本。

BIM 模型的结构其实是一个包含参数模型和行为模型的复合结构，参数模型与几何图形及参数有关，行为模型则与管理行为以及像素间的关联有关，通过关联参数赋予意义，因而可以用于模拟真实世界的行为，实现信息整合。在 BIM 技术中，工程项目所有基本构件的相关参数，包括基本参数和附属参数，都存放于统一的数据库中。基本参数是对模型中构件本身特征和属性的描述，为空间分析、体积分析、效果图分析、结构分析、碰撞分析等提供参数。BIM 为交通运输基础设施全生命周期管理提供了有力的支持。

延续 BIM 思想和技术，产生并正在完善的城市信息模型（City Information Modeling, CIM），以建筑（设施）信息模型（BIM）为基础，融入地理信息系统（GIS）、物联网（IoT）系统，是智慧城市和数字城市的最终表现形式。

首先 CIM 要覆盖城市尺度，当然也可以是城市某个城区、园区、社区、院落等，但 CIM 建模对象的描述能力是城市级。CIM 所能容纳的信息覆盖各种空间、时间维度，能支撑各种城市应用。也就是说，CIM 所含信息可以描述城市内各种物理或人文实体，具有多时态、多类型、多粒度、多来源等特点。建立城市信息模型是基于一定规则和方法，对上述信息按需进行组织的过程。

CIM 平台的建立，可以为城市管理、城市规划者提供充分自动化的数据支持，因为

CIM 平台中的数据层不仅整合了数据录入,更有自动化的数据清洗处理系统、自动数据挖掘机制和成熟的数据可视化功能。CIM 本质上是对现实世界在虚拟端进行建模(也称为数字孪生),由此增强城市管理能力,优化居住环境。2018 年后,我国的 CIM 系统发展迅速,2020 年 9 月,住建部印发《城市信息模型(CIM)基础平台技术导则》,要求所有建筑工程项目建设立项用地规划、设计方案模型报建、施工图模型、竣工验收模型备案等内容,都要在城市信息模型(CIM)基础平台进行审查和审批,即新建建筑将直接呈现于 CIM 平台。

CIM 系统对综合交通运输系统智慧化产生多方面的影响。一方面,CIM 系统可以更加便利地将城市信息应用于交通规划与管理。城市在发展过程中的用地性质变化、区域发展动态被整合进入 CIM 系统中,CIM 成为传统交通模型及预测中所需数据的有效来源,能更好地提升诸如交通需求模型的预测精度与时效性。另一方面,CIM 系统也成为智慧交通的重要依托。通过 CIM 平台,智慧交通将由信息独立向数据协同转变。智慧交通系统的信息网络、基础设施体系与 CIM 平台各应用模块间可数据共享,消除了数据孤岛,提升了城市交通管理部门全域协同联动的能力。智慧交通系统自身具有高度的数据依赖性与动态性,而 CIM 也需要智慧交通系统数据作为动态协同管控的基础。智慧交通系统首先依靠 CIM 实现日常交通管理并融入城市运行管理,包括交通调度、公众出行、停车共享等交通服务以及交通规划、建设的全过程管控和监督,提升交通系统运行效率和交通治理水平。其次是充分利用 CIM 平台层次框架和信息资源,优化传统智慧交通系统,化繁为简,实现智慧交通系统轻量化。

6.2 综合交通运输系统信息化与智能化需求

综合交通运输系统信息化与智能化是交通运输行业发展的关键基础和重要推动力,信息化与智能化技术已经成为推进交通运输提效能、扩功能、增动能的重要手段,是行业高质量发展的重要特征,也是构建现代化综合交通运输体系的关键要素。

本节将结合综合交通运输系统建设和规划要求,针对载运工具、基础设施和运输服务的信息化及智能化需求进行分析。

6.2.1 载运工具信息化需求及应用

载运工具包括但不限于轨道交通车辆、汽车、船舶、航空器。载运工具信息化有助于加强对设施设备的监管,提升作业效率、运输安全及运输服务水平。载运工具信息化需求主要涉及载运工具运行信息化基础,包括身份识别、定位与导航、运行状态信息和环境信息的采集及传输等。

随着铁路技术装备升级换代,集成融合云计算、物联网、大数据、北斗定位、5G 通信、人工智能等新一代信息技术,高速动车组正逐步实现信息化、智能化目标。

汽车信息化在各行各业信息化中,起步早、水平高。汽车制造的信息化需求体现在计算机辅助设计(CAD)、计算机辅助制造(CAM)、计算机辅助工艺编制(CAPP)、柔性制造(FMS)、计算机集成制造(CIMS)等现代化生产技术与汽车装备制造业的深度融合。车体运行状态信息化需求包括:①车辆机件及运行状态信息监控。如实现车载单元(OBU)读取车辆机件及运行信息,车载中控屏幕实时显示车辆运行信息及状态等应用。②安全辅助驾驶。进行驾驶行为分析,如实现路侧信息提醒、驾驶员驾驶行为监督等应用。③提高乘客乘车体验。创新服务应用,如实现高速 Wi-Fi 上网体验、不停车电子收费、公交到站精准预测、多样化乘车支付等应用。④车内实时监控。支持应急疏散处置,如实现客流统计、分析,车内监控实时回传,应急疏散指挥及应急处置等应用。⑤智能调度分析。进行 AR(增强现实)远程维修,如实现出行 OD 分析、资源匹配度分析等应用。

船舶信息化技术将船舶定位技术以及无线通信网络技术、卫星数据通信技术、数字蜂窝移动通信技术相结合,在防灾预警、海事调查取证、海难搜救实时定位、进出港统计等方面发挥支撑性作用。

民用航空飞行器的系列化发展,使得我国目前已进入全球多型号发展的大型飞机制造国家之列。民用航空飞行器的信息化发展需求同样体现在身份识别、位置信息、状态信息、环境信息的集成,提升服务质量和安全水平,提高运行效率等方面。

6.2.1.1 身份识别

(1)轨道交通车辆身份识别

在铁路客车技术管理信息系统(KMIS)基础中,铁路客运列车标签采用射频识别(RFID)技术实现身份识别,通过可编程方式的电子标签,存储客车基本信息。铁路客运车辆的身份识别,需要客车车号自动识别系统通过信息共享与 KMIS 等系统相结合,实时准确掌握客车所在位置和车辆的检修状态,实现对全路客车的查询追踪、检修管理。

当识别、跟踪到铁路客运列车经过车站、占用股道等事件,通过站台上的阅读器与车载电子标签以无线方式进行通信,可准确获取列车的相关信息,如自动判断列车运行方向与列车进出站时间、占用到发线时间等信息。实现上述信息采集与反馈的自动化,可为后续管理与临时资源调配提供数据依据。

(2)汽车身份识别

车辆识别代号(Vehicle Identification Number,VIN)类似于车辆的身份证,是车辆生产商对于所交付产品的唯一标识。根据交通管理要求,安装在车辆前后方的牌照也是车辆的唯一标识,用于车辆使用全过程的身份识别。车辆牌照一般通过视频检测进行自动识别,易受能见度、遮挡等影响。随着无线射频识别(RFID)技术被广泛用于车辆身份识别,车辆可在前挡风玻璃内侧安装无源 RFID 标签,依托路侧读写设备通过感应天线读取途经车辆电子标识信息。通过将车辆身份识别信息与车辆号牌、保险、年检、违法、车主姓名等信息关联,能够鉴定车辆及车主身份,监督车辆状态,有助于打击逃逸及假套牌车辆等违法行为。另外,通过检测车辆通过路侧设施的时间信息,可以获得道路断面流量,估算行程时间、行程车速和车辆行驶路径,为交通管理提供丰富、实时的交通状态信息。在车辆身份识别信息化过程中,需防范无线通信技术存在信息复制伪造、恶意阻塞、跟踪窃听、隐私泄露等信息安全问题。

(3)船舶身份识别

船舶自动识别系统由岸边船舶信息接收基站设备、船载信息发送设备组成。身份识别的信息化需求包含船舶的静态、动态与航程数据。船舶静态数据包含船舶身份标签、船舶卡、产品电子标签、卡标识码与密钥分类等信息,以电子信息化形式存储船舶关键数据,包括船舶编号、船长、上甲板长度、船宽、船深、总吨位、船体材质、建成日期、船舶类型、核定航区、制卡日期、制卡单位;船舶主要数据(初),包括核定乘员、主机总功率、主机型号、主机数量、推进形式、船名、辖区代码、船主、证件号码等,并给省级应用、市级应用、县级应用配置了数据存储空间。船舶动态数据包含船舶行驶过程中各种信息数据及经纬度信息等。船舶航程数据包含船舶初始点、终点、船舶行驶吃水状况与状态。

(4)飞行器身份识别

每个民用航空飞行器的近距离无线通信技术(Near Field Communication,NFC)射频标签内,存储有NFC标签唯一属性标识码、飞行器拥有者数字身份标识码和飞行器属性数字身份标识码。低空空管区域信息服务中心需将NFC标签唯一属性标识码、飞行器拥有者数字身份标识码和飞行器属性数字身份标识码以及当前飞行状态信息进行关联,形成实际飞行计划信息,并同飞行器的当前飞行状态信息一起,传送至飞行空管服务站;所属飞行空管服务站,将接收到的实际飞行计划信息与预存的申请飞行计划信息相比对,若两者一致,则对接收到的飞行器当前飞行状态信息与相应飞行状态信息范围阈值进行比较,判断飞行器的当前飞行状态是否正常;否则输出报警信息以召回飞行器。

6.2.1.2 定位与导航

(1)轨道交通车辆定位

城市轨道交通车辆自动驾驶技术采用列车自动驾驶(Automatic Train Operation,ATO)技术,高速铁路客运列车实现动车组区间按计划自动运行,均需要利用定位设备自动获取列车位置信息,实时动态监测客运列车及其所处轨道。精确、低时迟位置信息及可靠传递,是自动驾驶、安全防护的基础性保障。为实现站内停车自动对标及自动开门防护,同样需要实时监测列车的位置。同时,准确计算位置信息也可有效提高车辆遭遇突发事件时检测和识别的准确率,降低误报警率。

相比于铁路客运车辆的可靠、安全运行,铁路货运车辆的信息化需求更加关注对货车状态信息的采集,包括基于RFID技术的车号识别及基于视频监控技术的安全检查。对于重载列车,轮轴状态的数字化检测及检修是重要的信息化方向。

(2)汽车定位与导航

道路车辆定位要求主要体现在高精度、可靠性和实时性三方面。对于乘用车,实时定位主要用于车辆导航。通过车载预装或后置的卫星定位设备获取车辆位置,与导航地图结合,实现路径导航。基于互联网的车辆导航还能获取道路交通状态和事件信息,为车辆规划避免拥堵的路径,成为智能交通系统的主要应用。商业应用的 GPS 定位精度在米级,但对高架桥、隧道、林荫遮挡和城市峡谷等复杂场景,可能存在信号接收难或不稳定问题。根据行业监管要求,商用车中的大型货运车辆及危险品运输车辆、客运运营性车辆(大型客车、出租车),应使用定位精度更高的北斗系统。北斗系统能为 GPS 卫星信号接收不到或卫星信号不稳定的场所提供稳定精准的定位数据,获取车辆地理位置、运行方向、运行速度等信息,实现对车辆的远程监控。

高精度定位是实现车辆自主导航、车辆跟踪监控、智能网联汽车应用等的重要支撑。车联网可以通过碰撞预警、车辆诊断等功能及时提醒用户,改善驾乘安全性;通过路径规划、实时路况查询等功能提升出行效率,缓解交通拥堵;甚至经由车路协同、车车协同等基础设施的完善实现自动驾驶。采用先进的北斗定位导航、传感、网络、计算、控制等技术,全面感知道路和基础设施状态,构建以车辆为节点、以网络为基础的车联网系统,监控并存储车辆行驶轨迹、里程以及其他状态信息,记录、分析车辆行驶油耗、气候、驾驶员行为、轮胎数据等,实现对车辆各项数据的平台化管理。

高精度地图的匹配与定位包括:①当车辆行驶在道路上时,导航定位模块需要将车辆位置匹配到所行驶车道上;②当车辆在道路上从一条车道变换到另一条车道,导航定位模块需要识别出车辆变换车道,将自车位置匹配到车辆变换车道后的车道上;③当车辆多功能摄像头信号出现短时失效时,导航定位模块需要根据历史车道匹配结果和车辆其他传感器信号(如转向盘信号、GNSS 信号、车速信号、车辆横摆角速度信号等),推测车道位置。这些服务需要在高精度地图上定位精度达到亚米级。

(3)船舶定位与导航

北斗卫星导航系统可以助力海事部门快速定位船舶在海洋上的位置,获取船舶速度、航向等信息。海事部门可以通过数据报文实现岸-船、船舶之间的互联互通。渔政部门已经建设了类似的导航应用,可通过管理中心对装载有北斗终端设备的船舶位置、航迹进行实时监测和显示。当海上渔船发生危险时,可借助北斗终端设备寻求帮助,以便海事部门及时地对渔船进行搜救和告警,还可以避免渔船因误入他国海域或者禁渔区域而带来不必要的风险。

(4)飞行器定位与导航

基于北斗卫星导航系统的定位信息,能够为货运航空、通用航空提供不同精度需求的监视数据源,包括空中飞行各阶段和机场地面滑行阶段。北斗系统在辅助目视飞行和仪器飞行、帮助地面平台获取飞机的实时状态等信息、帮助飞行器利用可用空域等方面,具有自身优势。北斗卫星导航系统还可以为民航非精密进近阶段提供较优的导航服务,在诸多应用场景中有更强的适用性。

北斗卫星导航系统短报文通信服务,其一体化和便捷性使得该系统成为区别于其他卫星导航系统的独特存在。北斗短报文具备覆盖范围广、无通信盲区和数据传输加密等优势,它使北斗系统可以通过稳定的通信保障以及对各种复杂环境的适应性,为通用航空飞行服务提供双重保障。北斗系统在飞行服务保障体系中,通过机载北斗终端和系统平台,可实现路线追踪、偏航警告、位移警告等多项功能,以实时位置、飞行数据等有效信息,为飞行服务提供更加立体的保障。通过北斗短报文,通航飞行器不仅能知道自己的位置,还能不依赖其他通信系统独立地向地面中心报告位置、速度和时间等数据。

6.2.1.3 运行状态信息

(1) 轨道交通车辆状态信息

车辆状态感知与智能检修一体化协同是轨道交通车辆状态信息化发展方向。轨道交通车辆的实时状态感知、异常状态监测与故障预测是信息化的重要体现。通过车载状态监测设备采集列车实时状态数据,监测列车运行状态,对列车运行异常状态进行智能预警,构建相关数据分析模型,实现对列车关键零部件的故障预测及健康管理。包括对动车组走行部进行振动和温度双监控;通过加速度传感器等,对走行部和受电弓部位进行视频监控。研发故障预测与健康管理(Prognostics and Health Management,PHM)系统,提升检测能力,包括提升旋转部件故障诊断能力、车轮视情镟修、基于空簧压力的构架裂纹故障监测等。在列车信息管理及传输方面,通过高速以太网提高列车网络数据传输能力,增强实时监测、诊断能力。

在列车检修状态下,自动定位车辆停放股道并显示车辆的状态信息,如股道编号、带电状态、修程状态、车辆故障信息,以及维修工单状态等,便于检修人员实时查询目标车辆状态,提供安全可靠、稳定智能的高铁动车检修一站式解决方案。

(2) 汽车状态信息

①汽车组件状态识别信息化。利用车辆电子控制系统存储车辆信息,并通过外部专用设备读取车辆VIN、运行及排放状态信息。车辆电子控制系统涉及发动机、变速器、制动系统等多个关键组成部件,每个部件均有用于信息存储处理的电子控制单元。通过车载通信网络实时传输数据,可有效识别车辆及各关键部件身份,监管其运行和使用状态。同时需防范信息化过程中诸如擅自篡改程序、更换控制器、伪造通信信息等信息安全风险隐患,进一步加强信息存储和通信安全性。

②汽车运行状态识别信息化。汽车运行状态识别和监测是确保其安全运行的前提条件,也是汽车智能化的基础。其典型应用场景包括驱动系统(发动机或电池组)监测、安全系统故障监测、驾驶员状态监测及车辆运行状态采集等。

a. 汽车驱动系统状态识别的信息化需求因动力而异。传统燃油汽车集中在发动机状态监测及故障报警,当发动机存在故障、其运动规律受到干扰,运转振幅、振动频率、排放、温度等参数会出现异常,需要通过传感器及时发现并上报;新能源汽车则需要采样模块采集电池组的电流、电压、欧姆内阻、温度等信息,以确保电池组在正常工况下有效运转。

b. 车辆安全系统由ABS(车辆防抱死)、EBD(电子制动力分配)、EBA(紧急制动辅助系统)及SRS(车辆安全气囊)等模块组成,通过主动或被动的方式,最大限度地确保紧急情况下的驾驶员生命安全。这些系统多依赖车载电路触发,长期使用存在一定的失效风险,因此需要通过信息化手段对其有效性进行判别。

c. 车辆运行状态采集指使用传感设备获取车辆的位置信息及运行参数,包括但不限于汽车行驶的实时经纬度、轴速、角速度、加速度、方向等,并通过无线网络、蓝牙或其他车地通信设备上传至控制中心。车辆运行状态采集多依赖车载设备完成,它的普及是汽车自动驾驶的前提条件,是实现跟车行驶、队列行驶等低级别自动驾驶的基础。

(3) 船舶状态信息

船体数据库的创建是船舶状态信息化的重要途径,可为结构安全和船舶维护提供更多的数据支持,为船舶的运营和管理提供充分的信息,以辅助决策。船舶状态信息化需包含周期管理、运行监视和决策支持功能,便于信息收集和维护,使信息检索和利用效率更高。

船舶状态信息化需要开发能有效判断船舶导航装置安全性和船舶动作状态的监测平台,基于大数据分析船舶设备是否处于相对稳定的状态,或诊断不良状况或趋势。在不影响船舶运行的情况下,感知被测设备的实际状态是否有异常倾向,并实时处理和计算得到有效数据。如果船舶设备出现异常故障,需能正确定位异常,明确异常原因,预测船舶状况。

(4) 飞行器状态信息

飞行器状态管理需实现对所有飞行器组件状态的全面管理和可即时查询,因而需将各机型技术状态文件内容集成到信息系统中。通过信息管理系统,能方便快捷地获得各机型飞机性能参数、机载设备型号、安装位置、功能、重量、图片等,以及各机型状态差异信息。飞机状态信息化监控终端需与地图服务器、预警服务器相连,将接收到的飞行器当前飞行状态信息绘制成图像并输出至监控终端。飞行器状态信息化还需实现 GPS 模块与北斗卫星相互通信,并分别连接重力传感器、陀螺仪和方向传感器,实现飞行器状态信息的实时采集与监控。

6.2.1.4 环境信息

(1) 轨道交通车辆环境信息

高速铁路客运列车内部环境影响乘客乘坐舒适性的因素多元、复杂。通过有线式内部环境监测系统,采集包括振动、噪声、车内光线、车内温度、车内湿度、车内气压、车内空气品质等环境信息,进行实时处理与动态调整以节约能源。开发可集成最新无线传感技术、通用分组无线服务技术(GPRS)等的高速铁路动车组内部环境监测信息处理系统,是列车运行环境信息化的发展方向之一。

(2) 汽车环境信息

除车辆自身状态的信息化外,观察和预测其他交通参与者的行为,是汽车车外环境感知信息化的重点研究方向。需综合利用传感器技术、定位技术和车联通信技术实现环境感知,提供信息支持汽车控制系统的决策。车外环境感知信息化的需求主要包括:a.检测周边物体、车辆位置和行驶轨迹,认知行人与非机动车的动作意图和姿态;b.结合环境模型,如在数字地图中,对所有的交通参与者进行识别,以便在高速公路、乡村道路或市区道路、停车场等不同场景下安全驾驶。

①静态环境。包括交通标志、交通信号灯、静态障碍物等。a.交通标志:更新周期较长,属于静态信息,对其识别方式主要包括高精度地图和车载摄像头等信息化技术手段。b.交通信号灯:虽然交通信号灯位置固定,但车辆到达停车线时的信号灯相位及剩余时长会变化,对其识别方式主要为车载摄像头,需基于图像识别算法进行交通信号灯颜色、数字、转向等信息的采集。c.静态障碍物:指固定位置的物体,如树木、建筑物等,对其感知检测方法主要包括高精度地图、车载摄像头,识别障碍物位置、形态、距离等。

②动态环境。包括车辆、行人/动物、移动障碍物等。主要通过车载摄像头进行周边车辆、行人/动物、移动障碍物的形态识别,通过毫米波雷达等进行周边车辆具体位置、相对速度、相对加速度、相对角度等数据的采集;通过激光雷达进行全视场扫描,获取周围空间的点云数据,绘制车辆周围的三维空间地图,以供车辆快速作出决策。

③驾驶环境。主要包括路面状况(如路面材料、路面凸起或坑洞、结冰等)、道路状况(如拥堵、事故、施工、管制等)、天气状况(如风、雪、雨、雾等)。其中,路面状况可通过车载摄像头的图像识别技术以及车辆本身装备的压力、摩擦力传感器等,进行信息采集与感知、判断。道路状况和天气状况难以实现车辆自主全面感知。

(3)船舶环境信息

船舶环境信息化需要解决船舶航行环境多传感器与多模态融合感知、航行态势智能感知、航行路线决策智能化等关键技术。进一步打通与船舶状态信息化、预警等系统的信息壁垒,采用区块链技术,可降低船舶环境感知信息化成本。

(4)飞行器环境信息

飞行器环境信息包括三个部分:a.自然环境,包括气象、地形等。b.航行环境,包括机场、空中交通管制、灯光、通信等,直接影响飞行安全。c.系统环境,包括法规、规章规则、程序、飞机航行情况等。飞行器环境信息化需考虑连接气象服务器,将接收到的气象信息传送至预警服务器,并依次经飞行空管服务站和低空空管区域信息服务中心,将气象信息传送至NFC机载智能终端。

6.2.2 基础设施信息化需求及应用

基础设施信息化有助于加强对设施设备的健康管理和安全监管,提升作业效率、运输安全及运输服务水平。综合交通基础设施信息化需求涵盖基础设施建设、运行及养护的信息化需求,还包括施工安全、运行环境及设施结构健康等信息的采集与传输。基础设施主要包括轨道与车站、道路、航道与港口、航站区。

6.2.2.1 基础设施信息化需求

传统交通基础设施侧重于材料与结构的局限性发展模式,不仅影响基础设施长期服役状态与能力的有效保持,也会成为综合交通信息化、智能化体系构建的制约因素。综合交通基础设施信息化建设的需求,要求实现基础设施智能状态感知、智能服役评价、智能运维管养及智能化信息交互的一体化。

(1) 智能状态感知需求

交通基础设施智能状态感知是面向交通基础设施全生命周期的状态监测与实时感知。交通基础设施智能状态感知需要规范有效地获得各类交通运输基础设施的属性数据，自动归纳、对比、分析、使用并管理所获取的数据，及时、准确、全面地掌握基础设施状态。综合交通基础设施智能状态感知面向不同运输方式，需对部署在现场的终端设备进行统一注册和管理；需实现对接入平台的交通基础设施终端设备的接口访问进行统一的认证和鉴权，并按照统一的接口标准接收终端设备上传的数据；需实现不同交通运输方式基础设施监测原始数据的接收、存储及按需转发或下载服务；需保证各业务功能服务能力可扩展，服务质量可监控等。

(2) 智能服役评价需求

综合交通运输发展背景下，交通运输基础设施智能服役评价需求由单一类型的基础设施提升为通道级、路网级多运输方式协同的基础设施。在智能化预警能力、巡检精度与服役评价效率提升的条件下，交通运输基础设施的智能服役评价需要兼顾设施性能衰变与正常运行需要进行耦合分析。围绕基础设施的快速信息化、快速巡检与监测、快速服役评价、快速分发与快速预警("五个快速")，实现不同基础设施间的协同监测、设施服役性能与路网交通状态间的协同运行、跨区域路间的协同监管("三个协同")。交通运输基础设施智能服役评价需重点关注多源大数据融合驱动的多运输方式基础设施状态协同评估，关注综合交通基础设施状态三维快速巡检装备的发展与通用型数字化管理平台的构建。

(3) 智能运维管养需求

交通基础设施的智能运维管养需涵盖项目方案阶段、勘察测绘阶段、项目设计阶段、施工建设阶段、项目运营阶段与项目拆除阶段，涵盖全周期内的投资、建设、管理、运营、养护、维修全面需求。需要克服管理对象众多、信息分散异构、时空特性复杂与决策方式落后的困难。应结合 BIM、GIS、移动 App、互联网、物联网等综合信息化技术，建立面向交通基础设施运维管养过程信息化的管养系统，实现管养工作标准化、规范化、可视化，依靠数据控制风险、提供决策支持，让管理者能看到"设施全貌"，实现综合交通运输基础设施的全生命周期可视化数字化管理。

(4) 智能信息交互需求

先进交通信息系统(Advanced Traffic Information System, ATIS)是智能交通运输系统的重要组成部分，该系统面向交通出行者、管理者提供及时的信息服务。综合交通运输系统基础设施数据体量大、结构多样、增长速度快，海量的交通数据在汇聚与融合、清洗与校验，挖掘分析、协同应用和共享机制等方面仍面临诸多挑战。如需为智能车联网系统提供实时交通基础设施状态信息、交通轴载与流量信息、交通环境信息等，应构建数据收集与验证、无线通信及数据管理一体化的智能信息交互平台。综合交通运输背景下的智能信息交互，需对已经存在的各个功能简单、服务对象单一的子系统的信息资源进行整合，采用云计算、区块链等技术构建综合交通信息共享的平台顶层架构，解决信息共享的关键技术及机制。

6.2.2.2 基础设施信息化应用

基础设施监测信息化，是综合交通基础设施健康管理、全生命周期管理的基础。本小节所述基础设施包括轨道与车站、道路、航道与港口、航站区。

(1) 轨道与车站

在轨道交通特别是地铁建设过程中，BIM 技术可以确定地铁中各空间位置信息，并对施工安全风险进行准确分析，在保证施工进度的同时避免安全问题；利用信息化技术对空间进行管理，在可视化技术的辅助下可提升空间利用效率，更加完整地反映地铁运行情况，实现动态化管理。为检测高铁、地铁的工程施工情况，还可以利用 BIM 进行无线网络感知系统设计，在车站内安装传感器，保证数据收集及存储的完整性。

(2) 道路

道路设施监测包括设施本体状况和设施使用状况，需要通过各种传感器采集交通数据、路面状况和周边环境信息。其中交通数据采集类传感器是最基础也是在道路工程中应用最早、最广泛的一类传感器，它能够有效、实时采集并提供信息给交通管理部门，是智能交通系统的基础内容之一。交通信息采集类传感器有环形地感线圈、图像传感器、微波雷达传感器、地磁传感器、超声波传感器、激光传感器和红外传感器七大类。路面状况采集类传感器包括对路面积水、冰层厚度、雪量以及路面湿滑程度进行采集并监控，近年来还发展出智慧灯杆等多杆合一的传感检测器，可以集多种功能于一体。环境采集类传感器则包括空气温湿度传感器、雨量传感器、光照传感器和风速传感器等，能够及时精确测量相关环境信息并通过上位机实现网络互联，支持特殊场景下的预警功能。

主动式遥感技术可以获得地物特征信息，也可用于交通设施的安全监测。例如，使用合成孔径雷达(SAR)影像和人工智能手段，融合降水、植被覆盖率、地形地貌等多重信息，可以对崩塌、滑坡、泥石流、沉陷等典型公路灾害进行大范围监测；针对特殊工程(如地铁、桥梁、隧道等)，使用结合干涉测量技术的合成孔径雷达(InSAR)进行持续形变监测，可以提高施工安全性、降低事故率；使用激光雷达，结合图像处理算法，可以长期监测路面裂缝和破损状况等。

如果道路设计已经采用 BIM 技术，在建设、使用阶段都可以依托 BIM 所构建的数据信息模型，在工程预算阶段精准计算工程量，管控工程成本，防范和处理工程风险。BIM 还可以满足虚拟施工要求，提高施工管理效率。

(3) 航道与港口

航道设施信息化主要针对安全标识、搜救辅助。基于北斗卫星导航系统的船舶应急示位标，在船舶触礁后遇水会触发静水压力开关剥离外壳，外壳中的主机向岸基搜救系统发送船舶的地理位置信息，包括设备识别码、位置信息、险情信息等，便于海事部门及时开展搜救任务。岸上由北斗卫星地面站、搜救任务控制中心、搜救中心等组成的岸基搜救系统，可接收到船舶发送的遇险报警信息，准确锁定遇险船舶位置，以便海事部门开展搜救工作。

港口设施信息化需要依托基于 BIM 技术的港口设计及施工建造。一方面解决港口空间规划和设计必须解决的空间协调、方案衔接及成果互认等问题;另一方面通过建立BIM+GIS的规划设计平台,可以将BIM模型和GIS环境深度融合,实现宏观尺度下的空间数据和微观尺度下的设计方案的统一,进行空间分析、场景分析、辅助设计等,提升规划设计技术水平,提高规划设计方案的空间可视化和分析能力。

(4)航站区

在航空运输方面,在机场设计及施工建造环节可应用BIM。在建立制图标准的前提下,基于BIM的设计在制作施工图、修改施工图等方面的效率较基于CAD的二维设计效率更高。

6.2.3 运输服务信息化与智能化需求

运输服务信息化与智能化需求,包括客运与货运及多式联运的运输组织、旅客及用户服务,以及政府和行业运行监管、安全应急中的信息化与智能化需求。

(1)客运运输组织与旅客服务

①轨道交通运营管理信息化与智能化需求。轨道交通运营管理平台的建设,产生了面向数据智能化采集、数据智能化融合、数据智能化挖掘与数据智能化决策等信息化、数字化、智能化需求。轨道交通指挥调度系统需统一调度轨道交通运营管理资源,为轨道交通的运营安全及通信顺畅提供有效保证,并结合数据监测与信息反馈制订应急预案,保证紧急状况下轨道交通能够安全有序运行。系统需包含人机接口、推理系统、知识库等。其中,知识库是决策系统的重要组成部分,为决策系统提供技术支持和安全保障;推理系统则需要依赖大量运行场景数据的积累进行推理,支持决策系统的稳定运行。

②公交大数据平台信息化与智能化需求。公交大数据平台需运用大数据、云计算、人工智能等前沿科技,构建集数据清洗、整合、挖掘与运用为一体的数据大脑,为公交"人、车、场、站、线"五大核心要素的多维度、多角度分析建立基础,并具备智能调度、线网规划、智慧出行辅助决策等功能。此外,运输服务的信息化与智能化还需要结合基础设施投建管养的信息化协同考虑,包括与城市道路改造、地铁建设、交通枢纽建设等的协同。

③出行者信息服务需求。综合交通运输背景下的出行者信息服务需根据出行者行为特征的变化,分析出行信息需求的差异性与共通性。在出行前信息需求分析阶段需包括票务信息、时刻信息、站点信息与多运输方式的吸引力分析。在出行过程中,出行者所关注和需求的信息重点是希望能够通过视频或音频方式获取关于车辆运行及换乘选择的精确信息、车内服务信息(拥挤水平)和警告信息;对于不熟悉车站布局的出行者(主要针对地铁),则希望获得具有导向功能的信息。因此,出行过程中信息需求分析阶段需要涵盖引导乘车信息、车辆运行信息、服务信息、路况信息、换乘信息与紧急信息。同时,出行者信息服务需面向出行者的个性化出行需求展开分析,具体包括公共服务设施信息、沿线景观信息与天气信息等。

④出行即服务需求。"出行即服务"(Maas)是一个由运营商向客户提供全方位出行服务的系统。MaaS系统需通过整合各种运输方式来满足用户的出行需求,它通过改变出

行服务的运行环境,以及重新定义不同运营者的商业模式,进而达到优化整个交通运输系统的作用。面向综合交通运输发展的 MaaS 系统至少要包含以下四大核心要素:单一的服务平台;涵盖公共交通和私人交通的多种出行模式;多模式出行信息实时查询;多模式出行路径规划和支付方式的整合。

(2)货运运输组织

①铁路货物运输组织智能化。广泛采用现代信息与通信、控制与决策、智能系统,以实现货运物流全过程信息化服务与管理为目标,打通货运物流业务链条,实现铁路内外部货运物流信息共享共用和互联互通,实现全品类货物、全流程服务、全方位经营、全过程管理目标。以实现铁路移动装备、固定基础设施、自然环境和运输服务状态的泛在感知与智能分析为基础,高效综合利用与铁路运输相关的所有移动、固定、空间、时间和人力等资源,全面提高铁路运输全过程的智能化水平。加强货运大数据分析,开发适应市场需要、满足客户要求的货运产品,为客户提供运输、装卸、仓储、配送、包装、流通加工及其他增值服务,满足客户多样化需求。同时,加强货运生产组织,强化全流程信息化管理,实现运输信息透明化,为加快推进传统货运向现代物流转型提供支撑。

②公路货物运输组织智能化。要求对"两客一危"❶车辆、重型载货汽车、半挂牵引车等车辆进行联网监控。应把公路货运安全监管放在首位,充分利用物联网、车联网、大数据技术等掌握公路货运风险源,加强监测预警,提升安全生产保障能力和应对突发事件的快速反应能力。依托道路、车辆、货物等动态监控数据和事故历史数据,进行各种应急处置监测预警系统的开发,推进公路货运行业基础数据信息、数据交换共享、基础设施设备、网络与信息安全、信用信息等的标准化工作,如可对物流公共信息平台互联共享和信息资源互联共享提供技术指南,制定运输物联网标识编码规则。

③货运用户服务。构建基于大数据应用的货运营销新模式,加强市场分析研判、强化客户关系管理、发展铁路现代物流、优化运力资源配置和提高货运收益管理;实现客户数据信息的时效性、完整性、效用性和共享性;畅通双方沟通渠道,建立基于货运营销大数据的快速响应分析机制;建立货运大数据应用平台,优化整合社会资源;优化内部运输组织,优化货运营销机制,实施营销定制化服务。

(3)多式联运运输组织

①加强各运输方式信息交互。应加强公路货运与各种运输方式之间的信息资源交换共享,如实现多式联运之间的有效衔接和物流信息资源的交互共享,以降低物流运输成本。因此,公路货运资源的深度应用开发是未来发展的一大方向,如配货车辆运输路径规划分析、智能化导航、车路协同等应用。

②统一多式联运衔接方式。通过标准的数据平台,以平台认证订单为主,将"铁对公"信息流及"公对铁"信息流进行数据整合处理,形成涵盖全程物流所需要的所有物流

---

❶ "两客一危"是指从事旅游的包车、三类以上班线客车,以及运输危险化学品、烟花爆竹、民用爆炸物品的道路专用车辆。

主体的完整数据链。统一服务口径,参照海运提单的标准化作业流程及中欧班列等陆路国际多式联运业务,引入第三方结算系统,推进构建新的贸易服务结算方式。

(4)政府及行业运行监管、安全应急

综合交通运输信息化与智能化建设,能够有效提高交通运输行业的核心竞争力,为交通管理部门提供更多信息,辅助行业政策制定与决策,提高交通行业的工作效率和科学决策水平,降低公共管理成本。

①综合交通运行监测需求。构建以监测调度中心(TOCC)为龙头,以各级监管分中心、交通运行监测分中心、行业企业调度中心为支撑的综合交通协调调度体系,实现综合交通运行监测业务应用、数据关联性分析应用、百姓出行服务应用及社会化统筹应用。此外,需加强综合交通数据共享观念,全面实现交通行业数据整合应用。通过对多源数据挖掘、融合及数据关联分析,实现特定条件、特定场景下的大数据专项分析应用和分析架构,为交通管理者进行事前评估预测、事中分析跟踪、事后效果评价提供决策支撑。

②应急指挥与调度中心智能化需求。需建立面向政府、行业与社会,提供全方位、常态化的综合交通运行协调和应急指挥体系。综合交通运输背景下的应急指挥与调度中心智能化建设,需重点加强各类交通运输方式之间、各个地区之间的协同联动机制建设和行业运行情况的预测、预警,进一步加强并完善应急指挥技术的支撑,为保障综合交通运输的高效衔接、多运输方式网络安全畅通运行奠定信息化基础。

6.3 综合交通运输系统信息化与智能化趋势

综合交通运输系统必须以满足出行者和货物运输"安全、便捷、高效、绿色、经济"的需求为目标,使人民享有美好的交通服务。在交通运输信息化与智能化水平不断提高、多种运输方式整合发展为综合交通运输系统的过程中,未来主要的挑战和重点是实现多种运输方式资源的深度协调与共享,多种运输方式之间如何实现跨系统票务清分,如何提高综合交通运输系统在突发公共事件下的反应能力与韧性。需要不断解析并加深对综合交通运输发展的深层机理和演化规律的认知,破解交通需求与供给矛盾,不断创新和优化交通管理及服务模式,充分利用有限资源实现系统最优化运行与运营。

6.3.1 轨道交通

(1)运营智能化

传统轨道交通控制系统是以行车为核心,根据功能分工设置子系统并确定管理范围和界限,通过逻辑触发机制建立运行的自动控制系统。在综合交通运输信息化与智能化的体系下,轨道交通将基于共享数据、智能设备、智能软件集成环境状态感知、多源传感信息融合、多目标自动决策、协同运行控制的智能列车控制系统,实现多模式轨道交通互联互通(兼容)、车站管理、车场管理、维护管理、运营调整、路网协同等功能,建成新型信息控制技术和乘客服务全面融合的综合运营系统,如图6-2所示。

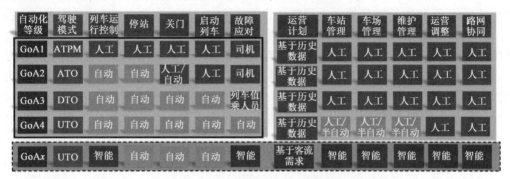

图6-2 轨道交通运营智能化发展趋势

GoA-由欧洲铁路联盟提出的针对轨道交通运行自动化的分级标准;ATPM-列车自动防护系统监督下的人工驾驶模式;ATO-自动驾驶模式;DTO-有人值守的自动驾驶;UTO-无人驾驶模式

(2)"车-边-云"协同控制

传统轨道交通发展均从硬件子系统角度改进中心控制功能,未从信息流融合角度进一步突破子系统管理边界、减少对硬件设备的依赖。集成计算、通信和调度等功能于一体的"车-边-云"分布式计算与协同控制技术,将是突破系统管理割裂、信息孤岛、高成本硬件系统布局等问题的重要解决方向,通过优化资源动态分配机制,建立"物理分散,逻辑集中"的分布式共享管理系统,具备动态管控、资源共享和多系统协同运行等功能。

(3)线网运营优化

既有轨道交通由于缺乏对周围运行环境精准感知的能力,考虑通信延时、故障以及各硬件设备组成系统之间即时协调,主要采用单线路运营管理模式。应用先进的定位、感知、大数据、人工智能技术对交通全时空数据进行整合与完备性构建,将有助于从系统架构上实现多线路快速联动管理与应急处理,推动线网运输组织的预测精细化、管理信息化和决策智能化,支持轨道交通网络运营的高效智能运转。

6.3.2 道路交通

(1)感知全息化

道路交通系统将发展成为集成多源传感、机器视觉、计算机网络等技术的复杂巨系统,因此要求构建一个互联、多元化、多维度的大数据全息感知体系。未来道路交通数据源既包括检测线圈、路侧和车载毫米波雷达、高清视频等各类检测数据,还包括不同类型网联车辆提供的个体车辆轨迹数据,以及反映个体用户出行活动特征的手机数据、微信微博社交数据等。融合多源异构感知数据,可形成准确可靠的超视距全对象动态实时感知信息,对不同尺度上的人、车、路、环境进行大数据分析和特征提取,对城市交通各要素进行实时精准画像,实现车道级轨迹时空回溯、交通态势分析与预测、重点车辆监管、交通事件告警等应用。

(2) 管控协同化

现有道路交通管控主要针对人工驾驶车辆、自行车、行人等混合交通流,缺乏对个体特征与通行需求的考虑,不具备个体精细化管控能力。随着自动驾驶技术的发展,传统混合交通流逐渐转变成由不同智能程度、网联或非网联的机动车、自行车、行人等构成的新型混合交通流。目前单车智能驾驶存在控制器算力不足、跨域行驶协同能力欠缺等问题。在此背景下,可以基于移动互联、云计算等技术手段,面向新型混合交通流的特点和管控需求,从个体、群体、节点、走廊、区域、城市等多个维度,进行"车-路-云"一体化分层协同管控,实现车车协同、车路协同、个体整体协同的多模式多目标优化,综合提升道路交通安全性与运行效率等性能。

(3) 服务个性化

伴随着交通数据时空粒度与控制对象的逐步细分,出行者个性化特征与需求的实时精准获取正逐步实现,因此越来越强调面向多模式和多对象的个性化出行服务。为满足不同出行者的个性化需求,需要制订符合实际需求的服务方案,提供差异化、多样化的全过程服务,包括实时有效的个性化出行信息和灵活的公共交通服务等。同时,为提升驾驶体验,提高交通安全性与运行效率,根据驾驶员行为习惯与偏好、实时道路环境,可提供个性化导航、安全预警、经济驾驶辅助等服务。

6.3.3 水路交通

(1) 一体化

随着 E-Navigation 战略和物联网技术的快速发展,水运领域逐渐出现了一个新的概念——船联网(Internet of Ship, IoS),推动了航运信息一体化进程。IoS 主要面向船舶航行安全和船舶交通监管,服务对象涵盖船舶、船公司、港口、船舶交通服务(VTS)、船代和货代等各航运参与方,信息服务的内容不局限于船舶的航行安全,而是面向航运全行业以及社会公众的全方位信息。

(2) 多维化

从二维海图发展为三维乃至多维电子海图。有别于航海模拟器等单纯强调局部真实感的应用,多维电子海图不仅需要真实场景,而且增加了水深、等深线、报告线、等深区、锚泊区、警戒区等要素。多维电子海图(或多维航道模型)需要利用二维电子海图的矢量数据来弥补三维场景水面信息的不足,即将二维电子海图中的水上物标与三维的岸线、地形、邻水建筑物、港航设施等数据进行融合绘制,在三维空间组织框架下实现海量、多源、多类型的数据融合。

(3) 服务化

随着通信网络的发展,船舶导航系统不再仅依赖船舶设备进行导航,而是越来越多地接收岸基航行信息服务。E-Navigation 战略加快推进了服务化进程,强调以需求为导向,收集、综合和分析海事信息,增强船舶泊位到泊位的全程航行能力,因而服务模式尤为关键。智能服务能够辨识船舶需求并主动提供信息服务,涉及大数据和人工智能技术,如基于大数据的用户需求分析、基于循环神经网络等的航行环境状态预测等,是服务化未来的主要发展方向。

(4) 移动化

随着手机、平板等移动触屏终端设备的快速发展,船舶导航系统的移动化技术也在不断完善。移动化的导航系统 App 具有携带方便、应用灵活和更新便捷等诸多优点,对于引航应用场景以及未安装电子海图导航系统设备的小型船舶尤其适用,能够有效降低成本、减少小船因无导航系统而造成的安全隐患。

6.3.4 空中交通

(1) 协同化

空中交通协同化将更强调空中交通运行相关的多个单位,包括空管内部、军地空管之间,以及空管与航空公司、机场、航空器等之间的协同。其中一个较为突出的特征便是空地协同监视。传统地基监视技术相对简单,在精度、综合态势生成、趋势预测、信息碎片化及目标监视与气象态势融合等方面明显不足,不能有效保障空中交通自主运行中航空器的智能避撞路径规划等。需发展机载交通环境感知技术,并综合周围飞机位置及变化、地形地貌、气象变化趋势、飞行意图和空域复杂度监视等多元信息集成技术,实现对飞机周边空域态势的空地协同综合监视。

(2) 精细化

精细化是指实现对空中交通未来运行状态(包括气象)的精准预测、航班运行的准确控制与定时到达。基于航迹运行可充分发挥航空器性能,全面提高空中交通运行效率,这是未来实现空中交通运行精细化的关键。由于航空器丰富的类型而导致更为复杂的空中交通运行态势,有必要从战略、预战术和战术多个层面,跟踪空中交通运行态势复杂度的演变趋势,并实现基于复杂性的大范围、多尺度航迹的精细化、智能化控制。

(3) 智慧化

智慧化是指将移动互联网、物联网、云计算、大数据、人工智能等新一代信息技术与空中交通管控技术集成融合,实现对行业安全、服务、运营、保障等需求提供数字化处理、智能化响应和智慧化支撑。包括对典型空中交通不安全事件和事故的过程重构、定量分析,安全防范的智慧监管,为旅客提供高效、便捷、灵活、舒适运输服务的智慧航司,对机场业务需求作出智能化响应和智慧化支撑的智慧机场,以一体化和智慧化为特征的智慧空管,为旅客提供全行程智能信息推送引导的智慧出行。

(4) 多样化

国际民航组织在无人驾驶航空器发展规划中提出,将在 2028 年具备全面实现无人、有人航空运输混合运行与透明管理的能力。随着低空飞行器用于物流配送等应用的蓬勃发展,以有人、无人航空器混合运行为主要特征的多样化飞行,必将成为未来空中交通运行的主要特征之一。需研究有人-无人机大规模混合运行的安全间隔理论、多用户航迹协同控制技术等,形成集多用户协同理论创新、运行场景分类、安全风险评估与缓解、信息采集与处理、混合运行态势感知、自主避让、空管决策支持系统为一体的有人-无人机混合运行管理体系。

复习思考题

1. 综合交通运输信息化和智能化使用的主要技术包括哪些?
2. 简述交通运输信息化与智能化的相互关系,以及信息化与智能化在构建现代化综合交通运输体系中的作用。
3. 从载运工具、基础设施和运输服务等方面简述综合交通运输信息化和智能化的需求。
4. 依托典型案例,说明信息化和智能化在实现综合交通运输系统"安全、便捷、高效、绿色、经济"等目标中的作用。
5. 简述信息化与智能化对于不同类型道路网络提升运行效率的贡献。
6. 阐述轨道交通信息化与智能化发展趋势。
7. 简述空中交通系统的新需求与新技术。
8. 试说明交通运输信息化和智能化在综合交通运输系统多方式协调中对于出行者能够产生的效益。

本章参考文献与延伸阅读

[1] 人民网.数字化、网络化、智能化:把握新一代信息技术的聚焦点[EB/OL].(2019-03-01)[2021-10-14].http:∥media.people.com.cn/n1/2019/0301/c40606-30951460.html.

[2] 中华人民共和国交通运输部.交通运输信息化"十三五"发展规划[EB/OL].(2016-04)[2021-10-14].https:∥www.ndrc.gov.cn/fggz/fzzlgh/gjjzxgh/201707/W020191104624341743681.pdf.

[3] 中华人民共和国交通运输部.交通运输标准化发展报告[EB/OL].(2021-07-07)[2021-10-14].https:∥xxgk.mot.gov.cn/2020/jigou/kjs/202107/t20210707_3611327.html.

[4] 陈昆.城市交通信息化发展及若干技术问题研究[D].西安:长安大学,2013.

[5] 中华人民共和国交通运输部.交通运输部关于印发《综合运输服务"十四五"发展规划》的通知[EB/OL].(2021-11-18)[2021-11-30].https:∥xxgk.mot.cn/2020/jigou/ysfws/202111/t20211118_3626733.html.

[6] 《中国公路学报》编辑部.中国交通工程学术研究综述·2016[J].中国公路学报,2016,29(6):1-161.

[7] 孙其博,刘杰,黎羴,等.物联网:概念、架构与关键技术研究综述[J].北京邮电大学学报,2010,33(3):1-9.

[8] 王保云.物联网技术研究综述[J].电子测量与仪器学报,2009,23(12):1-7.

[9] 刘小洋,伍民友.车联网:物联网在城市交通网络中的应用[J].计算机应用,2012,32(4):900-904.

[10] 赵娜,袁家斌,徐晗.智能交通系统综述[J].计算机科学,2014,41(11):7-11+45.

[11] 刘晓波,蒋阳升,唐优华,等.综合交通大数据应用技术的发展展望[J].大数据,2019,5(3):55-68.

[12] 薛天寒,金哲飞,姚海元,等.基于BIM+GIS的港口空间规划及设计技术方法[J].水运工程,2022(5):159-163.

[13] 温洪伟,王昊,石永刚.BIM技术在管道工程中的应用现状[J].矿业工程,2022,20(2):61-63.

[14] 张越,刘旼旼.浅谈城市信息模型(CIM)平台下智慧交通建设及应用[J].建设科技,2020(23):34-36.

[15] 国家发展和改革委员会.关于印发《智能汽车创新发展战略》的通知[EB/OL].(2020-02-24)[2021-12-05].https://www.ndrc.gov.cn/xxgk/zcfb/tz/202002/t20200224_1221077_ext.html.

[16] 李德仁,洪勇,王密,等.测绘遥感能为智能驾驶做什么?[J].测绘学报,2021,50(11):1421-1431.

[17] 杨振凯,华一新,訾璐,等.浅析高精度地图发展现状及关键技术[J].测绘通报,2021(6):54-60.

[18] 王文峰.动车组智能技术探索[J].中国铁路,2020(9):14-18.

[19] 吴俞萍.信息化新技术在集装箱运输业中的应用探索[J].珠江水运,2020(6):115-116.

[20] 聂鑫,王鹏志,李攀峰.我国船舶信息化技术在行业中的应用实现[J].船舶物资与市场,2020(4):19-20.

[21] 宋文滨.未来飞机的智能化技术综述与发展展望[J].民用飞机设计与研究,2017(3):122-129.

[22] HEIKKIL S. Mobility as a Service-a proposal for action for the public administration case Helsinki[D]. Helsinki: Aalto University, 2014.

[23] 张可,李静,杨子帆,等.北京市综合交通运行监测数据体系与应用[J].交通与港航,2018,5(5):22-26.

[24] 聂新山.地市级综合交通运行协调和应急指挥系统[J].中国交通信息化,2021(3):123-125.

第 7 章
CHAPTER SEVEN

综合交通运输安全、应急与韧性

学习目的与要求

掌握交通运输安全、应急与韧性的基本概念及工程领域研究的一般方法与基本知识。通过学习本章,学生应能从安全运行的角度,对综合交通运输进行系统审视,辨识、分析并评估交通运输风险,探究交通运输事故的原因和本质,寻求消灭或减少交通运输事故,减轻交通运输事故损失,保障交通运输安全、畅通、可持续的措施和方法,并掌握综合交通运输系统韧性的基本概念、提升韧性的理论方法、应急管理的规则与措施。

交通运输安全是指在交通运输活动过程中,将交通运输系统或其某一方面的人员伤亡和财产损失控制在可接受水平的状态。交通运输突发事件,是指突然发生的,造成或者可能造成交通运输设施毁损,交通运输中断、阻塞,重大船舶污染及海上溢油等情况,需要采取应急处置措施,疏散或者救援人员,提供应急运输保障的自然灾害、事故灾难、公共卫生事件和社会安全事件。交通运输应急管理是面向交通运输突发事件所采取的应对活动,包括应急准备、监测与预警、应急处置、终止与善后等。交通运输系统韧性是指交通运输系统能够适应不断变化的内外部环境,具有较高的可靠性和必要的冗余性,在面对不确定性干扰(如突发事件等)时,可持续不断动态调整,实现快速恢复、保持正常生产活动的能力。

交通运输安全水平,主要与交通基础设施建设、运输服务、交通运输工具装备等安全运行能力及行业安全生产关键岗位从业人员素质有关。交通运输应急管理是保障交通运输安全的重要手段,体现了在交通运输重大突发事件发生后的快速响应能力,对于控制突发事件影响范围和减少损失程度,进而提升安全水平具有重要的作用,它包括及时启动应急响应,迅速实施应急救援、交通运输保障,有效降低减轻突发事件影响等。交通运输系统韧性能够反映交通运输系统运行的稳定性与可靠性,其抓手在于保障和提升综合运输通道、客货运枢纽、关键路段工程、重要港口航道等交通基础设施在重大突发事件下的可替代、易修复、抗毁坏能力等。交通运输系统韧性管理需完善安全应急管理,将灾前的安全风险防控与化解、隐患治理、应急准备,灾害危机过程中的应急响应以及灾后的恢复重建相结合,形成兼顾常态与危机情境的治理闭环。为凸显新形势下交通运输应急、交通运输韧性工作的重要性,本章将相关内容独立成节分别论述。

7.1 综合交通运输安全

7.1.1 交通运输安全与事故

7.1.1.1 交通运输安全的研究对象

广义的交通运输安全涉及交通运输的管理者、交通运输设备设施操作者及使用者、交通运输服务的旅客及进入交通运输系统的其他相关人员等,载运工具及装备,人、货物、交通运输设备设施所处的周围环境。

(1) 人的安全

交通运输作业及管理人员,重点是驾驶员(操作员)、旅客及进入交通运输系统的其他人员。人员安全的研究方法涉及安全行为学、人机匹配学、安全生理学、安全心理学、人群聚集安全等方面。

(2) 机的安全

机的安全主要包括以下内容:

①载运工具的安全设计、制造和选用。从源头设计(包括人机工程设计、可靠性设计、可维修性设计、先进性设计等)保证安全,对制造过程进行安全控制,实施准入及责任追溯制度,选用具有较高安全性的设备。

②载运工具的养护、维修及更换。采用养护、维修等手段保障设备设施始终处于良好运行状态,对于超过服役期的设备设施及时更换,建立强制报废制度。

③载运工具的状态检测、监测和监控管理。通过检测、监测和监控等手段获得各种设备设施及货物安全性能的实时动态信息,及时发现并解决问题。

④载运工具的故障或问题的安全对策。保证设备设施发生故障或问题后能够导向安全,或采取措施使故障或问题得到及时处置,不产生非安全的连锁反应,使影响尽可能缩小。

(3) 环境安全

影响交通运输安全的环境条件主要包括作业环境、自然环境和社会环境。

7.1.1.2 不同运输方式的安全

根据运输方式不同,可将交通运输安全分解为铁路运输安全、道路交通安全、水路交通安全、航空运输安全。

(1) 铁路运输安全

铁路运输系统是一个高速运转的复杂动态系统,并且一次运输的旅客、货物数量巨大。铁路运输生产联动的特点决定了铁路运输作业过程要求车务、机务、工务、电务、车辆、供电、客运、货运、工程等部门联合作业,协同动作。由于铁路运输生产使用的设备数量庞大、种类繁多,自然环境、社会环境等因素复杂多变,任何一点疏漏都可能诱发列车冲突、脱轨、火灾或爆炸等铁路交通事故。

保证铁路运输安全主要通过对铁路运输有关人员(包括铁路运输系统内人员、旅客、货主、铁路沿线居民、机动车驾驶员等)、设备(包括铁路线路、机车、车辆、通信信号、供电供水等铁路运输基础设备,安全监测、监控、事故救援、自然灾害预报与防治等运输安全技术设备)、环境(包括作业环境、自然环境和社会环境)、管理(包括安全组织管理、安全法制管理、安全技术管理、安全教育管理、安全信息管理和安全资金管理)进行深入研究,建立严格、规范的制度,及时发现安全的薄弱环节,主动提出预防和减少事故的有效措施。此外,为了确保列车运行及调车作业安全,还必须对铁路运输作业过程中的安全问题进行深入研究,包括行车调度指挥安全、接发列车作业安全、调车作业安全、中间站作业安全、铁路装卸作业安全、旅客运输安全、机务作业安全、车辆作业安全、工务作业安全、电务作业安全、非正常情况下(如恶劣气候、设备故障、电话中断等)的作业安全以及应急处理作业安全(如列车火灾应急处理、列车冒进信号应急处理等)。

(2) 道路交通安全

道路交通是由人、车、道路与环境等要素组成的复合动态系统,驾驶员的非专业化及个体差异、车辆性能及驾驶技能的差异,是道路交通安全问题不同于其他运输方式的突出特点。道路交通事故是由道路交通各要素在某一时空范围内的劣性组合造成的。

导致道路交通各要素劣性组合的原因有驾驶员安全素质、交通参与者的安全意识、道路条件、车辆安全性能以及交通安全管理的水平等。为确保道路交通安全,需要对影响交通安全的人为因素、道路状况(如道路路面、道路线形、道路横纵断面、交叉路口以及事故多发地段等)、车辆情况(如驾驶视野、报警装置、碰撞保护装置、仪表、照明和信号装置、制动性能、操纵稳定性、车辆类型等)、交通环境(如交通量、特殊气候等)、交通控制(如交通安全法规、交通执法设备系统等)以及道路交通事故发生原因等进行深入研究,提出预防和减少道路交通事故的有效措施。

(3) 水路交通安全

保证水路交通安全,主要通过对船舶性能与结构、船员行为、港口保障设施、水路交通管理等水路交通安全主要影响因素以及水路交通事故发生的原因进行深入研究,提出确保水路运输安全、减少污染水域的有效措施。

水路交通安全的研究内容还包括完善的船舶消防系统、特殊场所的防火防爆、灾害险情应急技术、海底地貌测量、遇难船舶的救助和打捞技术、船舶安全停泊系统、船运政策以及船舶避碰等。

(4) 航空运输安全

航空运输是一个具有特定功能的系统,由人(包括机组人员、乘客)、飞机、航线、机场、航空交通管制等要素组成。引起空难事故的主要原因是飞机失控、碰撞、失火等。

保证航空运输安全主要通过对上述影响因素以及空难事故进行深入调查研究,提出确保航空运输安全的有效措施。此外,还需做以下研究:驾驶员操作可靠性研究,空中交通预警防碰管理系统研究,飞行人员培训理论与方法研究,空中导航系统研究,飞行紧急情况(包括失火、劫机事件、客舱减压等)对策研究,克服飞机维修失误对策研究,飞机定期检修和维护技术研究以及机场应急救援系统研究等。

7.1.1.3 交通运输事故

除社会车辆发生的道路交通事故外,大多数交通运输事故属于生产安全事故。生产安全事故指在生产经营活动中突然发生,伤害人身安全和健康,或者损坏设备设施,或者造成经济损失,导致原生产经营活动暂时中止或永远终止的意外事件。

根据生产安全事故造成的人员伤亡或者直接经济损失,事故一般分为特别重大事故、重大事故、较大事故、一般事故四个等级,见表7-1。

生产安全事故的等级　　　表7-1

事 故 等 级	死亡(人)	重伤(人)	经济损失(千万元)
特别重大事故	≥30	≥100	≥10
重大事故	10~29	50~99	5~10(不含)
较大事故	3~9	10~49	1~5(不含)
一般事故	<3	<10	<1

交通运输事故指在从事交通运输过程中所发生的事故,根据运输方式不同,分为铁路交通事故、道路交通事故、水路交通事故和民用航空器事故等。一般而言,铁路交通事故、民用航空器事故、水路交通事故以及道路营运车辆涉及的事故均属于生产安全事故。

铁路交通事故是指铁路机车车辆在运行过程中发生冲突、脱轨、火灾、爆炸等影响铁路正常行车的事故,包括影响铁路正常行车的相关作业过程中发生的事故,以及铁路机车车辆在运行过程中与行人、机动车、非机动车、牲畜及其他障碍物相撞的事故。根据事故性质、损失和对行车所造成的影响,铁路交通事故分为特别重大铁路交通事故、重大铁路交通事故、较大铁路交通事故和一般铁路交通事故四个等级。

道路交通事故是指车辆在道路上因过错或者意外造成的人身伤亡或者财产损失的事件。道路交通事故在统计时一般分为造成人员死亡的事故、造成人员重伤或者轻伤的事故、适用一般程序处理的财产损失事故。此外,若道路交通事故涉及运输生产,则属于道路交通运输安全生产事故。道路交通运输安全生产事故是指道路客货运输企业、道路运输站场运营企业、城市道路交通客运企业、道路交通运输建设施工企业在生产经营过程中发生的安全生产事故,主要包括营运车辆道路交通事故、道路运输站场安全生产事故、城市道路交通客运安全生产事故、道路交通运输建设施工安全生产事故等。

水路交通事故,是指船舶在航行、停泊、作业过程中发生的造成人员伤亡、财产损失、水域环境污染损害的意外事件。按照事故发生区域,水路交通事故又分为海上交通事故和内河交通事故。海上交通事故是指船舶、设施发生的下列事故:碰撞、触碰或浪损;触礁或搁浅;火灾或爆炸;沉没;在航行中发生影响适航性能的机件或重要属具的损坏或灭失;其他引起财产损失和人身伤亡的海上交通事故。内河交通事故是指船舶、浮动设施在内河通航水域内航行、停泊、作业过程中发生的下列事件:碰撞、触碰或浪损;触礁或搁浅;火灾或爆炸;沉没(包括自沉);影响适航性能的机件或重要属具的损坏或灭失;其他引起财产损失或人身伤亡的内河交通事故。根据人员伤亡、直接经济损失或者水域环境污染情况等要素,水路交通事故分为特别重大水路交通事故、重大水路交通事故、较大水路交通事故、一般水路交通事故、小水路交通事故。

民用航空器事故,是指民用航空器飞行事故和民用航空地面事故。民用航空器飞行事故,指民用航空器在运行过程中发生的人员伤亡、航空器损坏的事件。根据人员伤亡情况以及航空器损坏程度,飞行事故分为特别重大飞行事故、重大飞行事故和一般飞行事故。民用航空地面事故,是指在机场活动区内发生航空器、车辆、设备、设施损坏,造成直接经济损失人民币 30 万元以上或导致人员重伤、死亡的事件。按照事故造成的人员伤亡和直接经济损失程度,将航空地面事故分为特别重大航空地面事故、重大航空地面事故和一般重大航空地面事故。民用航空器飞行事故征候,是指航空器飞行实施过程中发生的未构成飞行事故或航空地面事故但与航空器运行有关,影响或者可能影响飞行安全的事件,一般分为运输航空严重事故征候、运输航空一般事故征候、通用航空事故征候和航空器地面事故征候。

7.1.2　交通运输安全理论及分析和评价方法

7.1.2.1　事故致因理论

事故致因理论是从本质上阐明事故因果关系,说明事故发生、发展过程和后果的理论。

20 世纪 50 年代以前,工业生产方式是利用机械的自动化迫使人适应机器。与这种情况相对应,人们往往将生产中的事故原因归咎于操作者。统计分析也发现,生产过程中某些人较其他人更容易发生事故,据此提出了事故频发倾向的概念。该理论主要应用于工作任务分配、工作选择等方面,具有一定的参考价值。1936 年出版的《工业事故预防》一书提出了事故因果连锁理论,该理论认为伤害事故的发生是一连串的事件按一定因果关系依次发生的结果,并用多米诺骨牌来形象地说明了这种因果关系。这一理论建立了事故致因的事件链概念,为事故机理研究提供了一种极有价值的方法。

科学技术的飞跃给工业生产及人们生活带来巨大的变化,也伴生更多危险,促进了人们安全观念的变化。越来越多的人认识到,导致事故发生的原因不单是人的性格有缺陷或粗心大意,而应重视机械危险性、物质危险性在事故中的作用,强调实现生产条件、机械设备的固有安全,才能切实有效地减少事故的发生。20 世纪 70 年代以来,随着生产设备、工艺及产品越来越复杂,人们开始结合信息论、系统论、控制论的观点与方法进行事故致因分析,提出了一些有代表性的且至今仍发挥较大作用的事故致因理论。

SHEL 模型的名称来自组成系统的四个要素英文单词的首字母,即软件(Software)、硬件(Hardware)、环境(Environment)和人(Liveware)。SHEL 模型强调,人为因素不是单独起作用的,而应该放在人与软件、人与硬件、人与环境和人与人之间的界面去研究。界面间不匹配就可能成为人的差错根源。人若能正确地认识、理解、判断,并作出正确决策和合适行动,就可以避免事故发生或事故对自身或他人的伤害。

20 世纪 70 年代,扰动起源事故理论,即 P 理论被提出,此后又出现了"变化-失误"模型、"变化论"模型、"作用-变化与作用连锁"模型,它们都从动态和变化的观点阐述了事故的致因。轨迹交叉论认为,预防事故的发生就是设法从时空上避免人、物运动轨迹的交叉,这使事故致因研究又得到了进一步发展。

20 世纪 90 年代,著名的安全管理瑞士奶酪模型(Cheese Model or Reason Model)被提出。该模型认为每一次事故都是一次安全管理的缺失,是一次组织和系统的错误配合。在安全系统中,防御层在危险源、潜在损失之间进行干预,理想状态下每个防御层完好无损,但在现实中则类似一片片瑞士奶酪,有很多漏洞且位置不断变化。任何一个单独漏洞的存在通常都不会造成坏的结果,但如果各层上的漏洞连成一条线,事故发生的概率就会升高。

随着人们对系统复杂性认识的深入,基于复杂性科学和系统科学的事故致因理论不断得到发展。2004 年,研究人员提出了基于系统理论的事故模型 STAMP(Systems Theoretic Accident Model and Processes),该模型从复杂性科学出发,将安全视为复杂系统的一种整体涌现,认为事故发生源于在设计、制造、使用和维护过程中安全约束未被有效执行。

迄今为止,事故致因理论的发展还不尽完善,某个事故致因理论只能在某类事故的研究、分析中起到指导或参考作用。只有通过对事故的持续追踪及致因分析,才能实现安全管理的科学化。

7.1.2.2 事故预防理论

安全工程理论和实践的目标是最大限度地消除隐患、避免发生事故,该理论是以预防为核心的安全管理思想和体系。以下介绍事故预防理论中具有代表性的海因里希工业安全公理及其衍生出的事故法则、事故预防的 3E 准则等。

(1)海因里希工业安全公理

美国安全工程师海因里希在《工业事故预防》一书中提出了工业事故预防的十项原则,称为海因里希工业安全公理(Axioms of Industrial Safety)。

①工业生产过程中人员伤亡的发生,往往是处于一系列因果连锁之末端的事故的结果,而事故常常起因于人的不安全行为或(和)机械、物质(统称为物)的不安全状态。

②人的不安全行为是大多数工业事故的原因。

③由于不安全行为而受到了伤害的人,几乎重复了300次以上没有造成伤害的同样事故。换言之,人员在受到伤害之前,已经数百次面临来自物方面的危险。

④在工业事故中,人员受到伤害的严重程度具有随机性质。大多数情况下,人员在事故发生时可以免遭伤害。

⑤人员产生不安全行为的主要原因有:不正确的态度;技术、知识不足;身体不适;物的不安全状态及不良的物理环境,以及操作规程不合适、没有安全规程和存在其他妨碍贯彻安全规程的事物。

⑥防止工业事故的四种有效的方法是:工程技术方面的改进;对人员进行说服、教育;人员调整;惩戒。

⑦防止事故发生的方法与企业生产管理、成本管理及质量管理的方法类似。

⑧企业领导者有进行事故预防工作的能力,并且能把握进行事故预防工作的时机,因而应该承担预防事故工作的责任。

⑨专业安全人员及车间干部、班组长是预防事故的关键,他们的工作质量对能否做好事故预防工作有影响。

⑩除了人道主义动机之外,强有力的经济因素是促进企业事故预防的动力;安全的企业生产效率也高,事故后用于赔偿及医疗费用的直接经济损失只占事故总经济损失的1/5。

尽管随着时代进步和认识深化,该"公理"中的一些观点已经不再是"自明之理",但该理论中的许多内容仍然具有强大的生命力,在事故预防工作中具有重大意义。

(2)事故法则

事故法则即事故的统计规律,又称1:29:300法则,即在每330次事故中,可能会造成死亡或重伤事故1次,轻伤、微伤事故29次,无伤害事故300次。人们根据事故法则的比例关系绘制的三角形图,称为事故三角形。事故法则说明,防止灾害的关键不在于防止伤害,而是要从根本上防止事故。安全工作必须从基础抓起,小事故不断就很难避免大事故不发生。

(3)事故预防的3E准则

工程技术改进、说服教育、人事调整和惩戒是针对事故原因的四种对策。后来被归纳为众所周知的3E准则:

①工程技术(Engineering),即利用工程技术手段消除不安全因素,实现生产工艺、机械设备等生产条件的安全。

②教育培训(Education),即利用各种形式的教育和训练,使职工树立"安全第一"的思想,掌握安全生产所必需的知识和技能。

③强制管理(Enforcement),即借助于规章制度、法规等必要的行政乃至法律的手段约束人们的行为。

安全技术对策着重解决物的不安全状态;安全教育对策则主要着眼于人的不安全行

为、使人知道应该怎么做,而安全管理对策则要求人必须怎么做。

事故预防的3E准则仍在不断完善,基于事故预防的3E准则和世界卫生组织推荐的伤害预防四步骤形成了"5E"预防策略。"5E"预防策略是指在预防伤害形成时将安全评估(Evaluation)、教育培训(Education)、环境管理(Environment)、工程技术(Engineering)、强制管理(Enforcement)相结合的综合事故预防模式。

7.1.2.3　安全分析和评价方法

交通运输安全分析和评价方法,是安全工程理论结合交通运输特点的具体运用。

安全分析、安全评价和安全管理三者相互联系、相互作用,是一个不可分割的整体。安全分析是安全评价的基础,安全管理是安全分析和安全评价的目的,最终是为了实现生产安全。安全分析主要通过分析影响系统安全和危险的因素,了解系统安全和危险的程度,为安全评价和安全管理提供依据。安全评价是按照一定的评价指标和评价方法对安全保障系统的防范效果进行总结性评价,以揭示安全质量水平和系统薄弱环节,为加强安全管理进一步指明努力方向并提出具体要求。安全管理则是根据安全分析和安全评价的结果,按照"安全第一,预防为主,综合治理"的原则,构建安全管理体系和安全管理机制,强化和落实安全管理措施。

交通运输安全分析是通过辨识交通系统中存在的危险因素,采取相应措施控制危险,保证系统安全运行。安全分析是从安全角度对交通系统中的危险因素进行分析,主要分析导致系统故障或事故的各种因素及其相互关系。

安全分析的方法有多种,在危险因素辨识中得到广泛应用的安全分析方法主要有:统计图表分析(Statistic Figure Analysis,SFA);因果分析图(Cause-Consequence Analysis,CCA);安全检查表(Safety Check List,SCL);预先危险性分析(Preliminary Hazard Analysis,PHA);故障模式及影响分析(Failure Model and Effects Analysis,FMEA);危险性和可操作性研究(Hazard and Operability Analysis,HAZOP);事件树分析(Event Tree Analysis,ETA);事故树分析(Fault Tree Analysis,FTA)。此外,还有管理疏忽和风险树分析、原因-后果分析等方法,可用于特定目的的危险因素辨识。

在进行交通运输安全分析方法选择时应根据实际情况,并考虑如下几个问题:

①分析的目的。交通运输安全分析方法的选择应该能够满足对分析的要求,目的是辨识危险源。例如,对系统中所有危险源,查明并列出清单;掌握危险源可能导致的事故,列出潜在事故隐患清单;列出降低危险性的措施和需要深入研究部位的清单;将所有危险源按危险大小排序;为定量的危险性评价提供数据。

②资料的影响。资料的获取与被分析系统所处的阶段有直接关系。资料数量、详细程度、内容新旧等,都会对选择系统安全分析方法产生影响。

③系统的特点。要针对被分析系统的特点选择交通运输安全分析方法。对于复杂和规模大的系统,应先用较简捷的方法进行筛选,然后根据分析的详细程度选择相应的分析方法。对于不同类型的操作过程,若事故的发生是由单一故障(或失误)引起的,则可以选择危险性与可操作性研究;若事故的发生是由许多危险因素共同引起的,则可以选择事

件树分析、事故树分析等方法。

④系统的危险性。当系统的危险性较高时,通常采用系统、严格、预测性的方法,如故障类型和影响分析、事件树分析、事故树分析等方法。当危险性较低时,一般采用经验的、不太详细的分析方法,如安全检查表法等。

交通运输安全评价基于可接受的风险标准。经定量化的风险或危害性是否达到要求的安全程度,需要有一个界限、目标或标准进行比较,这个标准就是可接受风险标准(Acceptable Level of Risk),也称可接受安全标准(Acceptable Level of Safety)。可接受风险标准用于表达人们对人员伤亡、环境损害和财产、商业利益受损等风险的态度,是人类根据主观意愿对风险是否接受的评判依据。合理的可接受风险标准是安全评价的关键问题之一,是定量安全评价的重要基础。

表示生命风险的最常用方式是个人风险和社会风险。个人风险指个体在某一事故中受到伤害的频率,一般以年死亡风险(Annual Fatality Risk,AFR)度量。社会风险用于描述事故发生概率与事故造成的人员受伤或死亡人数的相互关系,指同时影响许多人的灾难性事故的风险。社会可接受风险标准是对个人可接受风险标准的补充,通常用累积频率和死亡人数之间的关系曲线表示。

可接受风险标准的确定方法主要有统计法和风险与收益比较法。国际上通常以国家人口分年龄段死亡率最低值乘以一定的风险可允许增加系数,作为个人可接受风险的标准值。

安全评价程序主要包括以下几个步骤:

①资料收集和研究。

②危险因素辨识与分析。

③确定评价方法,实施安全评价。

④提出降低或控制危险的安全对策。

7.1.3 交通运输安全技术

交通运输安全技术分为交通运输安全设计技术、基于预防和事故避免的交通运输安全监控与检测技术、基于维护和维修的交通运输安全检测与诊断技术、交通事故救援技术。

交通运输安全设计技术,包括交通运输安全设计的基本原则、基本手段、预防事故的交通运输安全设计技术、避免和减少事故损失的安全设计技术,并结合道路交通运输安全设计进行说明;基于预防和事故避免的交通运输安全监控与检测技术,包括对交通设施设备运行状态的监控与检测技术、对环境状态的监控与检测技术以及对人员的监控与检测技术;基于维护和维修的交通运输安全检测与诊断技术,包括无损检测技术,汽车安全检测技术,铁路钢轨探伤车及轨道检测车、空港运用与维护及民用航空器的检测与维修技术;交通事故救援技术,包括道路交通事故救援技术、铁路交通事故救援技术、民航紧急救援保障技术及全球海上遇险与安全技术。

交通运输安全技术从设计入手，从根本上达到保证安全的目的，即从道路、线路、车辆、航空器等的设计入手，消除各种危害交通运输安全的事故隐患，或加强对交通事故的防护等。

在交通运行的过程中，加强对移动设备、固定设备、环境等状态及运输对象的实时监控。采取先进技术对影响交通运输安全的因素进行监控，随时发现并解决问题，达到预防事故和消除事故隐患的目的。

在交通设施设备运行的过程中，为了保持设备状态完好，需要随时对其进行维护和维修。基于维护、维修的移动设备和固定设备的安全检测，利用先进的检测技术，可帮助维修人员发现需要维修之处和确定维修时间等。

交通运输安全管理的基本方针是"安全第一、预防为主、综合治理"。尽管采取了各种安全预防措施，但仍存在事故发生的可能性，还会发生一定数量的交通事故，这就需要采取紧急救援技术和措施，最大限度地降低事故的损失。

交通运输安全技术的发展主要体现在以下两方面：

(1) 实时化

现代通信技术、控制技术、计算机技术等的发展为交通运输安全的实时监控创造了良好的条件。从数据通信手段来看，包括卫星通信、单边带及甚高频通信方式，构成了对固定设施设备、移动工具与交通运输安全管理中心的数据实时传输网。因此，交通监督指挥中心能实时掌握交通动态和安全状态，对交通动态作出实时响应，进行科学的分析决策，提高了决策指挥的快速性和准确性。

(2) 信息化

交通运输安全监控、检测等技术的应用解决了交通运输安全监督的信息来源问题。对交通运输安全进行管理，除了需要实时掌握交通动态信息外，还需要掌握其他一些必要的信息，如气象信息（包括天气预报、海区要素预报、风场、气压场及台风信息等）、货物及装载信息等。这些信息通过交通控制网络的传输随时更新，为交通运输安全管理与决策创造了条件。

7.1.3.1 交通运输安全设计技术

(1) 交通运输安全设计的基本要求

安全技术可以划分为预防事故发生的安全技术及防止或减轻事故损失的安全技术，这是事故预防和应急措施在技术上的保证，主要是通过物的技术手段来实现。交通运输系统的设计、设备制造、施工建设、日常运营等是否达到安全设计的要求，可从以下6个方面加以评价：防止人失误的能力、对人失误后果的控制能力、防止故障传递的能力、失误或故障导致事故的难易程度、承受能量释放的能力、防止能量蓄积的能力。

(2) 交通运输安全设计的基本手段

为使交通系统符合上述要求，人们提出了很多实施交通运输安全设计的基本手段。其中，防止生产设备发生事故的技术手段，防止能量逆流于人体的技术手段，消除和预防危险、有害因素的技术手段这3类技术手段对交通运输安全设计具有重要的指导意义。

(3) 预防事故的交通运输安全设计技术

通过设计来消除和控制各种危险,防止所设计的系统在研制、生产、使用中发生导致人员伤亡和设备损坏的各种意外事故,是预防事故的最佳手段。为了全面提高现代复杂系统的安全性能,在系统安全分析的基础上,系统设计人员必须在设计中采取各种有效措施来保证所设计系统具有满足要求的安全性能。因此,为满足规定的安全要求,可以采用不同的安全设计技术以预防事故的发生。

(4) 避免和减少事故损失的安全设计技术

一方面,只要有危险存在,即存在导致事故的可能性,而且一般没有办法精确地确定事故发生的时间。另一方面,事故发生后如果没有相应的处置措施,则事故的规模和损失可能会进一步扩大,甚至引起二次事故,造成更严重后果。因此,必须设计相应的应急和救援措施,减少事故损失,避免或减少伤亡。

7.1.3.2 交通运输安全监控、检测与救援技术

(1) 基于预防和事故避免的交通运输安全监控与检测技术

基于预防和事故避免的交通运输安全监控与检测技术涉及交通运输设施设备(固定和移动)、交通环境、人员等。由于交通运输系统的组成要素处于动态变化的过程中,为了预防和避免事故,应加强对影响安全的各种因素的实时监控和检测。

交通运输设施设备包括固定式和移动式两种,对其进行监控的目的是随时掌握设施设备的运行状态。

(2) 基于维护和维修的交通运输安全检测与诊断技术

①维修方式。维修方式根据对装备维修时机的不同,有事后维修、定期维修和状态维修三种。

定期维修和视情维修均属于预防性维修,可以预防渐进性故障的发生;事后维修则是非预防性的,多用于偶然故障或用于预防维修不经济的机件;定期维修是按时间标准送修,视情维修是按实际状况标准,而事后维修则不控制维修时间。

随着信息技术的发展和监控手段的提高,逐渐形成了状态监控维修,即从总体上对设备进行连续监控,确定设备的可靠性水平,来决定维修时机。状态监控维修不规定装备的维修时间,因此最能充分利用装备的寿命,使维修工作量最少,是一种经济的维修方式。

②维修方式的选择。选择维修方式应该从设备发生故障后对安全和经济性的影响来考虑。三种维修方式各有其适用范围,对复杂系统的维护往往需要三种维修方式相互配合使用,以充分利用各个机件的固有可靠性。

(3) 交通事故救援技术

交通运输安全管理应以预防为主,但绝对消除事故不太可能。应加强对交通事故紧急救援的组织与管理。通过事故救援,尽可能地减少事故中的人员伤亡和物质损失;通过事故的调查、分析,发现问题、总结经验,预防同类事故的再次发生。

交通事故救援需要建立救援组织与管理措施,以及采用相适应的救援设备。各种运输方式在救援组织、管理措施及救援设备上有一定的差异,但救援的基本流程、内容相似。

7.1.4 交通运输安全管理

交通运输安全管理是一种基于体系化的管理模式。交通运输安全管理的主要内容包括系统安全防护、设备养护维修、安全检测监测、安全目标控制、安全责任落实、安全规章完善、职工素质强化、专业安全管理、信息分析预警、风险隐患治理、安全监督检查、应急处置救援、绩效考核评价等方面,如图 7-1 所示。

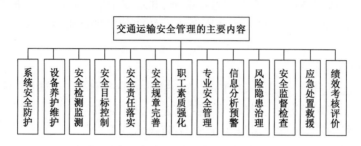

图 7-1 交通运输安全管理的主要内容

(1)系统安全防护

应建立全面规范交通运输系统安全防护的机制,加强对交通运输系统的防护,确保交通运输系统的安全运行。如交通运输基础设施采用全封闭、全立交设计,线路两侧设置防护栅栏封闭及在线路两侧设立线路安全保护区;交通运输基础设施安装风速、雨量、雪深、地震等自然环境及异物侵限监测系统等。

(2)设备养护维修

应建立科学合理的设备养护维修机制,如采取周期修和状态修相结合的设备养护维修模式,建立主要设备电子档案,加强设备技术状态、养修履历过程管理,定期评估设备安全状态,科学制定设备维护周期、范围和维修技术条件,推进精准养护维修等。

(3)安全检测监测

应建立覆盖行车安全、载运工具、基础设施等各方面的检测、监测系统,如对交通运输基础设施采用动态检查为主,动、静态检查相结合的全方位检查模式,检查确认交通运输基础设施状况;开发并应用交通运输设备设施管理信息系统,实现交通运输基础设备设施的不间断检测监测,及时发现和消除安全隐患等。

(4)安全目标控制

目标控制机制的建立包含两方面的内容,一是目标的制定与分解,二是对目标进行管理。

安全目标须依据国家安全目标、交通运输行业企业的安全政策以及整体战略规划制定。其基本要求应不低于国家的标准、符合交通运输企业的相关定位、基于 SMART 原则,即安全指标必须是具体的(Specific)、可以衡量的(Measurable)、可以达到的(Attainable)、具有一定的相关性(Relevant)、具有明确的截止期限(Time-bound)等。安全目标可分为安全生产发展规划目标、年度安全工作目标,并应逐级分解为具体的安全生产指标。

目标的管理指针对安全目标制定落实措施和考核办法,并结合外界环境和内部环境变化,对目标进行相应调整。

(5)安全责任落实

主要包括安全生产责任制的制定与安全责任追溯两个方面。

依据相关法律法规,建立健全完善的覆盖各层级各岗位的具体、明确、细化的全员安全生产责任制,明确责任内容、范围和考核标准,并对安全生产履职情况进行评价考核,确保安全生产责任有效落实。同时,对事故责任人员和负有管理责任的人员严肃追究安全生产责任。

(6)安全规章完善

包括建立先进、科学、适用、系统的交通运输技术标准体系。同时,深化基础理论研究,加强对大量复杂场景分析,积极探索规律,进一步健全相关安全技术标准。

建立交通运输技术规章管理制度,严格实施技术规章的审核、会签、发布、修改、废止等程序。同时,积极开展技术规章的修、建、补、废、释工作,定期组织审查清理,公布有效规章目录,保证技术规章的严肃性、合规性和权威性。

建立健全交通运输操作技能岗位作业标准,规范作业行为和非正常情况下的处置流程。同时,积极推行主要行车工种岗位作业手册,建立作业标准验证机制,实施前进行人员培训。

建立健全交通运输安全文件管理制度,规范各类安全文件审核、公布、清理、存档等工作,定期公布有效安全治理文件。同时,明确各类安全生产协议、记录、数据等文件资料的管理要求和保存时间。

(7)职工素质提升

提升职工素质,完善安全教育培训制度,创新教育培训手段,深化安全教育培训,不断提高职工的安全意识和安全技能。

建立关键专业技术岗位资格准入制度,按标准配齐配足专业技术、管理人员。建立培训、考核、任用相统一的机制,持续优化人力资源配置。

建立健全全员教育培训制度,定期组织领导干部和专业管理干部参加安全教育培训,持续改进和创新岗位实作技能培训模式和手段。

(8)专业安全管理

建立标准化、规范化建设标准,建立以安全质量等为核心的指标体系及考核评价体系,切实履行安全管理职责。

(9)信息分析预警

安全信息主要指交通运输生产过程发生的有关信息,包括事故、行车设备故障、安全检查、检测监测报警、自然灾害、生产经营场所火情火警、外部安全环境等影响交通运输生产安全的相关信息,以及防止事故、发现隐患的安全信息。安全信息分析预警机制主要包括信息收集分析与预警两个方面。

建立安全信息管理制度,及时收集分析安全信息;建立安全信息分析工作制度和专项分析制度,加强日常安全信息的调查分析;开展安全生产规律性、倾向性、关联性分析,掌握安全生产变化趋势和发展规律,及时发现潜在的问题和风险,做好源头管控。

建立健全安全风险预警工作机制,加强安全风险的动态监测和实时分析诊断,严格落实风险预警范围、条件和程序;达到预警条件时及时启动相应预警程序,提出加强安全风险管控的要求和时限,并组织对落实情况进行指导帮助、跟踪督办。

(10) 风险隐患治理

风险隐患治理包括风险分级管控与隐患排查治理两个方面,这两方面是安全管理的核心内容,在其基础上可以进一步与安全责任追溯、绩效考核评价相结合,将风险、隐患、管控、职责结合在一起,实现安全的全链条管理。

健全和规范交通运输安全风险管控机制,组织全员全过程辨识研判安全风险,分层分类建立安全风险库,健全安全风险管控措施;在作业岗位明示存在的主要安全风险,在重点部位设置明显的警示标志或安全风险公告栏;定期对重大安全风险、较大安全风险管控效果进行诊断评价,不断提升安全风险全过程管控的针对性和有效性。

建立安全隐患排查治理制度,加强隐患库管理;逐级建立并落实从主要负责人到每位从业人员的隐患排查治理和防控责任制;按照有关规定组织开展隐患排查治理工作,及时发现并消除隐患,实行隐患闭环管理。

(11) 安全监督检查

建立完善的安全监督检查机制,定期开展安全监督检查、安全管理评估及事故隐患治理。

建立安全生产监督检查制度,明确监督检查工作的程序、形式和主要内容,以检查、诊断、剖析、评估为主要手段,指导和推动问题整改。

根据相关法规建立交通运输安全评估制度,明确评估条件、人员构成、评估程序、评估标准,严格评估检查问题并整改,建立健全新技术新设备安全论证与评估制度。

建立事故调查和处理制度,明确各类事故内部调查组成员、工作职责、工作要求及完成时限;建立事故报告程序,明确事故报告的责任人、时限、内容等;建立事故暴露问题整改督办制度,对事故暴露问题逐项制订整改推进方案。

(12) 应急处置救援

应急处置救援包括分层级建立应急救援网络,编制完善的应急预案、应急处置流程和非正常情况应急处置办法,建立专职和兼职应急救援队伍,定期组织应急演练,确保应急处置导向安全、有力有效。

(13) 绩效考核评价

绩效考核评价主要包括对职工的安全绩效考核与对单位的管理效果评价两个方面内容。

建立安全生产正向激励制度,加大正向引导和正向激励力度。同时,建立交通运输安全生产指标考核制度,合理设置考核权重,定期组织考核。

通过检查、分析、评价等方式,全面掌握交通运输生产单位情况,对各单位风险管控和隐患排查治理的效果进行综合分析,总结推广典型经验做法,对安全工作作出客观评价,针对突出安全问题,提出改进意见或建议。

7.2 交通运输系统的应急管理

交通事故以及其他突发事件的发生具有偶然性,一旦发生会给人们的生命财产以及交通运输系统的正常运营造成巨大影响,甚至会导致二次事故的发生。因此,如何实施有效的管理,尽量预防和减少事故和突发事件的负面影响,是交通运输安全管理的一项重要内容。

7.2.1 交通运输突发事件三角形理论

交通运输突发事件从发生、发展到造成灾害作用直至采取应急措施的全过程,主要涉及三个主体:一是灾害事故本身,即突发事件;二是突发事件作用的对象,即承灾载体;三是有效预防和应对处置突发事件的活动,即应急管理。

突发事件具有突发性、紧迫性、复杂性、不确定性、危害性等特点,随着事件发展、演变,所造成的损失可能会越来越大。因此,需要通过建立和发展应急管理体系,认识突发事件作用类型、强度和时空分布特性,进而预防突发事件的发生、阻断突发事件多极突变成灾的过程、减弱突发事件影响,提高应急管理能力,实现突发事件快速应对。

承灾载体是突发事件的作用对象,一般包括人、物、系统(人与物及其功能共同组成的社会经济运行系统)三方面。应急管理是针对灾害和危机等突发事件进行预防监测、应急处置和恢复重建的全过程管理。

突发事件、承灾载体、应急管理三者构成了一个三角形的闭环框架。在总结突发事件、承灾载体、应急管理及其相互关系的基础上,人们提出了交通运输突发事件三角形理论。该理论认为在突发事件及其应对的三角形框架中还存在物质、能量、信息三个关键灾害要素,灾害要素是一种客观存在,应采取各种有效的技术和方法避免或减少灾害要素引发突发事件,如图7-2所示。

交通运输系统自身可能既是承灾载体,也是应急处置中的重要支撑保障模块。不论是应对突发公共卫生事件还是事故事件、自然灾害事件,为了保证事件影响区域的生产恢复和人们的正常生活,交通运输都不能中断,这种双重身份决定了其在应急管理体系

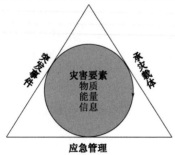

图7-2 交通运输突发事件三角形理论

中的重要地位。

7.2.2 交通运输应急管理体系

根据《中华人民共和国突发事件应对法》的要求,应建立"统一领导、综合协调、分类管理、分级负责、属地管理为主"的应急管理体制。应对突发事件应遵循"预防为主、预防与应急相结合"的原则,逐级建立突发事件风险评估体系,对可能发生的突发事件进行综合评估,减轻突发事件的影响。

应急管理包括预防与应急准备、监测与预警、应急处置与救援、事后恢复与重建、监督检查等应对活动。

7.2.2.1 应急准备

(1) 编制应急保障体系建设规划

交通运输部、各省(自治区、直辖市)交通运输主管部门分别负责编制并发布国家及地方交通运输应急保障体系建设规划,统筹规划、建设国家及地方交通运输突发事件应急队伍、应急装备和应急物资保障基地,储备应急运力。

(2) 构建应急预案体系

交通运输部应当根据国家突发事件总体应急预案和相关专项应急预案,制订交通运输突发事件部门应急预案;县级以上各级交通运输主管部门应当根据本级地方人民政府和上级交通运输主管部门制订的相关突发事件应急预案,制订本部门交通运输突发事件应急预案;交通运输企业应当按照所在地交通运输主管部门制订的交通运输突发事件应急预案,制订本单位交通运输突发事件应急预案。应急预案应当根据实际需要、情势变化和演练验证,适时修订。

应急预案应当根据有关法律、法规的规定,针对交通运输突发事件的性质、特点、社会危害程度以及可能需要提供的交通运输应急保障措施,明确应急管理的组织指挥体系与职责、监测与预警、处置程序、应急保障措施、恢复与重建、培训与演练等具体内容。

鼓励基层单位建立与预案配套、切实可行的工作程序和操作手册,力争做到卡片化、表格化,使岗位职责、应急资源、响应措施等关键信息一目了然。

(3) 应急物资准备

交通运输主管部门、交通运输企业应当按照有关规划和应急预案的要求,根据应急工作的实际需要,建立健全应急装备和应急物资储备、维护、管理和调拨制度,储备必需的应急物资和运力,配备必要的专用应急指挥交通工具和应急通信装备,并确保应急物资装备处于正常使用状态。

(4) 应急培训与演练

交通运输主管部门可以根据交通运输突发事件应急处置的实际需要,统筹规划、建设交通运输专业应急队伍。交通运输企业应当根据实际需要,建立专职或者兼职应急队伍。

交通运输主管部门应当加强应急队伍应急能力和人员素质建设,加强专业应急队伍与非专业应急队伍的合作、联合培训及演练,提高协同应急能力。交通运输主管部门、交通运输企业应当根据本地区、本单位交通运输突发事件的类型和特点,制订应急演练计划,定期组织开展交通运输突发事件应急演练。鼓励各单位开展不预设脚本、不事先通知、贴近实战的检验性、考查性应急演练,通过演练查找不足并不断改进完善。

7.2.2.2 监测与预警

交通运输主管部门应当建立并完善交通运输突发事件信息管理制度,及时收集、统计、分析、报告交通运输突发事件信息。

(1) 风险评估及危险源管理

交通运输主管部门应当建立交通运输突发事件风险评估机制,对影响或者可能影响交通运输的相关信息及时进行汇总分析,必要时同相关部门进行会商,评估突发事件发生的可能性及可能造成的危害,研究确定应对措施,制订应对方案。对可能发生重大或者特别重大突发事件的,应当立即向本级人民政府及上一级交通运输主管部门报告相关信息。

交通运输主管部门负责本辖区内交通运输突发事件危险源管理工作。对危险源、危险区域进行调查、登记、风险评估,组织检查、监控,并责令有关单位采取安全防范措施;交通运输企业应当组织开展企业内交通运输突发事件危险源辨识、评估工作,采取相应安全防范措施,加强危险源监控与管理,并按规定及时向交通运输主管部门报告。

(2) 突发事件监测

交通运输主管部门应当建立交通运输突发事件应急指挥通信系统;根据自然灾害、事故灾难、公共卫生事件和社会安全事件的种类和特点,建立健全交通运输突发事件基础信息数据库,配备必要的监测设备、设施和人员,对突发事件易发区域加强监测。交通运输主管部门、交通运输企业应当建立应急值班制度,根据交通运输突发事件的种类、特点和实际需要,配备必要值班设施和人员。

(3) 应对准备

县级以上地方人民政府宣布进入预警期后,交通运输主管部门应当根据预警级别和可能发生的交通运输突发事件的特点,做好以下应对准备:启动相应的交通运输突发事件应急预案;根据需要启动应急协作机制,加强与相关部门的协调沟通;按照所属地方人民政府和上级交通运输主管部门的要求,指导交通运输企业采取相关预防措施;加强对突发事件发生、发展情况的跟踪监测,加强值班和信息报告;按照地方人民政府的授权,发布相关信息,宣传避免、减轻危害的常识,提出采取特定措施避免或者减轻危害的建议、劝告;组织应急救援队伍和相关人员进入待命状态,调集应急处置所需的运力和装备,检测用于疏运转移的交通运输工具和应急通信设备,确保其处于良好状态;加强对交通运输枢纽、重点通航建筑物、重点场站、重点港口及码头、重点运输线路及航道的巡查维护;法律、法规或者所属地方人民政府提出的其他应急措施。

7.2.2.3 应急处置与救援

交通运输突发事件的应急处置应当在各级人民政府的统一领导下进行。突发事件发生后,发生地交通运输主管部门应当立即启动相应的应急预案,在本级人民政府的领导下,组织、部署交通运输突发事件的应急处置工作。

交通运输突发事件发生后,负责或者参与应急处置的交通运输主管部门应当根据有关规定和实际需要,采取以下措施:组织运力疏散、撤离受困人员,组织搜救突发事件中的遇险人员,组织应急物资运输;调集人员、物资、设备、工具,对受损的交通基础设施进行抢修、抢通或搭建临时性设施;对危险源和危险区域进行控制,设立警示标志;采取必要措施,防止次生、衍生灾害发生;必要时请求本级人民政府和上级交通运输主管部门协调有关部门,启动联合机制,开展联合应急行动;按照应急预案规定的程序报告突发事件信息以及应急处置的进展情况;建立新闻发言人制度,按照本级人民政府的委托或者授权及相关规定,统一、及时、准确地向社会和媒体发布应急处置信息;以及其他有利于控制、减轻和消除危害的必要措施。

交通运输突发事件超出本级交通运输主管部门处置能力或管辖范围的,交通运输主管部门可以采取以下措施:根据应急处置需要请求上级交通运输主管部门在资金、物资、设备设施、应急队伍等方面给予支持;请求上级交通运输主管部门协调突发事件发生地周边交通运输主管部门给予支持;请求上级交通运输主管部门派出现场工作组及有关专业技术人员给予指导;按照建立的应急协作机制,协调有关部门参与应急处置。

需要组织开展大规模人员疏散、物资疏运的情况下,交通运输主管部门应当根据本级人民政府或者上级交通运输主管部门的指令,及时组织运力参与应急运输。

交通运输企业应当加强对本单位应急设备、设施、队伍的日常管理,保证应急处置工作及时、有效开展。交通运输突发事件应急处置过程中,交通运输企业应当接受交通运输主管部门的组织、调度和指挥。

7.2.2.4 事后恢复与重建

交通运输突发事件的威胁和危害得到控制或者消除后,负责应急处置的交通运输主管部门应当按照相关人民政府的决定停止执行应急处置措施,并按照有关要求采取必要措施,防止发生次生、衍生事件;对应急处置工作进行评估,并向上级交通运输主管部门和本级人民政府报告。

交通运输突发事件应急处置结束后,交通运输主管部门应当根据国家有关扶持遭受突发事件影响行业和地区发展的政策规定以及本级人民政府的恢复重建规划,制订相应的交通运输恢复重建计划并组织实施,重建受损的交通基础设施,消除突发事件造成的破坏及影响。

7.2.2.5 监督检查

交通运输主管部门应当建立健全交通运输突发事件应急管理监督检查和考核机制。监督检查应当包含:应急组织机构建立情况;应急预案制订及实施情况;应急物资储备情况;应急队伍建设情况;危险源监测情况;信息管理、报送、发布及宣传情况;应急培训及演练情况;应急专项资金和经费落实情况;突发事件应急处置评估情况。

7.2.3 交通运输系统应急预案制订

应急预案又称应急计划,是针对可能发生的突发事件和重大事故,为保证迅速、有序、有效地开展应急与救援行动,降低突发事件(重大事故)损失而预先制订的计划或方案。

按照突发事件的特点、严重程度和影响范围等,交通运输系统的应急预案涉及的突发事件分为Ⅰ级(特别重大)、Ⅱ级(重大)、Ⅲ级(较大)和Ⅳ级(一般)4个级别。

应急预案是在辨识和评估潜在的突发事件(重大事故)发生可能性、发生过程、发生后果及影响严重程度的基础上,对应急机构与职责、人员、技术、装备、设施(备)、物资、救援行动、指挥与协调等方面预先作出的具体安排,明确在突发事件、重大事故发生之前、发生过程中以及刚刚结束之后,谁负责做什么、何时做,以及相应的策略和资源准备等。

突发事件应急预案分为政府及其部门应急预案、单位和基层组织应急预案两大类,采用相似的基本结构,即基于应急任务或功能的"1+4"预案编制结构,如图7-3所示。"1"指的是基本预案,主要阐述应急预案所要解决的紧急情况、应急的组织体系、方针、应急资源、应急的总体思路,并明确各级组织在应急工作行动中的职责等。"4"指的是应急功能设置、标准操作程序、特殊风险预案和各类支持附件。其中,应急功能设置是针对在各类重大事故中采取的一系列基本应急行动和任务而编写的计划;标准操作程序主要是针对每一个应急活动执行部门,在进行具体应急活动时所规定的操作标准;特殊风险预案是指根据各类事故灾难、灾害特征,需要对其应急功能作出有针对性安排的特殊预案;支持附件主要包括对应急救援有关支持保障系统的描述及有关附图表。

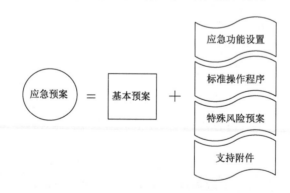

图 7-3 应急预案基本结构

不同类型预案的内容应有所侧重。总体应急预案主要规定突发事件应对的基本原则、组织体系、运行机制,以及应急保障的总体安排等,明确相关各方的职责和任务。针对突发事件应对的专项和部门应急预案,不同层级的预案内容各有侧重。针对重要综合交通运输基础设施、生命线工程等重要目标物保护的专项和部门应急预案,侧重明确风险隐患及防范措施、监测预警、信息报告、应急处置和紧急恢复等内容。针对重大活动保障制订的交通运输专项和部门应急预案,侧重明确活动安全风险隐患及防范措施、监测预警、信息报告、应急处置、人员疏散撤离组织和路线等内容。针对为突发事件应对工作提供人员、物资、装备、资金等资源保障的专项和部门应急预案,侧重明确组织指挥机制、资源布局、不同种类和级别突发事件发生后的资源调用程序等内容。联合应急预案侧重明确相邻、相近地方人民政府及其部门间信息通报、处置措施衔接、应急资源共享等应急联动机制。

以城市轨道交通突发事件的应急处置为例,包括事件检测、事件响应、事件处理、运营恢复四个阶段,如图7-4所示,四个阶段的控制性指标均为时间值。其中通过地面公交应急调度疏散轨道客流,直至营运恢复。

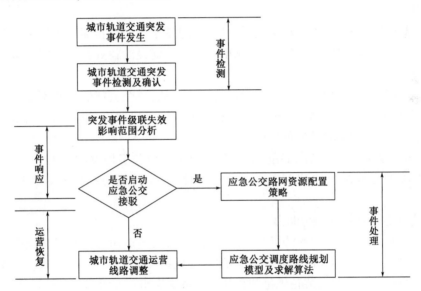

图7-4 城市轨道交通突发事件的公交应急调度

7.3 交通运输系统的韧性

韧性是系统在面对干扰时抵御、吸收、自适应和恢复的能力。当交通运输系统突发性事件发生时,一个韧性较差的交通运输系统将会以极慢的速度恢复到正常稳定水平;而一个韧性较强的交通运输系统则会对突发事件迅速作出反应并采取措施,使系统能够尽早恢复稳定正常状态。

7.3.1 交通运输系统韧性的内涵

交通运输系统韧性反映了系统面对风险和重大突发事件时抵御、吸收、自适应和恢复等全过程的应对能力。交通运输系统内外的扰动和突发事件频发,经大规模、强关联、多方式运输网络的传播效应,极易产生区域性、网络化的瘫痪和失效。自然灾害、突发事件对交通运输系统的影响具有动态性、全局性的特点,而传统的应对措施存在滞后性、局限性。因此,保障和提升交通运输系统韧性,不仅需要具备对交通运输网络的全局监测能力,更需要从抵御、吸收、自适应和恢复等全过程的施策,包括在事前阶段,规划设计具有合理冗余、稳健鲁棒的复合交通运输网络,从而主动应对可能的突发事件和自然灾害;在事后阶段,优化多主体、多部门恢复资源的时空配置,提升复合交通运输网络的恢复速度和恢复能力。交通运输系统的韧性包括交通基础设施资产韧性、交通基础设施网络韧性等多个方面。

交通基础设施资产韧性。狭义上讲,韧性交通基础设施是指能够承受自然灾害等冲击的单个公路、铁路或桥梁资产。韧性基础设施资产建设的益处在于可降低该资产的全生命周期成本。

交通基础设施网络韧性。交通网络是相互连通的,单个资产的韧性不能全面反映整个网络运行的韧性。网络韧性一般从系统运行的维度予以评价,更具韧性的基础设施网络优势在于其提供的运输服务可靠性更高。

交通运输系统是一个复杂的系统,其空间及组织包含多种可能受灾害影响的因素。一般来说,交通运输系统的韧性主要可从预防能力、维持能力和恢复能力等方面进行分析。

(1)交通运输系统的预防能力

预防能力也称为系统主动防御和避险能力,应在交通运输网络布局和设施建设阶段进行评估分析,主动规避风险高的区域或场景,降低系统遭受风险的可能性。在交通运输通道规划、枢纽选址及载运装备优化和智慧交通系统应用等方面都要考虑风险管理,增强系统对突发事件的抵御能力。预防能力包括识别关键交通运输基础设施抵抗地震、泥石流、水灾等自然灾害的能力,进行风险评估,建立档案,实施标准化管理,排查重点资产,作出保护和预防决策,实施保护和预防计划,降低和减轻关键基础设施遭受破坏的风险和后果。

(2)交通运输系统的维持能力

维持能力指系统受到灾害事件冲击时保持一定程度运行的能力,涉及系统的可靠性和冗余性等。

可靠性即交通运输系统相关灾害因素发生时,整个交通运输系统对此适应并保证正常运作的能力。可靠能力是交通运输系统从遇到破坏性灾害开始,直到系统被完全破坏停止生产为止,在这段时间范围内尽管系统性能在不断下降,但依旧能够继续生产的能力。可靠性强调系统对破坏性灾害的吸收和适应,在灾害来临时,系统通过调动自身所有有利的因素来抵抗灾害作用。交通运输系统可靠性主要考虑系统的稳定性,指交通运输系统在遭遇灾害时,能保证内部多个子系统正常运作,能保证整个大系统的防灾资源及防灾组织在极端压力下不被摧毁并起作用。此处所强调的灾害不仅包括系统内各机械设备等物理实体的破坏，同时也包含组织破坏和技能失效等。

冗余，即拥有多条替代路径或富余的通行能力。当常态系统被破坏时，冗余性能保障系统的基本功能正常运转。交通运输系统的冗余性体现在当灾害使系统功能发生损坏、部分功能丧失时，系统内其他组成部分能作为替换，在原有功能发生故障的紧急情况下，备用系统可以满足交通运输系统正常生产的功能需求，实现不同运输方式、不同运输线路的替代。

(3) 交通运输系统的恢复能力

恢复能力是交通运输系统受灾破坏被迫停止生产活动后，能够通过系统本身的自组织能力，在当前环境条件下利用系统自有资源和技术，对系统进行迅速修复直至达到再次稳定生产的能力。恢复能力不仅会受系统自身资金、物资和应急队伍的约束，同时还受到系统外环境和自然环境等的限制。交通运输系统的恢复能力主要考虑系统的效率性和适应性。

效率性是指交通运输系统为了实现减小灾害损失及避免次生灾害破坏的目的，系统对灾害作出迅速反应的能力。交通运输系统的应急效率性主要体现在灾后恢复过程中，系统自组织地对各种破坏形式作出灵敏反应。

适应性是指在灾害影响出现之前，提前采取预防和应对措施的行为。适应性是动态的，随着时空结构的变化发生相应的变化，并受到经济、文化、体制和人等因素的影响。

7.3.2 交通运输系统韧性的影响因素

交通运输系统是层次复杂、规模庞大的复杂系统，下面以道路交通路网系统为例说明交通运输系统韧性的影响因素。

道路交通路网系统韧性影响因素可概况为路网结构属性、交通流量及事故属性、人员环境及管理属性，如图 7-5 所示。

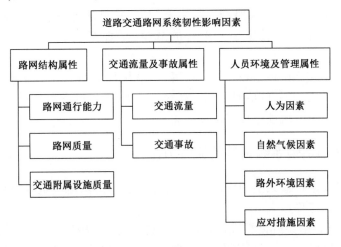

图 7-5　道路交通路网韧性影响因素

(1) 路网结构属性

路网结构是道路交通路网形成的基础,其从整体上影响着道路交通网络的功能和运行,可以用网络通行能力、道路网络质量、交通附属设施质量等指标来衡量。

路网通行能力是各路段和交叉口通行能力的总体体现,是指一段时间内能够通过路网的车辆综合,是衡量路网疏散车辆能力的指标。道路通行能力主要是由道路的车道数、车道宽度、交叉口设置等因素决定的,若路网内局部发生突发事件,会造成道路通行能力下降,如果没有足够的交通冗余,很容易产生路网交通瘫痪,继而引发级联失效。

道路网络质量主要包含道路路面质量和道路线形设计质量等。道路路面质量主要考虑路面的平整度、抗滑性能和车辙深度等,恶劣天气对道路路面质量影响较大。道路线形在道路设计阶段就已经形成,在不进行道路重修大修情况下,在今后实际交通运行时不会发生改变,线形设计不合理易引发交通事故。

交通附属设施主要是为了保障交通安全而设置的,完善的交通附属设施可以有效降低交通事故率。

(2) 交通流量及交通事故属性

交通流量具有动态变化性,它随时间而变化。路网交通流具有高峰和平峰特征,各个时段道路服务水平不同,与道路相连的交叉口交通量也具有波动性。

交通事故是造成路网韧性下降最常见的因素。交通事故的发生又具有不确定性与不可避免性,交通事故的发生一般都会造成车辆延误增加,继而产生交通拥堵。

(3) 人员环境及管理属性

影响人员环境及管理属性的因素有人为因素、自然气候因素、路外环境因素和应对措施因素。

人为因素在路网中具有不可控性。如短时的人流聚集会增加道路拥堵,人为破坏交通设施会增加交通事故发生的风险等。

自然气候因素对道路交通路网运行影响较大,常见的降雨、暴雪、强风、雾霾、低温冰冻、地震等都会导致交通非必要出行的减少,增加必要出行的出行时间、出行延误等。

路外环境因素包括山体滑坡、泥石流、落石、塌方等,可能产生道路破坏、中断等情况。

面对突发事件时,有效的应对措施对缓解交通拥堵、增强路网性能具有重要作用;反之,若应对措施不得当,可能造成路网韧性的降低。

7.3.3 交通运输系统韧性的完善方法

为持续提升交通运输系统的韧性,可从设计建设、灾害分析、重点管理、日常维护、应急管理等方面开展工作。

(1) 加强交通运输系统韧性设计建设。在交通规划、法律法规和建设标准中纳入韧性目标,并定期调整以适应气候变化;加强交通运输基础设施建设管理,确保交通运输基础设施依法合规建设,从本质上增强交通运输基础设施的韧性。

(2)实施针对交通运输系统韧性的灾害分析。系统评估温度、风、降雨等气候因素的变化及影响,识别区域内易受自然灾损的交通运输基础设施;确保建立稳定、可靠、及时的自然灾害多来源实时预报渠道;全面收集自然灾害及气候变化数据,应用卫星、无人机遥感以及 GIS 技术,建立交通运输基础设施及沿线区域风险模型(如水文模型、洪水灾害地图、数字高程模型等)。

(3)对交通运输系统韧性实施重点管理。对交通运输网络实施韧性分析,识别出需提升韧性的重点对象,充分考虑当地自然环境及经济社会发展情况,定义交通运输基础设施资产可接受或不可容忍的风险水平,根据风险水平来制定相应的管理办法和措施,确保交通网络韧性提升的系统性。

(4)加强针对交通运输系统韧性的日常维护。做好交通运输基础设施养护及常态化安全检查工作,保障正常天气状况下交通运输系统的可靠运行。

(5)加强针对交通运输系统韧性的应急管理。制订、实施以及评估和改进灾害应急救援方案,以提升交通网络在面对特殊情况时对于经济社会运行的服务能力。

复习思考题

1. 简述交通运输安全的概念并分析其主要研究对象和内容。
2. 简述交通运输事故与生产安全事故的概念并分析两者的关系。
3. 简述主要事故致因理论的内容。
4. 简述主要事故预防理论的内容。
5. 简述交通安全分析的内容和主要分析方法。
6. 简述交通安全评价的主要内容和其依据的可接受风险标准。
7. 简述交通运输安全管理的主要内容。
8. 简述交通运输安全三角形理论的内容。
9. 简述交通运输系统应急预案的分类与管理要求。
10. 简述交通运输系统韧性的内涵。
11. 用一个实例说明交通运输系统韧性改善的方法与措施。

本章参考文献与延伸阅读

[1] 肖贵平,朱晓宁.交通安全工程[M].3 版.北京:中国铁道出版社,2021.
[2] 范维澄,闪淳昌,等.公共安全与应急管理[M].北京:科学出版社,2017.
[3] 黄骞.城市轨道交通建造工程系统韧性评价研究[D].福州:福建工程学院,2019.
[4] 张永领,陈璐.非常规突发事件应急资源需求情景构建[J].软科学,2014,28(6):50-55.

［5］杨超.增强交通基础设施"韧性",保障可持续发展"生命线"[N].中国交通报,2019-8-21(3).

［6］张广亮.基于复杂网络的城市路网韧性提升策略研究[D].哈尔滨:哈尔滨工业大学,2021.

第 8 章
CHAPTER EIGHT
综合交通运输系统绿色低碳发展

> **学习目的与要求**
>
> 了解综合交通运输系统绿色低碳发展内涵与重点，理解并掌握绿色低碳发展需求、发展目标。针对综合交通运输系统主要领域，了解绿色低碳发展进程及关键技术；从运输结构、运行效率、基础设施与载运工具、政策与市场、公众引领等角度，认知综合交通运输系统绿色低碳发展路径，把握绿色低碳转型的脉络与方向。通过学习本章，学生应能掌握综合交通运输系统绿色低碳发展技术及管理的基础理论，并具备践行绿色发展的实际能力。

8.1 综合交通运输系统绿色低碳发展的内涵、目标与重点

交通运输是国民经济的基础性、先导性、战略性产业，也是能源消耗和温室气体排放的重点领域之一。形成更加安全、绿色、高效、便捷、经济的运输服务产品，促进交通运输业提质降本增效，是适应和引领经济发展新常态、深化供给侧结构性改革的有效途径。绿色交通、低碳交通，是综合交通运输现代化的基本标志。

碳排放增加带来的气候变暖直接影响人类的生存环境，"低碳"最初是与气候变化相关的概念。"绿色"涵盖节能降碳、资源节约循环利用、污染防治、生态保护等，概念内涵

更为广泛。

(1) 综合交通运输系统绿色发展内涵

绿色交通是"四个交通"(综合交通、智慧交通、绿色交通、平安交通)发展战略的内容之一,是生态文明和绿色发展理念在交通运输领域的集中体现。绿色交通是将绿色发展理念全面融入交通运输发展各方面、各环节,以最小的能源、资源消耗和生态环境代价,最大限度地满足合理的交通运输需求。

绿色发展包含资源节约集约利用、强化节能减排和污染防治,以及交通生态环境保护修复等内容,涉及基础设施、交通装备、运输服务等多个领域。

① 运输方式全口径:绿色交通涵盖铁路、公路、水路、航空、管道等各种交通运输方式。

② 重点领域全覆盖:包括节能降碳、资源节约循环利用、污染防治、生态保护等。

③ 实现途径全方位:包括优化结构、提质增效、科技创新、能力建设等手段。

④ 发展环节全过程:把绿色发展理念和要求贯穿于决策、规划、设计、施工、运营、维护、运输、管理等全生命周期过程之中。

(2) 综合交通运输系统低碳发展内涵

低碳交通是在全球应对气候变化、积极发展低碳经济背景下提出的一种交通运输方式。从能源消耗、温室气体排放的角度而言,工业、建筑业、交通运输业普遍被认为是碳排放的主要领域。低碳交通,是一种以降低交通运输工具使用过程中温室气体排放为直接目标的交通发展模式。低碳交通发展理念的核心是提高交通运输的用能效率、改善交通运输的用能结构、减缓交通运输的碳排放,使交通运输逐渐摆脱对化石能源的过度依赖。

低碳交通体现在运输的高能效、低能耗、低排放、低污染。从个体出行行为角度,相较于燃油汽车,新能源汽车和慢行交通等属于更低碳的出行方式;从运营组织行为角度,提高运输组织效率、提高运输工具效能是降低交通领域碳排放的有效手段;从政策规划行为角度,以提高运输生产力、优化空间运输资源配置的综合运输体系构建,是有利于发展和推广低碳交通的有效方式。

低碳交通发展是一项复杂的系统工程。既包括"供给"或"生产"方面的减碳(即提供一个更集约高效、绿色低碳的交通运输服务系统),也包括"需求"或者"消费"方面的减碳(如引导公众选择公交、自行车、步行等绿色出行方式,购买节能环保型小排量汽车等),既需要公共权力部门出台政策,也需要企业、社会团体和居民行为的自觉调整。

(3) 综合交通运输系统绿色低碳发展目标与重点

我国《"十二五"综合交通运输体系规划》和《"十三五"现代综合交通运输体系发展规划》针对交通运输行业的能耗和温室气体排放削减均提出了明确的要求,并顺利完成了预期目标,但交通运输结构仍需进一步优化。2019年,铁路、水路和公路专业货运企业的单位周转量能耗分别为 0.394、0.259 和 1.71 千克标准煤每百吨公里,其中公路货运的能源利用效率最低。在客运方面,随着近几年我国高速铁路速度、载客量和电气化水平的提升,城际客运朝着更高效更节能的方向发展,但客运仍以道路运输为主。我国的公共交通出行分担率除部分特大城市以外,仍处于较低水平。《绿色交通"十四五"发展规划》提出"到 2025 年,交通运输领域绿色低碳生产方式初步形成"的目标。2021 年 9 月发布的《"十四五"现代综合交通运输体系发展规划》中第八章"全面推进绿色低碳转型"对绿色低碳发展提出了新要求,更加明确了目标与重点。

交通运输绿色发展聚焦于节约集约、低碳环保,要求强化节能减排和污染防治,通过优化交通能源结构,推进新能源、清洁能源应用,促进公路货运节能减排,推动城市公共交通工具和城市物流配送车辆全部实现电动化、新能源化和清洁化。要求严格执行国家和地方污染物控制标准及船舶排放区要求,推进船舶、港口污染防治。《2030 年前碳达峰行动方案》(国发〔2021〕23 号)指出,"十四五"期间集装箱铁水联运量年均增长 15% 以上。在运输装备方面,要求到 2030 年,当年新增新能源、清洁能源动力的交通工具比例达到 40% 左右,营运交通工具单位换算周转量碳排放强度比 2020 年下降 9.5% 左右,国家铁路单位换算周转量综合能耗比 2020 年下降 10%。陆路交通运输石油消费力争 2030 年前达到峰值。城区常住人口 100 万以上的城市绿色出行比例不低于 70%。民用运输机场场内车辆装备等力争全面实现电动化。

8.2　综合交通运输系统绿色低碳发展进程

8.2.1　铁路运输绿色低碳发展进程

铁路运输在综合交通运输中是比较经济的一种运输方式,发挥着大运量、高能效、低排放的运输优势。"十三五"期间铁路货运量同比增运 2.27 亿 t,与公路完成同样运量相比,相当于减少二氧化碳排放约 2000 万 t。

铁路运输能耗主要包括牵引能耗(机车能耗)和非牵引能耗(辅助能耗)两大类,牵引能耗大于非牵引能耗,高出 10% 左右。以往我国铁路以煤、燃油为主要能源,高速铁路的快速发展提升了我国铁路的电气化水准,优化了铁路行业的能源消费结构,不仅使我国减少了燃油依赖,还提高了能源的利用效率,直接或间接地减少了二氧化碳的排放量。2020年国家铁路电气化率达到 74.9%,电力机车牵引工作量达到 90.5%,高速铁路已全面电气化。国家铁路燃油年消耗量已从最高峰的 1985 年 583 万 t 下降到 2020 年的 231 万 t,相当于每年减少二氧化碳排放 1256 万 t。

我国铁路运输绿色低碳发展的阶段性特征十分明显。第一阶段从 20 世纪 50 年代至 20 世纪 80 年代中期,这一阶段以节约煤炭为主要目标,重点是降低机车和锅炉耗煤。第二阶段从 20 世纪 80 年代中期至 2015 年左右,主要特征是节约燃油以减少碳排放,主要措施是推广使用燃油添加剂、生产新型大功率内燃机车等。第三阶段是转入以电力为主的低碳发展阶段,主要特征是推广"代油节电",大面积使用电力牵引作业,通过机车牵引动力结构的根本性变革、提高节能技术水平等,实现铁路低碳发展。此外,《铁路工程节能设计规范》(TB 10016—2016)明确了铁路工程建设中合理配置和高效利用能源、资源的总体要求,规定了铁路工程站相关专业的节能措施和有关技术指标,用于指导新建、改建铁路工程的节能设计。

城市轨道交通是一种集约化的交通运输方式,且使用电能,单位能源消耗量可比普通公交汽车节约42.2%,并且可以节省大量土地资源,是城市发展绿色交通体系的重要途径。根据城市轨道交通协会公布的《城市轨道交通2020年度统计和分析报告》,截至2020年底,我国大陆地区共45个城市开通运营城市轨道交通线路244条,完成客运量175.9亿人次,总电能消耗量超过172亿千瓦时,其中牵引能耗约占48%。国内绿色城市轨道交通评价体系的部分研究成果见表8-1。

国内城市轨道交通绿色化标准框架分析　　　　表8-1

标准	时间	内容
《深圳市绿色城市轨道交通工程建设与运营评价标准》	2013	**评价对象**:城市轨道交通线路 **评价阶段**:设计阶段、施工阶段和运营阶段 **评价方法**:分为控制项与提高项。按设计、施工、运营分别为60%、10%、30%划分分值。最终根据各阶段提高项得分乘以权重的加和进行确定。最终评价等级按得分划分为一级、二级、三级与合格 **目的与要求**: 车辆:车型、动拖比、材料、噪声控制 车站建筑:选址、朝向、管线 线路:控制距离、振动控制 机电设备:杂散电流、电缆、线网、无功补偿、电磁辐射、空调负荷计算、节能设备 水资源利用:节水器具 施工:噪声控制、环境保护 运营:主要针对减噪隔振、防护措施效果及空气质量
中国建筑节能协会、中国城市轨道交通协会《绿色城市轨道交通车站评价标准》(T/CAMET 02001—2019)	2019	**评价对象**:车站 **评价阶段**:设计阶段、运营阶段 **评价方法**:分为控制项与评分项。设计、运营分别进行评价,参与不同阶段评价的指标权重系数有所不同,最终得分由各指标评分项得分乘以权重的加和进行确定。最终评价等级按得分划分为一星级、二星级、三星级3个等级 **目的与要求**: 车站建筑:线路规划、规模、外部交通、内部交通、人性化设施、材料控制、绿色建材 室内环境:声光热、污染物、实时显示 机电设备:能效等级、设备计量与监控 水资源利用:雨水收集、节水器具、非传统水源 运营:制度管理

续上表

标准	时间	内容
中国工程建设标准化协会《绿色城市轨道交通建筑评价标准》（T/CECS 724—2020）	2020	**评价对象**：车站、车辆基地 **评价阶段**：设计阶段、施工阶段和运营阶段 **评价方法**：分为控制项与得分项。控制项基础分值400分，评分项在资源节约章节为200分，其余章节为100分，最终得分由控制项及评分项分值加和后除以10进行确定。最终评价等级划分为基本级、一星级、二星级、三星级4个等级 **目的与要求**： 车站建筑：安全性、材料耐久性、绿色建材比例 室内环境：声光热、空气质量 机电设备：空调负荷计算、设备节能、设备控制 水资源利用：节水器具、冷却水系统节水

8.2.2 公路运输绿色低碳发展进程

公路运输在我国综合运输系统具有举足轻重的地位。《2020年交通运输行业发展统计公报》显示，2020年，我国全社会营业性客运量中公路占比71.3%，全社会营业性货运量中公路占比73.8%。

自2001年我国首次发布并实施《轻型汽车污染物排放限值及测量方法（Ⅰ）》（GB 18352.1—2001）以来，机动车排放标准等级逐步提升，已经走过六个阶段，基本实现与欧美国家标准接轨统一。根据工业和信息化部等部门发布的"2020年度中国乘用车企业平均燃料消耗量与新能源汽车积分情况公告"，2020年我国境内乘用车平均燃料消耗量实际值为5.61L/100km，显著低于2011年7.6L/100km的平均燃料消耗水平。此外，推动建立汽车排放检验与维护（I/M）制度，实施公路运输车辆达标车型制度，道路车辆清洁化水平逐步提升。

新能源汽车逐渐应用于公共交通、城市物流及私人出行等领域，给公路运输绿色低碳化转型带来契机。截至2020年底，城市公交、巡游出租车和城市物流配送新能源汽车数量分别达到46.6万辆、13.2万辆和43万辆，天然气运营车辆超过18万辆，邮政快递车辆中新能源和清洁能源车辆的保有量及在重点区域的使用比例稳步提升。全国942处高速公路服务区（停车区）内建成运营充电桩超过7400个。

公路运输绿色低碳发展除了依靠车辆能源结构替代，更重要的是运输方式结构调整。货物运输的二氧化碳排放量是运输距离、货物总重量及排放因子的乘积。图8-1对比了各种运输方式在货运过程中的排放因子。公路货物运输排放因子虽然低于民航货运，但远高于铁路和水路货运的排放水平。进一步揭示了货物运输结构"公转铁、公转水"的必要性。

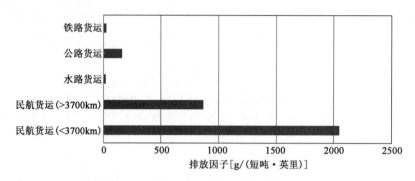

图 8-1　各类货物运输方式排放因子对比(1 短吨≈907kg,1 英里≈1.61km)

另一方面,我国机动车总量增长迅猛,新能源汽车的发展仍然处于起步阶段,并且主要在乘用车领域,如图 8-2 所示。公安部统计,2020 年我国新能源汽车保有量达到 492 万辆,约占我国民用汽车拥有量的 1.75%。占道路交通运输排放近半的重型载货汽车在绿色低碳发展方面仍然面临技术瓶颈。

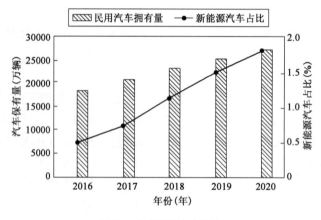

图 8-2　新能源汽车占比情况

8.2.3　水路运输绿色低碳发展进程

水路运输承担了我国 90%以上外贸货物运输量。水路运输具备成本低、运距长、批量大、安全性好等诸多优势,但水路运输对环境的污染也受到世界各国的高度关注。近年来,相关船舶环境污染和节能减排的国际公约及相关文件相继出台,标准和规范日益严苛,绿色低碳已成为水路运输发展的必然趋势。

国际海事组织(IMO)第 62 届环境保护委员会于 2011 年 7 月通过了《国际防止船舶造成污染公约》(The International Convention for the Prevention of Pollution From Ships,MARPOL)。公约附则Ⅵ修正案将船舶能效设计指数(Energy Efficiency Design Index,EEDI)纳入强制实施范畴,并于 2013 年 1 月 1 日起实施生效。实施对象为总吨大于 400Gt

的新建或改建船舶。国际海事组织还制定了船舶能效营运指数(Energy Efficiency Operational Index, EEOI)和船舶能效管理计划(Ship Energy Management Plan, SEEMP),监督和鼓励航运企业采取更优的实践方案提高燃油效率。针对全球范围内非排放控制区和排放控制区,公约附则Ⅵ对于SO_x和NO_x分别规定了二阶段减排要求。公约规定的排放控制区主要有波罗的海、北海(大西洋东北部的边缘海)、北美洲和美国加勒比海四大区域,均是硫排放控制区。其中北海排放控制区以及美国加勒比海排放控制区对NO_x和碳烟的排放也有要求。

(1)船舶绿色低碳发展进程

船舶的设计-建造-营运是一条完整产业链,构成设计、制造、使用和再利用的循环过程。船舶低碳发展进程需要考虑船舶全生命周期,以及新能源在船舶上的应用。

船舶的绿色设计主要包括船型结构的优化、船体轻量化设计、远程协同设计等。绿色造船主要包含绿色加工、绿色焊接、绿色涂装、绿色舾装、造船绿色管理等环节。船舶的绿色建造需要综合考虑环境影响和资源利用效率,借助各种先进技术不断创造新的建造模式、资源、工艺和组织等,始终贯彻绿色制造的理念。船舶的绿色营运需要考虑航线和航速优化,见表8-2。《国际安全与环境无害化拆船公约》对船舶从设计到报废拆解的整个生命周期提出了保护环境和避免人类健康危害的要求。2013—2017年,我国基本完成老旧运输船舶和单壳油轮报废更新。至2020年,长江干线船型标准化率达到75%,船舶平均吨位超过2000载重吨。

营运船舶节能减排措施　　　　　　　　　　　表8-2

节能方向	航行操纵管理	船体和螺旋桨工况管理	船载系统管理	整体能效管理
节能措施	航速优化	船体污损管理	电力系统使用优化	船舶航态监测
	航线优化	螺旋桨抛光管理		
	纵倾优化	特定状态下船体和螺旋桨维护	油耗系统检测和报告	船舶能效管理计划
	自动驾驶仪改进			

随着全球对环境保护重视程度提高,国际海事组织也加快了通过使用低碳或零碳等绿色能源降低环境污染的改革进程。传统船用燃油将会逐渐被天然气、甲醇、氨、氢等新能源取代,这样不仅能显著降低船舶温室气体排放,还可减少NO_x、SO_x及颗粒物等污染物的排放。

(2)港口绿色低碳发展进程

港口的绿色低碳涉及多个方面。交通运输部《船舶与港口污染防治专项行动实施方案(2015—2020年)》部署了11个方面72项任务,制定发布了《港口和船舶岸电管理办法》部门规章,对港口和船舶岸电管理部门职责、岸电建设和使用行为等进行全面规范;通过制定《绿色港口等级评价指南》(JTS/T 105-4—2020)、《港口工程清洁生产设计指南》(JTS/T 178—2020),对港口绿色发展水平进行整体评估,引导新建绿色码头高标准建设和老旧码头升级改造,并推动港口生产企业实现港口智慧化建设、提高港口生产组织管理水平,实现港口绿色运行。

我国已建成了全球规模最大、自动化程度最高的码头,实现了集装箱装卸、水平运输、堆场装卸环节全过程的智能化,这有助于港口运行的节能降碳。但智慧港口建设的主要瓶颈是信息化不足,存在着港口业务系统信息分散、管控系统互相脱节、物流产业链联动不足、管理体制的保障力度尚弱等问题。

8.2.4 航空运输绿色低碳发展进程

在未来相当长一段时间内,航空运输仍然是长途客货运输的主要选择。尽管民航在全球温室气体排放中仅占全球总排放的2.5%,占交通总排放的11%,但我国民航碳排放从1980年的107万t,增长至2019年的11610万t,增长超过了108倍,增长速度备受关注。

(1) 温室气体

随着全球温室效应加剧和极端天气频发,航空业应采取更严格的碳排放限制。2017年国际民航组织(International Civil Aviation Organization,ICAO)正式通过了航空器CO_2排放标准,并写入《国际民用航空公约》有关环境保护的附件16第Ⅲ卷,此前仅有关于噪声的卷Ⅰ和大气污染排放物卷Ⅱ。

除了针对飞机CO_2排放制定标准,国际民航组织还考虑通过多种手段促使航空业减少碳排放。航空业减少排放的关键途径是改进飞机技术、改善运营管理和基础设施,以及进一步使用航空生物燃料。在2016年国际民航组织第39届大会上,成员国同意了实现碳中和目标,以及通过减少其他部门来抵消航空排放的市场化机制相关政策。大会通过了国际航空碳抵消和减排计划,形成了第一个全球性行业减排市场机制。

根据该计划的要求,所有具有规模的航空公司自2019年1月起根据具体的指导原则,记录国际航班的排放量。根据2019年和2020年的平均排放水平,建立全球排放基准,表明了国际航空业决心减少气候影响的态度,但该方案并没有考虑不同发展阶段国家的责任与义务的差异。

(2) 大气污染物

国际民航组织在国际民航公约附件16《环境保护》第Ⅱ卷《航空发动机排出物》中,制定了大气污染物的排放标准,包括NO_x、CO、HC等三种气态污染物和颗粒物。鉴于颗粒物对大气环境及人体健康的严重损害,ICAO制定了非挥发性颗粒物(nvPM)这一质量浓度标准作为过渡,并正在制定和完善"着陆与起飞循环(LTO)内nvPM质量和数量排放标准"。

氮氧化物(NO_x)是航空发动机排放量最多的污染物,在大气中可参与光化学反应,对近地面O_3及二次细颗粒物的生成有显著影响。ICAO近年来逐渐加强对航空发动机NO_x排放的限制。我国城市使用《环境空气质量标准》(GB 3095—2012),其中规定了NO_x、SO_2、CO、O_3及PM_{10}和$PM_{2.5}$等6种常规大气污染物的浓度标准,也适用于机场区域。

8.3 综合交通运输系统绿色低碳发展路径

综合交通运输系统是一个复杂大系统，其绿色低碳发展涉及政策法规、社会经济、国土空间、区域(城市)形态及功能布局、交通设施、载运工具、运输组织、交通管理政策及市民理念等多方面因素。综合交通运输系统绿色低碳发展应遵循如下路径：实施综合交通运输系统结构性优化、改善交通运输系统运行效率、提高交通基础设施及载运工具节能减排水平、强化经济政策及市场调控机制、引导公众绿色低碳出行等。

8.3.1 绿色低碳导向的综合交通运输系统结构优化

交通运输行业是资源占用型和能源消耗型产业，这一产业特性也是造成环境污染的主要原因之一。从运输结构优化、能源结构调整、空间结构转型三方面进行系统性结构优化，是实现综合运输系统绿色低碳发展的重要路径，是减少能源消耗与排放、应对环境危机的必然选择。

(1) 运输结构优化

以公路为主导的运输结构效率低、能耗大、污染严重、性价比差，而铁路与水路运输能源消耗低、污染排放少、综合性价比高，是适应我国能源结构要求、符合节能环保理念的运输方式。应促使更多大宗商品和中长距离运输从公路运输转移到铁路和水路运输上来，以推进货物运输"公转铁"与"公转水"，大幅度提高铁路、水路运输能力，减少公路货运比重，促进绿色交通体系健康发展。促进客货运输结构调整主要通过政策引导、价格激励、规划导向，推动客货运输需求由高能耗、高排放流向低能耗、低排放。

优化运输组织，积极推进运输方式创新。加快多式联合运输、江海直达运输、甩挂运输、滚装运输、水水中转等先进运输组织方式。其中，多式联合运输作为一种新兴的运输资源组合方式，已经逐渐成为货运行业未来发展趋势，是一种环境友好型的运输方式，在提高企业运输组织水平、降本增效的同时能有效减少碳排放量。要加快推进多式联运发展，完善多式联运服务网络，优先支持具有多式联运功能的物流园区建设，继续推进多式联运示范工程建设。

优先发展公共交通，加快构建绿色出行体系。全面推进和深入实施公共交通优先发展战略，推动超大城市、特大城市和有条件的大城市构建以城市轨道交通为骨干的绿色出行体系。完善城市步行和非机动车慢行交通系统，引领步行、自行车绿色出行。大力发展共享交通，推动汽车、自行车租赁业网络化、规模化发展。通过价格手段及时空管制等措施降低机动车交通出行比例，鼓励环保、绿色、无污染的出行方式，以此来减少交通系统对居住环境、生态环境的污染以及降低交通系统的整体能耗。

(2)能源结构调整

现阶段交通工具仍主要依靠化石能源作运行动力,要实现运输装备全面脱碳化、交通运输低碳转型,需改善能源消费结构,制定燃油车退出市场时间表。

淘汰高耗能、高排放的运输工具和设备,设立严格的分区域排放标准。

发展新能源交通运输工具,开展交通电动化技术、氢燃料电池车辆及船舶技术、铁路能源系统及牵引供电创新关键技术、航空器绿色化与适航运维技术等研究,推进绿色交通运输工具的规模化应用。推广使用以电力或天然气等清洁能源为主要动力的车船等大型交通工具,加大新能源和清洁能源车辆在城市公交、出租汽车、城市配送、邮政快递、机场、铁路货场、重点区域港口等领域的应用。推动公路服务区、客运枢纽、物流园区、公交场站等区域充(换)电设施建设,为绿色运输和绿色出行提供便利。鼓励在公路沿线适宜区域、车站枢纽部署光伏发电设施。

(3)空间结构转型

推进交通基础设施与国土空间规划等协调融合,推动形成与生态保护红线相协调、与资源环境承载力相适应的综合立体交通网。对于城市交通,空间结构往紧密型转变对于城市发展具有长期性、结构性的积极作用,对于构建低碳城市具有重要意义。城市碳排放、交通用地与空间结构的关系如图8-3所示。紧密型、高密度的城市结构使居民使用公共交通工具机会增大、出行距离更合理,可进一步缓解交通拥堵,从而实现人均交通能耗与碳排放的减少。

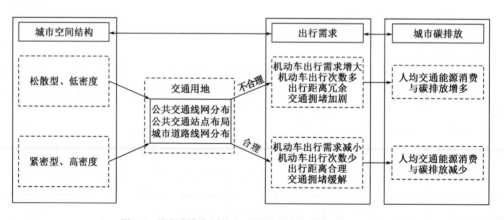

图8-3　城市碳排放-城市交通用地-城市空间形态关联框架

树立"窄路密网"的城市道路布局理念,加强支路、街巷建设改造。科学规范设置道路交通安全设施和交通管理设施,推进道路无障碍设施改造,不断优化公共交通、步行和自行车等绿色交通路权分配,引导绿色交通占比提升。

8.3.2　改善交通运输系统运行效率

根据客货运量分布规律合理设计和安排交通系统运输能力,通过智能交通、信息技术等先进手段挖掘交通基础设施的运输潜能,提升综合交通运输系统的利用效率,从而减少交通系统整体能耗,促进资源节约集约利用。

(1)管理与控制手段优化

构建智能交通管控系统,以实时、准确、高效的运行管理,提升运行效率,从而推进交通运输系统绿色低碳发展。以城市交通为例,智能交通管控系统可实时监测并传递各类交通关联数据,通过制定并发布区域动态路径诱导、信号配时优化、公共交通调度等措施,提高道路使用效率、减少道路拥堵、改善交通系统运行状态,从而降低机动车能耗。针对铁路、公路、水路等运输方式,基于物联网的智能交通管控技术,通过载运工具和运输网络的信息共享技术,进一步推进运输网络运行状态自动感知与高效控制,避免因调度不及时而导致延误损失,实现运输系统控制的集中化、准确化、低碳化。

(2)客货运组织效率提升

基于智能交通及信息技术的信息共享效率提升,促生了各类基于互联网的新型交通客运服务平台,包括互联网租赁自行车平台(共享单车)、网络预约出租汽车平台(网约车)、私人小客车合乘平台(拼车)、定制公交平台、出行即服务平台(MaaS 平台)等,提升了客运组织效率。网约车、拼车、定制公交等方式可提高车辆的实载率,降低了机动车低效行驶距离和行驶次数,提升了交通能源的利用效率。出行即服务平台为用户提供一体化的出行衔接流程,可提升集约化出行水平,系统化提升交通运行效率,促进绿色低碳交通系统发展。上述各类方式不仅可提升系统效率,也可满足个性化出行需求,促使公众主动采用绿色低碳出行方式。

在货运方面,运用网络货运平台、供应链管理等新业态以及网络甩挂、共同配送等新模式,实现货运供需高效匹配,提高运输企业集团化、规模化、集约化水平。发展按需物流,节省运输系统的能源消耗。

8.3.3 提高交通基础设施及载运工具节能减排水平

交通运输基础设施以及载运工具是交通系统的重要组成部分,其绿色、低碳化的节能水平将直接影响整个系统的绿色、低碳化表现。提高基础设施及载运工具节能减排水平,有助于从各环节落实绿色、低碳化发展要求。

8.3.3.1 交通基础设施绿色低碳建设

(1)绿色公路建设

高速公路、有条件的普通国省道按照绿色公路要求开展建设,有条件的农村公路参照绿色公路要求协同推动"四好农村路"建设;坚持科学选线与生态布线,合理利用规划运输通道资源;积极推动钢结构桥梁、环保耐久节能型材料、温拌沥青、低噪声路面、低能耗设施设备等"四新"(新技术、新工艺、新材料、新设备)技术应用,降低全生命周期资源消耗,应用太阳能、温拌沥青技术等绿色技术减少建设过程碳排放;大力开展公路两侧绿色生态屏障建设,对各级主要公路进行绿化提升。利用高效的信息化手段,建设智能联网联控的公路建设信息化管理系统;统筹研究绿色养护运营的制度和技术方法,落实噪声、废气、污水等污染防治处理的措施。创建绿色服务区,推进建筑保温、清洁能源及再生能源的应用。

(2)绿色港口、航道建设

因地制宜推动内河老旧码头升级改造,鼓励有条件的港区(港口)加快建成绿色港区(港口)。建立港口岸电系统,形成适合各类靠港船舶使用的电源,代替船舶辅机发电,并大力推进港口集装箱轮胎式起重机"油改电"工作;深化海陆联运、海河联运信息系统研发,积极推进基于物联网技术的"智慧港口"建设。积极推广应用节能减排新技术和设施设备,控制和减少到港车船在港口的污染排放。加强港区绿化带、防尘林带建设和维护管理,做好港口货物堆码标准化工作等。

推进生态护岸工程建设,疏浚土综合利用等,优先采用生态影响较小的航道整治技术与施工工艺,提升航道生态化水平。在航运枢纽建设和运营中采取营造栖息生境和优化运营调度等生态环保措施。实行航道边坡防护,在满足通航标准要求的基础上,重点构筑能透水透气、适合生物生长的生态防护平台。建设数字航道图、智慧航道应用系统、水运综合信息管理系统、枢纽过船设施信息化及智能化调度系统等平台。建设绿色水上服务区,加快岸电设施建设,促进智能化发展。

(3)绿色机场建设

做好飞行区、航站楼、停车场周边、机场工作区等的绿化、降噪工作。通过空地一体化模拟仿真,建造"三纵一横"全向跑道构型,最大限度地利用空域资源,减少飞机空中运行时间和地面滑行距离;推广地面电源替代飞机辅助动力装置,加快机场岸电设施建设,机场桥载电源替代全覆盖;探索通过智能化照明系统、应急指挥调度系统、安防保卫系统、"一卡通"系统、不停车收费系统等集成平台的建设,打造机场物联网。

8.3.3.2 载运工具节能化发展

构建绿色低碳的交通运输体系,需要创新发展高效、专业、智能、绿色的交通载运工具,以低能源、环境成本满足交通运输需求。

(1)载运工具优化设计

为实现载运工具使用过程的节能减排,应从动力来源清洁化、材料结构高性能化、设计用途标准化三方面推动技术创新:采用清洁能源可极大降低交通碳排放;采用合理的材料结构设计可降低载运工具运行能耗;推进载运工具标准化不仅有助于针对不同作业内容选择满足需求的载运工具、避免资源浪费,还有助于实现载运工具间无缝接驳,提升运输系统整体运行效率。

(2)智能驾驶技术应用

智能驾驶技术应用可以提升载运工具运行安全与能耗使用效率,包括车联网、自动驾驶及生态驾驶技术。

车联网能够实现车辆信息共享、智能化管控,为用户提供实时路况信息和路径诱导,提高网络整体运行效率,减少车辆因低速运行而导致的燃料消耗和污染物排放。自动驾驶是在车联网基础上的提升,通过智能决策系统判断车辆运行策略,实现车辆的自动控制,通过提高交通运行效率降低交通系统碳排放。

生态驾驶技术通过改善驾驶员的驾驶行为和车辆使用方式,提高车辆的能源使用效率和环境友好度。具体措施包括维持稳定速度行驶、避免急加减速等驾驶行为。先进的生态驾驶技术还通过建议驾驶员基于车联网技术提供的交通流状态信息改变驾驶行为,优化车辆后续的速度/距离-时间曲线(轨迹),进而降低车辆的燃油消耗和污染物排放,提高驾驶安全性。

(3) 能源能效提升技术

能源能效的提升可通过提升载运工具发动机性能和回收逸散能量实现。改进现有发动机性能、提高机械传动效率、采用电子控制实现最优化,可提升发动机做功效率,减少单位功所需的燃料消耗,从而提升能源的能效,减少交通载运工具及装备正常运行的碳排放。鼓励在载运设备制动过程中采取再生制动系统,实现能源的回收再利用。

8.3.4　强化经济政策及市场调控机制

综合交通运输系统绿色低碳发展需要充分发挥经济政策及市场调控机制的灵活性和有效性,从影响成本入手,引导交通运输企业或出行者作出有利于绿色低碳发展的选择,最终获得良好的管理效果。

(1) 财政与税收政策

交通运输系统绿色低碳发展需要投入大量资金或额外增加投资成本,需要财税和金融政策共同发力,引导构建多元化的交通运输绿色低碳发展投融资机制。

鼓励各地政府制定交通运输绿色低碳发展专项财政政策。统筹利用政府投资引导绿色低碳交通发展,优先支持绿色低碳交通基础设施建设项目,研究完善绿色低碳交通投资机制。针对增加绿色低碳投资后无直接经济效益或者经济效益无法覆盖投资增加的,可采用财政补贴、以奖代补、贴息、税收优惠等方式,吸引社会资本投入,强化绩效导向。鼓励绿色金融产品和服务创新,强化金融助力交通运输绿色低碳发展。通过设立政府引导基金、市场化引导基金、政府和社会资本合作(Public Private Partnership,PPP)模式、股权投资等新投融资模式,鼓励有资金实力、专业能力的社会资本参与绿色低碳交通项目。

(2) 碳排放权交易机制

碳排放权交易是基于1992年《联合国气候变化框架公约》和1997年《京都议定书》建立的温室气体排放权的交易机制,简称"碳交易",主要目的是利用市场机制来减少温室气体的排放。碳排放额度由政府发放,可以在碳交易市场上购买。

交通运输行业是温室气体的主要排放源,具有巨大的绿色减碳潜力。我国北京、上海和深圳三个碳交易试点城市的碳交易市场,都涉及交通运输企业。但交通运输碳排放面临排放边界不固定、排放源多而杂、难以统计等问题。交通运输领域参与碳交易的主体范围、时间节点、准入退出门槛等需要进一步明确,考虑公益属性开展交通运输碳交易的社会经济影响评估,设计适用于我国交通运输行业的碳配额分配方法。以公路运输为例,需要设计合理的碳交易指标体系、精细的碳排放监测手段。

实现综合交通运输系统的绿色低碳发展,可利用碳交易调控的功能,实现交通运输行业总排放量达标,并平衡不同运输方式、不同发展水平交通运输企业的成本,优化交通运输企业减碳资源配置,推动综合交通运输系统整体的绿色低碳发展。

(3) 碳普惠机制

碳普惠主要面向小微企业、社区家庭和个人,对其节能减碳行为进行量化,并建立起商业激励、政策鼓励和交易激励相结合的正向引导机制。碳普惠的核心理念是将碳交易规则应用于公众的日常生活,建立与低碳行为相关的信用体系,量化公众的节能减碳行为,鼓励公众践行低碳出行、低碳生活的环保理念。碳普惠参与者日常生活中的减碳节能行为,如乘坐公交地铁、使用共享单车、节约水电气等都可以转换成碳积分,并可凭借积分兑换相应奖励。可充分利用碳普惠机制对碳排放交易的补充作用,将经济调节手段引入公众的日常出行行为中,调动公众践行绿色低碳行为的积极性,引导出行者选择绿色低碳的出行方式,刺激低碳产品消费和拉动低碳经济的发展。

8.3.5 引导公众绿色低碳出行

绿色低碳出行方式通过提高载运工具使用效率或使用更为清洁的能源,从根本上减少温室气体的排放。

(1) 构建绿色低碳出行体系

因地制宜构建以城市轨道交通和快速公交为骨干、常规公交为主体的公共交通出行体系。通过完善城际综合运输服务网络,全面推进和深入实施公交优先发展战略,大力发展自行车、步行等慢行交通和共享交通模式,强化"轨道+公交+慢行"网络融合发展,构建多样化公共交通服务体系,从出行需求源头促进交通运输系统减排。强化需求管理,采用车辆使用约束政策,控制机动车保有量增速、管理机动车使用,改善绿色低碳出行环境,提高绿色低碳出行比例。

(2) 培育绿色低碳出行文化

通过组织开展多样化、富有参与性的体验活动,深入宣传绿色出行的重大意义,广泛动员全社会积极参与到绿色低碳出行行动中。加强绿色低碳出行和城市交通治理宣传,合理引导公众预期,持续增强人民群众对选择绿色低碳出行的认同感、获得感和幸福感。通过各类绿色低碳出行方式宣传活动,如绿色低碳出行宣传月、公交出行宣传周、城市无车日等,动员公众参与绿色低碳出行的相关行动。梳理各地推进公交优先、绿色低碳出行、提升城市交通服务等方面取得的成就,引导出行者主动选择公共交通方式,提升道路资源的利用效率。

8.4 综合交通运输系统绿色低碳关键技术

8.4.1 铁路运输绿色低碳关键技术

8.4.1.1 铁路能源系统节能减排技术

(1) 铁路牵引供电节能技术

通过铁路能源系统及牵引供电技术创新,推进铁路机车尽快实现全面电气化。电气化难度较高的铁路可以因地制宜考虑氢燃料电池技术,减少铁路 CO_2 排放量。氢燃料电池混合系统结构如图 8-4 所示。

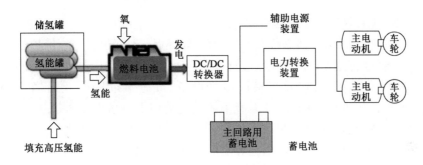

图 8-4 氢燃料电池混合系统结构

为减少非电气化区间的环境压力,还可采用蓄电池驱动电车系统,所搭载的大容量、用于主电路的蓄电池,可行驶于非电气化区间。在电气化区间时,列车受电弓抬起,借助接触网的供电行驶,同时为用于主电路的蓄电池充电;进入非电气化区间时,受电弓下降,仅靠蓄电池的电力行驶;制动时,主电动机产生的电能通过 VVVF 逆变器制动装置转换为直流电,在非电气化区间为蓄电池充电,也可在设有专用充电设备的折返站处快速充电。

(2) 机车牵引供电系统制动能量回馈技术

机车牵引供电系统制动能量回馈技术也称为机车再生制动能量回收利用技术,其在电力机车制动时控制牵引电动机转为发电状态,并将电动机产生的电能返送回接触网或由其他牵引车辆所吸收,系统原理如图 8-5 所示。

大部分机车的再生制动能量占机车牵引能耗的 30% 左右。采用制动能量回馈技术,在列车制动时可将能量回馈到公用电网,实现能量回收再利用。结合储能装置,反馈到电网的能量可以储存,需要时供给车站内耗能设备使用。

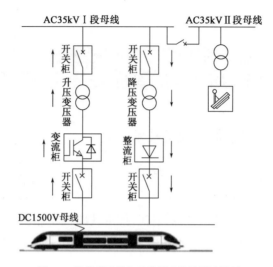

图 8-5　机车牵引供电系统制动能量回馈原理

(3) 光伏发电在城市轨道交通中的应用

光伏发电系统利用太阳能进行发电,具有节能环保、节省输电设备、保护和节约土地、灵活配置发电容量的优势和特点。城市轨道交通运营与检修的用电负荷主要为各工作区间的照明、通风空调系统,以及车辆段检修设备,负荷容量较小,地下车站为 200～300kW,高架车站为 150～200kW,较大型车辆基地的用电负荷也在 800kW 之内,利用车站建设小型光伏发电应用,须满足以下条件:①车站建筑地上面积足够大,能够安装满足用电容量需求的太阳能电池板、蓄电池等发电设施;②车站内用电负荷为三级负荷、一般机电负荷或一般照明负荷等。

适合光伏发电的区域有高架站、车辆段、停车场、地下站出入口等,光伏发电可用于车站二三级通风负荷、检修电源负荷、广告照明、一般照明、车场内道路照明、地下站出入口集散广场照明、室外地徽导向负荷等。截至 2021 年初,上海地铁已在三林、富锦路、浦江镇等 10 个车辆基地完成了光伏发电系统并网,总装机容量合计约 24MW;年均发电量超 2300 万 kW·h,减排二氧化碳超 1.8 万 t,相当于为上海地铁 6 号线全线车站提供一年的用电。

(4) 地下车站空调系统节能技术

空调系统耗能约占轨道交通系统总能耗的 1/5。地下车站空调系统节能技术主要有:空调通风系统变频技术、风水联动控制节能模式、磁浮直膨式冷水机组、水冷变制冷剂流量系统、臭氧氧化还原法水处理技术等。

变频设备能根据设备负荷量在负荷较低时转高频为低频,降低电能损耗。在轨道交通车站通风系统中,变频控制技术应用于变风量系统,可通过调节控制风量来实现风机运行节能。在客流高峰期,风机采用额定风量为车站提供足够的通风条件;在客流平峰时段,降低风量也能满足车站所需通风条件。在隧道通风系统中,排热风机通过列车进出站信号进行控制,列车离站时低速运转、到站时高速运转,既能及时排走列车进站产生的热量,也能降低电能损耗。

8.4.1.2 行车组织节能技术

(1)运行图节能优化设计

列车运行图的节能优化,可体现在优化区间运行时分及调整发车间隔两方面。列车运行技术速度越高、区间运行时分越低,牵引能耗越高。同时,发车间隔过大则位于同一供电分区的列车数量减少,导致再生能利用率降低;发车过小则会导致列车频繁制动、再牵引,从而增加牵引能耗。在满足客流条件的前提下,在非高峰时段可通过减少停站时分、增加区间运行时分来降低牵引能耗。

(2)单列车节能操纵优化

单列车节能操纵优化在于选择更为灵活的工况组合序列以降低牵引能耗。根据线路条件改进操纵策略,充分利用坡道势能,采用惰行工况为列车提速,减少长距离牵引而节能。

(3)轨道交通灵活编组运营

灵活编组运营组织方案分为两大类:适应全日客流变化的运营组织方案和适应季节性客流变化的运营组织方案。适应全日客流变化的运营组织方案是指在能够合理预测客流、保证轨道交通服务水平的前提下,在高峰小时开行大编组列车,在平峰时段开行小编组、高密度的列车,这样既能保证列车满载率、减少空跑,又能提高发车频率和服务水平;适应季节性客流变化是针对客流可能产生较大季节性波动的情况,组织灵活编组列车,可以在满足旅客需求的情况下,节省运营成本。

8.4.2 公路运输绿色低碳关键技术

科学技术的创新为实现公路运输绿色低碳发展提供了新途径。我国交通运输部定期发布《交通运输行业重点节能低碳技术推广目录》,覆盖公路运输生产的各环节、各部门,推动从源头到终端的用能和排放精细化控制。公路运输绿色低碳发展通过载运工具、设施建设等方面实现。

8.4.2.1 载运工具绿色低碳

(1)载运工具能源转型

道路车辆能源的绿色清洁化转型将极大地改善道路交通运输终端能耗与排放。绿色能源转型指使用电能、氢能、天然气等清洁能源取代传统化石能源,还包括充电、换电设施布局。此外,基于电磁感应、电磁共振、无线电波、电场耦合的无线充电技术,也是载运工具能源转型值得关注的新技术。

我国在公交、出租车、物流配送等公共服务领域,逐渐实现了混合动力汽车、纯电动汽车及氢能源汽车的推广应用。根据交通运输部发布数据,至2020年底,我国新能源公交车46.6万辆,约占公交车总数的66%。我国正通过政策与经济手段,引导其他车辆的绿色能源转型。

(2) 生态驾驶技术

生态驾驶技术是指基于不同的道路路况、交通信号、环境条件，通过调节车辆速度、加减速策略等动力学特征，实现车辆速度温和过渡，从而降低能耗与排放的技术。生态驾驶起源于环境友好型驾驶习惯，后经汽车工业、人工智能等技术创新，发展成为一种应用于辅助驾驶乃至自动驾驶的车辆控制技术。车路协同、车联网、自动驾驶等技术的发展，给生态驾驶技术提供了更多的应用场景与空间。面向交通信号控制的生态驾驶、面向车队编组的生态驾驶逐渐成为技术热点。

(3) 公共交通优先技术

公共交通优先发展与服务体验优化，有助于推动机动化出行从小汽车向集约方式转移，实现道路交通的绿色低碳。包括设置公共交通专用车道、推广合乘车道，提高道路通行效率，信号优先；优化公交线网，合理布局骨干通道线路与"最后一公里"线路，提升公共交通出行的便利与高效。通过信息化服务平台，改善公共交通出行服务体验。

(4) 车辆通行管理技术

对车辆的通行管理可有效控制机动车的使用强度、削减特定区域的排放量，包括电子道路收费系统、拥挤收费技术等。通过设定标准与规范，加速淘汰高能耗、高污染车辆。

8.4.2.2　设施建设绿色低碳

建设材料生产阶段的碳排放占公路生命周期碳排放的70%~90%，低碳材料的研发应用是减碳重要途径，应针对高碳排放建筑材料（如混凝土，钢材和沥青）规定准入和替代要求。同时，公路基础设施建设与养护过程使用大量机械施工，其碳排放不可忽略。

公路客货运枢纽、服务区建设的绿色低碳化转型包括布局规划、建筑节能、新能源利用、施工技术、植被覆盖等方面。遵循绿色建筑理念，打造适应气候条件的公路枢纽与服务区；充分利用太阳能、风能、地热能等绿色清洁能源的协同运用，替代传统能源消耗；施工过程鼓励使用节能机械，优化施工组织，降低施工环节的能耗与排放；植被覆盖通过因地制宜的绿化设计，增加"碳汇"、抵消排放。

公路建设的绿色低碳化转型关注选线设计、路面铺装、废料利用、施工技术、道路养护等方面。选线设计综合考虑地质、环保因素，降低填挖工程量，缩减线路施工能耗与排放；路面铺装技术运用温拌沥青、橡胶粉改性沥青等新材料，应用机械发泡、自动喷淋等新工艺，实现节能降碳的目标；废料利用关注工业弃渣、生活垃圾焚烧炉渣集料的综合利用；施工技术则考虑施工器械、施工组织的绿色低碳化程度；道路养护技术使用热再生工艺，实现沥青路面热再生联合，实现现场路面修复，减少能源消耗与碳排放。

8.4.3　水路运输绿色低碳关键技术

8.4.3.1　船舶节能减排技术

(1) 船舶的绿色能源

绿色能源利用已成为水路运输业节能减排的有效方式，绿色能源包括风能、太阳能、核能、氢能、氨、甲醇、液化天然气(LNG)、储能电池、岸基能源等,多种能源的利用推动船舶动力系统向电气化方向发展。船舶的推进形式也将由机械推进向电力推进,电力推进将成为船舶动力与推进系统的主要形式。随着电气化程度提高,船舶的推进系统与电力系统将进一步融合,发展成为船舶综合电力系统。船舶绿色能源的优缺点总结见表 8-3。

船舶绿色能源的优缺点 表 8-3

种类	主 要 优 点	存在的问题
LNG	燃烧后无废渣、废水产生,与煤炭、石油等能源相比,具有使用安全、热值高、洁净等优点。与船舶常用的重质燃料油相比,CO_2 减排潜力可达 26%	油气田生成的甲烷无法满足船舶零碳排放的要求
液化石油气	常温常压下为气体,加压或降温下变成液体。由于其热值高、无烟尘、无炭渣,操作使用方便,作为大力推广的清洁能源,已广泛地进入人们的生活领域	由于常温常压下为气体,因此储运性能差,且液化生产成本高
甲醇	是一种无色、透明、有毒、易挥发的易燃液体。作为直接燃烧用燃料,甲醇能减少大约 99% 的 SO_x 排放,符合国际海事组织硫排放的限定,并且无须进行废气后处理,就能够满足 Tier Ⅲ 氮氧化物排放的规定	甲醇有一定毒性,可导致人员中毒、失明甚至死亡
生物柴油	既可单独使用以替代柴油,又可以一定比例与柴油混合使用。生物柴油应用范围广泛,现有柴油机可以不经改装直接使用生物柴油或生物柴油与柴油混合物,而不影响其运转性能	具有腐蚀性,可腐蚀橡胶和塑料;具有吸水性,会对喷射设备造成腐蚀,长时间停止不动可能导致机件损坏;生物柴油的运动黏度高、雾化能力低、低温启动性差等
氢	具有可持续发展潜力大、燃烧热值高、清洁无污染、效率高等特点。氢作为燃料时可以为燃料电池、燃气轮机、蒸汽轮机、内燃机等提供能量,燃烧产物主要是液态的水或者是气态的水。其一般是通过人工制取的方法来获取,被认为是二次能源	大宗氢气的生产会排放一定量的污染物和二氧化碳。以太阳能为一次能源的光分解水制氢技术,以及以核能为一次能源的热化学循环分解水制氢技术,是将来制氢技术的重点发展方向
氨	能量密度高于汽油、甲醇等燃料;辛烷值高,又极易压缩液化,储运安全方便;补给时,现有加油站的基础设施即可满足液氨的加注需求。具有价格低廉、不易燃、易于运输和储存、产业基础设施完善、产能充足及加热分解后可产生氢气等特点	氨燃料的应用也存在一些问题。例如,液氨对人体黏膜具有强烈刺激作用,容易导致人中毒;液氨对铜、锌及其合金、橡胶、塑料等腐蚀作用较强,容易导致工业管道开裂等后果;在燃油造成的可燃环境下,氨会加剧燃爆产生的后果
储能电池技术	包括铅蓄电池、锂离子电池、钠基电池、液流电池和其他类型电池储能技术等。铅蓄电池包括铅酸电池和铅炭电池;锂离子电池包括聚合物锂电池、锰酸锂电池、钛酸锂电池,以及近年来发展迅猛的磷酸铁锂电池、三元锂电池等;钠基电池包括高温钠硫电池、钠镍电池以及室温水系钠离子电池;除上述储能电池技术,还包括超级电容器、镍基电池以及锌空气电池等	铅蓄电池电池污染较大。从一次性投资成本、循环寿命、安全性角度来说,磷酸铁锂电池无疑是储能领域综合特性最为优异的锂离子电池储能体系,广泛应用于电力系统发输配用的各个环节。而钠硫电池是钠基电池的典型代表,是高温(350 ~ 400℃)运行储能体系中发展最成熟的储能技术

续上表

种类	主要优点	存在的问题
燃料电池	能量转换率高,能效达到60%~70%;环境友好,对于氢燃料电池,发电后的产物只有水,工作中振动和噪声小;燃料电池发电系统由配置合理的电池组构成,可实现工厂生产模块,更换方便、适用性强	燃料电池的燃料和氧化剂不是储存在电池内,而是储存在电池外的储罐中。当电池发电时,需要连续不断地向电池内输送燃料和氧化剂,排出反应产物和废热
风帆助航	风帆助航技术包括天帆、转子帆、硬质固定帆和固定翼帆等。节省燃油30%~40%,环保、经济性好	成本较高,使用过程中对于船舶的稳性影响较大,对于船员操纵要求较高
太阳能光伏发电	没有转动部件,噪声小,空气污染少,不排放废水,没有燃烧过程,不需要燃料,维修保养简单,维护费用低,运行可靠性、稳定性好。太阳电池使用寿命长,晶体硅太阳电池寿命可达25年以上	用于船舶推进系统的成本较大,同时由于太阳能光伏发电能源转换效率较低,需要布设的面积大,且受昼夜、阴雨等影响,在国际商船船舶应用中受到一定的限制
核能推进	核能推进技术主要用于核潜艇、核航空母舰和核破冰船。无气体污染物排放	投资大,核材料丢失后果严重,存在放射性等问题,在普通商船的应用受到限制

(2)船舶减阻技术

船舶减阻技术通过船体线型与水面以上船体优化设计,降低上层风阻力与船体水流阻力,降低船舶的自重,减小航行阻力以降低船舶油耗,其节能效果见表8-4。

船舶附体节能效果　　　　　　　　　　表8-4

类别	节能装置	节能	优点
螺旋桨	调距桨	13%~20%	主机不同负荷下均可发挥最大效率;改善船舶操作性能
	对转螺旋桨	15%	推进效率高,减少空泡产生
	Kappel系列螺旋桨	4%	降低噪声
	CLT螺旋桨	8%~10%	减少螺旋桨激发的船体振动;改善船舶操作性能
	固定桨叶装置	7%	不需改变螺旋桨原有参数,适用于任何一艘船
	切割螺旋桨	1%~3%	改善主机润滑和振动性能,降低主机油耗,提高经济性
	万向节传动	7%~10%	单桨船旋涡少、水流密集;双桨船开挡大、进水损失小
舵	舵球	2%~3%	填补桨后低压区,减小桨前后压差
	SURF-BULB舵	3%~5%	良好的流体力学性能
	舵附推力鳍	3%~4%	可吸收部分螺旋桨尾流的旋转能量
	扭曲舵	8.9%	不打舵时阻力小,打舵时不影响舵效
	高效舵	5%~6%	降低螺旋桨激振和噪声
	前置导管	2%~6%	改善船体尾部水流分离、紊流和旋涡现象

续上表

类别	节能装置	节能	优点
其他	导流鳍	5%	减少舭涡和斜流造成的螺旋桨推力与力矩脉动
	尾轴支架包壳	4%~10%	减小螺旋桨尾流旋转能量损失
	整合型桨舵	4%~9%	改善尾流,减小推力损失
	双尾鳍	5%~20%	降低航行阻力

(3) 船舶污染防控技术

船舶污染防控指对船舶运营过程中产生的生活污水、垃圾、油污水、噪声、废气、压载水等的防护。船舶污染防控技术采用有效技术、设备对船舶产生的污染进行回收处理,或回收上岸处理实现"零排放",或直接在船上处理达标后排放。

8.4.3.2 港口与航道绿色低碳技术

(1) 港口绿色供能

港口能源供给采用可再生能源逐步取代传统能源,促进能源结构绿色化、低碳化。可再生能源利用技术指将太阳光、风、潮汐、波浪和地热等可再生能源转换为电能。由于可再生能源发电存在间歇性、不稳定性和不可控性等缺陷,港口需要配备相应的储能装置,以保证其供电的均衡性和连续性。港口清洁能源利用技术将作业设备由传统燃油驱动改造为清洁燃料驱动,包括生物燃料、液化天然气、液化天然气双燃料、氢燃料电池。已有港口研发了氢燃料电池机组驱动自动化轨道吊,不仅减轻了设备自重约10t,还减少了设备耗电,实现了轨道吊作业零排放。

(2) 港口的绿色技术

港口岸电技术与能效调度技术是实现港口节能减排的关键技术。岸电技术指在船舶靠港停泊期间,不使用船上的辅机发电,改由码头供电,减少船舶大气污染物排放量。由于船舶靠港期间辅机发电产生的碳排放量占港口总碳排放量的40%~70%,岸电技术对港口减排的作用十分显著。如图8-6所示,数字化高压变频岸电系统将高压电从陆域变电所经码头前沿接电箱输送到船上,需要在船上设置变电所。

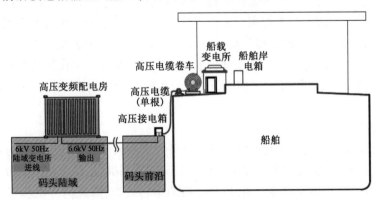

图8-6 数字化高压变频岸电系统示意图

能效调度技术指通过优化港口作业调度,在不牺牲港口作业效率的前提下实现节能减排。包括:①考虑能效的泊位分配,即以最小化船舶在港油耗和延期等待时间为目标,优化船舶的靠泊时间、挂靠的泊位及分配到的装卸船机械数量。②考虑能效的装卸船设备调度、水平运输设备调度和作业计划。③考虑能效的堆场与集疏运调度,即优化堆场设备的作业计划,减少港口集卡等候与发动机空转的排放量。

(3) 港口污染防控与绿色管理

港口污染防控技术是针对船舶在港口停留、港口各种作业产生的环境污染采取预防和治理措施。主要分为粉尘防控技术、水污染防控技术、挥发性有机物蒸气污染防控技术,以及噪声污染防控技术。

港口能耗与排放感知技术。通过分析能源系统中采集的能源数据,精准感知港口的能耗与排放,进行港口用能设备的节能减排调度。根据设备及船舶源数据、活动数据(随时间变化的运行特性以及按运行模式、行驶距离、功率生产率划分的负载、燃油消耗的变化)以及排放系数等,估算港口作业和靠港船舶的能耗与排放。该技术能预测预计港口作业和靠港船舶能耗与排放。

港口能源系统管理技术。建立港口智能微电网,对港口能源供给与能源需求进行一体化管控与调度,实现港口能源系统的实时监控、控制、分析和优化,降低港口排放水平。

(4) 绿色航道建设

绿色航道建设及恢复技术不仅包括生态护坡、生态水工建筑物、生态爆破,还有船闸低耗能设计及升船机技术,如适应小水深的新型闸墙长廊道侧支孔分散输水系统,以精确计算船舶下沉量为理论基础的船舶过闸吃水控制新标准。

8.4.4 航空运输绿色低碳关键技术

8.4.4.1 飞行绿色低碳优化技术

(1) 连续爬升和下降运行

连续爬升和下降运行是一种飞机运行技术,需要由民航空管单位在空域设计、仪表程序设计及设备等方面的支持下使用。应用连续爬升运行技术的飞机可以采用最佳爬升推力和爬升速度,直到达到巡航高度。应用连续下降运行技术,理想状态下可以从下降顶点开始至最终进近点之间都采用最小发动机推力的小阻力构型。采用连续爬升和下降运行技术,可以减少爬升和下降过程中的平飞,从而达到节油、减排及降噪的效果,如图8-7所示。

(2) 停机位智能分配

航空器机位分配是地面运行调度的核心任务。利用人工智能与大数据分析手段进行停机位的智能分配,可实现在机场设定的机位分配原则基础上,结合实时航班信息及机位使用情况,最大限度利用停机坪空间,提升飞机的中转效率,降低因停机位不合理安排造成的延误率,达到绿色低碳增效的目标。

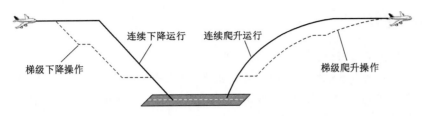

图 8-7 飞机连续爬升和下降运行与传统方式对比

(3) 滑行路径优化与单发滑行

机场飞行区内规划布局复杂,航空器与航空器、航空器与障碍物、航空器与车辆之间的冲突可能造成滑行时间延长及污染排放增加。航空器滑行路径的选择是指在尽量避免冲突且快速到达目标位置的前提下,应用遗传算法和混合整数线性规划等寻求最优滑行路径。

此外,大型民航客机大多配备 2 台及以上发动机,在地面滑行时通常使用慢车推力,约为最大额定推力的 7%。若采用单发滑行程序,可相应减少发动机的污染物排放。

(4) 终端区进离场排序

终端区是指设在一个或者几个主要机场附近的空中交通服务航路汇合处的管制区,飞机进离场都需要严格遵照民航空管部门的指定飞行。优化进离场排序,可提高飞机运行效率、减少延误等待、减少飞机进出场能耗与排放。可通过考虑间隔约束、航班位移量约束及污染排放等条件建立数学模型,保证排序最优。

8.4.4.2 绿色低碳机场工程技术

(1) 飞机辅助动力装置替代

辅助动力装置是一种小型涡轮发动机,用于在地面启动主发动机,为飞机的空调系统及用电设备提供气源和电源,使用航空煤油为燃料。为减少辅助动力装置对环境的损害,飞机在廊桥或远机位等待时,应使用飞机岸基供电供气(即飞机辅助动力装置替代),为飞机提供照明与空调动力,减少辅助动力装置的使用频率,进而降低机场噪声与污染排放。

(2) 地面车辆油改电

机场飞行区存在大量的特种车辆(如飞机牵引车、加油车、电源车、除冰车等)、服务车辆(如摆渡车、客梯车、配餐车、行李车等保障车辆),以及场道扫雪车、压路车、扫道车等保障及应急车辆。这些车辆大多使用燃油发动机,是重要的路外移动污染排放源。为减少机场污染和能耗,应推行地面车辆油改电,除消防、救护、除冰雪、加油设备等,其他车辆在新增或更新时主要采用新能源车辆。

(3) 使用可持续航空燃料

可持续航空燃料由生物质或非生物质为原料制成,可以减少 70% 左右全生命周期碳排放。可持续航空燃料比传统燃料所含杂质更少,可显著降低 SO_2 和 PM 等污染物的排放量。经过适航认证的飞机发动机可以在原燃料中添加 50% 的可持续航空燃料进行混合。

复习思考题

1. 简述绿色交通、低碳交通的内涵与差异。
2. 综合交通运输系统绿色低碳发展的挑战有哪些?
3. 简述制定与发布《轻型汽车污染物排放限值及测量方法》的目标、意义及效果。
4. 轨道交通绿色低碳发展关键技术有哪些?这些技术应用有哪些成功经验?
5. 搜集资料,设计绿色轨道交通的发展路径。
6. 水路运输绿色低碳发展需要从哪些方面考虑?
7. 航空运输涉及的环境污染的主要类型和危害有哪些?现阶段 ICAO 对航空发动机污染物排放的标准主要针对哪些污染物?
8. 航空绿色运行技术、绿色工程技术分别包括哪些内容?
9. 综合交通运输系统的绿色低碳发展主要涉及哪些因素?
10. 综合交通运输系统绿色低碳发展应遵循的路径主要有哪些?

本章参考文献与延伸阅读

[1] 耿彦斌,李可,陈璟,等.中国特色综合交通运输体系的实现路径研究[J].综合运输,2016,38(5):1-9.

[2] 中华人民共和国交通运输部.交通运输部关于发布交通运输行业重点节能低碳技术推广目录(2021年度)的公告[EB/OL].(2022-01-21)[2022-05-10]. https://xxgk.mot.gov.cn/2020/jigou/zhghs/202201/t20220121_3637580.html.

[3] 交通运输部科学研究院.交通运输碳达峰、碳中和知识解读[M].北京:人民交通出版社股份有限公司,2021.

[4] 王永泽,荆晓霞.日本铁路节能环保新技术应用现状及发展趋势分析[J].铁路节能环保与安全卫生,2020,10(5):27-32.

[5] 王永泽.铁路节能新技术应用前景分析[J].铁路节能环保与安全卫生,2019,9(5):18-22.

[6] 李鹏,韩洁华.光伏发电在轨道交通中的应用研究[J].建筑工程技术与设计,2018(24):4221.

[7] 王振海,陈霞,党敏,等.光伏发电系统接入城市轨道交通供电系统的应用研究[J].太阳能,2020(11):56-61.

[8] 倪卫标,沈小军,赵时旻,等.光伏发电系统接入城市轨道交通供电系统模式研究[J].城市轨道交通研究,2014,17(11):78-81,85.

[9] 卡尔索普.未来美国大都市生态·社区·美国梦[M].北京:中国建筑工业出版社,2009.

[10] 刘学之,上官强强,张博淳,等.交通运输行业低碳多式联运模式的路径优化[J].科技管理研究,2021,41(12):192-200.

[11] 付加锋,孙雅江,岳丽艳,等.能源结构优化调整对碳减排贡献显著[N].中国环境报,2021-08-16(3).

[12] 刘世永.从低碳经济角度能源结构优化途径探索[J].中国经贸导刊,2016(8):11-12.

[13] 张英杰.我国能源需求预测及其结构优化研究[D].北京:华北电力大学,2016.

[14] 刘建国,朱跃中,田智宇."碳中和"目标下我国交通脱碳路径研究[J].中国能源,2021,43(5):6-12,37.

第 9 章
CHAPTER NINE

综合交通运输的治理和重要制度

> **学习目的与要求**
>
> 我国交通运输在长期实践探索中形成了一系列行业制度,综合交通运输治理的各类工作和活动都依照体制、机制、法规、标准等展开。通过学习本章,学生应了解治理的概念及内涵,掌握推进交通运输治理现代化的思路、框架和主要任务;了解我国综合交通运输行政管理的历史沿革和现状,掌握综合交通运输行政管理体制改革的基本原则和重点举措;了解综合交通运输法规体系相关概念及其历史沿革和现状,掌握完善综合交通运输法规体系思路和举措;了解综合交通运输标准体系相关概念及其历史沿革和现状,掌握完善综合交通运输标准体系思路和重点。

9.1 综合交通运输治理现代化

9.1.1 治理的概念及内涵

9.1.1.1 什么是治理

1989 年,世界银行在《从危机到可持续增长——撒哈拉以南非洲:长期的展望研究》报告中使用了"治理危机"(Crisis of Governance)一词。自此之后,"治理"一词便被更广泛地运用到政治学、经济学、社会学等各个领域。

治理的内涵存在众多解释,不同的学者由于学科背景、文化背景、个人知识和生活经历的不同,不同的机构或者组织出于不同的立场、衡量标准和目标动机,对治理的理解也有所差异。有人认为它是西方的政治概念,有人则认为它在我国古代就早已有之。治理就其字面意义而言,就是"治国理政"。作为人类的一种基本政治活动,它存在于古今中外的每一个国家和每一种文明之中。从政治学角度来看,治理是政府组织或民间组织在一个既定范围内运用公共权力管理社会政治事务,维护社会公共秩序,满足公众需要的活动。治理的目的,是在各种不同的制度关系中运用权力去引导、控制和规范公民的各种活动,以最大限度地增进公共利益。

9.1.1.2 国家治理体系和治理能力

交通运输治理中的"治理"来源于"国家治理体系和治理能力"。这是在党的第十八届中央委员会第三次会议上首次提出的一个全新的政治理念,带有鲜明的中国特色。这里讲的"治理"与古人讲的"治理"、西方讲的"治理"、学术上讲的"治理"、生活中讲的"治理",概念上都是不同的,必须从中国特色社会主义理论体系来理解。

2013年11月12日,党的十八届三中全会第二次全体会议对国家治理体系和治理能力的概念首次予以阐述。国家治理体系和治理能力是一个国家制度和制度执行能力的集中体现,国家治理体系是在党的领导下管理国家的制度体系,包括经济、政治、文化、社会、生态文明和党的建设等各领域的体制机制、法律法规安排,也就是一整套紧密相连、相互协调的国家制度;国家治理能力则是运用国家制度管理社会各方面事务的能力,包括改革发展稳定、内政外交国防、治党治国治军等各个方面。

准确把握"治理"的内涵,必须深刻理解其与"制度"之间的关系。"制度"是"治理"的核心,也是"治理"的目标。《中共中央关于坚持和完善中国特色社会主义制度 推进国家治理体系和治理能力现代化若干重大问题的决定》(以下简称《决定》)指出,我国国家治理一切工作和活动都依照中国特色社会主义制度展开,我国国家治理体系和治理能力是中国特色社会主义制度及其执行能力的集中体现。可以看出,"治理"是围绕"制度"开展的。同时,《决定》提出的总体目标是,到我们党成立一百年时,在各方面制度更加成熟更加定型上取得明显成效;到二〇三五年,各方面制度更加完善,基本实现国家治理体系和治理能力现代化;到新中国成立一百年时,全面实现国家治理体系和治理能力现代化,使中国特色社会主义制度更加巩固、优越性充分展现。可以看出,完善"制度"是"治理"现代化的目标。

9.1.2 推进交通运输治理现代化的思路和框架

9.1.2.1 交通运输治理

交通运输治理是在国家治理体系和治理能力下,交通运输行业制度及其执行能力的集中体现。与国家治理体系和治理能力一样,交通运输治理也是肇始于全面深化改革。

2014年12月，交通运输部印发《交通运输部关于全面深化交通运输改革的意见》（交政研发〔2014〕242号），首次面向行业将交通运输治理现代化作为交通运输行业全面深化改革的目标提出。文件明确，全面深化交通运输改革，总目标是推进交通运输治理体系和治理能力现代化。到2020年，在交通运输重要领域和关键环节改革上取得决定性成果，交通运输体制机制更加完善，发展质量和服务水平显著提升，支撑和保障国民经济、社会发展、民生改善能力显著增强，形成更加成熟规范、运行有效的交通运输制度体系。2020年10月，交通运输部印发《交通运输部关于推进交通运输治理体系和治理能力现代化若干问题的意见》（交政研发〔2020〕96号），明确了推进交通运输治理现代化的指导思想、总体目标、主要任务，以引领"十四五"期间行业治理的谋划部署，不断完善行业治理体系，提升治理能力，为加快建设交通强国、服务构建新发展格局、实现"两个一百年"奋斗目标和中华民族伟大复兴的中国梦提供有力支撑。

2017年，党的十九大报告作出建设交通强国的战略部署后，交通运输治理也成为交通强国战略的主要目标和重点任务之一。2019年9月，中共中央、国务院印发《交通强国建设纲要》，提出到2035年，基本实现交通治理体系和治理能力现代化；到本世纪中叶，交通治理能力达到国际先进水平。同时，将"完善治理体系，提升治理能力"作为九大任务之一。2021年2月，中共中央、国务院印发《国家综合立体交通网规划纲要》，将"提升治理能力"作为重点任务进行部署。

目前，在交通强国战略框架下，交通运输治理已成为引领交通运输行业全面深化改革、完善和发展交通运输行业制度的总体设计。

9.1.2.2 推进交通运输治理现代化的思路

为明确如何推进交通运输治理现代化，交通运输部立足"两个一百年"奋斗目标的历史交汇期，深入分析百年未有之大变局带来的机遇和挑战，以及社会主义现代化强国建设要求，梳理归纳了交通运输治理呈现出的一系列新特征、新趋势。一是更加注重战略性。交通运输治理将跳出行业，更多立足全球视角和经济社会发展大局，形成更加契合国家顶层设计和战略定位的行业治理格局。二是更加注重系统性。交通基础设施网络化、运输服务一体化的特征日益凸显，未来行业治理的整体性、系统性、协同性将进一步增强，跨领域、跨区域、全要素、全流程的交通运输治理体系将加快形成。三是更加注重创新性。交通运输作为新技术应用、新业态发展的重要领域，未来行业治理将更多应用数字化、网络化监管手段，治理的精准性、时效性、多样性将不断提升，治理模式将进一步创新。四是更加注重稳定性。面对复杂严峻的内外部环境，未来行业治理将不断接受考验，治理体系的可靠性、稳定性、适应性将不断增强，需要加快形成结构稳定、机制灵活、反应迅速的交通运输现代治理模式。

在此基础上，交通运输部确定了推进交通运输治理现代化的思路（指导思想、基本原则和主要目标）。

指导思想是，坚持以习近平新时代中国特色社会主义思想为指导，全面贯彻党的十九大和十九届二中、三中、四中全会精神，认真落实党中央、国务院决策部署，进一步增强

"四个意识"、坚定"四个自信"、做到"两个维护",坚持稳中求进工作总基调,坚持新发展理念,坚持改革创新,着力固根基、扬优势、补短板、强弱项,构建系统完备、科学规范、运行有效的交通运输制度体系,完善跨领域、网络化、全流程的交通运输现代治理模式,提升系统治理、依法治理、综合治理、源头治理水平,形成全社会共建共治共享的交通运输治理格局,把制度优势更好转化为行业治理效能,为加快建设交通强国、服务构建新发展格局、实现"两个一百年"奋斗目标和中华民族伟大复兴的中国梦提供有力支撑。

基本原则包括四个方面:一是突出改革创新。以制度建设为主线,加强改革的战略性、前瞻性,在关键性、基础性重大改革上守正创新,推动交通运输各项制度不断完善和发展。二是坚持依法治理。发挥法治的引领和推动作用,在法治下推进改革,在改革中完善法治,用法治思维和法治方式推进交通运输治理体系和治理能力建设。三是体现共治共享。在充分发挥市场在资源配置中的决定性作用、更好发挥政府作用的基础上,进一步发挥社会协同共治作用,推动形成共建共治共享的交通运输治理格局。四是加强系统集成。增强治理的协同高效,形成跨领域、网络化、全流程的现代治理模式,激发交通运输治理的整体效应。

总体目标是,到中国共产党成立一百年时,在交通运输各方面制度更加成熟更加定型上取得明显成效;到2025年,交通运输高质量发展的制度体系基本形成,行业现代治理能力和治理效能明显提升,有力支撑交通强国建设,服务现代化经济体系建设和民生改善的作用更加突出;到2035年,行业各方面制度更加成熟更加定型,基本实现交通运输治理体系和治理能力现代化,适应基本建成交通强国需要;到新中国成立一百年时,全面实现交通运输治理体系和治理能力现代化,行业制度更加巩固、优越性充分展现,有力支撑全面建成交通强国,适应社会主义现代化强国建设需要。

9.1.2.3 交通运输治理框架

交通运输治理的框架脱胎于交通运输行业全面深化改革的框架。根据2014年印发的《交通运输部关于全面深化交通运输改革的意见》(交政研发〔2014〕242号),交通运输行业全面深化改革的框架主要包括十个方面重点任务:一是完善综合交通运输体制机制,二是加快完善交通运输现代市场体系,三是加快转变政府职能,四是加快推进交通运输法治建设,五是深化交通运输投融资体制改革,六是深化公路管理体制改革,七是深化水路管理体制改革,八是完善现代运输服务体系,九是完善交通运输转型升级体制机制,十是加强全面深化交通运输改革的组织领导。交通运输行业全面深化改革框架的提出为交通运输治理框架的形成奠定了坚实基础。

2019年,党的十九届四中全会召开后,交通运输部党组围绕贯彻落实会议精神,提出了推进交通运输治理现代化的十个方面的重点,要求紧紧围绕坚持和完善党的领导制度体系、中国特色社会主义法治体系、中国特色社会主义行政体制、社会主义基本经济制度、社会主义先进文化的制度、统筹城乡的民生保障制度、社会治理体系、生态文明制度体系、独立自主的和平外交政策、党和国家监督体系抓落实,为交通运输治理框架的构建指明了方向。

在此基础上,2020年印发的《交通运输部关于推进交通运输治理体系和治理能力现代化若干问题的意见》(交政研发〔2020〕96号)确定了交通运输治理的框架,主要包括十三个方面的重点任务:一是建立健全交通运输法治体系,二是完善交通运输行政管理体系,三是完善交通运输市场治理体系,四是完善交通运输社会协同共治体系,五是建立健全交通基础设施高质量发展政策体系,六是完善交通出行保障政策体系,七是建立健全现代物流供应链体系,八是完善交通运输安全与应急管理体系,九是完善交通运输科技创新体系,十是完善交通运输绿色发展体系,十一是完善交通运输开放合作体系,十二是完善高素质交通运输人才体系,十三是坚持和加强党对交通运输治理现代化的领导。

9.1.3 交通运输治理的主要任务

根据交通运输治理的框架,其十三个方面的重点任务可分为六个层次。一是第一项任务,即建立健全交通运输法治体系。按照"改革与法治如鸟之两翼、车之两轮"的要求,落实全面依法治国基本方略,将法治放在首位。二是第二至第四项任务,即完善交通运输行政管理体系、完善交通运输市场治理体系、完善交通运输社会协同共治体系,分别对应政府、市场、社会三个治理维度。三是第五至第七项任务,即建立健全交通基础设施高质量发展政策体系、完善交通出行保障政策体系、建立健全现代物流供应链体系,分别对应基础设施建设、出行服务、货运物流三项交通运输行业最主要的职责任务。四是第八至第十一项任务,即完善交通运输安全与应急管理体系、完善交通运输科技创新体系、完善交通运输绿色发展体系、完善交通运输开放合作体系,分别对应安全、科技、绿色、开放四个方面的治理理念和价值导向。五是第十二项任务,即完善高素质交通运输人才体系,是推进交通运输治理现代化的重要基础。六是第十三项任务,即坚持和加强党对交通运输治理现代化的领导,是推进交通运输治理现代化的根本保证。《交通运输部关于推进交通运输治理体系和治理能力现代化若干问题的意见》(交政研发〔2020〕96号)节选如下:

(1)建立健全交通运输法治体系

①健全综合交通法规体系。坚持法治引领,推动制定《交通运输法》,加快铁路、公路、水路、民航、邮政等领域"龙头法"和相应配套法规制修订。加强不同运输方式、不同层级法规制度立改废释,推动形成系统完备、相互衔接的综合交通法规体系。

②深化交通运输综合行政执法改革。指导督促各省级交通运输主管部门在地方党委政府领导下,完成综合行政执法改革各项任务。继续推进"四基四化"建设,提升执法队伍素质能力,推进严格规范公正文明执法。

③深化交通运输法治政府部门建设。坚持宪法法律至上,加强宪法法律及交通运输法律法规的宣传实施。坚持依法行政,完善重大行政决策制度,优化重大行政决策程序,完善决策后评估制度。健全行政权力制约、监督、评价机制,完善接受人大代表质询、政协委员参政议政的机制。加强合法性和公平竞争审核工作。提高运用法治思维和法治方式加强和改进行业治理的能力。

(2)完善交通运输行政管理体系

①完善综合交通运输管理体制机制。深化铁路、公路、航道等管理体制改革,建立健

全适应综合交通一体化发展的体制机制。推进机构、职能、权限、程序、责任法定化，制定落实权责清单，优化工作流程，完善交通运输部门组织机构，健全综合交通运输统筹发展、运行监测、公共服务等职责体系。围绕落实区域协调发展战略及城市群、都市圈发展，完善跨区域综合交通运输协同发展工作机制。健全海事、救捞、长航、珠航等管理体制及其与地方交通运输部门协作机制。深化交通运输事业单位体制改革。鼓励地方加快建立健全综合交通运输管理体制。

②健全交通运输发展战略规划体系。完善交通运输发展战略制定实施长效机制，健全重大发展战略与政策协同机制。探索建立交通运输战略规划、发展规划、空间规划紧密衔接的规划体系。完善跨领域、跨区域、跨层级、跨方式的交通运输规划协同机制，推进多规融合。建立健全交通运输规划清单管理、动态更新机制。

③完善交通运输发展指标与标准体系。探索建立符合高质量发展要求的交通运输指标体系，设置涵盖交通强国建设质量效益、新发展理念、群众主观感受的主要指标和核心指标，加强指标执行情况考核，建立动态调整机制。完善交通运输统计调查体系，推进常规统计调查和大数据应用相结合，加强对公众出行、交通物流、新业态等动态监测。健全交通运输标准体系，加强重点领域标准有效供给，更好发挥标准化的引领性作用。

④深化交通运输"放管服"改革。编制中央层面设定的交通运输行政许可事项清单，深入推进简政放权，进一步取消下放行政许可事项。深化交通运输领域"证照分离"改革，加强和规范"互联网+监管"等事中事后监管，推动交通运输市场监管领域"双随机、一公开"监管全覆盖、常态化、制度化，建立重点领域全主体、全品种、全链条严格监管机制，完善新业态包容审慎监管机制。创新行政管理和服务方式，深入开展"互联网+政务服务"，全面推行"不见面"办事，推动"一网通办"和"跨省通办"，打造市场化、法治化、国际化交通运输营商环境。推进交通运输数字政府部门建设，建立健全运用互联网、大数据、人工智能等进行行政管理的制度规则。

⑤深化交通投融资机制改革。稳定铁路建设基金、车购税、成品油税费改革新增收入、港建费、民航发展基金等交通发展专项资金政策。研究发行国家公路建设长期债券，完善收费公路专项债券政策。研究设立国际物流供应链发展产业基金。推动设立邮政普遍服务基金，完善邮政快递基础设施建设资金保障机制。研究构建新型财税保障体制，开展"里程费"改革试点。鼓励社会资本设立多式联运等产业投资基金。深化交通运输领域中央与地方财政事权和支出责任划分改革。完善交通运输部门预算管理体系，全面实施预算绩效管理。

(3) 完善交通运输市场治理体系

①激发交通运输市场主体活力。深化铁路行业改革，加快推进铁路政企分开，促进铁路运输业务市场主体多元化和适度竞争。实现邮政普遍服务业务与竞争性业务分业经营。推动交通运输领域国有企业混合所有制改革，培育更多充满活力的市场主体。健全支持交通运输民营经济、中小企业发展的政策制度，营造各种所有制主体平等使用资源要素、公开公平公正参与竞争的市场环境。建立常态化交通运输政企沟通机制，健全企业诉

求收集、处理、反馈制度,加强对行业企业的指导和支持力度。

②完善交通运输市场规则。完善交通运输建设、养护、运输等市场准入、退出制度,完善负面清单,进一步规范和创新政府和社会资本合作模式,破除制约社会资本参与交通运输市场竞争的各类障碍和隐性壁垒。完善综合交通运输价格形成机制,推动放开铁路等领域竞争性环节价格。进一步规范行业经营服务性收费,促进交通运输中介服务市场规范发展。推进交通运输数据等要素市场化配置,研究制定推动交通运输公共数据开放和数据资源有效流动的政策制度,推进综合交通大数据中心和行业治理基础数据库建设。

③完善现代化交通运输产业体系。健全推动交通运输设施建设维护、装备制造、运输服务上下游协同发展的机制,提升全产业链保障能力。完善交通运输与制造、旅游、金融、商贸、物流等领域深度融合发展的联动机制,培育壮大交通运输经济产业集群。建立健全临港、临空、通道、枢纽经济发展机制,促进产城融合发展。

(4)完善交通运输社会协同共治体系

①完善社会参与机制。建立健全公众参与交通运输治理的制度机制,畅通公众参与渠道,鼓励交通运输行业协会等社会组织积极参与行业治理,健全交通运输志愿者服务体系。拓宽交通运输政务公开领域和范围,推进决策公开、执行公开、管理公开、服务公开、结果公开。

②构建以信用为基础的新型监管机制。完善交通运输信用体系建设长效机制,加强信用信息归集、共享和公开。推进交通运输领域信用评价和分级分类监管,建立健全贯穿市场主体全生命周期的新型监管机制。实施"信易+"工程,深入推进"信易行"和"信用交通省"建设。依法依规加强交通运输守信激励和失信惩戒,完善失信主体信用修复机制。加强政务诚信建设,建立政务诚信监测治理体系。

③健全行业矛盾纠纷预防化解机制。健全交通运输重大决策社会稳定风险评估机制。畅通和规范行业特殊群体诉求表达、利益协调、权益保障通道,及时化解行业矛盾纠纷。完善行政调解和信访工作机制,提高行政复议公信力和应诉水平。建立健全矛盾风险防控协同机制,防止风险跨地区、跨行业交织叠加。

④繁荣发展交通运输先进文化体系。以社会主义核心价值观为引领,弘扬民族精神、时代精神,践行新时代交通精神,增强行业凝聚力、战斗力。完善舆论宣传工作机制,建立以内容建设为根本、先进技术为支撑、创新管理为保障的交通运输全媒体传播体系,讲好交通故事。完善舆论监督制度,健全重大舆情和突发事件舆论引导机制。深入普及安全、绿色、文明出行理念,推动全社会交通文明程度持续提升。

(5)建立健全交通基础设施高质量发展政策体系

①完善综合立体交通网络发展机制。建立铁路、公路、水路、民航、邮政快递等基础设施统筹规划、协同发展的机制,统筹跨方式、跨区域的重大项目建设,推动现代化高质量综合立体交通网络建设。建立基于第五代移动通信技术(5G)、北斗、物联网等新一代信息技术的交通基础设施网络一体化运营模式,强化与能源网、信息网络等设施互联和数据共享。

②健全交通基础设施全生命周期管理体系。建立交通基础设施规划、建设、养护、运营等相衔接的协同发展机制。构建现代化工程建设质量管理体系,推进精品建造和精细管理。建立全过程、全链条的质量安全监管制度,推进"平安百年品质工程"建设。建立交通感知网络与交通基础设施同步规划建设制度,加强交通基础设施长期性能观测网建设,提升精细化管理和人性化服务水平。

③构建传统和新型交通基础设施融合发展机制。统筹存量和增量、传统和新型交通基础设施规划建设,引导要素资源向经济社会效益更高的项目倾斜。以新一代信息技术为牵引,建立传统和新型交通基础设施融合发展机制。建立健全新型交通基础设施统筹布局、协同管理、系统应用的制度,建立多部门协同、多主体参与的新型交通基础设施投资、建设、运营机制。

(6)完善交通出行保障政策体系

①完善公众基本出行保障制度。推动城市公共交通、农村客运、渡运、邮政普遍服务等公共服务落地。完善优先发展城市公共交通的政策和制度体系,完善绿色出行服务体系。推进城市综合交通体系建设,推动建立城市交通拥堵协同治理机制,打造高效通勤交通网络。健全完善"四好农村路"高质量发展体系,完善农村公路养护、农村客运可持续发展长效机制。

②推进出行服务一体化便捷化。完善城乡客运一体化发展机制,提升城乡出行服务均等化水平。完善旅客联程运输机制,建立健全跨区域、跨方式客运协同组织和管理机制。建立健全城市群交通运输一体化发展机制,提高城市群、都市圈交通承载能力,推进出行服务快速化、便捷化、智能化。

③完善交通运输新业态发展制度。依托交通运输新业态协同监管部际联席会议制度,完善鼓励和规范网络预约出租汽车、分时租赁、互联网租赁自行车、道路客运定制服务、智能快件箱寄递服务等交通运输新业态发展的制度机制。建立定制公交等需求响应型出行服务体系。建立健全自动驾驶等新技术应用相关制度。

(7)建立健全现代物流供应链体系

①加快推进国际物流供应链体系建设。充分发挥国际物流保障协调机制作用,实现国际物流保通保畅保运。按照"平时服务、急时应急"的原则,加快建设国际物流供应链服务保障系统,提升国际物流供应链信息服务水平。建立国际物流供应链动态感知、安全预警监测体系,增强国际运输战略通道安全保障和应急处置能力。会同有关部门统筹推进现代国际物流供应链体系建设,推动国际物流与产业链供应链协同融合,服务国内国际双循环相互促进。

②健全城乡物流高效发展机制。完善城市绿色货运配送发展机制,鼓励发展统一配送、集中配送、共同配送等模式,畅通配送服务"最后一公里"。完善县乡村农村物流服务体系,建立健全无人机配送等新技术新方式应用推广机制,推动城乡物流协同高效发展,服务畅通国内大循环。

③创新运输组织模式。完善推动多式联运发展的政策机制,深入实施多式联运示范

工程,引导企业建立全程"一次委托"、运单"一单到底"、结算"一次收取"的服务方式,建立健全更加先进高效的多式联运车辆装备推广应用机制。推广甩挂运输、江海直达等运输组织模式,探索发展高铁快运等新模式。完善网络货运平台等新业态发展机制,充分发挥平台作用,整合零散物流信息资源。

(8)完善交通运输安全与应急管理体系

①完善交通运输安全生产体系。推进各地建立健全行业安全生产责任险制度,督促地方交通运输管理部门建立监管责任清单,推动交通运输企业健全安全生产责任制和安全生产全生命周期管理制度体系。加强安全监管执法,培育安全监管"第三方"机构机制,坚决遏制重特大交通生产安全事故。建立健全交通运输安全监管尽职免责、失职追责工作机制。完善交通运输安全生产形势分析研判和风险预警机制,建立安全生产重特大事故分析机制。建立自然灾害交通防治体系,提高交通防灾抗灾减灾救灾能力。完善行业安全研究、培训教育和社会宣传机制。

②完善交通运输应急管理体系。研究建立综合交通应急管理体制,优化海上搜救、重大海上溢油、突发公共卫生事件等应急处置部际、部省、区域、军地协同联动机制。建立平战结合的交通运输应急应战指挥调度、物资储备和应急力量快速转运体系。完善综合交通应急预案体系,加快应急预案及配套指南、操作手册等制修订。推进现代化专业救捞体系建设,提升应急救援能力,加强应急救助抢险打捞专业装备、设施、队伍建设,在饱和潜水、大深度沉船打捞等关键核心技术上不断突破。健全社会力量参与交通运输应急处置工作机制,完善应急征用补偿机制。

③完善交通运输重大风险防范化解机制。坚持总体国家安全观,落实"平安中国"建设要求,加快构建双重预防控制机制,加强交通运输重大风险研判、防控协同、防范化解,保障行业安全稳定发展。会同有关部门建立交通重要基础设施、重点部位、重点环节、人员密集场所、危险货物储运场所等重点目标的信息共享机制,建立健全重点目标安保防范、隐患排查和反恐怖防范体系。完善交通运输参与应对恐怖主义、网络安全、重大传染性疾病等重大突发事件协同应对工作机制。

(9)完善交通运输科技创新体系

①完善交通运输科技研发应用机制。坚持面向世界科技前沿、面向经济主战场、面向国家重大需求、面向人民生命健康,强化交通运输基础研究及关键核心技术、前沿领域技术研发应用,健全重大科技攻关类项目管理制度。完善行业内外科技创新资源统筹机制。完善交通运输行业重点科技项目清单管理制度,健全行业重大科技工程实施机制。完善交通运输科技成果转化和推广制度。

②完善交通运输技术创新体系。建立以企业为主体、市场为导向、产学研深度融合的交通运输技术创新体系,推动大数据、区块链、超级计算、人工智能等新技术与交通运输行业深度融合,大力推进智慧交通技术创新应用。鼓励交通运输行业各类创新主体组建产业技术创新联盟,开展关键核心技术攻关。完善交通运输科技创新基地、研发平台、数据中心建设运行管理制度和多渠道投入机制。

③优化交通运输科技创新环境。完善交通运输科技评价与激励机制。建立健全行业基础性、战略性、前瞻性科技研发资金保障机制。优化经费管理制度,扩大科研经费使用自主权。建立科研诚信承诺、失信行为目录和依法惩戒制度。完善科研基础设施、科学仪器、科学数据等资源配置和开放共享机制。健全交通运输科普资源体系及配套工作机制。大力弘扬科学家精神,加强行业科研诚信监管。

(10) 完善交通运输绿色发展体系

①全面建立交通运输资源高效利用制度。健全交通运输绿色发展评估考核体系。建立交通设施通道、线位、岸线等资源节约集约利用制度。建立适应产业结构、能源结构变化的运输结构调整长效机制,打造绿色高效运输系统。完善交通资源循环利用机制,推广施工材料、废旧材料再生和综合利用。完善邮件快件包装绿色化、减量化、可循环管理制度。

②健全交通运输节能减排和污染防治制度。健全交通运输适用装备设施清洁化、低碳化、高效化的应用推广机制,完善道路运输车辆燃料消耗国家标准体系,优化交通能源结构。完善交通运输绿色示范工程实施推广机制。研究建立交通环保设施设备建设运行统筹保障制度,健全实施绿色汽车维修制度。完善交通环境污染防治成效公报制度。

③完善交通运输生态环境保护修复机制。针对重点区域、重点项目,推动建立交通运输、自然资源、生态环境等跨部门协调机制,统筹交通项目建设与生态环境保护。严格实施生态修复、地质环境治理恢复与土地复垦制度。

(11) 完善交通运输开放合作体系

①支撑服务自贸区自贸港发展。服务海南自贸港、上海临港新片区和洋山特殊综合保税区等建设,建立更高水平的航运对外开放制度,在沿海捎带、国际船舶登记等方面深化开放和创新,支持有条件的区域率先探索形成新发展格局。创新船舶监管、船舶检验等方式,进一步完善港口管理机制,推进琼州海峡港航一体化,提升运输便利化和服务保障水平。打造国际航运枢纽,拓展航运服务产业链,支持融资、保险、仲裁等航运高端服务业发展。

②完善交通运输多双边合作格局。完善与共建"一带一路"国家的交通互联互通合作机制,加强国境、国界和国际河流交通安全管理与合作。强化多双边交通运输国际合作,进一步发挥中欧班列、国际道路运输等相关合作机制的作用,加快推进国际运输便利化。鼓励交通运输国际产能合作,支持行业企业"走出去",加快完善境外经营网络。

③积极参与交通运输全球治理体系建设。深度参与交通运输国际规则和标准制定,建立"政产学研用"多方协同参与的国际标准化活动工作机制。完善交通运输国际组织人才培养和输送机制,探索建立驻外交通官制度,吸引国际组织落户中国。完善国际交流合作机制,鼓励交通运输企业、高校、研究机构建立稳定的对外互信合作关系。

(12) 完善高素质交通运输人才体系

①完善交通运输科技人才培育机制。依托重大科技项目、重大工程、重大建设项目,

完善交通运输战略科技人才、科技领军人才、青年科技人才和高水平创新团队培养机制。建立灵活的高层次人才引进和选拔机制,持续提升交通运输人才队伍素质。推进交通运输新型智库建设。

②加强交通运输技能人才队伍建设。以职业院校为基础、行业企业为主体,健全校企合作、产教融合的现代交通运输职业教育体系。健全技能人才培养、使用、评价、激励制度。完善以赛促学、以赛育人的职业技能竞赛体系,促进技术技能交流。

③完善交通运输干部培养选拔机制。完善教育培训、轮岗、挂职等机制,提高交通运输干部队伍政治素质,增强专业能力和综合本领。健全以德为先、任人唯贤、人事相宜的选拔任用体系。完善严管和厚爱结合的激励机制和容错纠错机制,努力打造一支忠诚干净担当的交通运输干部队伍。

(13) 坚持和加强党对交通运输治理现代化的领导

①落实不忘初心、牢记使命的制度。遵守党章,恪守党的性质和宗旨,坚持用习近平新时代中国特色社会主义思想武装头脑、指导实践、推动工作。健全贯彻落实习近平总书记重要指示批示和党中央、国务院重大决策部署的工作机制,严格执行请示报告制度。巩固深化"不忘初心、牢记使命"主题教育成果,完善长效机制,不断锤炼党员、干部的政治品格。全面贯彻党的基本理论、基本路线、基本方略,落实党的全面领导制度,围绕党的理论创新、实践创新、制度创新,把党的领导落实到交通运输治理各方面各环节。

②落实全面从严治党制度。贯彻新时代党的建设总要求,以党的政治建设为统领,落实深化党的建设制度改革各项任务。坚持新时代党的组织路线,健全党管干部、选贤任能制度。规范党内政治生活,严明政治纪律和政治规矩,发展积极健康的党内政治文化,全面净化党内政治生态。完善和落实全面从严治党责任制度,全面落实意识形态工作责任制。深化政治巡视,强化监督执纪问责,大力纠治形式主义、官僚主义。

③健全权威高效的制度执行机制。切实强化党委(党组)以及领导干部制度意识,带头维护制度权威,做制度执行的表率。推进交通运输领域全面深化改革,抓紧制定交通运输治理体系和治理能力现代化急需的制度。增强制度执行力,完善担当作为的激励机制,加强对制度执行的监督,确保行业治理的各项目标任务全面落实到位。

9.2 综合交通运输的行政管理体系

我国交通运输管理体系历经多次改革,大致可划分为认知探索阶段、酝酿准备阶段、改革突破阶段、改革攻坚阶段。目前交通运输部与国家铁路局、中国民用航空局、国家邮政局的"一部三局"管理架构已经正式确立,国家层面的综合交通运输"大部门"管理体系基本形成,为加快构建综合交通运输体系提供了有力的制度保障。

9.2.1 我国综合交通运输行政管理体制的历史

行政管理体系是指由组织结构、权力划分、职能配置、运行机制等形成的行政系统。综合交通运输行政管理体系是国家性质管理体系的组成部分,一般是指按铁路、公路、水路、民航、管道以及邮政快递等与运输行业有关的政府机关和履行行政职能的事业单位行政管理权限划分的系统。综合交通运输管理体系包括了各级交通运输行政管理的体制及其运行机制,考虑本节只介绍国家层级的综合交通运输管理体系,故采用"综合交通运输管理体制"的表述。

9.2.1.1 认知探索阶段(1949—1977年)

这一阶段主要围绕理顺军民关系,为建立综合交通运输行政管理体制进行了有益探索。

实现由战争时期交通管制向和平时期交通管理转变,是中华人民共和国建立初期的一项紧要任务。1949年后,我国陆续成立了交通部、铁道部、邮电部和军委民航局,其中,交通部主要负责公路和港口的建设与运输管理;铁道部由中国人民革命军事委员会划转中央人民政府政务院管理,一度实行双重领导;邮电部下设邮政总局,负责全国邮政行业管理;1949年11月,成立军委民航局,受空军司令部指导。这基本形成了新中国成立初期的交通运输管理体系架构。

第一次综合交通运输体制改革的探索始于1958年2月,民航局划归交通部领导,1960年,改称"交通部民用航空总局"。但到1962年4月,民用航空总局又由交通部属局改为国务院直属局,其业务及干部人事工作等均直归空军负责管理。

第二次综合交通运输体制改革的探索在1966—1976年期间。1967年,中央决定对公路、水路、航空等运输方式实行军事管制。1970年,交通部、铁道部和邮电部(邮政部分)合并为交通部革命委员会,此时虽然形式上是"大交通部",但实质上是"综合交通运输军事管制体制",而非"综合交通运输行政管理体制"。1975年,四届人大一次会议决定分开设置交通部和铁道部,各种运输方式又回到了各自独立发展的轨道。

纵观这一阶段,我国各种运输方式管理体制脱胎于计划经济管理体制,虽有过两次综合交通运输体制改革的探索,但内生动力不足,主要是围绕理顺军民关系,根据不同形势需要所采取的权宜之计。即使如此,也为后续的综合交通运输行政管理体制改革积累了宝贵的正反两方面历史经验。

9.2.1.2 酝酿准备阶段(1978—2006年)

这一阶段主要围绕理顺政企关系、央地关系,为推进综合交通运输行政体制改革进行了条件准备。

改革开放初期,随着经济体制改革的深入和国民经济的快速发展,交通运输对国民经济发展形成严重瓶颈制约,推进综合交通运输体制改革的呼声日渐高涨。1987年,党的十三大提出要"加快发展以综合运输体系为主轴的交通业"。1988年,国务院关于合并交通部和铁道部、组建新交通部的方案已经拟订,由于存在政企不分、政事不分、安全管理等问题,此动议的实现条件尚不成熟,最后决定暂不组建交通运输部。

20 世纪 80 年代,交通部率先放开了公路和水路运输市场,同时推进国有交通运输企业政企分开;20 世纪 90 年代,又开始推行公路、水路领域政企分开改革和港口属地化改革。20 世纪 80 年代末,民航领域开始尝试政企分开,将管理局、机场和航空公司分设,并引入竞争机制。2002 年,进一步重组航空公司,开放市场,实现机场属地化,并改革空管体制。2003 年,原铁道部将下属部分企业委托给国资委管理,并成立包括集装箱、特货和行包在内的三个专业运输公司。2005 年,邮政也实施了政企分开的体制改革。

纵观这一阶段,受长期以来计划经济体制影响,我国交通运输管理体制一直是政企不分的,这也成为阻碍综合交通运输行政管理体制改革的"绊脚石"。推进政企分开,为实现"行政管理"创造了基本条件。否则,即使建立了"大交通部",也只能称其为形式上的"综合交通运输管理体制",而非真正建立在市场化基础上的"综合交通运输行政管理体制"。

9.2.1.3 改革突破阶段(2007—2013 年)

这一阶段主要围绕理顺部门关系,为建立综合交通运输行政管理体制打开了新局面。

2007 年,党的十七大报告指出,"加强基础产业基础设施建设,加快发展现代能源产业和综合运输体系。"加快发展综合运输体系首次上升为全党意志,并提出要"加大机构整合力度,探索实行职能有机统一的大部门管理体制",以体制改革促进综合运输体系发展的思路再次提上日程。2008 年,全国人大审议通过《关于国务院机构改革方案的决定》,使交通大部制改革迈出了实质性步伐。改革的主要内容包括组建交通运输部,将原交通部、原中国民用航空总局的职责,原建设部指导城市客运的职责,整合划入新组建的交通运输部,同时组建中国民用航空局,由交通运输部管理。为加强邮政与交通运输统筹管理,国家邮政局改由交通运输部管理;交通运输部主要职责明确为:拟订并组织实施公路、水路、民航行业规划、政策和标准,承担涉及综合运输体系的规划协调工作,促进各种运输方式相互衔接等。

纵观这一阶段,交通大部制改革取得了实质性突破,为综合交通运输行政管理体制改革打开了新局面,但在组织架构和职能划转上并不彻底,为今后进一步深化改革积累了宝贵经验,留出了创新空间。

9.2.1.4 改革攻坚阶段(2014 年至今)

这一阶段主要围绕深化部门关系、政企关系,把综合交通运输行政管理体制改革推向深入。2008 年和 2013 年两轮大部制改革后,中央顺势推动地方交通运输管理部门理顺权责关系、优化组织结构、规范机构设置,江苏、北京、上海、重庆等省(直辖市)对交通运输大部门制改革进行了积极探索和实践。特别是伴随着党的十九届三中全会作出深化交通运输综合行政执法改革、事业单位分类改革后,山东、河北、陕西、云南等地方又陆续出现了一波推进综合交通运输行政管理体制改革的小高潮。

9.2.2 我国综合交通运输行政管理体系的现状

9.2.2.1 我国综合交通运输行政管理体系的基本情况

经历了2008年、2013年两轮交通大部制改革,我国综合交通运输体制机制逐步完善,治理效能不断提升。

(1)国家综合交通运输行政管理体系初步建立

初步形成了"一部三局"综合交通运输管理体系架构,明确了交通运输部管理国家铁路局、中国民航局、国家邮政局,统筹规划铁路、公路、水路、民航以及邮政行业发展,承担综合交通运输规划、战略、政策、法律法规和标准的拟订及起草职能。三个国家局分别负责各自行业管理。工作程序方面,构建了全面、规范、清晰的工作程序,在政务工作、立法工作、规划工作、标准管理、机关的工作、干部人事工作等方面作出了明确详细的规定,使部与国家局之间的工作配合和沟通协调有章可循,提升了工作质量和效率。协调机制方面,在经济运行分析、交通科技、纪律检查、党费缴纳等具体领域,初步建立了定期协调机制,加强了相关信息的共享,推动了相关工作的开展。

(2)部委间综合交通运输议事协调机构持续完善

综合交通运输涉及的部门领域多,部际间职能划分情况如下:一是交通运输部与国家发展改革委。交通运输部负责综合交通运输体系规划的编制;国家发展改革委负责综合交通运输体系规划与国民经济的衔接平衡。二是交通运输部与住房和城乡建设部。交通运输部指导城市轨道交通的运营;住房和城乡建设部指导城市轨道交通的规划和建设。三是交通运输部与公安部、工业和信息化部。交通运输部负责道路运输行业管理和安全监管,道路运输企业、个人和车辆的资质审批;公安部负责道路交通安全管理;工业和信息化部负责道路运输车辆生产标准的制定。此外,交通运输部与文化和旅游部、国家能源局之间也有相关职能划分。

为促进综合交通运输发展,国家层面成立了若干与综合交通运输有关的议事协调工作机构,其中由交通运输部牵头的主要有:交通强国建设纲要起草组、交通运输新业态协同监管机制、国家便利运输委员会等,由国家发展改革委牵头的有全国现代物流工作部际联席会议等。

(3)部分省市综合交通运输体系改革取得新突破

全国31个省(自治区、直辖市)中有山东省、河北省、陕西省、云南省、北京市、上海市、天津市、重庆市等建立了省级综合交通运输管理体系,在省级交通运输主管部门设立铁路、民航和邮政管理机构,负责承担铁路、民航、邮政等行业的地方职能以及负责承担与中央铁路、民航和邮政等部门的协调职能。此外,还有多个省份建立了综合交通运输规划或协调机制,全国大部分省份明确了交通运输主管部门承担综合交通运输体系的规划协调工作,会同有关部门组织编制综合运输体系规划的职责。

9.2.2.2 我国综合交通运输行政管理体系存在的问题

总体看我国综合交通运输行政管理体系改革取得很大成绩,但改革任务尚未完全到位,综合交通运输职能体系有待健全,政府职能转变还不到位,改革配套制度尚不完善。

9.2.3 我国综合交通运输行政管理体系的完善

2019年,中共中央、国务院发布《交通强国建设纲要》,明确提出"建立健全适应综合交通一体化发展的体制机制",为今后我国综合交通运输行政管理体系改革指明了方向。

9.2.3.1 基本原则

(1) 坚持服务大局

加快促进交通强国建设,为现代化经济体系建设当好先行,为建设社会主义现代化国家提供支撑,为构建新发展格局提供坚强保障,以上述角度来谋划和推进综合交通运输行政管理体系改革。

(2) 坚持以人为本

以提高综合交通运输服务水平为目标,通过综合交通运输管理体系改革,解决不同运输方式、城市内外、城乡之间的衔接不畅、信息不共享、"最先最后一公里"等问题,为人民群众提供便捷、高效、经济、安全的交通运输服务。

(3) 坚持系统观念

坚持交通运输大部制改革方向,建立涵盖铁路、公路、水路、民航、管道等多种运输方式的管理体系,通过调整相关职责、优化机构设置,理顺管理关系,推进不同运输方式间的综合协调管理,提高行政管理运行效率。统筹管理体制改革与承担行业职能事业单位改革、中央与地方财政事权支出责任改革、推进"放管服"改革等其他改革之间的关系,确保改革有效落地。

(4) 坚持上下联动

坚持交通运输管理体系改革上下一盘棋,统筹考虑国家层面和地方层面改革,通过国家层面的交通运输大部制改革,指导和带动地方行业管理体系改革,明确中央与地方财政事权与支出责任划分,从而形成全国上下协调、运行顺畅的交通运输管理体系。

9.2.3.2 重点任务

在党中央、国务院领导下,我国综合交通运输行政管理体系还将不断完善,重点在完善综合交通运输职能体系、优化机构设置与权力划分、完善要素资源统筹、优化配置机制、健全综合交通运输部级协调工作机制、深化政企分开改革、推动建立健全地方综合交通运输行政管理体制机制等方面推进。

9.3 综合交通运输的法规体系

9.3.1 综合交通运输法规体系概述

综合交通运输法治体系包括四个方面,即形成完备的综合交通运输法规体系、高效的综合交通运输法治实施体系、严密的综合交通运输法治监督体系、有力的综合交通运输法治保障体系。本节重点研究其中形成完备的综合交通运输法规体系。

9.3.1.1 中国特色社会主义法治体系及与综合交通运输法规体系的关系

2011年10月，国务院新闻办公室发布的《中国特色社会主义法律体系》白皮书采用了"法律体系"的名词。中国特色社会主义法律体系，是指适应我国社会主义初级阶段的基本国情，与社会主义的根本任务相一致，以宪法为统帅和根本依据，由部门齐全、结构严谨、内部协调、体例科学、调整有效的法律及其配套法规所构成，保障我们国家沿着中国特色社会主义道路前进的各项法律制度的有机的统一整体。2020年11月，《交通运输部关于完善综合交通法规体系的意见》（交法发〔2020〕109号）采用了"综合交通法规体系"名词，是指由调整我国各种运输方式关系的法律、行政法规、地方性法规、规章所构成，保障综合交通运输发展的法律规范的统一整体。

1949年以来，特别是改革开放以来，中国特色社会主义法治体系已经初步形成，这个体系由法律、行政法规、地方性法规三个层次，宪法及宪法相关法、民法商法、行政法、经济法、社会法、刑法、诉讼与非诉讼程序法七个法律部门组成，其中经济法是调整国家从社会整体利益出发，对经济活动实行干预、管理或者调控所产生的社会经济关系的法律规范。经济法为国家对市场经济进行适度干预和宏观调控提供法律手段和制度框架，防止市场经济的自发性和盲目性所导致的弊端。

综合交通运输法规体系也有层级特征，法律、行政法规、地方性法规等层级均有立法。法律层级有《中华人民共和国海上交通安全法》《中华人民共和国邮政法》《中华人民共和国海商法》《中华人民共和国铁路法》《中华人民共和国民用航空法》《中华人民共和国公路法》《中华人民共和国港口法》《中华人民共和国航道法》等。行政法规层级有《中华人民共和国内河交通安全管理条例》《公路安全保护条例》《中华人民共和国道路运输条例》《铁路安全管理条例》等。地方性法规的数量也是较多的。多层级的法是综合运输法规体系的特征。

综合交通运输法规体系在国家法律体系七个部门法中分别存在：《中华人民共和国民法典》中有交通运输工具车、船、航空器的登记，运输合同等综合交通运输的法律规范；《中华人民共和国海商法》主要内容属于民法商法。交通运输安全生产属于社会法，但《中华人民共和国海上交通安全法》《中华人民共和国邮政法》《中华人民共和国铁路法》《中华人民共和国民用航空法》《中华人民共和国公路法》《中华人民共和国港口法》《中华人民共和国航道法》属于经济法。海事诉讼特别程序法适用于交通运输行业但属于诉讼与非诉讼程序法。

中国特色社会主义法治体系与综合交通运输法规体系的关系：一是综合交通运输法规体系是中国特色社会主义法治体系的组成部分。二是综合交通运输法规体系调整的法律关系较为复杂，其法律及法律规范分散在民法商法、行政法、社会法、诉讼与非诉讼程序法等中，但主要是属于经济法，因此经济法是综合交通运输法规体系所属部门法的主要特征。三是综合交通运输法规体系调整相应社会关系时，注重用经济手段调整，并用法规固定和指引。

9.3.1.2 交通运输部提出的综合交通法规体系

从交通法规立法步骤看,走的是"先分后合"的路线。开始是按照不同运输方式进行立法,铁路运输法规系统、公路运输法规系统、水路交通运输法规系统、航空运输法规系统、邮政法规系统及其子系统首先形成是必然的。但随着多式联运的兴起与发展,随着交通运输行政体制改革的深入,逐步提出了对于调整跨交通运输方式的法规系统空白应当填补的需求,逐步提出了综合交通运输法规体系建设的需求。

综合交通运输法规体系有过不同的模型研究,从《交通运输部关于完善综合交通运输法规体系的意见》(交法发〔2020〕109号)确定的内容分析看,第一,体系名称为"综合交通运输法规体系"。第二,综合交通运输法规体系的逻辑结构是"体系、系统、子系统",其中"系统"是按照不同运输方式确定,"子系统"有的是按该运输方式的构成要素划分,也有的是按照行政管理子行业职责划分。第三,保留原有的按不同运输方式分别立法,新增加《综合运输促进法》《多式联运法》。因此从这一内容看,综合交通运输法规体系是一个理论概念,也是一个总括的概念,可以简称为"1+4+1",即:跨运输方式的法规系统+铁路、公路、水路、民航等四种运输的法规系统+邮政法规系统。邮政虽然不是一种运输方式,但与交通运输有密切联系。2017年交通运输部交通运输战略规划研究项目《国内外综合运输立法模式研究》,其成果中提出结合国内外交通运输立法的经验,应当制定一部统领各种交通运输方式的龙头法。党的十九大召开后的交通强国战略研究中,一些专家同样提出适应交通强国建设、适应大部门体制,应当制定一部龙头法。这种背景下,制定《交通运输法》的建议提出。这一建议虽然尚未在全国人民代表大会常务委员会的立法计划中立项,但《交通运输部关于完善综合交通法规体系的意见》(交法发〔2020〕109号)已经正式确定其为交通运输法规体系中跨运输方式的一部法律,这部法律的主要任务是:明确交通运输业在国民经济发展中的地位;明确综合交通运输发展的总体目标和基本原则;确立综合交通运输管理体制;明确综合交通运输规划的定位和重点任务;促进不同运输方式的规划、政策、标准的统筹和衔接,推进各交通运输方式融合发展,促进多式联运发展;强化交通运输安全发展和相关保障要求;打破不同运输方式信息壁垒,促进信息归集、共享和公开。从这一正式形成的规范性文件看,综合交通法规体系是六个法规系统的总和。

9.3.2 综合交通运输法规体系的现状

9.3.2.1 铁路运输法规系统

《中华人民共和国铁路法》于1990年9月7日第七届全国人民代表大会常务委员会第十五次会议通过,根据2009年8月27日第十一届全国人民代表大会常务委员会第十次会议《关于修改部分法律的决定》第一次修正,根据2015年4月24日第十二届全国人民代表大会常务委员会第十四次会议《关于修改〈中华人民共和国义务教育法〉等五部法律的决定》第二次修正。

9.3.2.2　公路运输法规系统

《中华人民共和国公路法》于 1997 年 7 月 3 日第八届全国人民代表大会常务委员会第二十六次会议通过,根据 1999 年 10 月 31 日第九届全国人民代表大会常务委员会第十二次会议《关于修改〈中华人民共和国公路法〉的决定》第一次修正,根据 2004 年 8 月 28 日第十届全国人民代表大会常务委员会第十一次会议《关于修改〈中华人民共和国公路法〉的决定》第二次修正,根据 2009 年 8 月 27 日第十一届全国人民代表大会常务委员会第十次会议《关于修改部分法律的决定》第三次修正,根据 2016 年 11 月 7 日第十二届全国人民代表大会常务委员会第二十四次会议《关于修改〈中华人民共和国对外贸易法〉等十二部法律的决定》第四次修正;根据 2017 年 11 月 4 日第十二届全国人民代表大会常务委员会第三十次会议《关于修改〈中华人民共和国会计法〉等十一部法律的决定》第五次修正。

此外,2003 年 10 月 28 日第十届全国人民代表大会常务委员会第五次会议通过《中华人民共和国道路交通安全法》,该法于 2007 年 12 月 29 日第一次修正,2011 年 4 月 22 日第二次修正,2021 年 4 月 29 日第三次修正。该法律主要包括车辆和驾驶员、道路通行条件、道路通行规定、交通事故处理、执法监督等内容。该法律的立法目的是维护道路交通秩序,预防和减少交通事故,保护人身安全,保护公民、法人和其他组织的财产安全及其他合法权益,提高通行效率。该法律从理论分析层面是可以划入综合交通运输法规体系中公路运输法规系统的,但由于主管部门是公安机关交通管理部门,因此目前尚未划入交通运输主管部门主导的综合交通法规体系之中。

9.3.2.3　水路交通运输法规系统

《中华人民共和国海上交通安全法》于 1983 年 9 月 2 日第六届全国人民代表大会常务委员会第二次会议通过,根据 2016 年 11 月 7 日第十二届全国人民代表大会常务委员会第二十四次会议《关于修改〈中华人民共和国对外贸易法〉等十二部法律的决定》修正,2021 年 4 月 29 日第十三届全国人民代表大会常务委员会第二十八次会议修订。

《中华人民共和国海商法》于 1992 年 11 月 7 日第七届全国人民代表大会常务委员会第二十八次会议通过。

《中华人民共和国港口法》于 2003 年 6 月 28 日第十届全国人民代表大会常务委员会第三次会议通过,根据 2015 年 4 月 24 日第十二届全国人民代表大会常务委员会第十四次会议《关于修改〈中华人民共和国港口法〉等七部法律的决定》第一次修正,根据 2017 年 11 月 4 日第十二届全国人民代表大会常务委员会第三十次会议《关于修改〈中华人民共和国会计法〉等十一部法律的决定》第二次修正,根据 2018 年 12 月 29 日第十三届全国人民代表大会常务委员会第七次会议《关于修改〈中华人民共和国电力法〉等四部法律的决定》第三次修正。

《中华人民共和国航道法》于 2014 年 12 月 28 日第十二届全国人民代表大会常务委

员会第十二次会议通过,根据 2016 年 7 月 2 日第十二届全国人民代表大会常务委员会第二十一次会议《关于修改〈中华人民共和国节约能源法〉等六部法律的决定》修正。

9.3.2.4 航空运输法规系统

《中华人民共和国民用航空法》于 1995 年 10 月 30 日第八届全国人民代表大会常务委员会第十六次会议通过,根据 2009 年 8 月 27 日第十一届全国人民代表大会常务委员会第十次会议《关于修改部分法律的决定》第一次修正,根据 2015 年 4 月 24 日第十二届全国人民代表大会常务委员会第十四次会议《关于修改〈中华人民共和国计量法〉等五部法律的决定》第二次修正,根据 2016 年 11 月 7 日第十二届全国人民代表大会常务委员会第二十四次会议《关于修改〈中华人民共和国对外贸易法〉等十二部法律的决定》第三次修正,根据 2017 年 11 月 4 日第十二届全国人民代表大会常务委员会第三十次会议《关于修改〈中华人民共和国会计法〉等十一部法律的决定》第四次修正,根据 2018 年 12 月 29 日第十三届全国人民代表大会常务委员会第七次会议《关于修改〈中华人民共和国劳动法〉等七部法律的决定》第五次修正,根据 2021 年 4 月 29 日第十三届全国人民代表大会常务委员会第二十八次会议《关于修改〈中华人民共和国道路交通安全法〉等八部法律的决定》第六次修正。

9.3.2.5 邮政法规系统

《中华人民共和国邮政法》于 1986 年 12 月 2 日第六届全国人民代表大会常务委员会第十八次会议通过,2009 年 4 月 24 日第十一届全国人民代表大会常务委员会第八次会议修订,根据 2012 年 10 月 26 日第十一届全国人民代表大会常务委员会第二十九次会议《关于修改〈中华人民共和国邮政法〉的决定》第一次修正。2015 年 4 月 24 日,第十二届全国人民代表大会常务委员会第十四次会议《关于修改〈中华人民共和国义务教育法〉等五部法律的决定》第二次修正。

目前交通运输部主导的综合交通运输法规体系建设中的八部法律、四十一部行政法规已经全覆盖了交通运输的各个子行业,初步实现了有法可依。跨运输方式中的民事法律关系是合同关系,在《中华人民共和国民法典》第三编合同的第二分编典型合同,多式联运合同作为运输合同方式,为跨运输方式的发展奠定了民事法律基础。

9.3.3 综合交通运输法规体系的完善

《交通运输部关于完善综合交通法规体系的意见》(交法发〔2020〕109 号)中对综合交通运输法规体系中各系统、子系统"龙头法"的完善,提出了具体的立法法律、行政法规以及规章的目录。

"十四五"时期法律、行政法规的立法项目分为三类。

第一类是协调推动颁布实施的项目:《海上交通安全法(修订)》(已公布)、《公路法(修订)》《收费公路管理条例(修订)》《农村公路条例》《铁路法(修订)》《铁路交通事故应急救援和调查处理条例(修订)》《民用航空法(修订)》《无人驾驶航空器飞行管理暂行条例》《城市公共交通条例》《道路运输条例(修订)》。

第二类是推动取得重要进展的项目:《交通运输法》《海商法(修订)》《民用航空器事故调查条例》《港口法(修订)》《船舶和海上设施检验条例(修订)》《水上交通事故调查处理条例》。

第三类是加强研究储备的项目:《综合交通运输枢纽条例》《铁路安全管理条例(修订)》《内河交通安全管理条例(修订)》(研究适时上升为内河交通安全法)《水上人命搜寻救助条例》《沉船打捞清除管理条例》《潜水条例》《航道管理条例(修订)》《民用航空器适航管理条例(修订)》《民用航空飞行标准条例》《铁路运输条例》《船舶登记条例(修订)》《防治船舶污染海洋环境管理条例(修订)》《邮政法实施细则(修订)》《国际海运条例(修订)》《船员条例(修订)》(研究适时上升为船员法)。

"十四五"时期还有大量规章的立法项目。

9.4 综合交通运输的标准体系

9.4.1 标准与标准体系

9.4.1.1 标准

古汉语中的"标"是投射器,"准"是靶心,现代汉语中的标准,在不同学科中有不同的含义。本书所指的标准是指《中华人民共和国标准化法》(以下简称《标准化法》)第二条第一款规定的概念,即:标准(含标准样品),是指农业、工业、服务业以及社会事业等领域需要统一的技术要求。这一法定名词的基本含义:一是标准的适用领域包括农业、工业、服务业以及社会事业等领域,其适用范围宽广。二是标准的内容是技术要求,不是技术之外的其他要求。三是标准的核心是对重复性事物和概念所做的统一规定,是共同遵守的准则和依据,具有统一性。依据《标准化法》的规定,标准分为国家标准、行业标准、地方标准和团体标准、企业标准,其中:国家标准分为强制性标准、推荐性标准,强制性标准必须执行;行业标准、地方标准是推荐性标准,国家鼓励采用推荐性标准。标准化是指国家制定标准、组织实施标准以及对标准的制定、实施进行监督的系列工作制度。标准本身是静态的,标准化工作是动态的,标准化工作是提升产品和服务质量,促进科学技术进步,保障人身健康和生命财产安全,维护国家安全、生态环境安全,提高经济社会发展水平的重要保障。

9.4.1.2 标准体系

标准体系是各种标准的有机集合体。

强制性国家标准:对保障人身健康和生命财产安全、国家安全、生态环境安全以及满足经济社会管理基本需要的技术要求,应当制定强制性国家标准。强制性国家标准由国务院批准发布或者授权批准发布。目前我国强制性国家标准的制定制度分为两类情况,第一类是国务院有关行政主管部门依据职责负责强制性国家标准的项目提出、组织起草、征求意见和技术审查。国务院标准化行政主管部门负责强制性国家标准的立项、编号和对外通报。国务院标准化行政主管部门应当对拟制定的强制性国家标准是否符合前款规定进行立项审查,对符合前款规定的予以立项。第二类是涉及安全生产强制性国家标准的,按照2021年9月1日修订后施行的《中华人民共和国安全生产法》第十二条规定:"国务院有关部门按照职责分工负责安全生产强制性国家标准的项目提出、组织起草、征求意见、技术审查。国务院应急管理部门统筹提出安全生产强制性国家标准的立项计划。国务院标准化行政主管部门负责安全生产强制性国家标准的立项、编号、对外通报和授权批准发布工作。国务院标准化行政主管部门、有关部门依据法定职责对安全生产强制性国家标准的实施进行监督检查。"除了由国务院有关部门按照职责分工负责安全生产强制性国家标准的项目提出、组织起草、征求意见、技术审查;国务院标准化行政主管部门负责安全生产强制性国家标准的立项、编号、对外通报和授权批准发布工作之外,国务院应急管理部门应统筹提出安全生产强制性国家标准的立项计划。从标准制定的主体看,这两类制定主体是法定的。那么其他主体是否可以提出制定强制性标准的需求?《标准化法》第十条专门明确:一是省、自治区、直辖市人民政府标准化行政主管部门可以向国务院标准化行政主管部门提出强制性国家标准的立项建议,由国务院标准化行政主管部门会同国务院有关行政主管部门决定。二是社会团体、企业事业组织以及公民可以向国务院标准化行政主管部门提出强制性国家标准的立项建议,国务院标准化行政主管部门认为需要立项的,会同国务院有关行政主管部门决定。

  推荐性国家标准:对满足基础通用、与强制性国家标准配套、对各有关行业起引领作用等需要的技术要求,可以制定推荐性国家标准。推荐性国家标准由国务院标准化行政主管部门制定。

  行业标准:对没有推荐性国家标准、需要在全国某个行业范围内统一的技术要求,可以制定行业标准。行业标准由国务院有关行政主管部门制定,报国务院标准化行政主管部门备案。

  地方标准:为满足地方自然条件、风俗习惯等特殊技术要求,可以制定地方标准。地方标准由省、自治区、直辖市人民政府标准化行政主管部门制定;设区的市级人民政府标准化行政主管部门根据本行政区域的特殊需要,经所在地省、自治区、直辖市人民政府标准化行政主管部门批准,可以制定本行政区域的地方标准。地方标准由省、自治区、直辖市人民政府标准化行政主管部门报国务院标准化行政主管部门备案,由国务院标准化行政主管部门通报国务院有关行政主管部门。

  团体标准:国家鼓励学会、协会、商会、联合会、产业技术联盟等社会团体协调相关市场主体共同制定满足市场和创新需要的团体标准,由本团体成员约定采用或者按照本团体的规定供社会自愿采用。制定团体标准,应当遵循开放、透明、公平的原则,保证各参与主体获取相关信息,反映各参与主体的共同需求,并应当组织对标准相关事项进行调查分析、实验、论证。国务院标准化行政主管部门会同国务院有关行政主管部门对团体标准的制定进行规范、引导和监督。国家支持在重要行业、战略性新兴产业、关键共性技术等领域利用自主创新技术制定团体标准。

企业标准:企业可以根据需要自行制定企业标准,或者与其他企业联合制定企业标准。国家支持在重要行业、战略性新兴产业、关键共性技术等领域利用自主创新技术制定企业标准。

前述标准应当按照国务院标准化行政主管部门制定并公布的编号规则进行编号。各类标准之间的关系为:一是强制性标准具有强制约束力,不符合强制性标准的产品、服务,不得生产、销售、进口或者提供。违反强制性标准的,应当分别承担相应的法律责任。因此强制性标准是"底线"。二是推荐性国家标准、行业标准、地方标准、团体标准、企业标准的技术要求不得低于强制性国家标准的相关技术要求。反之团体标准、企业标准可以高于强制性国家标准的相关技术要求。三是行业标准适用的情形,是对没有推荐性国家标准、需要在全国某个行业范围内统一的技术要求。由于制定主体是国务院有关行政主管部门,因此具有行政管理的约束力。四是地方标准适用的情形,是为满足地方自然条件、风俗习惯等特殊技术要求。由于制定主体是地方人民政府标准化行政主管部门,因此具有地方政府行政主管部门的行政管理的约束力。从这些效力制度看,团体标准、企业标准是否具有约束力?我国《标准化法》第二十七条规定:"国家实行团体标准、企业标准自我声明公开和监督制度。企业应当公开其执行的强制性标准、推荐性标准、团体标准或者企业标准的编号和名称;企业执行自行制定的企业标准的,还应当公开产品、服务的功能指标和产品的性能指标。国家鼓励团体标准、企业标准通过标准信息公共服务平台向社会公开。企业应当按照标准组织生产经营活动,其生产的产品、提供的服务应当符合企业公开标准的技术要求。"从这一规定看:团体标准、企业标准是通过其声明公开和接受监督来实现约束力的。

9.4.2 综合交通运输标准的发展阶段

交通运输标准是指适用于综合交通运输、铁路、公路、水路、民航、邮政领域的标准,其中涉及铁路、公路、水路、民航、邮政两种及以上领域需要协调衔接和共同使用的技术要求为综合交通运输标准。交通运输标准与国家标准体系一样,包括国家标准、行业标准、地方标准、团体标准和企业标准。国家标准分为强制性标准、推荐性标准,行业标准、地方标准是推荐性标准。交通运输标准之间的关系,除与国家标准体系一样外,依据交通运输部部令2019年第12号《交通运输标准化管理办法》第四条的规定,铁路、公路、水路、民航、邮政领域的标准应当与综合交通运输标准协调衔接。交通运输标准化工作同样包括了从事综合交通运输、铁路、公路、水路、民航、邮政领域的标准制定、实施、监督等相关活动。

交通运输标准及标准化工作的历史,以2007年党的十七大提出"加快发展现代能源产业和综合运输体系"为时间点,可以分为两个阶段,第一个阶段是铁路、公路、水路、民航、邮政领域的标准及标准化工作,按不同运输方式,分别由铁道部、交通部、中国民用航空总局、工业和信息管理部门制定、实施和监督管理。第二个阶段有两个大的变化,一是新增加的综合交通运输标准,二是综合交通运输、铁路、公路、水路、民航、邮政领域的标准及标准化工作,逐步由交通运输部负责综合交通运输和公路、水路领域标准化相关管理工作,国家铁路局、中国民用航空局、国家邮政局按照各自职责分别负责铁路、民航、邮政领域标准化相关管理工作。

9.4.3 综合交通运输标准的现状

9.4.3.1 交通运输标准"1+5"体系

交通运输标准"1+5"体系是指综合交通运输标准为"1",铁路标准、公路标准、水路标准、民航标准、邮政标准为"5",截至2021年,交通运输现行有效标准共计3854项,包括国家标准870项,行业标准2984项;其中强制性标准411项,推荐性标准3443项;其中综合交通运输标准59项,铁路标准1312项,公路标准1199项,水路标准897项,民航标准284项,邮政标准103项。初步看,达到一定规模,类型齐全,覆盖综合交通运输各个方式,已经形成体系。交通运输标准体系见表9-1。

交通运输标准体系　　　　　　　　　　　　　　　表9-1

序号	名称	内容
1	综合交通运输标准	涉及两种及两种以上交通运输方式协调衔接的相关标准,各运输方式单独使用和单一服务,所涉及的标准不纳入综合交通运输标准体系范畴。建立这一体系,是2007年党的十七大提出加快发展综合运输体系后,在相应行政管理体系改革后,综合交通运输体系不断发展基础上新增加的标准,对于促进不同运输方式之间的有效衔接与协同发展,提高综合交通运输一体化服务水平,促进综合交通运输体系建设具有重要作用。综合交通运输标准分为基础、运输服务、运输装备与产品、工程设施、安全应急、信息化、节能环保、统计评价等8类
2	铁路标准体系	适用于高速铁路、城际铁路、市域(郊)铁路、客货共线、重载铁路等不同类型铁路建设运营需要的标准,分为铁路装备、工程建设和运输服务等3类。铁路装备标准包括通用与综合、机车车辆、工务工程、通信信号、牵引供电等;工程建设标准包括基础、综合、勘察、设计、施工、验收等;运输服务标准包括基础通用、行车组织、旅客运输、货物运输、治安防控等
3	公路标准体系	适用于公路建设、管理、养护、运营以及道路运输、城市交通等领域的技术标准,分为基础、安全应急、运输服务、公路建设、公路养护、公路管理、公路运营信息化、节能环保、设施装备等9类
4	水路标准体系	适用于水路运输的集装箱、内河船、港口、疏浚、臂架、航海安全、航测、救捞、信息通信与导航、环保等专业技术领域的标准,分为基础、安全应急、运输服务、工程建设、信息化、节能环保、设施设备等7类
5	民航标准体系	适用于民用航空产品及机载设备适航审定、运输航空和通用航空安全与运行、民航服务等重点领域的标准,分为信息化、航空运输、通用航空、航空安全、航空器维修工程、机场工程建设、民用机场地面保障与服务、航油航化、空中交通管理、航空安保、航空医学和其他等12类

续上表

序号	名称	内容
6	邮政标准体系	适用于邮政快递的绿色环保、安全发展、协同发展、服务多元、智能互联等重点方向的标准,分为基础通用、服务保障、服务运行、服务提供、信息化等5类
7	其他	适用于交通运输标准化工作管理、科技信息和报告管理、政府网站管理、行政执法、反恐怖防范要求、信用管理等标准

此外,根据交通运输部科技司发布的2021年7月《交通运输标准化发展报告(2021年)》提供的数据看,还有地方标准1100多项,团体标准800多项。这些标准基本上覆盖了交通运输发展的各个方面,满足了交通运输发展的需要。

9.4.3.2 交通运输标准化管理的组织体系

交通运输标准化管理的组织体系是:明确交通运输部负责综合交通运输和公路、水路领域标准化相关管理工作。国家铁路局、中国民用航空局、国家邮政局按照各自职责分别负责铁路、民航、邮政领域标准化相关管理工作。县级以上地方人民政府标准化行政主管部门会同交通运输主管部门按照职责负责本行政区域内交通运输标准化相关管理工作。基于综合交通运输行政管理体系的初建,交通运输部组建了部的标准化管理委员会,具体负责指导交通运输标准技术体系建设,统筹协调衔接综合交通运输、铁路、公路、水路、民航、邮政领域标准,研究审核交通运输标准化发展重大政策和重要事项等工作。

9.4.3.3 交通运输标准化工作制度

标准的生命力在于其标准化的推进,交通运输标准化工作制度已经初步形成并有创新,主要表现为:一是突出了标准化的规划制度,由于综合交通运输涉及的交通要素较多、运输方式多样化,因此在交通运输标准化工作中,《交通运输标准化管理办法》中专门增加"标准化规划",要求交通运输标准化规划应当符合国家标准化体系建设规划、交通运输行业规划,充分考虑新技术、新业态发展趋势,经交通运输部标准化管理委员会审核后,报请交通运输部发布。交通运输标准化年度计划应当依据标准体系并结合行业发展需要制定,这样的规定较好地统筹了庞大的交通运输标准体系,具有科学性、计划性。另外,《交通运输标准化管理办法》突出了标准实施与监督的制度,明确要求县级以上人民政府交通运输主管部门应当依据法定职责,对交通运输标准实施情况进行监督检查;明确要求强制性标准实施情况应当作为监督检查的重点。明确要求县级以上人民政府交通运输主管部门应当建立举报投诉制度,公开举报投诉方式。接到举报投诉的,应当按照规定及时处理。明确要求县级以上人民政府交通运输主管部门应当加强计量、检验检测、认证认可基础能力建设,完善相关制度,提升技术水平,增强标准化工作监督检查及服务能力。

9.4.4 综合交通运输标准的完善

交通运输标准化虽然取得了不少成绩,但按照党中央、国务院《交通强国建设纲要》

的要求，交通运输的发展要牢牢把握交通"先行官"定位，适度超前，进一步解放思想、开拓进取，推动交通发展由追求速度规模向更加注重质量效益转变，由各种交通运输方式相对独立发展向更加注重一体化融合发展转变，由依靠传统要素驱动向更加注重创新驱动转变，构建安全、便捷、高效、绿色、经济的现代化综合交通体系，打造一流设施、一流技术、一流管理、一流服务，建成人民满意、保障有力、世界前列的交通强国，为全面建成社会主义现代化强国、实现中华民族伟大复兴中国梦提供坚强支撑，交通运输标准化工作依然存在不适应不完善等问题。

一是综合交通运输标准的一体化应当深度融合。《交通强国建设纲要》中"由各种交通方式相对独立发展向更加注重一体化融合发展转变"，必然要求交通运输标准的一体化深度融合发展。铁路运输、公路运输、水路运输、航空运输、邮政运输有各自的技术特性，因此各自的标准体系将长期保持。考虑不同的运输方式之间的共性技术要求，如绿色发展、智能发展等，制定适用于两种以上运输方式的综合交通运输标准是必要的，目前也取得了一定的成绩，但深度融合的技术标准，如在多式联运中需要统一的技术标准等尚有待发展。

二是综合交通运输标准的内容应当不断创新。《交通强国建设纲要》中牢牢把握交通"由依靠传统要素驱动向更加注重创新驱动转变""四个一流""适度超前"等，必然要求交通运输标准内容的不断创新和不断领跑。我国在交通运输工程某些领域的颠覆性技术、交通运输的新业态等方面，已经制定了一些领跑的标准，但仍然存在落后于实践的领域；在对综合交通运输发展水平的评价标准长期缺失或者软弱，这一问题导致标准的硬指标"硬"，软指标"软"现象尚未根本性改变，因此相应的标准应当创新。

三是综合交通运输标准的国际化步伐应当加快。《交通强国建设纲要》中"世界前列"，必然要求综合交通运输标准要达到国际领先，因此综合交通运输标准的国际化步伐应当从以下几个方面加快：一是积极参与国际标准的制定，成为国际标准制定的参与者；二是应积极参加国际标准制定组织，并争取领导地位，增加话语权；三是要把我国的先进的标准推向国际。

四是综合交通运输标准的执法监督应当完善。《标准化法》《交通运输标准化管理办法》对综合交通运输标准的制定、实施、监督管理等要求较高。目前，综合交通运输标准贯穿到交通运输的生产、销售、产品进口或者提供服务中，不符合强制性标准的，只能依照《中华人民共和国产品质量法》《中华人民共和国进出口商品检验法》《中华人民共和国消费者权益保护法》等法律、行政法规的规定查处，记入信用记录，并依照有关法律、行政法规的规定予以公示；构成犯罪的，依法追究刑事责任。这些查处往往是事后查处，事前和事中的监督执行目前较为薄弱，因此应当完善这一制度。2021年9月1日修订后施行的《中华人民共和国安全生产法》第六十五条规定，对生产经营单位执行有关安全生产的法律、法规和国家标准或者行业标准的情况进行监督检查，对有根据认为不符合保障安全生产的国家标准或者行业标准的设施、设备、器材以及违法生产、储存、使用、经营、运输的危险物品予以查封或者扣押。这种把标准纳入行政执法内容中的方法，可研究将其复制推广。

交通运输部公布的《交通运输标准化"十四五"发展规划》,确定了到2025年基本建立交通运输高质量标准体系,政府主导制定的标准与市场自主制定的标准协同发展,标准化与科技创新深度融合,标准化发展基础更加坚实,我国成为国际标准的重要参与者和贡献者,国际影响力大幅提升,标准化支撑加快建设交通强国、构建国家综合立体交通网的作用更加突出的目标。

复习思考题

1. 推进综合交通运输治理现代化的目标是什么?
2. 推进综合交通运输治理现代化的主要任务有哪些?
3. 我国综合交通运输行政管理体系改革的历史阶段如何划分?
4. 我国综合交通运输立法建设取得了哪些成就?
5. 我国综合交通运输标准体系建设取得了哪些成就?

本章参考文献与延伸阅读

[1] 毕艳红,王战权. 综合交通运输体系概论[M]. 北京:人民交通出版社股份有限公司,2017.

[2] 中华人民共和国国务院新闻办公室. 中国特色社会主义法律体系[M]. 北京:人民出版社,2011.

[3] 中华人民共和国交通运输部. 交通运输部关于完善综合交通法规体系的意见[EB/OL]. (2020-11-26)[2021-10-14]. https://www.gov.cn/zhengce/zhengceku/2020-12/10/5568709/files/a7073b0a763c4b7a92748f473d5ae6a3.pdf.

[4] 中共中央,国务院. 交通强国建设纲要[EB/OL]. (2019-09-19)[2021-09-10]. http://www.gov.cn/zhengce/2019-09/19/content_5431432.htm.

附录
APPENDIX

《交通强国建设纲要》

建设交通强国是以习近平同志为核心的党中央立足国情、着眼全局、面向未来作出的重大战略决策,是建设现代化经济体系的先行领域,是全面建成社会主义现代化强国的重要支撑,是新时代做好交通工作的总抓手。为统筹推进交通强国建设,制定本纲要。

一、总体要求

(一)指导思想。以习近平新时代中国特色社会主义思想为指导,深入贯彻党的十九大精神,紧紧围绕统筹推进"五位一体"总体布局和协调推进"四个全面"战略布局,坚持稳中求进工作总基调,坚持新发展理念,坚持推动高质量发展,坚持以供给侧结构性改革为主线,坚持以人民为中心的发展思想,牢牢把握交通"先行官"定位,适度超前,进一步解放思想、开拓进取,推动交通发展由追求速度规模向更加注重质量效益转变,由各种交通方式相对独立发展向更加注重一体化融合发展转变,由依靠传统要素驱动向更加注重创新驱动转变,构建安全、便捷、高效、绿色、经济的现代化综合交通体系,打造一流设施、一流技术、一流管理、一流服务,建成人民满意、保障有力、世界前列的交通强国,为全面建成社会主义现代化强国、实现中华民族伟大复兴中国梦提供坚强支撑。

(二)发展目标

到2020年,完成决胜全面建成小康社会交通建设任务和"十三五"现代综合交通运输体系发展规划各项任务,为交通强国建设奠定坚实基础。

从2021年到本世纪中叶,分两个阶段推进交通强国建设。

到2035年,基本建成交通强国。现代化综合交通体系基本形成,人民满意度明显提高,支撑国家现代化建设能力显著增强;拥有发达的快速网、完善的干线网、广泛的基础网,城乡区域交通协调发展达到新高度;基本形成"全国123出行交通圈"(都市区1小时通勤、城市群2小时通达、全国主要城市3小时覆盖)和"全球123快货物流圈"(国内1天送达、周边国家2天送达、全球主要城市3天送达),旅客联程运输便捷顺畅,货物多式联运高效经济;智能、平安、绿色、共享交通发展水平明显提高,城市交通拥堵基本缓解,无障碍出行服务体系基本完善;交通科技创新体系基本建成,交通关键装备先进安全,人才队伍精良,市场环境优良;基本实现交通治理体系和治理能力现代化;交通国际竞争力和影响力显著提升。

到本世纪中叶,全面建成人民满意、保障有力、世界前列的交通强国。基础设施规模质量、技术装备、科技创新能力、智能化与绿色化水平位居世界前列,交通安全水平、治理能力、文明程度、国际竞争力及影响力达到国际先进水平,全面服务和保障社会主义现代化强国建设,人民享有美好交通服务。

二、基础设施布局完善、立体互联

(一)建设现代化高质量综合立体交通网络。以国家发展规划为依据,发挥国土空间规划的指导和约束作用,统筹铁路、公路、水运、民航、管道、邮政等基础设施规划建设,以多中心、网络化为主形态,完善多层次网络布局,优化存量资源配置,扩大优质增量供给,实现立体互联,增强系统弹性。强化西部地区补短板,推进东北地区提质改造,推动中部地区大通道大枢纽建设,加速东部地区优化升级,形成区域交通协调发展新格局。

(二)构建便捷顺畅的城市(群)交通网。建设城市群一体化交通网,推进干线铁路、城际铁路、市域(郊)铁路、城市轨道交通融合发展,完善城市群快速公路网络,加强公路与城市道路衔接。尊重城市发展规律,立足促进城市的整体性、系统性、生长性,统筹安排城市功能和用地布局,科学制定和实施城市综合交通体系规划。推进城市公共交通设施建设,强化城市轨道交通与其他交通方式衔接,完善快速路、主次干路、支路级配和结构合理的城市道路网,打通道路微循环,提高道路通达性,完善城市步行和非机动车交通系统,提升步行、自行车等出行品质,完善无障碍设施。科学规划建设城市停车设施,加强充电、加氢、加气和公交站点等设施建设。全面提升城市交通基础设施智能化水平。

(三)形成广覆盖的农村交通基础设施网。全面推进"四好农村路"建设,加快实施通村组硬化路建设,建立规范化可持续管护机制。促进交通建设与农村地区资源开发、产业发展有机融合,加强特色农产品优势区与旅游资源富集区交通建设。大力推进革命老区、民族地区、边疆地区、贫困地区、垦区林区交通发展,实现以交通便利带动脱贫减贫,深度贫困地区交通建设项目尽量向进村入户倾斜。推动资源丰富和人口相对密集贫困地区开发性铁路建设,在有条件的地区推进具备旅游、农业作业、应急救援等功能的通用机场建设,加强农村邮政等基础设施建设。

(四)构筑多层级、一体化的综合交通枢纽体系。依托京津冀、长三角、粤港澳大湾区等世界级城市群,打造具有全球竞争力的国际海港枢纽、航空枢纽和邮政快递核心枢纽,建设一批全国性、区域性交通枢纽,推进综合交通枢纽一体化规划建设,提高换乘换装水平,完善集疏运体系。大力发展枢纽经济。

三、交通装备先进适用、完备可控

(一)加强新型载运工具研发。实现3万吨级重载列车、时速250公里级高速轮轨货运列车等方面的重大突破。加强智能网联汽车(智能汽车、自动驾驶、车路协同)研发,形成自主可控完整的产业链。强化大中型邮轮、大型液化天然气船、极地航行船舶、智能船舶、新能源船舶等自主设计建造能力。完善民用飞机产品谱系,在大型民用飞机、重型直升机、通用航空器等方面取得显著进展。

(二)加强特种装备研发。推进隧道工程、整跨吊运安装设备等工程机械装备研发。研发水下机器人、深潜水装备、大型溢油回收船、大型深远海多功能救助船等新型装备。

(三)推进装备技术升级。推广新能源、清洁能源、智能化、数字化、轻量化、环保型交通装备及成套技术装备。广泛应用智能高铁、智能道路、智能航运、自动化码头、数字管网、智能仓储和分拣系统等新型装备设施,开发新一代智能交通管理系统。提升国产飞机和发动机技术水平,加强民用航空器、发动机研发制造和适航审定体系建设。推广应用交通装备的智能检测监测和运维技术。加速淘汰落后技术和高耗低效交通装备。

四、运输服务便捷舒适、经济高效

(一)推进出行服务快速化、便捷化。构筑以高铁、航空为主体的大容量、高效率区际快速客运服务,提升主要通道旅客运输能力。完善航空服务网络,逐步加密机场网建设,大力发展支线航空,推进干支有效衔接,提高航空服务能力和品质。提高城市群内轨道交通通勤化水平,推广城际道路客运公交化运行模式,打造旅客联程运输系统。加强城市交通拥堵综合治理,优先发展城市公共交通,鼓励引导绿色公交出行,合理引导个体机动化出行。推进城乡客运服务一体化,提升公共服务均等化水平,保障城乡居民行有所乘。

(二)打造绿色高效的现代物流系统。优化运输结构,加快推进港口集疏运铁路、物流园区及大型工矿企业铁路专用线等"公转铁"重点项目建设,推进大宗货物及中长距离货物运输向铁路和水运有序转移。推动铁水、公铁、公水、空陆等联运发展,推广跨方式快速换装转运标准化设施设备,形成统一的多式联运标准和规则。发挥公路货运"门到门"优势。完善航空物流网络,提升航空货运效率。推进电商物流、冷链物流、大件运输、危险品物流等专业化物流发展,促进城际干线运输和城市末端配送有机衔接,鼓励发展集约化配送模式。综合利用多种资源,完善农村配送网络,促进城乡双向流通。落实减税降费政策,优化物流组织模式,提高物流效率,降低物流成本。

(三)加速新业态新模式发展。深化交通运输与旅游融合发展,推动旅游专列、旅游风景道、旅游航道、自驾车房车营地、游艇旅游、低空飞行旅游等发展,完善客运枢纽、高速公路服务区等交通设施旅游服务功能。大力发展共享交通,打造基于移动智能终端技术的服务系统,实现出行即服务。发展"互联网+"高效物流,创新智慧物流营运模式。培育充满活力的通用航空及市域(郊)铁路市场,完善政府购买服务政策,稳步扩大短途运输、公益服务、航空消费等市场规模。建立通达全球的寄递服务体系,推动邮政普遍服务升级换代。加快快递扩容增效和数字化转型,壮大供应链服务、冷链快递、即时直递等新业态新模式,推进智能收投终端和末端公共服务平台建设。积极发展无人机(车)物流递送、城市地下物流配送等。

五、科技创新富有活力、智慧引领

(一)强化前沿关键科技研发。瞄准新一代信息技术、人工智能、智能制造、新材料、新能源等世界科技前沿,加强对可能引发交通产业变革的前瞻性、颠覆性技术研究。强化汽车、民用飞行器、船舶等装备动力传动系统研发,突破高效率、大推力/大功率发动机装备设备关键技术。加强区域综合交通网络协调运营与服务技术、城市综合交通协同管控技术、基于船岸协同的内河航运安全管控与应急搜救技术等研发。合理统筹安排时速600公里级高速磁悬浮系统、时速400公里级高速轮轨(含可变轨距)客运列车系统、低真空管(隧)道高速列车等技术储备研发。

(二)大力发展智慧交通。推动大数据、互联网、人工智能、区块链、超级计算等新技术与交通行业深度融合。推进数据资源赋能交通发展,加速交通基础设施网、运输服务网、能源网与信息网络融合发展,构建泛在先进的交通信息基础设施。构建综合交通大数据中心体系,深化交通公共服务和电子政务发展。推进北斗卫星导航系统应用。

(三)完善科技创新机制。建立以企业为主体、产学研用深度融合的技术创新机制,鼓励交通行业各类创新主体建立创新联盟,建立关键核心技术攻关机制。建设一批具有国际影响力的实验室、试验基地、技术创新中心等创新平台,加大资源开放共享力度,优化科研资金投入机制。构建适应交通高质量发展的标准体系,加强重点领域标准有效供给。

六、安全保障完善可靠、反应快速

(一)提升本质安全水平。完善交通基础设施安全技术标准规范,持续加大基础设施安全防护投入,提升关键基础设施安全防护能力。构建现代化工程建设质量管理体系,推进精品建造和精细管理。强化交通基础设施养护,加强基础设施运行监测检测,提高养护专业化、信息化水平,增强设施耐久性和可靠性。强化载运工具质量治理,保障运输装备安全。

(二)完善交通安全生产体系。完善依法治理体系,健全交通安全生产法规制度和标准规范。完善安全责任体系,强化企业主体责任,明确部门监管责任。完善预防控制体系,有效防控系统性风险,建立交通装备、工程第三方认证制度。强化安全生产事故调查评估。完善网络安全保障体系,增强科技兴安能力,加强交通信息基础设施安全保护。完善支撑保障体系,加强安全设施建设。建立自然灾害交通防治体系,提高交通防灾抗灾能力。加强交通安全综合治理,切实提高交通安全水平。

(三)强化交通应急救援能力。建立健全综合交通应急管理体制机制、法规制度和预案体系,加强应急救援专业装备、设施、队伍建设,积极参与国际应急救援合作。强化应急救援社会协同能力,完善征用补偿机制。

七、绿色发展节约集约、低碳环保

(一)促进资源节约集约利用。加强土地、海域、无居民海岛、岸线、空域等资源节约集约利用,提升用地用海用岛效率。加强老旧设施更新利用,推广施工材料、废旧材料再生和综合利用,推进邮件快件包装绿色化、减量化,提高资源再利用和循环利用水平,推进交通资源循环利用产业发展。

(二)强化节能减排和污染防治。优化交通能源结构,推进新能源、清洁能源应用,促进公路货运节能减排,推动城市公共交通工具和城市物流配送车辆全部实现电动化、新能源化和清洁化。打好柴油货车污染治理攻坚战,统筹油、路、车治理,有效防治公路运输大气污染。严格执行国家和地方污染物控制标准及船舶排放区要求,推进船舶、港口污染防治。降低交通沿线噪声、振动,妥善处理好大型机场噪声影响。开展绿色出行行动,倡导绿色低碳出行理念。

(三)强化交通生态环境保护修复。严守生态保护红线,严格落实生态保护和水土保持措施,严格实施生态修复、地质环境治理恢复与土地复垦,将生态环保理念贯穿交通基础设施规划、建设、运营和养护全过程。推进生态选线选址,强化生态环保设计,避让耕地、林地、湿地等具有重要生态功能的国土空间。建设绿色交通廊道。

八、开放合作面向全球、互利共赢

(一)构建互联互通、面向全球的交通网络。以丝绸之路经济带六大国际经济合作走廊为主体,推进与周边国家铁路、公路、航道、油气管道等基础设施互联互通。提高海运、民航的全球连接度,建设世界一流的国际航运中心,推进21世纪海上丝绸之路建设。拓展国际航运物流,发展铁路国际班列,推进跨境道路运输便利化,大力发展航空物流枢纽,构建国际寄递物流供应链体系,打造陆海新通道。维护国际海运重要通道安全与畅通。

(二)加大对外开放力度。吸引外资进入交通领域,全面落实准入前国民待遇加负面清单管理制度。协同推进自由贸易试验区、中国特色自由贸易港建设。鼓励国内交通企业积极参与"一带一路"沿线交通基础设施建设和国际运输市场合作,打造世界一流交通企业。

(三)深化交通国际合作。提升国际合作深度与广度,形成国家、社会、企业多层次合作渠道。拓展国际合作平台,积极打造交通新平台,吸引重要交通国际组织来华落驻。积极推动全球交通治理体系建设与变革,促进交通运输政策、规则、制度、技术、标准"引进来"和"走出去",积极参与交通国际组织事务框架下规则、标准制定修订。提升交通国际话语权和影响力。

九、人才队伍精良专业、创新奉献

（一）培育高水平交通科技人才。坚持高精尖缺导向，培养一批具有国际水平的战略科技人才、科技领军人才、青年科技人才和创新团队，培养交通一线创新人才，支持各领域各学科人才进入交通相关产业行业。推进交通高端智库建设，完善专家工作体系。

（二）打造素质优良的交通劳动者大军。弘扬劳模精神和工匠精神，造就一支素质优良的知识型、技能型、创新型劳动者大军。大力培养支撑中国制造、中国创造的交通技术技能人才队伍，构建适应交通发展需要的现代职业教育体系。

（三）建设高素质专业化交通干部队伍。落实建设高素质专业化干部队伍要求，打造一支忠诚干净担当的高素质干部队伍。注重专业能力培养，增强干部队伍适应现代综合交通运输发展要求的能力。加强优秀年轻干部队伍建设，加强国际交通组织人才培养。

十、完善治理体系，提升治理能力

（一）深化行业改革。坚持法治引领，完善综合交通法规体系，推动重点领域法律法规制定修订。不断深化铁路、公路、航道、空域管理体制改革，建立健全适应综合交通一体化发展的体制机制。推动国家铁路企业股份制改造、邮政企业混合所有制改革，支持民营企业健康发展。统筹制定交通发展战略、规划和政策，加快建设现代化综合交通体系。强化规划协同，实现"多规合一"、"多规融合"。

（二）优化营商环境。健全市场治理规则，深入推进简政放权，破除区域壁垒，防止市场垄断，完善运输价格形成机制，构建统一开放、竞争有序的现代交通市场体系。全面实施市场准入负面清单制度，构建以信用为基础的新型监管机制。

（三）扩大社会参与。健全公共决策机制，实行依法决策、民主决策。鼓励交通行业组织积极参与行业治理，引导社会组织依法自治、规范自律，拓宽公众参与交通治理渠道。推动政府信息公开，建立健全公共监督机制。

（四）培育交通文明。推进优秀交通文化传承创新，加强重要交通遗迹遗存、现代交通重大工程的保护利用和精神挖掘，讲好中国交通故事。弘扬以"两路"精神、青藏铁路精神、民航英雄机组等为代表的交通精神，增强行业凝聚力和战斗力。全方位提升交通参与者文明素养，引导文明出行，营造文明交通环境，推动全社会交通文明程度大幅提升。

十一、保障措施

（一）加强党的领导。坚持党的全面领导，充分发挥党总揽全局、协调各方的作用。建立统筹协调的交通强国建设实施工作机制，强化部门协同、上下联动、军地互动，整体有序推进交通强国建设工作。

（二）加强资金保障。深化交通投融资改革，增强可持续发展能力，完善政府主导、分级负责、多元筹资、风险可控的资金保障和运行管理体制。建立健全中央和地方各级财政投入保障制度,鼓励采用多元化市场融资方式拓宽融资渠道,积极引导社会资本参与交通强国建设,强化风险防控机制建设。

(三)加强实施管理。各地区各部门要提高对交通强国建设重大意义的认识,科学制定配套政策和配置公共资源,促进自然资源、环保、财税、金融、投资、产业、贸易等政策与交通强国建设相关政策协同,部署若干重大工程、重大项目,合理规划交通强国建设进程。鼓励有条件的地方和企业在交通强国建设中先行先试。交通运输部要会同有关部门加强跟踪分析和督促指导,建立交通强国评价指标体系,重大事项及时向党中央、国务院报告。

《国家综合立体交通网规划纲要》

为加快建设交通强国,构建现代化高质量国家综合立体交通网,支撑现代化经济体系和社会主义现代化强国建设,编制本规划纲要。规划期为 2021 至 2035 年,远景展望到本世纪中叶。

一、规划基础

(一)发展现状

改革开放特别是党的十八大以来,在以习近平同志为核心的党中央坚强领导下,我国交通运输发展取得了举世瞩目的成就。基础设施网络基本形成,综合交通运输体系不断完善;运输服务能力和水平大幅提升,人民群众获得感明显增强;科技创新成效显著,设施建造、运输装备技术水平大幅提升;交通运输建设现代化加快推进,安全智慧绿色发展水平持续提高;交通运输对外开放持续扩大,走出去步伐不断加快。交通运输发展有效促进国土空间开发保护、城乡区域协调发展、生产力布局优化,为经济社会发展充分发挥基础性、先导性、战略性和服务性作用,为决胜全面建成小康社会提供了有力支撑。

与此同时,我国交通运输发展还存在一些短板,不平衡不充分问题仍然突出。综合交通网络布局仍需完善,结构有待优化,互联互通和网络韧性还需增强;综合交通统筹融合亟待加强,资源集约利用水平有待提高,交通运输与相关产业协同融合尚需深化,全产业链支撑能力仍需提升;综合交通发展质量效率和服务水平不高,现代物流体系有待完善,科技创新能力、安全智慧绿色发展水平还要进一步提高;交通运输重点领域关键环节改革任务仍然艰巨。

(二)形势要求

当前和今后一个时期,我国发展仍处于重要战略机遇期,但机遇和挑战都有新的发展变化。当今世界正经历百年未有之大变局,新一轮科技革命和产业变革深入发展,国际力量对比深刻调整,和平与发展仍是时代主题,人类命运共同体理念深入人心。同时国际环境日趋复杂,不稳定性不确定性明显增加,新冠肺炎疫情影响广泛深远,经济全球化遭遇逆流,世界进入动荡变革期。我国已转向高质量发展阶段,制度优势显著,经济长期向好,市场空间广阔,发展韧性增强,社会大局稳定,全面建设社会主义现代化国家新征程开启,但发展不平衡不充分问题仍然突出。

国内国际新形势对加快建设交通强国、构建现代化高质量国家综合立体交通网提出了新的更高要求,必须更加突出创新的核心地位,注重交通运输创新驱动和智慧发展;更加突出统筹协调,注重各种运输方式融合发展和城乡区域交通运输协调发展;更加突出绿色发展,注重国土空间开发和生态环境保护;更加突出高水平对外开放,注重对外互联互通和国际供应链开放、安全、稳定;更加突出共享发展,注重建设人民满意交通,满足人民日益增长的美好生活需要。要着力推动交通运输更高质量、更有效率、更加公平、更可持续、更为安全的发展,发挥交通运输在国民经济扩大循环规模、提高循环效率、增强循环动能、降低循环成本、保障循环安全中的重要作用,为全面建设社会主义现代化国家提供有力支撑。

(三) 运输需求

旅客出行需求稳步增长,高品质、多样化、个性化的需求不断增强。预计 2021 至 2035 年旅客出行量(含小汽车出行量)年均增速为 3.2% 左右。高铁、民航、小汽车出行占比不断提升,国际旅客出行以及城市群旅客出行需求更加旺盛。东部地区仍将是我国出行需求最为集中的区域,中西部地区出行需求增速加快。

货物运输需求稳中有升,高价值、小批量、时效强的需求快速攀升。预计 2021 至 2035 年全社会货运量年均增速为 2% 左右,邮政快递业务量年均增速为 6.3% 左右。外贸货物运输保持长期增长态势,大宗散货运量未来一段时期保持高位运行状态。东部地区货运需求仍保持较大规模,中西部地区增速将快于东部地区。

二、总体要求

(一) 指导思想

以习近平新时代中国特色社会主义思想为指导,深入贯彻党的十九大和十九届二中、三中、四中、五中全会精神,统筹推进"五位一体"总体布局,协调推进"四个全面"战略布局,坚持稳中求进工作总基调,立足新发展阶段,贯彻新发展理念,构建新发展格局,以推动高质量发展为主题,以深化供给侧结构性改革为主线,以改革创新为根本动力,以满足人民日益增长的美好生活需要为根本目的,统筹发展和安全,充分发挥中央和地方两个积极性,更加注重质量效益、一体化融合、创新驱动,打造一流设施、技术、管理、服务,构建便捷顺畅、经济高效、绿色集约、智能先进、安全可靠的现代化高质量国家综合立体交通网,加快建设交通强国,为全面建设社会主义现代化国家当好先行。

(二) 工作原则

——服务大局、服务人民。立足全面建设社会主义现代化国家大局,坚持适度超前,推进交通与国土空间开发保护、产业发展、新型城镇化协调发展,促进军民融合发展,有效支撑国家重大战略。立足扩大内需战略基点,拓展投资空间,有效促进国民经济良性循环。坚持以人民为中心,建设人民满意交通,不断增强人民群众的获得感、幸福感、安全感。

——立足国情、改革开放。准确把握新发展阶段要求和资源禀赋气候特征,加强资源节约集约利用,探索中国特色交通运输现代化发展模式和路径。充分发挥市场在资源配置中的决定性作用,更好发挥政府作用,深化交通运输体系改革,破除制约高质量发展的体制机制障碍,构建统一开放竞争有序的交通运输市场。服务"一带一路"建设,加强国际互联互通,深化交通运输开放合作,提高全球运输网络和物流供应链体系安全性、开放性、可靠性。

——优化结构、统筹融合。坚持系统观念,加强前瞻性思考、全局性谋划、战略性布局、整体性推进。加强规划统筹，优化网络布局，创新运输组织，调整运输结构，实现供给和需求更高水平的动态平衡。推动融合发展，加强交通运输资源整合和集约利用，促进交通运输与相关产业深度融合。强化衔接联通，提升设施网络化和运输服务一体化水平，提升综合交通运输整体效率。

——创新智慧、安全绿色。坚持创新核心地位，注重科技赋能，促进交通运输提效能、扩功能、增动能。推进交通基础设施数字化、网联化，提升交通运输智慧发展水平。统筹发展和安全，加强交通运输安全与应急保障能力建设。加快推进绿色低碳发展，交通领域二氧化碳排放尽早达峰，降低污染物及温室气体排放强度，注重生态环境保护修复，促进交通与自然和谐发展。

(三) 发展目标

到 2035 年，基本建成便捷顺畅、经济高效、绿色集约、智能先进、安全可靠的现代化高质量国家综合立体交通网，实现国际国内互联互通、全国主要城市立体畅达、县级节点有效覆盖，有力支撑"全国 123 出行交通圈"(都市区 1 小时通勤、城市群 2 小时通达、全国主要城市 3 小时覆盖)和"全球 123 快货物流圈"(国内 1 天送达、周边国家 2 天送达、全球主要城市 3 天送达)。交通基础设施质量、智能化与绿色化水平居世界前列。交通运输全面适应人民日益增长的美好生活需要，有力保障国家安全，支撑我国基本实现社会主义现代化。(见专栏一和国家综合立体交通网 2035 年主要指标表)

到本世纪中叶，全面建成现代化高质量国家综合立体交通网，拥有世界一流的交通基础设施体系，交通运输供需有效平衡、服务优质均等、安全有力保障。新技术广泛应用，实现数字化、网络化、智能化、绿色化。出行安全便捷舒适，物流高效经济可靠，实现"人享其行、物优其流"，全面建成交通强国，为全面建成社会主义现代化强国当好先行。

三、优化国家综合立体交通布局

(一) 构建完善的国家综合立体交通网

国家综合立体交通网连接全国所有县级及以上行政区、边境口岸、国防设施、主要景区等。以统筹融合为导向，着力补短板、重衔接、优网络、提效能，更加注重存量资源优化利用和增量供给质量提升。完善铁路、公路、水运、民航、邮政快递等基础设施网络，构建以铁路为主干，以公路为基础，水运、民航比较优势充分发挥的国家综合立体交通网。

到 2035 年，国家综合立体交通网实体线网总规模合计 70 万公里左右(不含国际陆路通道境外段、空中及海上航路、邮路里程)。其中铁路 20 万公里左右，公路 46 万公里左右，高等级航道 2.5 万公里左右。沿海主要港口 27 个，内河主要港口 36 个，民用运输机场 400 个左右，邮政快递枢纽 80 个左右。(见专栏二)

(二) 加快建设高效率国家综合立体交通网主骨架

国家综合立体交通网主骨架由国家综合立体交通网中最为关键的线网构成，是我国区域间、城市群间、省际间以及连通国际运输的主动脉,是支撑国土空间开发保护的主轴线,也是各种运输方式资源配置效率最高、运输强度最大的骨干网络。

依据国家区域发展战略和国土空间开发保护格局,结合未来交通运输发展和空间分布特点,将重点区域按照交通运输需求量级划分为 3 类。京津冀、长三角、粤港澳大湾区和成渝地区双城经济圈 4 个地区作为极,长江中游、山东半岛、海峡西岸、中原地区、哈长、辽中南、北部湾和关中平原 8 个地区作为组群,呼包鄂榆、黔中、滇中、山西中部、天山北坡、兰西、宁夏沿黄、拉萨和喀什 9 个地区作为组团。按照极、组群、组团之间交通联系强度,打造由主轴、走廊、通道组成的国家综合立体交通网主骨架。国家综合立体交通网主骨架实体线网里程 29 万公里左右,其中国家高速铁路 5.6 万公里、普速铁路 7.1 万公里;国家高速公路 6.1 万公里、普通国道 7.2 万公里;国家高等级航道 2.5 万公里。

加快构建 6 条主轴。加强京津冀、长三角、粤港澳大湾区、成渝地区双城经济圈 4 极之间联系,建设综合性、多通道、立体化、大容量、快速化的交通主轴。拓展 4 极辐射空间和交通资源配置能力,打造我国综合立体交通协同发展和国内国际交通衔接转换的关键平台,充分发挥促进全国区域发展南北互动、东西交融的重要作用。

加快构建 7 条走廊。强化京津冀、长三角、粤港澳大湾区、成渝地区双城经济圈 4 极的辐射作用,加强极与组群和组团之间联系,建设京哈、京藏、大陆桥、西部陆海、沪昆、成渝昆、广昆等多方式、多通道、便捷化的交通走廊,优化完善多中心、网络化的主骨架结构。

加快构建 8 条通道。强化主轴与走廊之间的衔接协调,加强组群与组团之间、组团与组团之间联系,加强资源产业集聚地、重要口岸的连接覆盖,建设绥满、京延、沿边、福银、二湛、川藏、湘桂、厦蓉等交通通道,促进内外连通、通边达海,扩大中西部和东北地区交通网络覆盖。(见专栏三)

(三)建设多层级一体化国家综合交通枢纽系统

建设综合交通枢纽集群、枢纽城市及枢纽港站"三位一体"的国家综合交通枢纽系统。建设面向世界的京津冀、长三角、粤港澳大湾区、成渝地区双城经济圈 4 大国际性综合交通枢纽集群。加快建设 20 个左右国际性综合交通枢纽城市以及 80 个左右全国性综合交通枢纽城市。推进一批国际性枢纽港站、全国性枢纽港站建设。(见专栏四)

(四)完善面向全球的运输网络

围绕陆海内外联动、东西双向互济的开放格局,着力形成功能完备、立体互联、陆海空统筹的运输网络。发展多元化国际运输通道,重点打造新亚欧大陆桥、中蒙俄、中国—中亚—西亚、中国—中南半岛、中巴、中尼印和孟中印缅等 7 条陆路国际运输通道。发展以中欧班列为重点的国际货运班列,促进国际道路运输便利化。强化国际航运中心辐射能力,完善经日韩跨太平洋至美洲,经东南亚至大洋洲,经东南亚、南亚跨印度洋至欧洲和非洲,跨北冰洋的冰上丝绸之路等 4 条海上国际运输通道,保障原油、铁矿石、粮食、液化天然气等国家重点物资国际运输,拓展国际海运物流网络,加快发展邮轮经济。依托国际航空枢纽,构建四通八达、覆盖全球的空中客货运输网络。建设覆盖五洲、连通全球、互利共赢、协同高效的国际干线邮路网。

四、推进综合交通统筹融合发展

（一）推进各种运输方式统筹融合发展

统筹综合交通通道规划建设。强化国土空间规划对基础设施规划建设的指导约束作用，加强与相关规划的衔接协调。节约集约利用通道线位资源、岸线资源、土地资源、空域资源、水域资源，促进交通通道由单一向综合、由平面向立体发展，减少对空间的分割，提高国土空间利用效率。统筹考虑多种运输方式规划建设协同和新型运输方式探索应用，实现陆水空多种运输方式相互协同、深度融合。用好用足既有交通通道，加强过江、跨海、穿越环境敏感区通道基础设施建设方案论证，推动铁路、公路等线性基础设施的线位统筹和断面空间整合。加强综合交通通道与通信、能源、水利等基础设施统筹，提高通道资源利用效率。

推进综合交通枢纽一体化规划建设。推进综合交通枢纽及邮政快递枢纽统一规划、统一设计、统一建设、协同管理。推动新建综合客运枢纽各种运输方式集中布局，实现空间共享、立体或同台换乘，打造全天候、一体化换乘环境。推动既有综合客运枢纽整合交通设施、共享服务功能空间。加快综合货运枢纽多式联运换装设施与集疏运体系建设，统筹转运、口岸、保税、邮政快递等功能，提升多式联运效率与物流综合服务水平。按照站城一体、产城融合、开放共享原则，做好枢纽发展空间预留、用地功能管控、开发时序协调。（见专栏五）

推动城市内外交通有效衔接。推动干线铁路、城际铁路、市域（郊）铁路融合建设，并做好与城市轨道交通衔接协调，构建运营管理和服务"一张网"，实现设施互联、票制互通、安检互认、信息共享、支付兼容。加强城市周边区域公路与城市道路高效对接，系统优化进出城道路网络，推动规划建设统筹和管理协同，减少对城市的分割和干扰。完善城市物流配送系统，加强城际干线运输与城市末端配送有机衔接。加强铁路、公路客运枢纽及机场与城市公交网络系统有机整合，引导城市沿大容量公共交通廊道合理、有序发展。

（二）推进交通基础设施网与运输服务网、信息网、能源网融合发展

推进交通基础设施网与运输服务网融合发展。推进基础设施、装备、标准、信息与管理的有机衔接，提高交通运输网动态运行管理服务智能化水平，打造以全链条快速化为导向的便捷运输服务网，构建空中、水上、地面与地下融合协同的多式联运网络，完善供应链服务体系。

推进交通基础设施网与信息网融合发展。加强交通基础设施与信息基础设施统筹布局、协同建设，推动车联网部署和应用，强化与新型基础设施建设统筹，加强载运工具、通信、智能交通、交通管理相关标准跨行业协同。

推进交通基础设施网与能源网融合发展。推进交通基础设施与能源设施统筹布局规划建设，充分考虑煤炭、油气、电力等各种能源输送特点，强化交通与能源基础设施共建共享，提高设施利用效率，减少能源资源消耗。促进交通基础设施网与智能电网融合，适应

新能源发展要求。

（三）推进区域交通运输协调发展

推进重点区域交通运输统筹发展。建设"轨道上的京津冀"，加快推进京津冀地区交通一体化，建设世界一流交通体系，高标准、高质量建设雄安新区综合交通运输体系。建设"轨道上的长三角"、辐射全球的航运枢纽，打造交通高质量发展先行区，提升整体竞争力和影响力。粤港澳大湾区实现高水平互联互通，打造西江黄金水道，巩固提升港口群、机场群的国际竞争力和辐射带动力，建成具有全球影响力的交通枢纽集群。成渝地区双城经济圈以提升对外连通水平为导向，强化门户枢纽功能，构建一体化综合交通运输体系。建设东西畅通、南北辐射、有效覆盖、立体互联的长江经济带现代化综合立体交通走廊。支持海南自由贸易港建设，推动西部陆海新通道国际航运枢纽和航空枢纽建设，加快构建现代综合交通运输体系。统筹黄河流域生态环境保护与交通运输高质量发展，优化交通基础设施空间布局。

推进东部、中部、西部和东北地区交通运输协调发展。加速东部地区优化升级，提高人口、经济密集地区交通承载力，强化对外开放国际运输服务功能。推进中部地区大通道大枢纽建设，更好发挥承东启西、连南接北功能。强化西部地区交通基础设施布局，推进西部陆海新通道建设，打造东西双向互济对外开放通道网络。优化枢纽布局，完善枢纽体系，发展通用航空，改善偏远地区居民出行条件。推动东北地区交通运输发展提质增效，强化与京津冀等地区通道能力建设，打造面向东北亚对外开放的交通枢纽。支持革命老区、民族地区、边疆地区交通运输发展，推进沿边沿江沿海交通建设。

推进城市群内部交通运输一体化发展。构建便捷高效的城际交通网，加快城市群轨道交通网络化，完善城市群快速公路网络，加强城市交界地区道路和轨道顺畅连通，基本实现城市群内部2小时交通圈。加强城市群内部重要港口、站场、机场的路网连通性，促进城市群内港口群、机场群统筹资源利用、信息共享、分工协作、互利共赢，提高城市群交通枢纽体系整体效率和国际竞争力。统筹城际网络、运力与运输组织，提高运输服务效率。研究布局综合性通用机场，疏解繁忙机场的通用航空活动，发展城市直升机运输服务，构建城市群内部快速空中交通网络。建立健全城市群内交通运输协同发展体制机制，推动相关政策、法规、标准等一体化。

推进都市圈交通运输一体化发展。建设中心城区连接卫星城、新城的大容量、快速化轨道交通网络，推进公交化运营，加强道路交通衔接，打造1小时"门到门"通勤圈。推动城市道路网结构优化，形成级配合理、接入顺畅的路网系统。有序发展共享交通，加强城市步行和自行车等慢行交通系统建设，合理配置停车设施，开展人行道净化行动，因地制宜建设自行车专用道，鼓励公众绿色出行。深入实施公交优先发展战略，构建以城市轨道交通为骨干、常规公交为主体的城市公共交通系统，推进以公共交通为导向的城市土地开发模式，提高城市绿色交通分担率。超大城市充分利用轨道交通地下空间和建筑，优化客流疏散。

推进城乡交通运输一体化发展。统筹规划地方高速公路网，加强与国道、农村公路以及其他运输方式的衔接协调,构建功能明确、布局合理、规模适当的省道网。加快推动乡村交通基础设施提档升级,全面推进"四好农村路"建设,实现城乡交通基础设施一体化规划、建设、管护。畅通城乡交通运输连接,推进县乡村(户)道路连通、城乡客运一体化,解决好群众出行"最后一公里"问题。提高城乡交通运输公共服务均等化水平,巩固拓展交通运输脱贫攻坚成果同乡村振兴有效衔接。

(四)推进交通与相关产业融合发展

推进交通与邮政快递融合发展。推动在铁路、机场、城市轨道等交通场站建设邮政快递专用处理场所、运输通道、装卸设施。在重要交通枢纽实现邮件快件集中安检、集中上机(车),发展航空、铁路、水运快递专用运载设施设备。推动不同运输方式之间邮件快件装卸标准、跟踪数据等有效衔接,实现信息共享。发展航空快递、高铁快递,推动邮件快件多式联运,实现跨领域、跨区域和跨运输方式顺畅衔接,推进全程运输透明化。推进乡村邮政快递网点、综合服务站、汽车站等设施资源整合共享。

推进交通与现代物流融合发展。加强现代物流体系建设,优化国家物流大通道和枢纽布局,加强国家物流枢纽应急、冷链、分拣处理等功能区建设,完善与口岸衔接,畅通物流大通道与城市配送网络交通线网连接,提高干支衔接能力和转运分拨效率。加快构建农村物流基础设施骨干网络和末端网络。发展高铁快运,推动双层集装箱铁路运输发展。加快航空物流发展,加强国际航空货运能力建设。培育壮大一批具有国际竞争力的现代物流企业,鼓励企业积极参与全球供应链重构与升级,依托综合交通枢纽城市建设全球供应链服务中心,打造开放、安全、稳定的全球物流供应链体系。

推进交通与旅游融合发展。充分发挥交通促进全域旅游发展的基础性作用,加快国家旅游风景道、旅游交通体系等规划建设,打造具有广泛影响力的自然风景线。强化交通网"快进慢游"功能,加强交通干线与重要旅游景区衔接。完善公路沿线、服务区、客运枢纽、邮轮游轮游艇码头等旅游服务设施功能,支持红色旅游、乡村旅游、度假休闲旅游、自驾游等相关交通基础设施建设,推进通用航空与旅游融合发展。健全重点旅游景区交通集散体系,鼓励发展定制化旅游运输服务,丰富邮轮旅游服务,形成交通带动旅游、旅游促进交通发展的良性互动格局。

推进交通与装备制造等相关产业融合发展。加强交通运输与现代农业、生产制造、商贸金融等跨行业合作,发展交通运输平台经济、枢纽经济、通道经济、低空经济。支持交通装备制造业延伸服务链条,促进现代装备在交通运输领域应用,带动国产航空装备的产业化、商业化应用,强化交通运输与现代装备制造业的相互支撑。推动交通运输与生产制造、流通环节资源整合,鼓励物流组织模式与业态创新。推进智能交通产业化。

五、推进综合交通高质量发展

(一)推进安全发展

提升安全保障能力。加强交通运输安全风险预警、防控机制和能力建设。加快推进城市群、重点地区、重要口岸、主要产业及能源基地、自然灾害多发地区多通道、多方式、多路径建设,提升交通网络系统韧性和安全性。健全粮食、能源等战略物资运输保障体系,提升产业链、供应链安全保障水平。加强通道安全保障、海上巡航搜救打捞、远洋深海极地救援能力建设,健全交通安全监管体系和搜寻救助系统。健全关键信息基础设施安全保护体系,提升车联网、船联网等重要融合基础设施安全保障能力,加强交通信息系统安全防护,加强关键技术创新力度,提升自主可控能力。提升交通运输装备安全水平。健全安全宣传教育体系,强化全民安全意识和法治意识。

提高交通基础设施安全水平。建立完善现代化工程建设和运行质量全寿命周期安全管理体系,健全交通安全生产法规制度和标准规范。强化交通基础设施预防性养护维护、安全评估,加强长期性能观测,完善数据采集、检测诊断、维修处治技术体系,加大病害治理力度,及时消除安全隐患。推广使用新材料新技术新工艺,提高交通基础设施质量和使用寿命。完善安全责任体系,创新安全管理模式,强化重点交通基础设施建设、运行安全风险防控,全面改善交通设施安全水平。

完善交通运输应急保障体系。建立健全多部门联动、多方式协同、多主体参与的综合交通应急运输管理协调机制,完善科学协调的综合交通应急运输保障预案体系。构建应急运输大数据中心,推动信息互联共享。构建快速通达、衔接有力、功能适配、安全可靠的综合交通应急运输网络。提升应急运输装备现代化、专业化和智能化水平,推动应急运输标准化、模块化和高效化。统筹陆域、水域和航空应急救援能力建设,建设多层级的综合运输应急装备物资和运力储备体系。科学规划布局应急救援基地、消防救援站等,加强重要通道应急装备、应急通信、物资储运、防灾防疫、污染应急处置等配套设施建设,提高设施快速修复能力和应对突发事件能力。建立健全行业系统安全风险和重点安全风险监测防控体系,强化危险货物运输全过程、全网络监测预警。

(二)推进智慧发展

提升智慧发展水平。加快提升交通运输科技创新能力,推进交通基础设施数字化、网联化。推动卫星通信技术、新一代通信技术、高分遥感卫星、人工智能等行业应用,打造全覆盖、可替代、保安全的行业北斗高精度基础服务网,推动行业北斗终端规模化应用。构建高精度交通地理信息平台,加快各领域建筑信息模型技术自主创新应用。全方位布局交通感知系统,与交通基础设施同步规划建设,部署关键部位主动预警设施,提升多维监测、精准管控、协同服务能力。加强智能化载运工具和关键专用装备研发,推进智能网联汽车(智能汽车、自动驾驶、车路协同)、智能化通用航空器应用。鼓励物流园区、港口、机场、货运场站广泛应用物联网、自动化等技术,推广应用自动化立体仓库、引导运输车、智能输送分拣和装卸设备。构建综合交通大数据中心体系,完善综合交通运输信息平台。完善科技资源开放共享机制,建设一批具有国际影响力的创新平台。

加快既有设施智能化。利用新技术赋能交通基础设施发展,加强既有交通基础设施提质升级,提高设施利用效率和服务水平。运用现代控制技术提升铁路全路网列车调度指挥和运输管理智能化水平。推动公路路网管理和出行信息服务智能化,完善道路交通监控设备及配套网络。加强内河高等级航道运行状态在线监测,推动船岸协同、自动化码头和堆场发展。发展新一代空管系统,推进空中交通服务、流量管理和空域管理智能化,推进各方信息共享。推动智能网联汽车与智慧城市协同发展,建设城市道路、建筑、公共设施融合感知体系,打造基于城市信息模型平台、集城市动态静态数据于一体的智慧出行平台。

(三)推进绿色发展和人文建设

推进绿色低碳发展。促进交通基础设施与生态空间协调,最大限度保护重要生态功能区、避让生态环境敏感区,加强永久基本农田保护。实施交通生态修复提升工程,构建生态化交通网络。加强科研攻关,改进施工工艺,从源头减少交通噪声、污染物、二氧化碳等排放。加大交通污染监测和综合治理力度,加强交通环境风险防控,落实生态补偿机制。优化调整运输结构,推进多式联运型物流园区、铁路专用线建设,形成以铁路、水运为主的大宗货物和集装箱中长距离运输格局。加强可再生能源、新能源、清洁能源装备设施更新利用和废旧建材再生利用,促进交通能源动力系统清洁化、低碳化、高效化发展,推进快递包装绿色化、减量化、可循环。

加强交通运输人文建设。完善交通基础设施、运输装备功能配置和运输服务标准规范体系,满足不同群体出行多样化、个性化要求。加强无障碍设施建设,完善无障碍装备设备,提高特殊人群出行便利程度和服务水平。健全老年人交通运输服务体系,满足老龄化社会交通需求。创新服务模式,提升运输服务人性化、精细化水平。加强交通文明宣传教育,弘扬优秀交通文化,提高交通参与者守法意识和道德水平。

(四)提升治理能力

深化交通运输行业改革。深化简政放权、放管结合、优化服务改革,持续优化营商环境,形成统一开放竞争有序的交通运输市场。建立健全适应国家综合立体交通高质量发展的体制机制,完善综合交通运输发展战略规划政策体系。推进铁路行业竞争性环节市场化改革,深化国家空管体制改革,实现邮政普遍服务业务与竞争性业务分业经营。完善交通运输与国土空间开发、城乡建设、生态环境保护等政策协商机制,推进多规融合,提高政策统一性、规则一致性和执行协同性。加快制定综合交通枢纽、多式联运、新业态新模式等标准规范,加强不同运输方式标准统筹协调,构建符合高质量发展的标准体系。加强交通国际交流合作,积极参与国际交通组织,推动标准国际互认,提升中国标准的国际化水平。以大数据、信用信息共享为基础,构建综合交通运输新型治理机制。

加强交通运输法治建设。坚持法治引领,深化交通运输法治政府部门建设。推动综合交通等重点立法项目制定修订进程,促进不同运输方式法律制度的有效衔接,完善综合交通法规体系。全面加强规范化建设,提升交通运输执法队伍能力和水平,严格规范公正文明执法。落实普法责任制,营造行业良好法治环境,把法治要求贯穿于综合交通运输规划、建设、管理、运营服务、安全生产各环节全过程。

加强交通运输人才队伍建设。优化人才队伍结构,加强跨学科科研队伍建设,造就一批有影响力的交通科技领军人才和创新团队。弘扬劳模精神、工匠精神,完善人才引进、培养、使用、评价、流动、激励体制机制和以社会主义核心价值观引领行业文化建设的治理机制。加强创新型、应用型、技能型人才培养,建设忠诚干净担当的高素质干部队伍,造就一支素质优良的劳动者大军。

六、保障措施

(一)加强党的领导

坚持和加强党的全面领导,增强"四个意识"、坚定"四个自信"、做到"两个维护",充分发挥党总揽全局、协调各方的领导核心作用,始终把党的领导贯穿到加快建设交通强国全过程,充分发挥各级党组织在推进国家综合立体交通网建设发展中的作用,激励干部担当作为,全面调动各级干部干事创业的积极性、主动性和创造性,不断提高贯彻新发展理念、构建新发展格局、推动高质量发展能力和水平,为实现本规划纲要目标任务提供根本保证。

(二)加强组织协调

加强本规划纲要实施组织保障体系建设,建立健全实施协调推进机制,强化部门协同和上下联动,推动各类交通基础设施统筹规划、协同建设。财政、自然资源、住房城乡建设、生态环境等部门要细化完善财政、用地、用海、城乡建设、环保等配套政策及标准规范。健全本规划纲要与各类各级规划衔接机制。

(三)加强资源支撑

加强国家综合立体交通网规划项目土地等资源供给,规划、建设过程严格用地控制,突出立体、集约、节约思维,提高交通用地复合程度,盘活闲置交通用地资源,完善公共交通引导土地开发的相关政策。建立国土空间规划等相关规划与交通规划协调机制和动态调整管理政策。

(四)加强资金保障

建立完善与交通运输发展阶段特征相适应的资金保障制度,落实中央与地方在交通运输领域的财政事权和支出责任,确保各交通专项资金支持交通发展。创新投融资政策,健全与项目资金需求和期限相匹配的长期资金筹措渠道。构建形成效益增长与风险防控可持续发展的投资机制,防范化解债务风险。健全公益性基础设施建设运营支持政策体系,加大对欠发达地区和边境地区支持力度。进一步调整完善支持邮政、水运等发展的资金政策。支持各类金融机构依法合规为市场化运作的交通发展提供融资,引导社会资本积极参与交通基础设施建设。

(五)加强实施管理

建立综合交通规划管理制度。本规划纲要实施过程中要加强与国民经济和社会发展、国土空间、区域发展、流域等相关规划衔接,与城乡建设发展相统筹。各地在编制交通运输相关规划中,要与本规划纲要做好衔接,有关项目纳入国土空间规划和相关专项规划。交通运输部要会同有关部门加强本规划纲要实施动态监测与评估,组织开展交通强国建设试点工作,在通道、枢纽、技术创新、安全绿色低碳等方面科学论证并组织实施一批重大工程,强化本规划纲要实施进展统计与监测工作,定期开展规划评估,依据国家发展规划进行动态调整或修订。重大事项及时向党中央、国务院报告。

专栏一：2035 年发展目标

便捷顺畅。享受快速交通服务的人口比重大幅提升,除部分边远地区外,基本实现全国县级行政中心 15 分钟上国道、30 分钟上高速公路、60 分钟上铁路,市地级行政中心 45 分钟上高速铁路、60 分钟到机场。基本实现地级市之间当天可达。中心城区至综合客运枢纽半小时到达,中心城区综合客运枢纽之间公共交通转换时间不超过 1 小时。交通基础设施无障碍化率大幅提升,旅客出行全链条便捷程度显著提高,基本实现"全国 123 出行交通圈"。

经济高效。国家综合立体交通网设施利用更加高效,多式联运占比、换装效率显著提高,运输结构更加优化,物流成本进一步降低,交通枢纽基本具备寄递功能,实现与寄递枢纽的无缝衔接,基本实现"全球 123 快货物流圈"。

绿色集约。综合运输通道资源利用的集约化、综合化水平大幅提高。基本实现交通基础设施建设全过程、全周期绿色化。单位运输周转量能耗不断降低,二氧化碳排放强度比 2020 年显著下降,交通污染防治达到世界先进水平。

智能先进。基本实现国家综合立体交通网基础设施全要素全周期数字化。基本建成泛在先进的交通信息基础设施,实现北斗时空信息服务、交通运输感知全覆盖。智能列车、智能网联汽车(智能汽车、自动驾驶、车路协同)、智能化通用航空器、智能船舶及邮政快递设施的技术达到世界先进水平。

安全可靠。交通基础设施耐久性和有效性显著增强,设施安全隐患防治能力大幅提升。交通网络韧性和应对各类重大风险能力显著提升,重要物资运输高效可靠。基本建成陆海空天立体协同的交通安全监管和救助体系。交通安全水平达到世界前列,有效保障人民生命财产和国家总体安全。

国家综合立体交通网 2035 年主要指标表

序号		指标	目标值
1	便捷顺畅	享受 1 小时内快速交通服务的人口占比	80% 以上
2		中心城区至综合客运枢纽半小时可达率	90% 以上
3	经济高效	多式联运换装 1 小时完成率	90% 以上
4		国家综合立体交通网主骨架能力利用率	60%~85%
5	绿色集约	主要通道新增交通基础设施多方式国土空间综合利用率提高比例	80%
6		交通基础设施绿色化建设比例	95%
7	智能先进	交通基础设施数字化率	90%
8	安全可靠	重点区域多路径连接比率	95% 以上
9		国家综合立体交通网安全设施完好率	95% 以上

专栏二：国家综合立体交通网布局

1. 铁路。国家铁路网包括高速铁路、普速铁路。其中，高速铁路7万公里（含部分城际铁路），普速铁路13万公里（含部分市域铁路），合计20万公里左右。形成由"八纵八横"高速铁路主通道为骨架、区域性高速铁路衔接的高速铁路网；由若干条纵横普速铁路主通道为骨架、区域性普速铁路衔接的普速铁路网；京津冀、长三角、粤港澳大湾区、成渝地区双城经济圈等重点城市群率先建成城际铁路网，其他城市群城际铁路逐步成网。研究推进超大城市间高速磁悬浮通道布局和试验线路建设。

2. 公路。包括国家高速公路网、普通国道网，合计46万公里左右。其中，国家高速公路网16万公里左右，由7条首都放射线、11条纵线、18条横线及若干条地区环线、都市圈环线、城市绕城环线、联络线、并行线组成；普通国道网30万公里左右，由12条首都放射线、47条纵线、60条横线及若干条联络线组成。

3. 水运。包括国家航道网和全国主要港口。国家航道网由国家高等级航道和国境国际通航河流航道组成。其中，"四纵四横两网"的国家高等级航道2.5万公里左右；国境国际通航河流主要包括黑龙江、额尔古纳河、鸭绿江、图们江、瑞丽江、澜沧江、红河等。全国主要港口合计63个，其中沿海主要港口27个、内河主要港口36个。

4. 民航。包括国家民用运输机场和国家航路网。国家民用运输机场合计400个左右，基本建成以世界级机场群、国际航空(货运)枢纽为核心，区域枢纽为骨干，非枢纽机场和通用机场为重要补充的国家综合机场体系。按照突出枢纽、辐射区域、分层衔接、立体布局，先进导航技术为主、传统导航技术为辅的要求，加快繁忙地区终端管制区建设，加快构建结构清晰、衔接顺畅的国际航路航线网络；构建基于大容量通道、平行航路、单向循环等先进运行方式的高空航路航线网络；构建基于性能导航为主、传统导航为辅的适应各类航空用户需求的中低空航路航线网络。

5. 邮政快递。包括国家邮政快递枢纽和邮路。国家邮政快递枢纽主要由北京天津雄安、上海南京杭州、武汉(鄂州)郑州长沙、广州深圳、成都重庆西安等5个全球性国际邮政快递枢纽集群、20个左右区域性国际邮政快递枢纽、45个左右全国性邮政快递枢纽组成。依托国家综合立体交通网，布局航空邮路、铁路邮路、公路邮路、水运邮路。

专栏三：国家综合立体交通网主骨架布局

6条主轴：

京津冀—长三角主轴。路径1：北京经天津、沧州、青岛至杭州。路径2：北京经天津、沧州、济南、蚌埠至上海。路径3：北京经天津、潍坊、淮安至上海。路径4：天津港至上海港沿海海上路径。

京津冀—粤港澳主轴。路径1：北京经雄安、衡水、阜阳、九江、赣州至香港(澳门)。支线：阜阳经黄山、福州至台北。路径2：北京经石家庄、郑州、武汉、长沙、广州至深圳。

京津冀—成渝主轴。路径1：北京经石家庄、太原、西安至成都。路径2：北京经太原、延安、西安至重庆。

长三角—粤港澳主轴。路径1：上海经宁波、福州至深圳。路径2：上海经杭州、南平至广州。路径3：上海港至湛江港沿海海上路径。

长三角—成渝主轴。路径1：上海经南京、合肥、武汉、万州至重庆。路径2：上海经九江、武汉、重庆至成都。

粤港澳—成渝主轴。路径1：广州经桂林、贵阳至成都。路径2：广州经永州、怀化至重庆。

7条走廊：

京哈走廊。路径1：北京经沈阳、长春至哈尔滨。路径2：北京经承德、沈阳、长春至哈尔滨。支线1：沈阳经大连至青岛。支线2：沈阳至丹东。

京藏走廊。路径1：北京经呼和浩特、包头、银川、兰州、格尔木、拉萨至亚东。支线：秦皇岛经大同至鄂尔多斯。路径2：青岛经济南、石家庄、太原、银川、西宁至拉萨。支线：黄骅经忻州至包头。

大陆桥走廊。路径1：连云港经郑州、西安、西宁、乌鲁木齐至霍尔果斯/阿拉山口。路径2：上海经南京、合肥、南阳至西安。支线：南京经平顶山至洛阳。

西部陆海走廊。路径1：西宁经兰州、成都/重庆、贵阳、南宁、湛江至三亚。路径2：甘其毛都经银川、宝鸡、重庆、毕节、百色至南宁。

沪昆走廊。路径1：上海经杭州、上饶、南昌、长沙、怀化、贵阳、昆明至瑞丽。路径2：上海经杭州、景德镇、南昌、长沙、吉首、遵义至昆明。

成渝昆走廊。路径1：成都经攀枝花、昆明至磨憨/河口。路径2：重庆经昭通至昆明。

广昆走廊。路径1：深圳经广州、梧州、南宁、兴义、昆明至瑞丽。路径2：深圳经湛江、南宁、文山至昆明。

8条通道：

绥满通道。绥芬河经哈尔滨至满洲里。支线1：哈尔滨至同江。支线2：哈尔滨至黑河。

京延通道。北京经承德、通辽、长春至珲春。

沿边通道。黑河经齐齐哈尔、乌兰浩特、呼和浩特、临河、哈密、乌鲁木齐、库尔勒、喀什、阿里至拉萨。支线1：喀什至红其拉甫。支线2：喀什至吐尔尕特。

福银通道。福州经南昌、武汉、西安至银川。支线：西安经延安至包头。

二湛通道。二连浩特经大同、太原、洛阳、南阳、宜昌、怀化、桂林至湛江。

川藏通道。成都经林芝至樟木。

湘桂通道。长沙经桂林、南宁至凭祥。

厦蓉通道。厦门经赣州、长沙、黔江、重庆至成都。

专栏四:国际性综合交通枢纽

1. 国际性综合交通枢纽集群

形成以北京、天津为中心联动石家庄、雄安等城市的京津冀枢纽集群,以上海、杭州、南京为中心联动合肥、宁波等城市的长三角枢纽集群,以广州、深圳、香港为核心联动珠海、澳门等城市的粤港澳大湾区枢纽集群,以成都、重庆为中心的成渝地区双城经济圈枢纽集群。

2. 国际性综合交通枢纽城市

建设北京、天津、上海、南京、杭州、广州、深圳、成都、重庆、沈阳、大连、哈尔滨、青岛、厦门、郑州、武汉、海口、昆明、西安、乌鲁木齐等20个左右国际性综合交通枢纽城市。

3. 国际性综合交通枢纽港站

——国际铁路枢纽和场站:在北京、上海、广州、重庆、成都、西安、郑州、武汉、长沙、乌鲁木齐、义乌、苏州、哈尔滨等城市以及满洲里、绥芬河、二连浩特、阿拉山口、霍尔果斯等口岸建设具有较强国际运输服务功能的铁路枢纽场站。

——国际枢纽海港:发挥上海港、大连港、天津港、青岛港、连云港港、宁波舟山港、厦门港、深圳港、广州港、北部湾港、洋浦港等国际枢纽海港作用,巩固提升上海国际航运中心地位,加快建设辐射全球的航运枢纽,推进天津北方、厦门东南、大连东北亚等国际航运中心建设。

——国际航空(货运)枢纽:巩固北京、上海、广州、成都、昆明、深圳、重庆、西安、乌鲁木齐、哈尔滨等国际航空枢纽地位,推进郑州、天津、合肥、鄂州等国际航空货运枢纽建设。

——国际邮政快递处理中心:在国际邮政快递枢纽城市和口岸城市,依托国际航空枢纽、国际铁路枢纽、国际枢纽海港、公路口岸等建设40个左右国际邮政快递处理中心。

专栏五:综合交通枢纽一体化规划建设要求

1. 综合客运枢纽

综合客运枢纽内各种运输方式间换乘便捷、公共换乘设施完备,客流量大的客运枢纽应考虑安全缓冲。加强干线铁路、城际铁路、市域(郊)铁路、城市轨道交通规划与机场布局规划的衔接,国际航空枢纽基本实现2条以上轨道交通衔接。全国性铁路综合客运枢纽基本实现2条以上市域(郊)铁路或城市轨道衔接。国际性和全国性综合交通枢纽城市内轨道交通规划建设优先衔接贯通所在城市的综合客运枢纽,不同综合客运枢纽间换乘次数不超过2次。铁路综合客运枢纽与城市轨道交通站点应一体设计、同步建设、同期运营。

2. 综合货运枢纽

综合货运枢纽与国家综合立体交通网顺畅衔接。千万标箱港口规划建设综合货运通道与内陆港系统。全国沿海、内河主要港口的集装箱、大宗干散货规模化港区积极推动铁路直通港区,重要港区新建集装箱、大宗干散货作业区原则上同步规划建设进港铁路,推进港铁协同管理。提高机场的航空快件保障能力和处理效率,国际航空货运枢纽在更大空间范围内统筹集疏运体系规划,建设快速货运通道。

《"十四五"现代综合交通运输体系发展规划》

交通运输是国民经济中具有基础性、先导性、战略性的产业,是重要的服务性行业和现代化经济体系的重要组成部分,是构建新发展格局的重要支撑和服务人民美好生活、促进共同富裕的坚实保障。为加快建设交通强国,构建现代综合交通运输体系,根据《中华人民共和国国民经济和社会发展第十四个五年规划和2035年远景目标纲要》、《交通强国建设纲要》、《国家综合立体交通网规划纲要》,制定本规划。

第一章 发展环境

"十三五"时期,我国综合交通运输体系建设取得了历史性成就,基本能够适应经济社会发展要求,人民获得感和满意度明显提升,为取得脱贫攻坚全面胜利、实现第一个百年奋斗目标提供了基础保障,在应对新冠肺炎疫情、加强交通运输保障、促进复工复产等方面发挥了重要作用。五年里,我国交通运输基础设施网络日趋完善,综合交通网络总里程突破600万公里,"十纵十横"综合运输大通道基本贯通,高速铁路运营里程翻一番、对百万人口以上城市覆盖率超过95%,高速公路对20万人口以上城市覆盖率超过98%,民用运输机场覆盖92%左右的地级市,超大特大城市轨道交通加快成网,港珠澳大桥、北京大兴国际机场、上海洋山港自动化码头、京张高速铁路等超大型交通工程建成投运。战略支撑能力不断增强,中欧班列开行列数快速增长,京津冀一体化交通网、长江经济带综合立体交通走廊加快建设,交通扶贫百项骨干通道基本建成,新建、改建农村公路超过147万公里,新增通客车建制村超过3.3万个,具备条件的乡镇和建制村全部通硬化路、通客车,快递网点基本覆盖全部乡镇,建制村实现直接通邮。运输服务质量持续提升,旅客高品质出行比例不断提高,航班正常率大幅上升,集装箱铁水联运量年均增长超过20%,快递业务量翻两番、稳居世界第一。新技术新业态蓬勃发展,具有完全自主知识产权的全系列复兴号动车组上线运行,C919客机成功试飞,ARJ21支线客机规模化运营,跨海桥隧、深水航道、自动化码头等成套技术水平跻身世界前列,船舶建造水平持续提升,网约车、共享单车、网络货运平台等新业态快速发展、治理能力不断增强。"放管服"改革持续深化,铁路、空域、油气管网等领域重点改革任务扎实推进,高速公路省界收费站全面取消,交通物流降本增效成效显著。绿色交通、平安交通建设稳步推进,新能源汽车占全球总量一半以上,营运货车、营运船舶二氧化碳排放强度分别下降8.4%和7.1%左右,民航、铁路安全水平保持世界领先,道路运输重大事故数量和死亡人数分别下降75%和69%左右。

与此同时,我国综合交通运输发展不平衡、不充分问题仍然突出。综合交通网络布局不够均衡、结构不尽合理、衔接不够顺畅,重点城市群、都市圈的城际和市域(郊)铁路存在较明显短板。货物多式联运、旅客联程联运比重偏低,定制化、个性化、专业化运输服务产品供给与快速增长的需求不匹配。智能交通技术应用深度和广度有待拓展,部分关键核心产品和技术自主创新能力不强。交通运输安全形势仍然严峻,产业链供应链保障能力不足。绿色低碳发展任务艰巨,清洁能源推广应用仍需加快。综合交通运输管理体制机制有待健全完善,制约要素自由流动的体制机制障碍依然存在。

"十四五"时期,我国综合交通运输发展面临的形势更加复杂多变。从国际看,当今世界正经历百年未有之大变局,新一轮科技革命和产业变革深入发展,新冠肺炎疫情冲击全球产业链供应链和国际物流体系,经济全球化遭遇逆流。从国内看,我国开启全面建设社会主义现代化国家的新征程,区域经济布局、国土开发保护格局、人口结构分布、消费需求特征、要素供给模式等发生深刻变化,对综合交通运输体系发展提出新要求,交通运输行业进入完善设施网络、精准补齐短板的关键期,促进一体融合、提升服务质效的机遇期,深化改革创新、转变发展方式的攻坚期。要适应国土空间开发保护、新型城镇化建设、全面推进乡村振兴的要求,优化发展布局,强化衔接融合,因地制宜完善区域城乡综合交通网络;要坚持以创新为核心,增强发展动力,推动新科技赋能提升交通运输发展质量效率;要增强综合交通运输体系韧性,调整发展模式,将绿色发展理念、低碳发展要求贯穿发展全过程,提高自身运行安全水平和对国家战略安全的保障能力;要将满足人民对美好生活的向往、促进共同富裕作为着力点,转变发展路径,促进建管养运并重、设施服务均衡协同、交通运输与经济社会发展深度融合,以全方位转型推动交通运输高质量发展。

第二章 总体要求

第一节 指导思想

以习近平新时代中国特色社会主义思想为指导,全面贯彻落实党的十九大和十九届历次全会精神,立足新发展阶段,完整、准确、全面贯彻新发展理念,构建新发展格局,坚持以人民为中心的发展思想,以推动高质量发展为主题,以深化供给侧结构性改革为主线,以改革创新为根本动力,以满足人民日益增长的美好生活需要为根本目的,以加快建设交通强国为目标,统筹发展和安全,完善结构优化、一体衔接的设施网络,扩大多样化高品质的服务供给,培育创新驱动、融合高效的发展动能,强化绿色安全、开放合作的发展模式,构建现代综合交通运输体系,为全面建设社会主义现代化国家提供战略支撑。

第二节 基本原则

服务大局,当好先锋。坚持人民交通为人民,充分发挥交通作为中国现代化开路先锋的作用,不断增强对经济社会发展全局和国家重大战略的保障能力,有效支撑引领区域协调发展、乡村振兴和新型城镇化,提供能够更好满足人民群众需要的交通运输服务。

系统推进,衔接融合。坚持系统观念,合理确定交通运输基础设施网络规模、技术标准、建设时序,补齐西部地区路网空白,优化网络结构功能,科学合理挖掘既有设施潜力,精准补齐联通衔接短板,提升运输资源配置效率,促进跨领域、跨区域、跨行业协调融合发展。

创新驱动,深化改革。注重新科技深度赋能应用,提升交通运输数字化智能化发展水平,破除制约交通运输高质量发展的体制机制障碍,推动交通运输市场统一开放、有序竞争,促进交通运输提效能、扩功能、增动能。

绿色转型,安全发展。落实碳达峰、碳中和目标要求,贯彻总体国家安全观,强化资源要素节约集约利用,推动交通运输绿色低碳转型,加强运行安全和应急处置能力建设,提升国际互联互通和运输保障水平,保障产业链供应链安全。

第三节　发展目标

到2025年,综合交通运输基本实现一体化融合发展,智能化、绿色化取得实质性突破,综合能力、服务品质、运行效率和整体效益显著提升,交通运输发展向世界一流水平迈进。

设施网络更加完善。国家综合立体交通网主骨架能力利用率显著提高。以"八纵八横"高速铁路主通道为主骨架,以高速铁路区域连接线衔接,以部分兼顾干线功能的城际铁路为补充,主要采用250公里及以上时速标准的高速铁路网对50万人口以上城市覆盖率达到95%以上,普速铁路瓶颈路段基本消除。7条首都放射线、11条北南纵线、18条东西横线,以及地区环线、并行线、联络线等组成的国家高速公路网的主线基本贯通,普通公路质量进一步提高。布局完善、功能完备的现代化机场体系基本形成。港口码头专业化、现代化水平显著提升,内河高等级航道网络建设取得重要进展。综合交通枢纽换乘换装效率进一步提高。重点城市群一体化交通网络、都市圈1小时通勤网加快形成,沿边国道基本贯通。

运输服务更加高效。运输服务质量稳步提升,客运"一站式"、货运"一单制"服务更加普及,定制化、个性化、专业化运输服务产品更加丰富,城市交通拥堵和"停车难"问题持续缓解,农村和边境地区运输服务更有保障,具备条件的建制村实现快递服务全覆盖。面向全球的国际运输服务网络更加完善,中欧班列发展质量稳步提高。

技术装备更加先进。第五代移动通信(5G)、物联网、大数据、云计算、人工智能等技术与交通运输深度融合,交通运输领域新型基础设施建设取得重要进展,交通基础设施数字化率显著提高,数据开放共享和平台整合优化取得实质性突破。自主化先进技术装备加快推广应用,实现北斗系统对交通运输重点领域全面覆盖,运输装备标准化率大幅提升。

安全保障更加可靠。交通设施耐久可靠、运行安全可控、防范措施到位,安全设施完好率持续提高。跨部门、跨领域的安全风险防控体系和应急救援体系进一步健全,重特大事故发生率进一步降低。主要通道运输安全和粮食、能源、矿石等物资运输安全更有保障,国际物流供应链安全保障能力持续提升。

发展模式更可持续。交通运输领域绿色生产生活方式逐步形成,铁路、水运承担大宗货物和中长距离货物运输比例稳步上升,绿色出行比例明显提高,清洁低碳运输工具广泛应用,单位周转量能源消耗明显降低,交通基础设施绿色化建设比例显著提升,资源要素利用效率持续提高,碳排放强度稳步下降。

治理能力更加完备。各种运输方式一体融合发展、交通基础设施投融资和管理运营养护等领域法律法规和标准规范更加完善,综合交通运输一体化融合发展程度不断提高,市场化改革持续深化,多元化投融资体制更加健全,以信用为基础的新型监管机制加快形成。

展望2035年,便捷顺畅、经济高效、安全可靠、绿色集约、智能先进的现代化高质量国家综合立体交通网基本建成,"全国123出行交通圈"(都市区1小时通勤、城市群2小时通达、全国主要城市3小时覆盖)和"全球123快货物流圈"(快货国内1天送达、周边国家2天送达、全球主要城市3天送达)基本形成,基本建成交通强国。(见专栏1)

第三章 构建高质量综合立体交通网

按照国家综合立体交通网"6轴7廊8通道"主骨架布局,构建完善以"十纵十横"综合运输大通道为骨干,以综合交通枢纽为支点,以快速网、干线网、基础网多层次网络为依托的综合交通网络,加快推进存量网络提质增效,聚焦中西部地区精准补齐网络短板,稳步提高通达深度,畅通网络微循环,勾画好美丽中国的"交通工笔画"。

第一节 完善综合运输大通道

优化综合运输通道布局。建设综合性、立体化、大容量、快速化的交通主轴,构建多方式、多通道、便捷化交通走廊,强化主轴与走廊间的协调衔接。提升京沪、沪昆、广昆、陆桥以及北京至港澳台、黑河至港澳、额济纳至广州、青岛至拉萨、厦门至喀什等通道功能,推进待贯通段建设和瓶颈段扩容改造,畅通沿海与内陆地区通道。推动通道内各种运输方式资源优化配置和有机衔接。

加强战略骨干通道建设。推进出疆入藏通道建设,扩大甘新、青新、青藏、川藏四条内联主通道通行能力,稳步推进川藏铁路建设,加快推进新藏铁路和田至日喀则段前期工作,适时启动重点路段建设,有序推进滇藏铁路前期工作,密实优化航空航线网络布局,构建多向联通的通道布局。畅通沿江通道,加快建设沿江高铁,优化以高等级航道和干线铁路、高速公路为骨干的沿江综合运输大通道功能。升级沿海通道,提高铁路通道能力,推进高速公路繁忙路段扩容改造,提升港口航道整体效能,构建大容量、高品质的运输走廊。贯通沿边通道,提级改造普通国省干线,推进重点方向沿边铁路建设,提高安全保障水平。建设西部陆海新通道,发挥铁路在陆路运输中的骨干作用和港口在海上运输中的门户作用,强化东、中、西三条通路,形成大能力主通道,衔接国际运输通道。(见专栏2)

第二节　建设多层级一体化综合交通枢纽

打造综合交通枢纽集群。建设京津冀、长三角、粤港澳大湾区、成渝地区双城经济圈等国际性综合交通枢纽集群,提升全球互联互通水平和辐射能级。培育一批辐射区域、连通全国的综合交通枢纽集群,合理组织集群服务网络,提高集群内枢纽城市协同效率。

优化综合交通枢纽城市功能。提升国际性综合交通枢纽的全球联通水平和资源要素配置能力,增强部分枢纽国际门户功能。优化全国性综合交通枢纽客货中转设施、集疏运网络及客运场站间快速连接系统。增强区域性综合交通枢纽的衔接转运能力,发展口岸枢纽。强化不同层级综合交通枢纽城市之间功能互补、设施连通、运行协同。

完善综合客运枢纽系统。优化客运场站和城市公共交通枢纽布局,鼓励同站布设,加强与城市交通系统有效衔接。对换乘潜在需求大的综合客运枢纽,做好衔接通道用地和空间预留。推动新建综合客运枢纽布局立体换乘设施,鼓励同台换乘,实施既有枢纽换乘设施便捷化改造,推动主要运输方式间便捷换乘。整合接入综合客运枢纽的不同运输方式信息资源,加强数据、时刻、运力等对接。促进综合客运枢纽站城融合,探索建立枢纽开发利益共享机制,推动枢纽与周边区域统一规划、综合开发,加强开发时序协调、服务功能共享。

建设综合货运枢纽系统。优先利用现有物流园区以及货运场站等设施,规划建设多种运输方式高效融合的综合货运枢纽,引导冷链物流、邮政快递、分拨配送等功能设施集中布局。完善货运枢纽的集疏运铁路、公路网络,加快建设多式联运设施,推进口岸换装转运设施扩能改造。实施邮政快递枢纽能力提升工程,加强邮政普遍服务和快递处理中心等设施建设,与铁路、公路、民航等枢纽加强统筹。推进120个左右国家物流枢纽建设。(见专栏3)

第三节　优化综合立体交通网络

构建以高速铁路、国家高速公路、民用航空等为主体的快速网,完善以普速铁路、普通国省道、港口航道等为主体的干线网,提高基础网保障能力。

建设现代化铁路网。坚持客货并重、新建改建并举、高速普速协调发展,加快普速铁路建设和既有铁路扩能改造,着力消除干线瓶颈,推进既有铁路运能紧张路段能力补强,加快提高中西部地区铁路网覆盖水平。加强资源富集区、人口相对密集脱贫地区的开发性铁路和支线铁路建设。推进高速铁路主通道建设,提升沿江、沿海、呼南、京昆等重要通道以及京沪高铁辅助通道运输能力,有序建设区域连接线。综合运用新技术手段,改革创新经营管理模式,提高铁路网整体运营效率。统筹考虑运输需求和效益,合理规划建设铁路项目,严控高速铁路平行线路建设。(见专栏4)

完善公路网结构功能。提升国家高速公路网络质量,实施京沪、京港澳、京昆、长深、沪昆、连霍、包茂、福银、泉南、广昆等国家高速公路主线繁忙拥挤路段扩容改造,加快推进并行线、联络线以及待贯通路段建设。合理引导地方高速公路有序发展。加快普通国省道低等级路段提质升级,将西部地区普通国道二级及以上公路比重提高到70%,实现对重要口岸、枢纽、产业园区、旅游景区有效覆盖,强化安全设施配置。完善"四好农村路"高质量发展体系,深入开展示范创建,实现通三级及以上公路的乡镇比重达到85%左右,推动较大人口规模自然村(组)通硬化路,因地制宜推进建制村双车道公路建设和农村过窄公路拓宽改造,强化农村公路与干线公路、村内主干道衔接。推进渡改桥等便民设施建设。(见专栏5)

优化畅通水运设施网络。建设京津冀、长三角、粤港澳大湾区世界级港口群,支持山东打造世界一流的海洋港口,推进东北地区沿海港口一体化发展,优化港口功能布局,推动资源整合和共享共用。有序推进沿海港口专业化码头及进出港航道等公共设施建设。适度超前建设粮食、能源、矿产资源的接卸、储存、中转设施,推进沿海沿江液化天然气码头规划建设。提升内河港口专业化、规模化水平,合理集中布局集装箱、煤炭、铁矿石、商品汽车等专业化码头。加强内河高等级航道扩能升级与畅通攻坚建设,完善长江、珠江、京杭运河和淮河等水系内河高等级航道网络,进一步提升珠三角高等级航道网出海能力,全面加强长三角、珠江—西江高等级航道网未达标段建设。推动重要支流航道和库湖区航道、内河旅游航道、便民码头建设。(见专栏6)

扩大航空网络覆盖。推动区域机场群协同发展,建设京津冀、长三角、粤港澳大湾区、成渝等世界级机场群。适时启动能力紧张枢纽机场改扩建工程,强化枢纽机场综合保障能力。合理加密机场布局,稳步建设支线机场和专业性货运枢纽机场,提升综合性机场货运能力和利用率。有序推进通用机场规划建设,构建区域短途运输网络,探索通用航空与低空旅游、应急救援、医疗救护、警务航空等融合发展。优化航路航线网络,加强军民航空管基础设施建设,推广应用空管新技术。(见专栏7)

加强油气管网高效互联。完善东北、西北、西南和海上四大油气进口通道。加快全国干线天然气管道建设,完善原油、成品油管网布局,推进东北、西北、西南等地区老旧管道隐患治理。推进油气管网互联互通和支线管道建设,扩大市县天然气管道覆盖范围并向具备条件的沿线乡镇辐射。

第四节 强化一体融合衔接

加快解决制约人民美好出行、货物高效流通的瓶颈,强化综合交通网络有机衔接。打通公路省际待贯通路段,加强干线公路与城市道路有效衔接,推进城镇密集地区干线公路过境段、进出城瓶颈路段升级改造。加强枢纽机场与轨道交通高效衔接,使换乘更加便捷。强化进港区、进园区、进厂区、进规模化农产品基地等集疏运设施建设,加快推动铁路进港口重点港区和大型工矿企业、物流园区、重点物资储备库。统筹考虑资源高效利用、生态环境保护和防洪航运安全,有序建设各种运输方式共享通道资源的过江跨海通道。推动超大特大城市的大型综合客运枢纽间通过轨道交通互连。加快实现联系紧密的综合货运枢纽间通过联络线或专用通道互连。(见专栏8)

第五节 加强基础设施养护

推动落实全生命周期养护,强化常态化预防性养护,科学实施养护作业,加强养护工程质量检验评定,强化养护管理监管考核,提高基础设施使用寿命。加强桥梁隧道、通航建筑物、港口锚地、跑道停机坪等公共设施养护管理。加大养护新技术推广力度,建设交通基础设施长期性能科学观测网,鼓励自动化、信息化巡查,提高管理养护科学决策水平,推进养护机械化和标准化。加强铁路综合维修养护一体化管理。发展和规范公路养护市场,逐步增加向社会购买养护服务。深化农村公路管理养护体制改革,全面实施农村公路路长制。健全桥梁养护管理责任体系和工作机制。完善航道常态化养护机制,推动航道养护基地及配套设施设备建设。

第四章 夯实城乡区域协调发展基础支撑

充分发挥交通运输对国土空间开发保护的支撑引领作用,增强对实施区域重大战略、推动区域协调发展、全面推进乡村振兴的服务保障能力。

第一节 有力服务区域重大战略

建设多节点、网格状、全覆盖的京津冀一体化综合交通网络,基本建成轨道上的京津冀,高标准、高质量打造雄安新区对外交通网络,加强北京城市副中心与中心城区、廊坊北三县交通基础设施互联互通,强化北京冬奥会、冬残奥会交通保障。依托长江黄金水道,整体设计推进长江经济带综合交通运输体系建设,补强沿江高铁和铁路货运能力,全力打通公路省际待贯通路段,提升江海联运、铁水联运发展水平。推进粤港澳大湾区基础设施互联互通,优化航运和航空资源配置,加强港澳与内地的交通联系,支持香港提升国际航运、国际航空枢纽地位。推动长三角地区交通运输更高质量一体化发展,加快对外交通、城际交通、都市圈交通高效衔接和有机融合,协同推进港航、海事一体化发展,推动上海市、江苏省、浙江省、安徽省共建辐射全球的航运枢纽,加快提升江苏通州湾江海联动示范区功能,打造长江集装箱运输新出海口。构建海南岛内畅通、陆岛连通、全球通达的现代综合交通运输体系,建设现代化综合交通枢纽,稳步推进自由贸易港建设。构建黄河流域绿色安全便捷综合交通网络,强化跨区域大通道建设。

第二节 支撑引领区域协调发展

补齐西部地区交通基础设施网络短板,提升干线铁路覆盖度、干线公路通畅性和农村公路均等化水平,打造成渝地区双城经济圈1小时交通网,畅通多向出川出渝综合运输通道。提升东北地区交通基础设施网络整体效能,进一步畅通对外通道,推动沿海内陆沿边一体开放。推进中部地区内陆开放大通道建设,增强承东启西、连南接北功能,进一步巩固提升综合交通枢纽地位。构建东部地区现代化综合交通运输体系,加快区域一体化交通网络建设,提升重点运输通道能力和综合交通枢纽辐射能级,实现交通运输优化升级。提升欠发达地区、革命老区、边境地区对外通道能力,拓展网络通达深度,补齐生态退化地区基础设施短板,加强建设保障资源型地区转型发展、老工业基地产业转型升级的交通基础设施。

第三节 夯实乡村振兴交通基础

统筹新型城镇化和乡村振兴发展需要,逐步提升城乡交通运输一体化水平。巩固拓展具备条件的乡镇、建制村通硬化路成果,推动交通建设项目更多进村入户,鼓励农村公路与产业园区、旅游景区、乡村旅游重点村等一体开发。推动农村客货邮融合发展,持续推进乡镇运输服务站建设,整合交通、邮政、快递、供销、电商等资源,构建功能集约、便利高效的农村运输发展新模式。巩固建制村通客车成果,提升农村客运运营安全和服务水平,加强农村客运安全监管,推动构建农村客运长效稳定发展机制。推动农村物流融入现代流通体系,加快贯通县乡村电子商务体系和快递物流配送体系,建设便捷高效的工业品下乡、农产品出村双向渠道,打造农村物流服务品牌。

第四节 强化边境交通设施建设

服务沿边城镇体系建设,以公路、机场为重点,大力改善边境地区交通出行条件,提升边境城镇人口集聚能力。统筹推进边境地区国省干线公路、农村公路等建设,全面完善国道干线主骨架,推进沿边公路并行线建设和低等级公路提质改造,加快抵边公路建设,尽快形成层次清晰、结构合理的沿边公路网。稳步推进边境地区机场建设,构建多层级航空网,扩大航空运输服务覆盖面。补强同江、二连浩特、阿拉山口、霍尔果斯、瑞丽、磨憨等口岸后方铁路通道能力。加强抵边自然村邮政设施建设,实现邮政服务普遍覆盖。(见专栏9)

第五章 推进城市群和都市圈交通现代化

深入推进以人为核心的新型城镇化,分层分类完善交通网络,加强互联互通和一体衔接,促进城市群、都市圈和城市内交通运输协同运行,推动城市群和都市圈交通运输率先实现现代化,提升城镇化发展质量。

第一节 建设城市群一体化交通网

强化重点城市群城际交通建设。围绕京津冀、长三角、粤港澳大湾区、成渝、长江中游等城市群,以轨道交通、高速公路为骨干,提升城际运输通道功能,加强核心城市快速直连,构建多节点、网络化的城际交通网,实现城市群内主要城市间2小时通达。整体推进京津冀、长三角、粤港澳大湾区城际铁路和市域(郊)铁路建设,有序推动成渝地区双城经济圈城际铁路和市域(郊)铁路建设,加强与高速铁路、普速铁路一体衔接,扩大对5万人口以上城镇的有效覆盖。

有序推进其他城市群城际交通建设。提升山东半岛、粤闽浙沿海、中原、关中平原、北部湾等城市群内的城际主通道功能,推进哈尔滨—长春、辽中南、山西中部、黔中、滇中、呼包鄂榆、兰州—西宁、宁夏沿黄、天山北坡等城市群内的城际主通道建设。建设有效衔接大中小城市和小城镇的多层次快速交通网络,积极推进利用既有铁路富余运力开行城际列车。

第二节 构建都市圈通勤交通网

打造轨道上的都市圈。建设都市圈多层次轨道交通网络,推进干线铁路、城际铁路、市域(郊)铁路、城市轨道交通融合衔接,合理推动轨道交通跨线运营。积极利用干线铁路、城际铁路提供通勤服务,充分利用既有铁路富余运力开行市域(郊)列车,增加列车停站数量和在重要客流集散地的停站频率,鼓励高峰时段公交化运营,提高通勤服务质量。探索将重点都市圈中心城区轨道交通以合理制式适当向周边城市(镇)延伸。

完善多层次道路交通网。合理加密快速路通道,因地制宜规划建设都市圈环线和城市绕城环线。科学布局建设加油加气站、公交场站、停车设施。积极推动城市公交线路向周边城镇、功能节点延伸,鼓励都市圈内毗邻城市(镇)开行公交,开展客运班线公交化改造。(见专栏10)

第三节 打造城市现代交通系统

完善城市交通基础设施。科学规划建设城市综合交通系统,加快发展快速干线交通、生活性集散交通、绿色慢行交通,实现顺畅衔接。加强大城市微循环和支路网建设,优化快速、主干、次干、支路比例,加快城市支路街巷建设改造和畸形交叉口改造,分类分区优化停车设施供给,提高停车资源利用效率和精细化服务水平,加强资源共享和错时开放。合理提高中小城市路网密度,用好用足停车资源,适度增加停车设施,规范停车秩序。补齐县城、县级市、特大镇的城市道路和公路客运站设施等短板,稳步推进老旧小区、医院、学校、商业聚集区等区域公共停车设施建设,适度增加灵活便捷的道路班车配客站点。建设安全、连续、舒适的城市慢行交通系统,提高非机动车道和步道的连续性、通畅性,在商业办公区域、公共交通站点、旅游景区等场所增加非机动车停放设施,改善行人过街设施条件。

打造多模式便捷公共交通系统。深入实施公交优先发展战略,持续深化国家公交都市建设。超大特大城市构建以轨道交通为骨干的快速公交网络,科学有序发展城市轨道交通,推动轨道交通、常规公交、慢行交通网络融合发展。大城市形成以地面公交为主体的城市公共交通系统,发展重要客流走廊快速公交。中小城市提高城区公共交通运营效率,逐步提升站点覆盖率和服务水平。推广城市道路交通信号灯联动控制,保障公交优先通行;推广在电子公交站牌、互联网信息平台等发布公共交通实时运营信息,优化换乘引导标识,普及交通一卡通、移动支付等服务,提高公共交通吸引力。

第六章　扩大优质运输服务供给

顺应人民美好生活新期待,统筹考虑旅客运输和货物运输的不同发展趋势及阶段性特征,兼顾基本需求和多样化需求,推动运输服务多元化、品质化发展,扩大经济高效安全的运输服务产品供给,逐步实现人享其行、物畅其流。

第一节　提升旅客出行服务品质

加快发展旅客联程运输。稳妥推动交通运输票务系统信息共享和对外开放,提高道路客运联网售票水平,普及电子客票,到2025年,二级及以上道路客运站的电子客票覆盖率达到99%、省际和城际客运线路的电子客票覆盖率达到80%,努力实现一站购票、一票(证)通行。优化跨运输方式安检流程,推动安检互认。加强干线运输方式间、城市交通与干线运输方式间的运营信息、班次时刻、运力安排等协同衔接,做好首末班车"兜底"服务。推进城市候机楼建设,推行行李直挂服务。培育旅客联程运输经营主体,创新一体化联运产品,丰富综合交通运输信息服务产品。

发展高品质客运服务。优化高速铁路运输组织,扩大复兴号动车组上线运行范围,逐步实现高速铁路达速运行,提高普速铁路服务质量,鼓励开行夕发朝至列车。加强监管,鼓励和规范发展道路客运定制服务。促进航空服务网络干支有效衔接,优化航班时刻资源配置,持续提高航班正常率,增加航空运输服务品类。积极培育邮轮市场,拓展旅游产品,促进邮轮服务升级,推动游艇、游船、房车旅游发展,优化完善自驾车旅行服务设施,依托汽车客运站发展旅游集散业务,培育交通消费新模式。

提高客运服务普惠均等水平。持续开好公益性"慢火车",优化开行方案,改善站车条件。推动有条件的地区实施农村客运公交化改造,保障好群众出行。发展边远地区基本航空服务,改善轮渡通行条件,方便边远地区群众日常出行。提升客运场站无障碍设施服务水平,推广应用低地板公交车、无障碍出租汽车,规范老年及残疾人代步车使用,强化对困难群体和特殊人群的服务保障。

第二节　构建高效货运服务系统

建设高效货运服务网络。完善与产业布局、消费格局相适应的大宗货物、集装箱物流网络,建设大容量、低成本、高效率物流骨干通道,保障化肥等重要农资季节性运输。有序发展铁路双层集装箱运输,探索开行定制化的铁路直达货运班列,充分利用富余运力和设施能力发展高铁快运等铁路快捷货运产品。推动道路货运高质量发展,提升规模化、集约化水平。加强航空货运能力建设,培育壮大专业货运机队,优化航线和时刻配置,提升机场物流组织效率和服务品质。完善以物流园区、配送中心、末端配送站为支撑的城市三级物流配送网络,加强与干线运输、区域分拨有效衔接。完善县乡村三级物流服务体系,提升产供销一体化服务能力。提升口岸通关能力和便利化水平。

大力发展货物多式联运。推进大宗货物和集装箱铁水联运系统建设,扩大铁水联运规模。以长江干线、西江航运干线为重点,提升江海联运组织水平。加快推进多式联运"一单制",创新运单互认标准与规范,推动国际货运单证信息交换,探索国际铁路电子提单,逐步普及集装箱多式联运电子运单。加快多式联运信息共享,强化不同运输方式标准和规则的衔接。深入推广甩挂运输,创新货车租赁、挂车共享、定制化服务等模式。推动集装箱、标准化托盘、周转箱(筐)等在不同运输方式间共享共用,提高多式联运换装效率,发展单元化物流。鼓励铁路、港航、道路运输等企业成为多式联运经营人。

发展专业化物流服务。强化国家骨干冷链物流基地功能,完善综合货运枢纽冷链物流服务设施,加强不同运输方式冷链设施衔接,补齐集配装备和仓储设施短板,推动铁路集装箱冷链服务模式创新,强化分级分类质量监管,提升冷链物流服务品质。推动大宗货物储运一体化,推广大客户定制服务。统一货物危险特性分类标准,加强货物包装、运输作业和运输工具标准化建设,推广智能化储运监控、风险监测与预警系统应用。优化重点制造业供应链物流组织,提升交通运输对智能制造、柔性制造的服务支撑能力。

持续推动降低物流成本。降低物流制度成本,优化证照和许可办理程序,完善铁路货运价格市场化灵活调整机制。降低物流要素成本,保障重大物流基础设施建设用地需求。落实物流减税降费措施,规范和降低港口航运、公路铁路运输等物流收费,全面清理规范涉企收费。

第三节 发展现代邮政快递服务

提升寄递服务质效。创新邮政普遍服务,实现邮件全程跟踪查询。开展快递服务质量品牌创建行动,发展航空快递、高铁快递等差异化产品。推进快递进村,强化县乡村寄递物流资源共享,推动共同分拣、共同运输、共同收投,基本实现建制村直接收投邮件快件。推进快递进厂,深度嵌入产业链价值链,发展入厂物流、线边物流等业务。推动快递出海,加快建设邮政国际寄递中心,建设南昌、长沙、成都、郑州、南宁、南京、大连、义乌等邮政处理中心和国际邮件互换局(交换站),构建国际快件运输网络,推动国际寄递服务便利化。

完善寄递末端服务。建设多元化、智能化末端服务网络,推进城乡快递服务站、智能收投终端和末端服务平台等布局建设和资源共享。推动城市居住社区配建邮政快递服务场所和设施。建设集邮政、快递、电商、商贸等功能于一体的寄递物流综合服务站。推广无人车、无人机运输投递,稳步发展无接触递送服务。支持即时寄递、仓递一体化等新业态新模式发展。(见专栏11)

第七章 加快智能技术深度推广应用

坚持创新驱动发展,推动互联网、大数据、人工智能、区块链等新技术与交通行业深度融合,推进先进技术装备应用,构建泛在互联、柔性协同、具有全球竞争力的智能交通系统,加强科技自立自强,夯实创新发展基础,增强综合交通运输发展新动能。

第一节 推进基础设施智能化升级

完善设施数字化感知系统。推动既有设施数字化改造升级,加强新建设施与感知网络同步规划建设。构建设施运行状态感知系统,加强重要通道和枢纽数字化感知监测覆盖,增强关键路段和重要节点全天候、全周期运行状态监测和主动预警能力。

构建设施设备信息交互网络。稳步推进5G等网络通信设施覆盖,提升交通运输领域信息传输覆盖度、实时性和可靠性。在智能交通领域开展基于5G的应用场景和产业生态试点示范。推动车联网部署和应用,支持构建"车-路-交通管理"一体化协作的智能管理系统。打造新一代轨道交通移动通信和航空通信系统,研究推动多层次轨道交通信号系统兼容互通,同步优化列车、航空器等移动互联网接入条件。提升邮政机要通信信息化水平。

整合优化综合交通运输信息平台。完善综合交通运输信息平台监管服务功能,推动在具备条件地区建设自动驾驶监管平台。建设基于区块链技术的全球航运服务网络。优化整合民航数据信息平台。提升物流信息平台运力整合能力,加强智慧云供应链管理和智慧物流大数据应用,精准匹配供给需求。有序建设城市交通智慧管理平台,加强城市交通精细化管理。(见专栏12)

第二节 推动先进交通装备应用

促进北斗系统推广应用。完善交通运输北斗系统基础设施,健全北斗地基增强网络,提升北斗短报文服务水平。稳步推进北斗系统在铁路、公路、水路、通用航空、城市公共交通以及全球海上航运、国际道路运输等领域应用,推动布局建设融合北斗技术的列车运行控制系统,开展民航业北斗产业化应用示范。

推广先进适用运输装备。开展CR450高速度等级中国标准动车组、谱系化中国标准地铁列车研发应用,推广铁路重载运输技术装备。提升大型液化天然气运输船、极地船舶、大型邮轮等研发能力,推进水下机器人、深潜水装备、深远海半潜式打捞起重船、大型深远海多功能救助船等新型装备研发。推广绿色智能船舶,推进船舶自主航行等单项智能船舶技术应用,推动船舶智能航行的岸基协同系统、安保系统和远程操控系统整体技术应用。加强适航审定能力建设,推动C919客机示范运营和ARJ21支线客机系列化发展,推广应用新舟700支线客机、AG600水陆两栖飞机、重型直升机、高原型大载重无人机等。推进智能仓储配送设施设备发展。

提高装备标准化水平。推广应用轻量化挂车,开展常压液体危险货物罐车专项治理,稳步开展超长平板半挂车、超长集装箱半挂车治理工作。推进内河船型标准化,推广江海直达船型、三峡船型、节能环保船型,研发长江游轮运输标准船型。推动车载快速安检设备研发。巩固提升高铁、船舶等领域全产业链竞争力,在轨道交通、航空航天等技术装备领域创建中国标准、中国品牌。

第三节 创新运营管理模式

以满足个性化、高品质出行需求为导向,推进服务全程数字化,支持市场主体整合资源,提供"一站式"出行服务,打造顺畅衔接的服务链。稳妥发展自动驾驶和车路协同等出行服务,鼓励自动驾驶在港口、物流园区等限定区域测试应用,推动发展智能公交、智慧停车、智慧安检等。引导和规范网约车、共享单车、汽车分时租赁和网络货运平台等健康发展,防止无序扩张。加快发展"互联网+"高效物流新模式、新业态。加强深远海目标高清晰观测、海上高精度时空服务。提高交通运输政务服务和监管能力,完善数字化、信息化监管手段,加强非现场监管、信用监管、联合监管,实现监管系统全国联网运行。

第四节 夯实创新发展基础

推动交通科技自立自强。强化交通运输领域关键核心技术研发,加快研发轴承、线控底盘、基础技术平台及软硬件系统等关键部件,推动实现自主可控和产业化。加强交通运输领域前瞻性、战略性技术研究储备,加强智能网联汽车、自动驾驶、车路协同、船舶自主航行、船岸协同等领域技术研发,开展高速磁悬浮技术研究论证。强化复杂环境条件下线路、大跨度桥梁、超长隧道等建造技术研发以及高性能工程材料研发。加强高升程、大吨位升船机关键技术研发。

培育交通科技创新生态圈。促进政产学研用在交通运输领域深度融合。鼓励优势企业整合交通科技产业链资源,通过开放数据、开放平台、开放场景,培育交通科技产业生态圈,建设交通科技产业孵化基地。强化行业重点科研平台建设,推进重点实验室、技术创新中心等建设,培育国家级科技创新基地。

强化数据开放共享。加强交通运输数据分级分类管理。进一步完善交通运输数据资源开放共享机制和交换渠道,制定数据资源开放制度规范,推动条件成熟的数据资源合规开放和共享利用。加强交通运输数据安全管控,完善数据分级分类安全保护制度,制定智能交通数据应用安全标准,规范数据源采集和处理使用等活动,加强重要数据和个人信息保护。

第八章 全面推进绿色低碳转型

坚持绿水青山就是金山银山理念,坚持生态优先,全面推动交通运输规划、设计、建设、运营、养护全生命周期绿色低碳转型,协同推进减污降碳,形成绿色低碳发展长效机制,让交通更加环保、出行更加低碳。

第一节 优化调整运输结构

深入推进运输结构调整,逐步构建以铁路、船舶为主的中长途货运系统。加快铁路专用线建设,推动大宗货物和中长途货物运输"公转铁"、"公转水"。优化"门到门"物流服务网络,鼓励发展城乡物流共同配送、统一配送、集中配送、分时配送等集约化配送模式,提高工矿企业绿色运输比例,扩大城市生产生活物资公铁联运服务供给。

第二节 推广低碳设施设备

规划建设便利高效、适度超前的充换电网络,重点推进交通枢纽场站、停车设施、公路服务区等区域充电设施设备建设,鼓励在交通枢纽场站以及公路、铁路等沿线合理布局光伏发电及储能设施。推动交通用能低碳多元发展,积极推广新能源和清洁能源运输车辆,稳步推进铁路电气化改造,推动内河船舶更多使用清洁能源,进一步降低交通工具能耗。持续推进港口码头岸电设施、机场飞机辅助动力装置替代设施建设,推进船舶受电设施改造,不断提高岸电使用率。

第三节 加强重点领域污染防治

落实船舶大气污染物排放控制区制度。推动船舶污染物港口接收设施与城市公共转运处置设施有效衔接,健全电子联单监管制度。完善长江经济带船舶和港口污染防治长效机制。开展港区污水、粉尘综合治理,推进生产生活污水、雨污水循环利用,完善干散货码头堆场防风抑尘设施。开展交通运输噪声污染治理,妥善处理大型机场噪声影响,积极消除现有噪声污染。

第四节 全面提高资源利用效率

推动交通与其他基础设施协同发展,打造复合型基础设施走廊。统筹集约利用综合运输通道线位、桥位、土地、岸线等资源,提高国土空间综合利用率。推进科学选线选址,推广节地技术,强化水土流失防护和生态保护设计,优先避让具有重要生态功能或者生态环境敏感脆弱的国土空间,尽量避让噪声敏感建筑物集中区域。推进快递包装减量化、标准化、循环化。推动废旧设施材料等资源化利用。

第五节 完善碳排放控制政策

实施交通运输绿色低碳转型行动。研究制定交通运输领域碳排放统计方法和核算规则,加强碳排放基础统计核算,建立交通运输碳排放监测平台,推动近零碳交通示范区建设。建立绿色低碳交通激励约束机制,分类完善通行管理、停车管理等措施。(见专栏13)

第九章 提升安全应急保障能力

坚持总体国家安全观,落实国家安全战略,维护和塑造国家安全,将安全发展贯穿于综合交通运输各领域、各环节,牢牢守住安全底线,夯实安全发展基础,提升突发事件应急保障能力,筑牢国家安全屏障。

第一节 提高交通网络抗风险能力

强化交通基础设施安全风险评估和分级分类管控,加强重大风险源识别和全过程动态监测分析、预测预警,在重要通道、枢纽、航运区域建设气象监测预警系统,提高交通基础设施适应气候变化的能力。稳定提升多灾易灾地区、主要产业及能源基地等重点区域的多路径连接比率,完善紧急交通疏散、救援和避难通道系统,增强交通运输网络韧性。加强交通运输领域关键信息基础设施、重要信息系统的网络安全防护,推进信息系统设施设备自主可控。

第二节 维护设施设备本质安全

建立健全基础设施资产管理体系,严把设施设备产品源头质量关,合理安排建设周期,推进精品建设和精细管理。加强交通安全设施建设,推动安全配套设施、重点目标防范设施与主体工程同步设计建设运营。加强高速铁路人防、物防、技防相结合的预警防护监测,强化铁路防灾抗险等设施建设。规范设置城市道路交通安全设施和交通管理设施。以临水临崖、隐患路口路段、交通标志标线等为重点,加强农村公路、桥梁隧道隐患排查整治和安全设施配套。完善水运工程安全配套设施和桥梁防船舶碰撞设施。

第三节 加强安全生产管理

健全企业安全风险分级管控、隐患排查治理、事故和重大险情技术调查等工作机制,加强生产安全事故统计分析,强化监督检查执法。综合利用科技手段,开展风险动态监测预警和分析研判。落实企业安全生产主体责任,强化安全生产监督管理责任。加强铁路沿线安全环境整治,夯实民航运行安全全链条管理,强化城市轨道交通运营保护区安全管理,加强寄递渠道安全监管和应急管理。强化设施设备运行安全,完善货车生产改装监管机制,杜绝非法改装货运车辆出厂上路。加大货物装载源头监管力度,禁止超限超载车辆出场(站)上路行驶。完善危险化学品运输网络,优化运输通行管控措施,强化港口、隧道、闸坝等重点部位通行管理。优化职业驾驶员、快递员、船员等从业环境,强化机动车驾驶员培训质量管理。

第四节 强化安全应急保障

健全综合交通运输应急管理体制机制,完善应急协调机制和应急预案体系,加强交通运输调度与应急指挥平台建设。推进区域性公路应急装备物资储备中心建设。加强水上交通安全监管、航海保障和救助打捞能力建设,完善沿海和内河溢油应急设备库,构建陆海空天一体化水上交通运输安全保障体系。建设城市轨道交通应急演练中心。以骨干航空物流企业为主体构建航空应急服务网络。建设海事监管指挥系统。在开展城市交通基础设施地下空间、低洼区域、重点区段、重要点位、关键设施等隐患排查基础上,建立健全风险台账和灾害隐患清单,补齐设施设备、应急抢险物资等短板,持续完善应急处置预案,健全应急响应机制,提升应对极端天气能力。加强应急专业队伍和志愿者队伍建设,充实国家应急运输储备力量。健全应对重大疫情、防范应对恐怖袭击、保障信息安全等非传统安全应急指挥体系和应急交通组织。(见专栏14)

第十章　推动高水平对外开放合作

坚持开放合作,推进互联互通,加强基础设施"硬联通"、制度规则"软联通",保障国际物流供应链安全,提升国内大循环效率和水平,塑造参与国际合作竞争新优势。

第一节　推进基础设施互联互通

打造全方位、多层次、复合型的"一带一路"基础设施网络,积极推动与周边国家基础设施互联互通,推进口岸铁路、口岸公路、界河航道建设。强化面向俄蒙、东南亚、南亚、中亚等重点方向的陆路运输大通道建设,支持西藏打造面向南亚开放的重要通道。进一步完善海上战略通道,谋划建设亚欧陆海贸易通道、东北陆海贸易通道,补齐沿线基础设施短板。

第二节　进一步畅通国际运输

发挥中国—新加坡互联互通项目示范效应,加强与周边国家协商合作,持续推动西部陆海新通道铁海联运提质增效,促进跨境班列班车发展。优化国际海运航线网络布局,提高中韩陆海联运效率,推动中欧陆海快线健康发展,扩大"丝路海运"品牌影响。稳固东南亚、东北亚等周边航空运输市场,有序拓展欧洲、北美洲、大洋洲等洲际航线网络,建设"空中丝绸之路"。稳步扩大国际道路运输便利化协定签署实施范围。优化国际联程联运组织和中转服务,完善海外转运服务网络。

第三节　推动中欧班列高质量发展

升级改造中欧班列铁路口岸和后方"卡脖子"路段,加快技术装备升级和信息化建设。加快建设中欧班列集结中心,推广中欧班列统一运单和内外贸货物混编运输,提高货源集结与班列运行效率,扩大图定铁路货运班列开行范围。健全中欧班列考核评价体系,健全行业自律机制,巩固维护品牌形象,强化风险防控。推动国际铁路联运规则衔接统一,探索建立与贸易、金融联动发展新规则,推动建立中欧班列政府间合作机制。

第四节　深化多领域交流合作

主动与国际规则标准接轨,协调推动运输工具、装载单元、换装转运设备、作业流程、安全规则、服务规范、信息数据等标准对接。支持企业参与"一带一路"沿线交通基础设施建设和国际运输市场合作,推广交通与产业园区、城市一体开发建设的国际产能合作新模式。建立中国国际可持续交通创新和知识中心。加强深远海航行保障、搜救打捞、自动驾驶、科技人才等领域交流合作,打造国际一流船检机构,积极参与国际航空、海运业减排全球治理。

第五节 保障国际物流供应链安全

着力形成陆海空统筹的运输网络,加强供需对接和运力协调,提升国家物流供应链保障能力。务实推动与东盟国家及重要海运通道沿线国家的合作,加强海事国际合作,与海上丝绸之路沿线国家合作推进海外港口建设经营,建设现代化远洋运输船队,维护国际海运重要通道安全畅通。增强国际航空货运能力,提高航权、时刻等关键资源配置效率,支持航空公司构建国际货运航线网络,打造具有全球竞争力的航空物流企业,提升航空物流全球响应能力。培育壮大具有国际竞争力的物流企业,稳步推进建设海外分拨中心和末端寄递配送网络。提升国际物流供应链信息服务水平,做好与外贸企业的物流信息对接。(见专栏15)

第十一章 加强现代化治理能力建设

坚定不移推进改革,聚焦制约综合交通运输高质量发展的深层次矛盾问题,优化完善管理体制、运行机制、法律法规和标准体系,建设高水平人才队伍,推进治理能力现代化,持续增强综合交通运输发展动力和活力。

第一节 深化重点领域改革

进一步厘清铁路行业政府和企业关系,推进铁路行业竞争性环节市场化改革,推动具备条件的地方自主建设运营城际铁路、市域(郊)铁路,推进国家铁路企业股份制改造和优质资产上市,完善铁路费用清算和收益分配规则。推进公路收费制度和养护体制改革,推广高速公路差异化收费。持续推进空管体制改革,完善军民航空管联合运行机制,实施空域资源分类精细化管理,优化全国航路航线网,深化低空空域管理改革。实现邮政普遍服务业务与竞争性业务分业经营。研究完善西江航运干线、界河航运管理体制机制。深化交通运输综合行政执法改革。构建全要素水上交通管理体制,优化完善海事监管机制和模式。

第二节 促进形成统一开放市场

建立健全城市群交通运输一体化发展机制。落实公平竞争审查制度,规范中欧班列、港航、民航国际航线等补贴政策。建立以信用为基础的新型监管机制,加强信用信息共享公开、风险监测和安全管理,推进事前信用承诺、事中信用评价和分级分类监管、事后奖惩和信用修复。探索建立交通运输创新发展容错制度。规范交通运输新业态、新模式价格管理,健全巡游出租汽车价格形成机制,深化道路客运价格市场化改革。

第三节 创新投融资体制机制

全面落实交通运输领域中央与地方财政事权和支出责任划分改革方案,优化债务结构,防范化解地方政府隐性债务风险。完善与项目资金需求和期限相匹配的长期资金筹措渠道。稳定并完善交通专项资金政策,继续通过成品油税费改革转移支付等渠道支持交通基础设施养护,优化完善支持邮政、水运等发展的资金政策。完善收费公路专项债券制度。支持符合条件的项目实施主体通过发行企业债券等途径开展市场化融资,稳妥推进基础设施领域不动产投资信托基金(REITs)试点,规范发展政府和社会资本合作模式,支持开发性金融、政策性金融、社会资本依法依规参与交通基础设施建设,鼓励社会资本设立多式联运等产业投资基金。依托全国投资项目在线审批监管平台,加强事中事后监管。

第四节 完善法律法规和标准规范

加快构建适应现代综合交通运输体系的法律法规和标准体系。研究制修订公路、铁路、民用航空以及综合交通有关法律法规,促进各项制度有效衔接。构建综合交通运输高质量发展标准体系和统计体系,完善综合交通枢纽、旅客联程运输、货物多式联运、智能交通、绿色交通、交通安全应急、无障碍交通、新业态新模式等技术标准,强化各类标准衔接。推动危险品多式联运服务规则一体衔接和检测结果互认。加强计量、标准、认证认可和检验检测等质量技术基础建设,强化质量监督管理。

第五节 强化人才队伍和交通文明建设

建设交通运输新型智库联盟,优化领军人才发现机制和项目团队遴选机制,深化科研经费管理改革,完善人才评价体系,大力培养使用战略科学家,造就规模宏大的青年科技人才队伍。加强创新型、应用型、技能型人才培养,壮大高技能人才队伍,培养大批卓越工程师。加强交通运输文化软实力建设,推动交通文化精品工程建设,深化交通文博工程建设,提高交通参与者文明素养。加强交通运输全媒体传播能力建设,提升交通运输政务媒体的传播力、引导力、影响力、公信力。进一步严明纪律、改进作风,提高交通运输执法队伍能力和水平,严格规范公正文明执法。创新法治宣传教育新机制新方法,落实普法责任制,培育交通法治文化。

第十二章 强化规划实施保障

坚持党对交通运输发展的全面领导,加强组织协调、要素支撑和督促指导,发挥试点示范带动作用,确保规划有力有序有效实施。

第一节　加强党的全面领导

坚持用习近平新时代中国特色社会主义思想武装党员干部头脑，认真贯彻落实党中央、国务院决策部署，增强"四个意识"，坚定"四个自信"，做到"两个维护"。充分发挥党总揽全局、协调各方的领导核心作用，加强党对交通运输发展各领域、各方面、各环节的领导。加强交通运输行业基层党组织建设，引导广大党员发挥先锋模范作用，把基层党组织建设成为交通强国发展的坚强战斗堡垒。

第二节　加强组织协调

各有关部门要提高思想认识，按照职责分工，完善配套政策措施，加强部门协同，强化上下联动，做好本规划与国民经济和社会发展规划纲要及国土空间、流域综合等规划的衔接，做好铁路、公路、水运、民航、邮政等专项规划与本规划的衔接落实，扎实推进重大工程项目建设。地方各级人民政府要紧密结合发展实际，细化本规划确定的主要目标和重点任务，做好地方综合交通运输发展规划与本规划的衔接落实。

第三节　推进试点示范

围绕一流设施、一流技术、一流管理、一流服务，在跨区域综合运输大通道资源优化配置、交通运输领域新基建、国际性综合交通枢纽集群、城市群和城乡交通一体化、"四好农村路"高质量发展、交通旅游融合发展、设施设备服务管理标准化、投融资体制改革和模式创新、国际物流供应链建设、绿色低碳交通发展等方面，有序推进交通强国建设试点示范，建立健全试点成果总结和系统推广机制，依托车购税等资金加大对试点示范项目的支持力度。

第四节　强化要素保障

加强资金政策保障，安排政府投资积极支持交通基础设施建设，将符合条件的项目纳入地方政府债券支持范围。加大养护资金投入，充分引导多元化资本参与交通运输发展，形成建养并重、可持续的资金投入机制。探索枢纽土地综合开发等多样化支持政策。完善跨部门、跨区域重大项目协同推进机制。用好跨区域补充耕地统筹机制，强化重点项目用地、用海、用能等资源要素保障，做好资源要素预留和供应。

第五节　做好督促指导

建立健全交通运输领域重大规划、重大政策、重大工程评估制度，按要求开展重大决策社会稳定风险评估。加强规划实施事中事后监管和动态监测分析，适时开展中期评估和建设项目后评估，督促指导规划落实，必要时动态调整，确保规划落地见效。

专栏1 "十四五"时期综合交通运输发展主要指标

类别	指标	2020年	2025年①	属性
设施网络	1. 铁路营业里程(万公里)	14.6	16.5	预期性
	其中:高速铁路营业里程	3.8	5	预期性
	2. 公路通车里程(万公里)	519.8	550	预期性
	其中:高速公路建成里程	16.1	19	预期性
	3. 内河高等级航道里程(万公里)	1.61	1.85	预期性
	4. 民用运输机场数(个)	241	>270	预期性
	5. 城市轨道交通②运营里程(公里)	6600	10000	预期性
衔接融合	6. 沿海港口重要港区铁路进港率(%)	59.5	>70	预期性
	7. 枢纽机场轨道交通接入率③(%)	68	80	预期性
	8. 集装箱铁水联运量年均增长率(%)	—	15	预期性
	9. 建制村快递服务通达率(%)	50	>90	预期性
智能绿色	10. 重点领域④北斗系统应用率(%)	≥60	>95	预期性
	11. 城市新能源公交车辆占比⑤(%)	66.2	72	预期性
	12. 交通运输二氧化碳排放强度⑥下降率(%)	—	〔5〕	预期性
安全可靠	13. 道路运输较大及以上等级行车事故万车死亡人数下降率(%)	—	〔12〕	约束性
	14. 民航运输飞行百万小时重大及以上事故率(次/百万小时)	0	〔<0.11〕	约束性
	15. 铁路交通事故十亿吨公里死亡率(人/十亿吨公里)	0.17	<0.3	约束性

注:①〔〕内为5年累计数。②指纳入国家批准的城市轨道交通建设规划中的大中运量城市轨道交通项目。③指国际枢纽机场和区域枢纽机场中连通轨道交通的机场数量占比。④指重点营运车辆、邮政快递自有干线运输车辆、应安装具备卫星定位功能船载设备的客船及危险品船等。⑤指新能源公交车辆占所有地面公交车辆的比重。⑥指按单位运输周转量计算的二氧化碳排放。

专栏2 战略骨干通道建设工程

1. 出疆通道。建设和田至若羌、伊宁至阿克苏、若羌至罗布泊、精河至阿拉山口增建二线等铁路,实施精河经伊宁至霍尔果斯铁路扩能改造。建成京新高速公路巴里坤至木垒段,完成国道315依吞布拉克—若羌—民丰段建设改造。

2. 入藏通道。建设川藏铁路雅安至林芝段,推进青藏铁路格尔木至拉萨段电气化改造、日喀则至吉隆铁路等项目前期工作,适时启动新藏铁路重点路段建设。建成京藏高速公路那曲至拉萨段、雅叶高速公路拉萨至日喀则机场段,提质改造川藏公路318线、滇藏新通道西藏段(丙察察),推动国道219米林至墨脱段建设,实施川藏铁路配套公路工程。

3. 沿江通道。建设成都重庆至上海沿江高铁。实施长江中上游干线航道等级提升工程,系统疏解三峡枢纽瓶颈制约,推进三峡翻坝转运、金沙江翻坝转运设施建设,深化三峡水运新通道前期论证。推动宁芜高速、沪渝高速武汉至黄石段、渝宜高速长寿至梁平段以及厦蓉高速、银昆高速成都至重庆段等高速公路扩容改造。

4. 沿海通道。建设上海经宁波至合浦沿海高速铁路。按二级及以上标准推动沿海国道228改造,推进沈海高速火村至龙山段、福鼎至诏安段等扩容改造。

5. 沿边通道。有序推进酒泉至额济纳等铁路建设,开展波密至然乌等铁路前期工作。推动沿边国道219、国道331待贯通和低等级路段建设改造,实现85%以上达到三级及以上标准。

6. 西部陆海新通道。建设黄桶至百色、黔桂增建二线、南防增建二线等铁路,实施隆黄铁路隆昌至叙永段扩能改造。推动呼北高速灌阳至平乐段等国家高速公路待贯通路段建设。研究建设平陆运河。推进广西北部湾国际门户港和洋浦区域国际集装箱枢纽港建设。

专栏3 综合交通枢纽建设重点工程

提升北京、天津、上海、广州、深圳、成都、重庆等枢纽城市的全球辐射能级。依托上海浦东、天津滨海、广州白云、成都天府等枢纽机场以及深圳西丽、重庆东站等铁路客运站,建设一批综合客运枢纽场站,推进综合客运枢纽场站间直接连通,实施北京、上海、广州、重庆等铁路枢纽优化工程,提升上海国际航运中心能级,建设天津国际航运中心,建设广州东部公铁联运枢纽、重庆陆港型物流枢纽等综合货运枢纽场站。

增强南京、杭州、沈阳、大连、哈尔滨、青岛、厦门、郑州、武汉、海口、昆明、西安、乌鲁木齐、宁波等枢纽城市的国际门户作用。完善杭州、宁波、厦门、郑州、武汉等枢纽规划,建设南京禄口、杭州萧山、厦门翔安、昆明长水、西安咸阳、武汉西站、宁波西站、海口新海港等综合客运枢纽场站,建设大连、厦门国际航运中心和宁波舟山国家大宗商品储运基地。

提升石家庄、太原、合肥、济南、长沙、南宁、兰州等枢纽城市全国集聚辐射功能。优化主要枢纽场站及集疏运设施布局,围绕济南遥墙、长沙黄花、南昌昌北、兰州中川等枢纽机场以及雄安站等铁路枢纽站,建设一批综合交通枢纽场站。

专栏4 铁路网建设重点工程

1. 普速铁路。建设柳州至广州、瑞金至梅州、温州经武夷山至吉安、定西经平凉至庆阳、太子城至锡林浩特、仙桃经洪湖至监利、太原至和顺、大理至攀枝花、乌北至准东增建二线等普速铁路,协调推进首都地区货运东、北环线铁路建设。推进富裕至加格达奇、南京至芜湖、鸦鹊岭至宜昌、天津至蓟县、汪清至图们、中卫至平凉等铁路扩能改造。

2. 高速铁路。建设北京经雄安新区至商丘、包头至银川、襄阳至常德、天津至新沂、西安至重庆、西安至十堰、长沙至赣州、雄安新区至忻州、太原至绥德、延安经榆林至鄂尔多斯、长春经辽源至通化、敦化至牡丹江、哈尔滨经绥化至铁力、上海经乍浦至杭州、宁波经台州经温州至福州、焦作经洛阳至平顶山、阜阳至黄冈、益阳至娄底、铜仁至吉首、邵阳至永州、南昌至九江、湛江至海安等高速铁路。

专栏5　公路网建设重点工程

1. 待贯通路段建设。推进京雄等雄安新区对外高速公路以及呼北高速炉红山至慈利段、德州至上饶高速安徽段、溧阳至宁德高速黄山至千岛湖段、上海至武汉高速无为至岳西段、集宁至阿荣旗高速白音查干至乌兰浩特段、杭州湾地区环线高速杭州至宁波支线等国家高速公路待贯通路段建设。

2. 瓶颈路段升级改造。推进京哈高速绥中（冀辽界）至盘锦段、青兰高速涉县至冀晋界段、连霍高速忠和至茅茨段、沪昆高速昌傅至金鱼石段、荣乌高速威海至烟台段、济广高速济南至菏泽段、京港澳高速耒阳大市至宜章（湘粤界）段等高速公路繁忙路段扩容改造。推进国道210白云鄂博至固阳段、国道217阿勒泰至布尔津段、国道227贵德至大武段、国道353巨甸至维西段等升级改造及国省干线穿越城区段改移工程。

专栏6　水运设施网络建设重点工程

1. 沿海港航设施。推进天津北疆与东疆、青岛董家口、南通通州湾、上海洋山、厦门翔安、深圳盐田、广州南沙、汕头广澳、湛江宝满、洋浦小铲滩、钦州大榄坪等集装箱码头工程。推进唐山京唐、黄骅散货港区、日照岚山、连云港连云、宁波舟山衢山、防城港企沙等矿石码头工程。推进营口仙人岛、黄骅散货港区、烟台西港区、青岛董家口、连云港徐圩、宁波舟山金塘、厦门古雷等原油码头工程。加快小洋山北侧综合开发。推进曹妃甸港区煤炭运能扩容、日照港转型升级工程。推进锦州港、唐山京唐、曹妃甸、日照岚山、连云港港、宁波舟山条帚门、深圳港西部、广州港、洋浦港、北部湾防城港和钦州等20万吨级及以上航道建设。

2. 内河港航设施。积极推进涪陵至丰都段航道整治，研究推进长江干线宜宾至重庆段、宜昌至武汉段航道整治，加快治理安庆至南京段重点航段，进一步改善南京以下12.5米深水航道条件，加快改善长江口北港航道条件，研究推进长江口南槽航道整治二期工程，推进大芦线东延线等河海直达航道工程。推进西江航运干线3000吨级航道整治和船闸扩能工程。开展京杭运河山东段航道整治，推进苏北段船闸、航道扩能工程，推进杭甬运河整治提升工程、常山江航运开发工程。推进引江济淮航运工程建设，开展淮河干线及沙颍河航道整治、船闸改扩建，推进淮河出海航道工程。推进右江百色、红水河龙滩等枢纽通航设施建设。推进京杭运河黄河以北段适宜河段通航。开展湘桂赣粤运河前期研究论证。

专栏7　民用运输机场建设重点工程

实施广州、深圳、昆明、西安、重庆、乌鲁木齐、哈尔滨等国际枢纽机场和太原、沈阳、福州、杭州、宁波、合肥、济南、武汉、长沙、南昌、南宁、拉萨、兰州、银川、西宁等区域枢纽机场改扩建工程,建设呼和浩特、厦门、大连、三亚新机场。建成鄂州专业性货运机场,提升天津、郑州等机场国际航空货运能力。建设嘉兴、瑞金、郴州、湘西、丽水、韶关、阆中、威宁、邢台、朔州、安阳、亳州、乐山、府谷、黔北(德江)、盘州、阿拉尔、和静等支线机场。

专栏8　综合交通网络衔接重点工程

1. 港口机场集疏运工程。完善上海港、唐山港、天津港、宁波舟山港、青岛港、深圳港、福州港、北部湾港等港口集疏运系统。推动杭州萧山机场、厦门翔安机场、长沙黄花机场、昆明长水机场等接入轨道交通。

2. 省际间待贯通路段畅通工程。有序实施丹锡高速克什克腾至承德联络线河北段、本溪至集安高速本溪至桓仁(辽吉界)段、赤峰至绥中高速凌源(蒙辽界)至绥中段、安康至来凤高速渝鄂界至建始段、都匀至香格里拉高速西昌至香格里拉段等省际高速公路建设。

3. 城市内外交通衔接改造工程。推进国道104、国道107、国道205、国道207、国道210、国道220、国道228、国道233、国道309、国道310、国道312、国道319、国道320、国道329、国道343、国道347等城镇过境路段升级改造。

4. 过江跨海关键性工程。建成深中、黄茅海等跨海通道。建设涪陵江北、伍家岗至点军山、枞阳至贵池、靖江至江阴、崇明至太仓等公铁两用过江通道以及隆叙铁路改造过江大桥。推动钦州市龙门大桥、钦州至北海大风江大桥等跨海大桥建设。适时启动珠江口狮子洋、莲花山通道建设。规划研究沪甬通道。

专栏9　边境地区交通基础设施建设工程

1. 沿边抵边公路。建设集安至桓仁、珲春至圈河、泸水至腾冲、米林经墨脱经察隅至滇藏界、青河经富蕴至阿勒泰、布伦口至红其拉甫、巴里坤至老爷庙、莎车至塔什库尔干、二连浩特至赛罕塔拉、大红山至霍勒扎德盖、云南界至那坡平孟、西畴至富宁等沿边抵边公路。推进麻扎至公珠、孟泽至嘎拉、萨玛达至扎日、边巴至加玉等沿边公路并行线待贯通路段建设和低等级路段改扩建。

2. 边境机场。建设塔什库尔干、普兰、定日、隆子、绥芬河、昭苏、准东(奇台)等机场,迁建延吉机场,建设札达、叶城等20个左右边境通用机场。

专栏10　重点城市群和都市圈交通网络建设工程

1. 重点城市群城际铁路。充分挖潜干线铁路城际功能,推进核心城市间城际铁路及区域联络线建设,建设雄安新区至石家庄、天津至承德、苏州经无锡至常州、衢州至丽水、深圳至惠州、佛山至东莞等城际铁路,基本建成京津冀、长三角、粤港澳大湾区等城市群城际铁路网。

2. 重点都市圈市域(郊)铁路。实施一批既有铁路的市域(郊)运输功能改造工程,利用既有萧甬铁路开行绍兴至上虞市域(郊)列车。推进北京东北环线等整体提升工程,建设上海嘉闵线及北延伸段、南京市域18号线、杭州至德清、宁波至象山、重庆至合川等市域(郊)铁路。

3. 高速公路环线。推动武汉、长春、西安等都市圈高速公路环线建设,实施部分高速公路拥挤路段改扩建工程,优化调整首都地区环线高速公路线路。

专栏11 运输服务品质提升行动

1. 客运服务提质升级。打造京张高速铁路客运服务示范线。推动具备条件的公路服务区向交通、生态、旅游、消费等复合型服务区转型,因地制宜打造一批特色公路服务区,建设普通国省干线公路服务区示范工程。鼓励建设多功能乡镇综合服务站。有序创建城乡交通运输一体化示范县。

2. 旅客联程运输发展。在50个城市组织开展旅客联程运输试点,开展行李直挂、安检互认等服务,创新空铁联运、公空联运、公铁联运服务模式,鼓励不同运输方式共建共享设施设备,加快推进联运票务一体化、行李服务便利化、信息资源共享化,加快空铁联运产品升级。

3. 多式联运提速。强化国家物流枢纽多式联运功能,组织开行一批铁水联运班列,发展公空衔接的卡车航班。引导多式联运经营人、各类运输企业开展跨行业信息互联互通、协同运作。推进舟山江海联运服务中心建设。深入实施多式联运示范工程。探索开行铁路双层集装箱班列。

4. 专业化货运系统培育。优化货运班列运输组织,逐步扩大班列运行范围,稳步推进班列开行成网,依托有条件的高铁客运列车开展高铁快运业务。提升航空货运枢纽中转效率,构建中枢轮辐式货运航线网络。

5. 城乡货运配送提质。完善城市配送节点网络,优化车辆便利通行政策,推进城市配送全链条信息交互共享和组织模式创新。在100个左右城市有序实施绿色货运配送示范工程。

专栏12 交通基础设施数字化网联化升级工程

1. 智能铁路。实施新一代铁路移动通信专网工程。选择高速铁路线路开展智能化升级。推进川藏铁路应用智能建造技术。实施铁路调度指挥系统智能化升级改造。

2. 智慧公路。建设京雄、杭绍甬等智慧高速公路工程。深化高速公路电子不停车收费系统(ETC)在多场景的拓展应用。建设智慧公路服务区。稳步推进集监测、调度、管控、应急、服务等功能于一体的智慧路网云控平台建设。

3. 智慧港口。推进大连港、天津港、青岛港、上海港、宁波舟山港、厦门港、深圳港、广州港等港口既有集装箱码头智能化改造。建设天津北疆C段、深圳海星、广州南沙四期、钦州等新一代自动化码头。在"洋山港区—东海大桥—临港物流园区"开展集疏运自动驾驶试点。

4. 智能航运。完善内河高等级航道电子航道图,实施长江干线、西江航运干线数字航道服务能力提升建设工程,试点建设应用智能航标,在三峡坝区河段等长江干线典型区段开展数字航道智慧服务集成。建设京杭运河数字航道。推进涪江、信江等智慧航道建设。推进船闸智能化升级,加强梯级船闸联合调度。完善船岸、船舶通信系统,增强船舶航行全过程船岸协同能力。开发应用电子海图和电子航道图的船载终端。

5. 智慧民航。围绕智慧出行、智慧物流、智慧运行和智慧监管,实施容量挖潜提升工程,推进枢纽机场智能化升级,建设民航智慧化运营管理系统。

6. 智慧城市轨道交通。推进自主化列车运行控制系统研发,推动不同制式的轨道交通信号系统和有条件线路间的互联互通。构建智慧乘务服务、网络化智能运输组织调度、智慧能源管理、智能运维等系统。推广应用智能安检、移动支付等技术。

7. 综合交通运输信息平台。完善综合交通运输信息平台功能,推进地方交通大数据中心和综合交通运输信息平台一体化建设。实施铁路12306和95306平台优化提升工程。推广进口集装箱区块链电子放货平台应用。建设郑州等航空物流公共信息平台。研究建设无人驾驶航空器综合监管服务平台。

专栏13　交通运输绿色低碳发展行动

1. 充换电设施网络构建。完善城乡公共充换电网络布局,积极建设城际充电网络和高速公路服务区快充站配套设施,实现国家生态文明试验区、大气污染防治重点区域的高速公路服务区快充站覆盖率不低于80%、其他地区不低于60%。大力推进停车场与充电设施一体化建设,实现停车和充电数据信息互联互通。

2. 新能源和清洁能源运输装备推广。推动城市公共服务车辆和港口、机场场内车辆电动化替代,百万人口以上城市(严寒地区除外)新增或更新地面公交、城市物流配送、邮政快递、出租、公务、环卫等车辆中电动车辆比例不低于80%。在长江干线、京杭运河和西江航运干线等开展液化天然气加注站建设。

3. 超标排放汽车船舶污染治理。建立健全汽车排放闭环管理机制。加快淘汰高耗能、高排放的老旧汽车,全面提升船舶设计能效和营运能效水平,鼓励购置低能耗、低排放运输装备。

4. 绿色交通基础设施建设。推动既有交通运输设施绿色化改造,加快港口船舶岸电设施和机场电动设施设备建设使用。推进京杭运河现代绿色航运综合整治工程。

5. 近零碳交通示范区建设。选择条件成熟的生态功能区、工矿区、城镇、港区、机场、公路服务区、交通枢纽场站等区域,建设近零碳交通示范区,优先发展公共交通,倡导绿色出行,推广新能源交通运输工具。

专栏14　综合交通运输安全应急能力提升重点工程

1. 关键基础设施安全防护。实施老旧铁路、老旧枢纽场站、航运枢纽、大型通航建筑物等设施安全检测和除险加固行动,持续推进危旧桥梁改造专项行动。建设交通基础设施结构健康监测系统,实施关键信息基础设施防护建设改造工程,建设网络安全风险监测和态势感知平台。开展青藏高原重大交通基础设施运行监测。

2. 应急保障能力建设。建设基于大数据的应急运输综合指挥调度平台。建设交通安全应急卫星系统工程,优化综合导航服务功能。以执法船艇、专业救助船舶以及国有航运企业远洋运输船舶、客滚船、客渡船为重点,稳步推广使用带有北斗卫星应急示位功能的救生衣、救生艇(筏)。组织开展综合和专项应急演练。建设邮政寄递渠道安全监管"绿盾"工程(二期)、邮政机要通信工程。推动先进安全应急装备在交通运输领域应用。

3. 水上救助能力提升。加强水上巡航搜救打捞、远洋深海极地救援、防污染应急能力建设,完善沿海和南海海区应急救捞基地布局,建设长江干线、西江航运干线水上应急综合救助基地。

专栏15　国际运输竞争力提升行动

1. 促进国际互联互通。实施满洲里、二连浩特、阿拉山口、霍尔果斯等铁路口岸站扩能改造,建设大理至瑞丽、玉溪至磨憨等铁路,推进佳木斯至同江(抚远)等铁路扩能改造。建设乌恰至康苏、博乐至阿拉山口等高速公路,实施红山嘴、乌拉斯台等口岸公路建设改造。推进黑龙江、鸭绿江、图们江等国境国际河流航道建设。推进希腊比雷埃夫斯港、阿联酋哈利法港、印度尼西亚瓜拉丹戎港等海外港口建设经营合作。

2. 做优中欧班列品牌。建设成都、重庆、郑州、西安、乌鲁木齐等中欧班列集结中心示范工程,整合班列运行平台,强化中欧班列统一品牌,打造明星运输产品。推进中欧班列运输通道和口岸扩能改造,推进境外战略性中转场站建设。推广国际货协/国际货约运单,完善中国国际货运代理协会提单,逐步扩大应用范围。修订中欧班列高质量发展评价指标。

3. 拓展西部陆海新通道国际服务。打造西部陆海新通道班列运输品牌,制定班列高质量发展指标体系。推进重庆西部陆海新通道物流和运营组织中心、成都商贸物流中心、广西中国—东盟多式联运联盟基地和服务中心建设,布局建设沿线物流枢纽和口岸。做优做强北部湾港和洋浦港,加强国际船舶登记、保税燃油供应、航运金融等综合服务。推进国际铁路运单物权化和海铁联运"一单制"。

  4.提升国际物流供应链自主可控能力。支持国内航空公司加大全货机引进和改造力度,扩大货运机队规模,发展全货机运输。优化航空货运枢纽机场航班时刻资源配置。培育一批具有全球竞争力的物流供应链龙头企业,引导企业优化境内外物流节点布局,逐步构建安全可靠的国际物流设施网络,实现与生产制造、国际贸易等企业协同发展。